ClimatePartner°
klimaneutral

Verlag | ID: 128-50040-1010-1082

CO_2-Emissionen vermeiden, reduzieren, kompensieren –
nach diesem Grundsatz handelt der oekom verlag.
Unvermeidbare Emissionen werden durch Emissions-
minderungszertifikate mit Gold Standard ausgeglichen.
Mehr Informationen finden Sie unter: www.oekom.de

Bibliografische Information der Deutschen Nationalbibliothek:
Die Deutsche Nationalbibliothek verzeichnet diese Publikation
in der Deutschen Nationalbibliografie; detaillierte bibliografische
Daten sind im Internet über http://dnb.d-nb.de abrufbar.

Deutsche Erstausgabe
© der Originalausgabe »Second Nature.
A Gardener's Education«: Michael Pollan 1991
© der deutschen Ausgabe:
oekom verlag München 2014
Gesellschaft für ökologische Kommunikation mbH,
Waltherstraße 29, 80337 München

Illustrationen: Büro Jorge Schmidt / Margit Memminger
Lektorat: Astrid Dörner, Christoph Hirsch
Korrektorat: Silvia Stammen

Druck: CPI books GmbH, Leck
Dieses Produkt ist auf Druckpapier gefertigt, das nach den
Richtlinien des Forest Stewardship Council® (FSC®) für
verantwortungsvolle Waldbewirtschaftung zertifiziert ist.

Michael Pollan

Meine zweite Natur
Vom Glück,
ein Gärtner zu sein

Aus dem Amerikanischen
von Eva Leipprand

Für Judith

INHALT

Frühling

Sommer

Herbst

Winter

Einführung

Dieses Buch erzählt von meiner Lehrzeit im Garten. Dabei geht es eigentlich um zwei Gärten; der eine besteht mehr oder weniger in der Fantasie, der andere ist durch und durch real. Der erste ist der Garten der Bücher und Erinnerungen, jenes Utopia der Träume in der freien Wildbahn, mückenfrei und allzeit blühend, in dem die Natur unsere Wünsche erfüllt und wir das Gefühl haben, vollkommen zu Hause zu sein. Der zweite Garten ist ein Ort, den es tatsächlich gibt. Es handelt sich um das zweieinhalb Hektar große, felsige und widerspenstige Gelände am Hang in der Stadt Cornwall, Connecticut, mit dessen Pflege ich mich viele Jahre abrackerte. Es gibt viel, was diese beiden Gärten trennt, obwohl ich sie mit jedem Jahr ein wenig mehr zur Deckung bringe.

Beide Gärten hatten mir eine Menge beizubringen, und zwar, wie sich herausstellte, nicht nur in Bezug auf die Gartenarbeit. Ich kam nämlich sehr bald zu der Erkenntnis, dass ich das Gärtnern nicht richtig würde lernen können, bevor ich mich nicht über ein paar andere Dinge kundig gemacht hatte: über den Platz, der mir in der Natur zusteht (habe ich das Recht, dem Murmeltier den Garaus zu machen, weil es den ganzen Frühling hindurch meinen Gemüsegarten geplündert hat?); die etwas merkwürdige Einstellung zu Grund und Boden, die dem Amerikaner angeboren ist (woher kommt es, dass die Nachbarn ein derart leidenschaftliches Interesse für den Zustand meines Rasens entwickelt haben?); die problematischen Grenzen zwischen Natur und Kultur; und das Erlebnis des Ortes, die moralischen Fragen, die sich bei der Landschaftsgestaltung ergeben, sowie noch eine Reihe weiterer Probleme, auf die ich gar nicht vorbereitet war; ich wollte ja eigentlich nichts weiter, als irgendwann ein paar anständige Tomaten ernten. Es liegt vielleicht in meiner Natur, die Dinge unnötig kompliziert zu machen, nach großer Bedeutung in kleinen Dingen zu suchen, aber es war offenbar wirklich so, dass sich im Garten weit mehr abspielte, als ich erwartet hatte.

Ich begann mit dem Gärtnern aus den gleichen Gründen wie die meisten Leute: weil man Befriedigung spürt, wenn man die Karotten büschelweise aus dem eigenen Grund und Boden zieht; weil man den Wunsch hat, ein Stück Land einladender oder fruchtbarer zu machen; weil man einen Ort aus der frühen Kindheitserinnerung unbedingt wiederherstellen möchte und weil man sich schlicht und ergreifend dagegen wehren muss, dass der Wald das eigene Haus verschlingt. Bevor meine Frau und ich im Jahr 1983 unseren ersten Wohnsitz kauften – ein kleines Stück einer verlassenen Milchfarm auf der östlichen Talseite des *Housatonic Rivers* –, hatten wir einige Zeit in Manhattan gelebt, in einem Appartement, das pro Tag ungefähr 90 Minuten Sonnenlicht abbekam. Die Aussicht, ein paar Blumen und etwas Gemüse anzubauen, kam uns geradezu exotisch vor. Und da war auch die Sache mit dem Wald, der tatsächlich immer näher heranrückte und unser Haus zu vereinnahmen drohte. Es war ein kleines Cottage im *Cape-Cod*-Stil, zusammengezimmert aus Fertigbauteilen der Kette *Sears, Roebuck*. Irgendetwas musste ich tun – entweder den unkrautüberwachsenen Bereich, der unter der Bezeichnung »Rasen« lief, mähen oder einen richtigen Garten anlegen –, wenn ich den Wald in Schach halten wollte.

Man könnte also durchaus sagen, dass der Wald für mich der Auslöser war. Untrennbar vermischt mit meinen Motiven war da aber auch das Gefühl der Befriedigung, das ich in der Erinnerung mit den Gärten meiner Kindheit verband. Ich wuchs in den frühen 1960er-Jahren auf Long Island auf. Auf dem Vorstadtgrundstück meiner Eltern hatte ich in unterschiedlichen Ecken immer wieder kleine Gärtchen im Taschenformat unter meiner Obhut gehabt und zudem viele Samstage damit verbracht, meinem Großvater in dem viel weitläufigeren Garten zu helfen, den dieser einige Kilometer entfernt bearbeitete (Kapitel 1 ist eine Rückerinnerung an diese Orte). Nun hatte ich ein eigenes Stück Land und es kam mir irgendwie selbstverständlich vor, die Wochenenden mit Gartenarbeit zu verbringen; wer weiß, vielleicht hatte ich ja sogar ein Händchen dafür.

Judith hatte da ganz andere Vorstellungen. Im Lauf der Zeit wurde sie zwar etwas nachgiebiger in ihrer Haltung, zu Anfang jedoch war sie ein eingefleischter Feind jeglicher Gartenarbeit, da man sie als Kind gezwungen hatte, dabei mitzuhelfen. Die heruntergekommenen Bereiche unseres Anwesens machten ihr wohl auch weniger aus als mir. Wenn Gestrüpp sich den Weg quer über eine aufgelassene Heuwiese bahnte oder wenn ein Apfelbaum kopflastig wuchs und wucherte und eigentlich hätte kräftig zurückgeschnitten werden müssen, dann sah sie darin etwas Schönes. Also fing sie an, Landschaftsbilder zu malen, während ich anfing, Landschaft zu gestalten. Meine Ergebnisse waren allerdings nicht ganz so beeindruckend wie ihre.

Es dauerte nicht lange, bis ich merkte, dass ich für mein Vorhaben schlecht gerüstet war. Die Landschaft in Neuengland – ein Fleckenteppich aufgelassener Farmen, die rasch vom Sekundärwald vereinnahmt wurden – erwies sich für meine Pläne erheblich weniger zugänglich als die fügsamen Vorstadtparzellen meiner Kindheit. Hier gab es große räuberische Tiere, übermächtiges Unkraut, milliardenfaches Auftreten jedes einzelnen im Gartenhandbuch aufgeführten Insekts, tödliche Fröste im Juni und im September sowie Felsbrocken, unvorstellbar an Gewicht und Anzahl. Es gab aber noch ganz andere Hürden, die sich als ebenso irritierend erwiesen: nämlich die gänzlich unhinterfragten Einstellungen gegenüber der Natur, mit denen ich an den Garten heranging.

Wie die meisten Amerikaner, die das Leben im Freien lieben, stand ich unter dem Einfluss von Thoreau. Die Sicht auf die Natur, die ich von ihm übernommen hatte, wie auch die ganze Tradition der auf ihn zurückgehenden Naturschriftstellerei wollten aber gar nicht mit meinen eigenen Erfahrungen zusammenpassen. Wenn es um die Auseinandersetzung mit den hier ansässigen Murmeltieren ging oder wenn ich zum Beispiel entscheiden musste, ob ich dazu verpflichtet war, meinen Rasen zu mähen, oder wie viel Großzügigkeit ich mir in Bezug auf Unkraut erlauben durfte, dann war ich tief mit der Natur verbunden, dessen war ich mir gewiss; meine Gefühle ihr gegenüber waren auch stark, jedoch alles andere als romantisch oder andächtig. Als ich einmal im Sommer auf Emersons Behauptung stieß, Unkraut (welches gerade dabei war, meine einjährigen Pflanzen abzuwürgen) sei nichts weiter als ein Fehler in meiner Wahrnehmung, verspürte ich eine gewisse kognitive Dissonanz. Alle schrieben sie davon, wie es ist, in der Natur zu *sein*, wie man sie wahrzunehmen hat, aber keiner sagte, wie man sich dort *betätigen* sollte. Im Gegensatz zum Naturforscher muss der Gärtner aber tätig werden, er *will* es sogar.

Nun ist es zwar richtig, dass dem ratlosen Gärtner unzählige Handbücher mit praktischen Anleitungen zur Verfügung stehen, ich hatte aber darüber hinaus noch das Bedürfnis nach philosophischer Beratung. Bevor ich in die Erdhöhle eines Murmeltiers Brandbomben werfe, habe ich doch gerne etwas Theorie zur Hand. Kaum ein

Amerikaner, der über die Natur schreibt, befasst sich jedoch mit dem Garten, also mit von Menschen geformter Landschaft und dem Prozess der Gestaltung. Ein eigenartiges Versäumnis, denn wenn auch die Gartenarbeit auf den ersten Blick nichts von der Dramatik oder Großartigkeit etwa des Bergsteigens hat, so erleben wir doch fast alle gerade bei der Gartenarbeit die Natur auf die unmittelbarste und intimste Weise – die Befriedigung, die sie geben kann, ihre Verletzbarkeit und auch ihre Macht.

Unserer Tradition entsprechend haben wir uns jedoch immer dann, wenn wir das Bedürfnis hatten, über unser Verhältnis zur Natur nachzudenken, in die Wildnis begeben, an Orte, die noch kein Mensch angerührt hat. Genau genommen war Thoreau der letzte bedeutende amerikanische Naturschriftsteller, der überhaupt noch etwas zur Gartenarbeit zu sagen hatte. Er pflanzte am Walden ein Bohnenbeet und widmete den Erfahrungen, die er dabei machte, ein ganzes Kapitel. Mit dem Bohnenbeet (auf das ich in Kapitel 6 noch näher eingehen werde) handelte sich Thoreau jedoch alle möglichen Probleme ein. Seine romantischen Vorstellungen von der unberührten Natur stürzten ihn in Schuldgefühle, wenn er Unkraut schlecht behandelte (er verflucht die Notwendigkeit solcher »verhassten Unterscheidungen«), und er konnte keinen Grund erkennen, warum er selbst mehr Anrecht auf die Ernte in seinem Garten haben sollte als die hier ansässigen Murmeltiere und Vögel. Böse verstrickt in die Widersprüche zwischen seinen Bedürfnissen und den Vorrechten der Natur, musste Thoreau das Bohnenbeet aufgeben und verkündete schließlich, er werde nun dem trostlosesten Sumpf den Vorzug geben gegenüber Gärten jeder Art. Mit dieser Erklärung war im Grunde der Garten aus der amerikanischen Naturschriftstellerei verbannt.

Ich finde das bedauerlich, und zwar nicht nur, weil ich gerade eben vernünftige gärtnerische Ratschläge gut brauchen könnte. Die Gewohnheit, Natur und Kultur als unversöhnliche Gegensätze anzusehen, ist den Amerikanern tief eingewachsen. Wir gehen ganz selbstverständlich davon aus, dass immer dann, wenn die eine Seite gewinnt, die andere zwangsläufig verliert. Sind wir gezwungen zu wählen, dann entscheiden wir uns normalerweise (zumindest in unseren Büchern) für die Natur. Es ist genau diese Entscheidung – die ich für falsch halte –, die dazu geführt hat, dass Thoreau und seine Nachfolger sich vom Garten verabschiedeten. Selbstverständlich kann man in der Wildnis viel lernen; unsere unübertroffene Tradition der Naturschriftstellerei gibt dafür ausreichend Belege. Aufgrund meiner Erfahrung bei der Gartenarbeit bin ich allerdings zu der Überzeugung gelangt, dass vieles, was für unsere Beziehung zur Natur wichtig ist, in der Wildnis gar nicht gelernt werden *kann*. Zum einen müssen wir lernen – und das ist heute notwendiger als je zuvor –, wie wir die Natur nutzen können, ohne ihr Schaden zuzufügen. Das kann kaum funktionieren, solange wir fortfahren, Natur und Kultur nur als Gegenspieler zu sehen. Was können wir also tun, um einen Mittelweg zwischen beiden zu finden? Um unsere Bedürfnisse und Wünsche zu befriedigen, ohne die Natur zu beschneiden? Dieses Buch geht von der Prämisse aus, dass man so manche Antworten auf diese Fragen vielleicht nicht in den Wäldern suchen sollte, sondern lieber im Garten.

Auch wenn dieses Buch keine Streitschrift ist, so findet sich doch viel streitbare Auseinandersetzung darin: Auseinandersetzung zwischen mir und diesem verflixten Stück Land, wie auch zwischen mir und einigen Formen der Naturbetrachtung, die man traditionellerweise in Amerika pflegt. Ich stelle fest, dass ich viel Zeit im Streit mit Thoreau verbringe. Zahlreiche Konfliktpunkte werden nicht endgültig beigelegt. Dieses Buch ist eher eine Übung darin, Dinge zu entdecken, als zu sagen, was wahr ist. Es ist, wie gesagt, die Geschichte meiner Lehrzeit; aus der hohen Dichte an Torheiten auf diesen Seiten wird dabei zu entnehmen sein, dass ich mich nach wie vor mehr als Schüler denn als Lehrer fühle. Am Ende meiner Erzählung weiß ich mehr als am Anfang, und meistens bin ich eher der Logik meiner Erfahrungen gefolgt, so wie sie sich im Ablauf der Jahreszeiten entwickelten, als den Gesetzen einer wissenschaftlichen Arbeit. Dennoch zieht sich meiner Meinung nach eine durchgehende Argumentation (die in Kapitel 10 noch im Einzelnen ausgeführt wird) wie ein roter Faden durch dieses Buch: dass nämlich die Idee des Gartens – als eines realen und metaphorischen Ortes, an dem Natur und Kultur sich auf eine Weise vermählen können, die beiden zum Vorteil gereicht – für uns heute ebenso hilfreich sein könnte, wie es früher einmal die Idee der Wildnis war. Dem Leser mag dies wie ein ziemlich unzeitgemäßer optimistischer Gedanke vorkommen. Eigentlich teile ich ja die allgemeine Besorgnis, was unsere Umwelt betrifft. Was ich aber nicht teile, das ist der zunehmende Pessimismus. Im Garten finde ich einigen Anlass zur Hoffnung.

Welches sind die Qualifikationen, die mich berechtigen, ein solches Buch zu schreiben? Ich bin ganz gewiss kein Fachmann – weder was das Gärtnern und die Natur betrifft noch in vielen anderen Bereichen. Dieses Buch ist zuvörderst die Unternehmung eines Amateurs. Meine einzige Qualifikation (wenn man das so nennen darf) ist die Wette, die ich zu Beginn dieses Projekts bewusst eingegangen bin: dass es sich lohnen könnte, Gartenarbeit ernst zu nehmen, und dass diese, ernsthaft betrieben, für die eine oder andere interessante Geschichte und hilfreiche Idee gut sein könnte. Ich habe allerdings den Verdacht, dass seit Beginn meiner gärtnerischen Tätigkeit kein Weg mehr an diesem Buch vorbeigeführt hat. Wie die meisten Gärtner bezeugen werden, folgt auf den Wunsch, einen Garten anzulegen, sehr häufig der Wunsch, die dabei gemachten Erfahrungen schriftlich festzuhalten – in einem Notizbuch, in einem Brief an einen ebenfalls gärtnernden Freund oder, wenn man wie ich von Wörtern lebt, in einem Buch. Das Schreiben und die Gartenarbeit, diese zwei Methoden, die Welt in Zeilen zu ordnen, haben sehr viel gemeinsam. In meiner

Gegend gibt es in jedem Jahr eine lange, gelegentlich recht fruchtbare Saison, in der das Gärtnern ausschließlich auf dem Papier und in der Vorstellung geschieht. Wie ich die letzten derartigen Perioden in meinem Garten verbracht habe, das zeigt dieses Buch.

Ich hatte das Glück, bei diesem Unterfangen von vielen Menschen Hilfe und Ermutigung zu erhalten; aber erst durch Judiths Hilfe und Unterstützung wurde dieses Buch überhaupt möglich. Ihre anfängliche Zurückhaltung gegenüber dem Garten machte schließlich einer ansteckenden Begeisterung Platz, und bei allem, was nun kommt, haben wir eng zusammengearbeitet – im Buch ebenso wie im Garten. Beide, Buch wie Garten, wären ohne jede Relevanz, gäbe es ihr Auge, ihr Ohr und ihre Klugheit nicht.

Mein besonderer Dank gilt dem Großmut und dem Verständnis von Mark Edmundson, der mir mit unschätzbarer Kritik und gutem Rat in jeder Phase zur Seite stand, obgleich er sich für nichts, was mit Gartenarbeit zu tun hat, interessiert. Wesentliche Unterstützung erhielt ich auch von Mark Danner und meinen Kollegen bei *Harper's Magazine*. Danken möchte ich auch Amanda Urban, Ann Godoff und Carl Navarre dafür, dass sie an dieses Projekt glaubten, und zwar schon lange bevor es dafür irgendwelche Gründe gab.

Es gibt noch einige andere Leute, deren Einfluss eine entscheidende Rolle gespielt hat, obwohl sie das gar nicht wissen. Dieses Buch ist aus meinen Erfahrungen entstanden, ob in der Bibliothek oder im Garten, und ich wäre wohl nicht weit gekommen, wäre ich nie den Werken von Wendell Berry begegnet, von Frederick Turner, Eleanor Perényi, Richard Rorty, William Cronon und J. B. Jackson. Dies sind ganz unterschiedliche Autorinnen und Autoren, aber sie sind alle Pioniere an der Grenze zwischen Natur und Kultur und aus diesem Grund – möglicherweise ohne sich dessen bewusst zu sein – hervorragende Führer, wenn es um den Garten geht.

Kapitel 1

Zwei Gärten

Mein erster Garten war ein Ort, von dem kein Erwachsener je etwas erfuhr, obwohl er sich auf dem *backyard*, dem rückwärtigen Teil einer Vorstadtparzelle von rund 1 000 Quadratmetern, befand. Hinter unserem Haus in Farmingdale auf Long Island gab es eine unbeschnittene Hecke aus Flieder und Forsythien, die man gepflanzt hatte, um den Lattenzaun des Nachbarn zu verdecken. Mein Garten, den ich mir mit meiner Schwester und unseren Freunden teilte, bestand aus dem Streifen nicht bepflanzter Erde zwischen Hecke und Zaun. Wenn ich sage, dass von den Erwachsenen keiner etwas davon wusste, dann deshalb, weil in deren gärtnerischem Verständnis eine solche Hecke bündig mit dem Zaun abschließt. Für einen Vierjährigen jedoch ist der Raum unter den gewölbten Zweigen eines Forsythienstrauches so großartig wie das Innere einer Kathedrale, und zwischen einem Fliederbusch und einer Mauer gibt es Platz genug für eine ganze Welt. Wann immer ich das Bedürfnis hatte, der Reichweite des Erwachsenenradars zu entkommen, krabbelte ich unter das Forsythiengewölbe und zwängte mich zwischen zwei Fliederbüsche, und schon war ich sicher und ganz für mich allein in meinem eigenen grünen Raum.

In meiner Erinnerung ist dieser Ort heute ein Garten, nicht nur, weil er einen abgeschlossenen und privilegierten Raum im Freien bot, sondern auch, weil ich hier tatsächlich zum ersten Mal etwas pflanzte. Die meisten Bilder, die ich aus dieser Zeit ins Gedächtnis zurückholen kann, sind unklar und flüchtig, aber dieses eine spult sich ab wie ein Zelluloidstreifen. Es muss September sein. Ich bin allein hinter der Hecke, vielleicht verstecke ich mich vor meiner Schwester oder treibe mich sonst irgendwie herum; da entdecke ich plötzlich einen getüpfelten, grünen Fußball mitten in einem Gewirr von Ranken und breiten Blättern. Eine Wassermelone. Ein Gefühl überkommt mich, als hätte ich einen Schatz gefunden – wie bei einer plötzlichen Wende des Schicksals, bei einem unerwarteten Segen von oben. Dann stelle ich die hochbedeutsame Verbindung her zwischen dieser Melone und einem Samen, den ich vor vielen Monaten gepflanzt oder jedenfalls ausgespuckt und verbuddelt habe: Das *ist mein Werk*. Einen Augenblick lang bin ich hin- und hergerissen zwischen der Möglichkeit, die Melone am Fundort reifen zu lassen, und dem überwältigenden Wunsch, meine Leistung öffentlich bekannt zu machen: *Mami muss das einfach sehen*. Ich zerreiße also den Strang, der die Melone mit den Ranken verbindet, nehme sie schützend in meine Arme und renne, die ganze Zeit aus Leibeskräften schreiend, Richtung Haus. Die Wassermelone ist allerdings tonnenschwer, und in dem Augenblick, in dem ich die hintere Treppe erreiche, verliere ich das Gleichgewicht. Die Melone springt aus meinen Armen und zerplatzt in einer rosaroten Explosion auf dem Beton.

Die Luft füllt sich mit Wassermelonenduft, dann bricht die Erinnerung ab. Ich kann mich nicht erinnern, aber ich muss geweint haben, als ich erleben musste, wie mir ein so großartiger Triumph entrissen wurde, als ich erfahren musste, wie das Schicksal des

*Humpty-Dumpty** aus dem Kinderreim plötzlich auf meinem vierjährigen Gewissen aufschlug und irreparabel vor meinen Füßen lag. Jeder Garten wird an allen Ecken umspielt von Erinnerungen unterschiedlichster Art; daher rührt viel von seinem Klangraum und Geschmack. Seit jenem Nachmittag habe ich Tausende von Stunden im Garten verbracht, und in gewisser Weise ging es während dieser ganzen Zeit auch darum, jene Wassermelone wiederzufinden und das Gefühl des Stolzes, das mich bei ihrer Entdeckung erfüllte.

Ich weiß nicht mehr, ob ich ein Stück der Melone zu retten versuchte, um sie meinem Vater zu zeigen, als er von der Arbeit nach Hause kam. Ich darf aber annehmen, er wäre nicht sonderlich beeindruckt gewesen. Mein Vater hatte für Gartenarbeit wenig übrig, das zeigte auch das relativ kleine Gelände um unser Farmhaus. Der Rasen wuchs ungleichmäßig und wurde nie ordentlich gemäht, die Hecken waren struppig und nicht beschnitten, und im Sommer bedienten sich Horden von Japankäfern ungestört an unseren Rosenbüschen. Mein Vater war ein Junge aus der Bronx, den es im Zuge der Wanderungsbewegungen nach dem Krieg in die Vorstädte verschlagen hatte. Auf Long Island ein Haus mit Grundstück zu kaufen, war in den 1950er-Jahren einfach angesagt. Damit drückte man auch seinen Status aus, wenn man als Anwalt oder Zahnarzt anfing (er war Anwalt). Mit Sicherheit war es nicht die Begeisterung für frische Luft gewesen, die ihn aus der Stadt vertrieben hatte. In meiner Erinnerung gibt es einige Bilder von meinem Vater, wie er mit seiner *Salem*-Zigarette und einem Cocktailglas hinter dem Haus auf der Betonterrasse steht, kein einziges jedoch – mit einer Ausnahme, zu der ich noch kommen werde –, wie er draußen im Garten den

---

* *Humpty Dumpty* ist eine Figur aus einem im englischen Sprachraum sehr bekannten Kinderreim. Sie ist ein menschenähnliches Ei, das von einer Mauer fällt und zerbricht.

Rasen mäht oder Unkraut jätet oder sonst irgendwie die Rolle eines Vorstadtvaters spielt.

In meiner Erinnerung ist er ein Papa, der sich ausschließlich im Haus aufhielt. Dort lief er das ganz Jahr hindurch in der immer gleichen Uniform herum, die aus einem Freizeithemd, schwarzen Socken, Schnürschuhen und Boxershorts bestand. Vielleicht hielt er sich immer drinnen auf, weil er Hosen nicht leiden konnte, oder er nutzte die Boxershorts als ein Mittel, das Verlassen des Hauses zu umgehen. Wie dem auch sei, auf jeden Fall hatte meine Mutter nur zwei Möglichkeiten: Entweder erledigte ihr Gatte die Gartenarbeit in der Unterwäsche oder er machte sie gar nicht. Beide Optionen kommen in der Vorstadt nicht wirklich infrage. Während die Boxershorts Papa also an den Küchentisch gefesselt hielten, kam der Garten immer weiter herunter, bis zu dem Punkt, an dem er sich zu so etwas wie einem Skandal für Nachbarschaft und Familie auswuchs.

Der Vater meiner Mutter lebte einige Kilometer entfernt, in Babylon, in einem großen Haus mit wunderschönen gepflegten Gartenanlagen, und man konnte Gift darauf nehmen, dass der Zustand unseres Gartens ihn zum Wahnsinn trieb – was möglicherweise durchaus beabsichtigt gewesen war. Mein Großvater war ein etwas herrischer Patriarch, den mein Vater nicht ausstehen konnte. Er wurde 96 Jahre alt. Kurz vor dem Ersten Weltkrieg war er aus Russland nach Long Island gekommen. Er fing bei null an, verkaufte erst Gemüse von einem Pferdewagen aus, häufte dann aber ein Vermögen an, erst mit Obst und Gemüse und später mit Immobilien. Mit der Wahl meines Vaters hatte meine Mutter ein oder zwei Stufen unterhalb ihres Standes geheiratet, und Großvater machte es sich zur Aufgabe, das Opfer, das seine älteste Tochter gebracht hatte, so klein wie möglich zu halten – oder, anders betrachtet, die Defizite meines Vaters hervorzuheben. Dies tat er, indem er meinem Vater ungefragt und unentwegt berufliche Ratschläge, Geschäftstipps

(»ausnahmslos miese Deals«, so mein Vater) und Hilfe bei der Gartenarbeit anbot.

So wie andere Leute Blumen schicken, schickte Großvater ganze Gärten. Normalerweise trafen sie ohne Vorankündigung ein, in einer Karawane von Lastwägen. Am Randstein tauchten zwei oder drei Tieflader auf, und eine ganze Mannschaft italienischer Arbeiter schwärmte über das Grundstück aus, um das auszuführen, was Großvater sich jeweils an neuen Plänen ausgedacht hatte. Bei einer Gelegenheit schickte er einen ganzen Rosengarten, der sich fortan über die gesamte Länge unseres Grundstücks erstreckte, vom Randstein bis zum hinteren Zaun. Aber Großvater beließ es nicht beim Schicken von Rosenbüschen. Er verachtete selbst die Erde meines Vaters. Von *seinen* Pflanzen konnte man nicht erwarten, dass sie in einer solchen Erde wachsen würden. Also ließ er seine Männer einen 17 Meter langen Graben ausheben, einen Meter breit und 30 Zentimeter tief, die Erde von Hand entfernen und dann durch Erde aus seinem eigenen Garten ersetzen, die er per Lastwagen hatte heranschaffen lassen. Auf diese Weise würden die Rosen (die ebenfalls aus Großvaters Garten stammten) keiner unnötigen Belastung ausgesetzt und die armselige vernachlässigte Erde meines Vaters wäre wenigstens teilweise ausgeglichen. Manchmal hatte es den Anschein, als sei mein Großvater darauf aus, jedes bisschen Erde rund um unser Haus auszutauschen, Quadratmeter für Quadratmeter.

Nun ist einem jeden guten Gärtner die Erde genauso wichtig wie die Pflanzen, aber dass mein Großvater sich mit einer solchen Besessenheit um gerade dieses Stückchen Erde kümmerte, hatte wohl einen tieferen Grund. Zweifellos sah mein Vater, der als Erster in seiner Familie ein Haus sein Eigen nannte, in dem Wunsch seines Schwiegervaters, unsere Erde durch seine eigene zu ersetzen, die Grundlage seiner Unabhängigkeit infrage gestellt. Und das war vielleicht nicht ganz unbegründet: Großvater hatte meinen Eltern das Geld für die

Anzahlung geschenkt (4 000 Dollar; das ganze Haus hatte 11 000 Dollar gekostet), und wie die meisten seiner Geschenke gab es auch dieses nicht ohne Hypothek. Die unerbetenen Hilfen bei der Gartengestaltung ebenso wie Großvaters Gewohnheit, immer wieder einmal gegen die Hauswände zu klopfen, als wolle er die Instandhaltung überprüfen, lassen vermuten, dass er sich in unserem Haus auch und in nicht geringem Maße als Eigentümer fühlte. Die Rolle des Hausbesitzers behagte Großvater mehr als alles auf der Welt, und solange mein Vater nicht bereit war, sich als Mieter zu betrachten, konnten sie unmöglich miteinander auskommen.

Vielleicht war seine Fürsorge für unsere Erde aber auch eine Erweiterung seiner echten und tief empfundenen Liebe zum Land. Ich meine hier nicht die Landliebe im Sinne des Naturfreundes. Das Land, an dem sich der Naturliebhaber erfreut, ist abstrakt und letztendlich von keinem Individuum wirklich in Besitz zu nehmen. Großvater liebte das Land im Sinne von Grund und Boden – als eine verlässliche, wenn auch irgendwie mystisch angehauchte Quelle persönlichen Reichtums. Ganz gleich, was auf der Welt passierte, ganz gleich, welchen Unsinn die Regierung gerade wieder anstellte, beim Land konnte man sich darauf verlassen, dass es seinen Wert behielt und vermehrte. Im schlimmsten Fall war aus einem Grundstück immer noch ein Ernteertrag zum Vermarkten herauszuholen, und mit großer Wahrscheinlichkeit ließ es sich so gut wie immer mit Gewinn wieder verkaufen, zumindest auf Long Island. »Sie können mehr Geld drucken«, pflegte er zu sagen, »und sie können neue Aktien und Pfandbriefe drucken, aber mehr Land drucken, das können sie nicht.«

In seinem Kopf existierten der Landwirt der Alten Welt und der Projektentwickler Seite an Seite; er war beides und empfand dabei keinen Widerspruch. Beide hatten, wenn sie ein Stück Land betrachteten, potenziellen Reichtum vor Augen. Es machte keinen Unterschied, dass der eine einen Kartoffelacker sah und der andere eine Wohnbebauung. Großvater brachte es fertig, das Land am Morgen liebevoll zu bestellen, am Nachmittag auszuplündern und sich dabei rundum zufrieden zu fühlen. Als Thoreau sein Bohnenbeet pflanzte, sagte er, sein Ziel sei, die Erde »Bohnen sprechen« zu lassen. An manchen Tagen ließ mein Großvater die Erde Gemüse sprechen, an anderen Tagen dagegen Einkaufszentren.

In seinen Jugendjahren begann Großvater mit dem Obst- und Gemüsegroßhandel in Suffolk County, das damals überwiegend landwirtschaftlich genutzt wurde. Er kaufte Obst und Gemüse von den Farmern und verkaufte die Ware an Restaurants und später auch an die Militärstützpunkte, die während des Krieges auf Long Island aus dem Boden schossen. Er schaffte es, während der ganzen Wirtschaftskrise Gewinne zu machen und nutzte seine Ersparnisse, um in der Depression landwirtschaftliche Flächen zum Tiefstpreis zu kaufen. Als nach dem Zweiten Weltkrieg die Vorstädte auf einmal Konjunktur hatten, sah er seine Chance gekommen. Für Pendler, so war die allgemeine Meinung, war Suffolk County zu weit von der Stadt entfernt, aber Großvater vertraute darauf, dass die Vorstadtwelle irgendwann auch dort ankommen würde. Sein Glaube an diese Gegend war so stark, dass man ihn, seinem Nachruf im *Newsday* zufolge, in Geschäftskreisen *Mr. Suffolk* nannte.

Großvater arbeitete an vorderster Front, genau dort, wo die Vorstadt im Vormarsch war, und spekulierte mit dem Land, als im Zuge der Suburbanisierung Stück für Stück Farmen in Reihenhäuser und Einkaufszentren umgewandelt wurden. Er begriff, was die New Yorker mit solcher Kraft immer weiter hinaus Richtung Osten trieb, weil er das Gleiche empfand. Da gab es die Angst und die Verachtung gegenüber dem Stadtleben – die übliche idealisierte Weltsicht der Vorstadtbewohner. Es gab aber auch ein edleres Motiv: Man wollte ein Utopia der Mittelklasse bauen, getrieben durch einen Unabhängigkeitsdrang à la Jefferson und durch den inneren Wunsch, für die eigenen Kinder eine ideale Welt zu erschaffen. Die Vorstadt, wo man mit einem Bein auf dem Land stand und mit dem anderen in der Stadt, war ohne Zweifel die beste Art zu leben, und Großvater war von einem nahezu evangelikalen Glauben erfüllt, dass wir irgendwann einmal alle auf diese Weise leben würden. Jedes Mal, wenn er 40 Hektar eines Kartoffelackers in North Fork kaufte, wusste er, es wäre nur eine Frage der Zeit, bevor sich dessen Bestimmung erfüllen würde, nämlich Utopia zu werden. Großvater hatte nichts gegen Kartoffeln, doch wer konnte bestreiten, dass auf Long Island der ultimative Ernteertrag durch ein vorstädtisches Bauprojekt zu erzielen war? Die Tatsache, dass es sich bei ebendiesem Bauprojekt einrichten ließ, hinter jedem Haus im Hof einen kleinen Kartoffelacker anzulegen, diente ihm als Beweis dafür, dass der Fortschritt keinen Preis verlangte.

Sein eigenes Vorstadt-Utopia war ein ausuferndes Farmhaus auf einem zwei Hektar großen Grundstück am Wasser, an der Südküste. Mein Großvater hätte so gut wie überall leben können, er war reich genug. Eine Zeitlang hatte die Familie in einer sehr beeindruckenden Villa in Westbury residiert. Großvater wollte dann aber doch lieber in einem der neuen Bauprojekte auf Long Island wohnen und als die Kinder erwachsen waren, zog er zusammen mit meiner Großmutter in eine Siedlung, wo die schicken Eigenheime auf ihren großen Grundstücken trotz allem noch am Geschmacksdiktat der Mittelklasse in der Vorstadt festhielten. Die Häuser waren ein gutes Stück von der Straße zurückgesetzt, und die riesigen, nicht eingezäunten Rasenflächen ihrer Vorgärten gingen ineinander über und erweckten den Eindruck einer einheitlichen Parklandschaft. Vor jedem Haus gab es hier mindestens 4 000 Quadratmeter Land, das kein Mensch außer dem angestellten Gärtner je betrat. Dass hier ungenutzte Fläche verschwendet wurde, ging Großvater bestimmt gegen den Strich. In Suburbia werden Vorgärten aber als ein Beitrag zu einer Art optischem Gemeingut angesehen, und aus Respekt vor dieser Konvention war Großvater bereit, sich die Genugtuung zu versagen, 4 000 Quadratmeter besten Projektentwicklungslands in vollem Umfang auszubeuten.

Zumindest bis ich ins Teenageralter kam, waren Besuche bei Großmutter und Großvater wundervolle Ereignisse. Die Vorfreude begann sich zu steigern, sobald wir in den *Peninsula Drive* einbogen und die lange, langsame Fahrt durch das Gebiet des *Great Common Lawn* antraten, ein vollendetes Grün, das nur durch die Farbakzente des Immergrüns und die elegant geschwungenen Zufahrten aus pechschwarzem Asphalt aufgelockert wurde. Obwohl wir eigentlich so schnell wie möglich da sein wollten, baten wir Mama (Papa fuhr so gut wie nie mit) jedes Mal, langsamer zu fahren, in der Hoffnung, die einzige Berühmtheit zu erspähen, die in der Straße meiner Großeltern wohnte: Bob Keeshan, den alle Kinder damals unter dem Namen *Captain Kangaroo** kannten. Einmal sahen wir den Captain tatsächlich, in Zivilkleidung beim Graben in seinem Garten.

Wenn Kinder einen saftigen frisch gemähten Rasen sehen, müssen sie ganz einfach losrennen, und nach der langen Autofahrt konnten wir es gar nicht erwarten, aus dem Kombi zu springen und quer über den hinteren Garten auszuschwärmen. Irgendwie war das Gras immer frisch geschnitten; es war so federnd und gleichmäßig, dass man mit der Hand darüberstreichen und das Gesicht ganz nahe dranhalten wollte. Meine Schwestern konnten den ganzen Nachmittag damit verbringen, auf dem Rasen Radschlagen zu üben, aber irgendwann lockte Großmutter sie dann doch ins Haus, dorthin, wo ganz eindeutig ihr Reich war. Außer der Garage und einem kleinen Raum mit Fernseher, wo Großvater die Regentage auf dem Sofa ausgestreckt verbrachte,

---

* *Captain Kangaroo* war eine amerikanische Fernsehserie für Vorschulkinder, die zwischen 1955 und 1984 ausgestrahlt wurde. Die Protagonisten waren Puppen in Gestalt von Tieren. Die Rolle des *Captain Kangaroo* wurde von Bob Keeshan gespielt.

war das Haus randvoll mit allem, was zu Großmutter gehörte: Vitrinen voll mit winzigen Keramikfiguren, wogende, rosafarbene Chiffonvorhänge, Frisierkommoden mit Zerstäubern aus Kristall und silbernen Haarbürsten, mit Ohrringen vollgestopfte Lackschatullen, kunstvoll gerahmte Portraits meiner Mutter und meiner Tante. In meiner Erinnerung sind das die Räume einer Königin, ein Vorstadt-Versailles; sie hielten die Aufmerksamkeit meiner Schwestern über viele Stunden gefangen.

Großvaters Reich war draußen, wo er mit seinem Gärtner Andy etwas geschaffen hatte, das in meinen Augen nichts anderes war als ein Paradies. Ausgehend von der Zufahrt beschrieb der Rasen einen breiten, geschwungenen Weg, der bis zur Rückseite des Hauses verlief. Dort befanden sich auf der einen Seite die mit Steinplatten ausgelegte Terrasse und der Steingarten und auf der anderen Seite ein eher natürlich gehaltener Bereich mit Büschen und kleinen Bäumen; dieser begrenzte den Garten auf seiner Rückseite und schirmte ihn gegen die Bucht ab. Durch diesen Bereich führte ein Pfad aus Trittsteinen an einer Rosenlaube vorbei und hinaus auf den hellen weißen Strand, was jedes Mal eine schöne Überraschung war. In der Mitte des Rasens hatte man einen Pavillon aufgebaut, eine alberne neumodische Konstruktion, die kaum genutzt wurde. Drumherum, säuberlich in einem Halbmond angeordnet, befand sich eine Auslese der neuesten Rosensorten: riesige Blüten auf spindeldünnen Stielen mit Namen wie *Chrysler*, *Eisenhower* oder *Peace*. Im Juni sahen sie aus wie Mitglieder eines kleinen Orchesters, die den Besuchern im Pavillon etwas vorspielten.

Der Bereich zwischen Rasen und Strand war sechs bis sieben Meter breit und dicht bepflanzt; er bildete eine Art Wildnis, die wir außer Sichtweite der Erwachsenen auf der Terrasse erkunden konnten. Hier gab es ausgewachsene Rhododendren und Obstbäume, darunter auch einen berühmten Pfirsichbaum, den Großvater, wie es hieß, aus einem

Samen gezogen hatte. Es war ein sehr beeindruckender Baum; im Spätsommer neigten sich die Zweige tief unter der Fülle der Früchte. Es handelte sich um einen Zwergbaum, sodass wir uns die flaumigen, gelben Kugeln selber holen konnten. In der Hoffnung, Großvaters Heldentat zu wiederholen, vergruben wir den Kern eines jeden Pfirsichs nach dem Essen mit großer Sorgfalt. (Wahrscheinlich war es sein Beispiel, das mich zu dem Experiment mit den Wassermelonenkernen angeregt hat.) Reifes Obst war aber nur eine der Überraschungen in Großvaters wildem Garten. Es gab noch eine andere, die wir immer suchten, aber nur manchmal fanden. An Glückstagen trafen wir beim Herumkriechen zwischen den Rhododendren und Zwergbäumen auf eine kleine, schattige Lichtung, wo auf einer kleinen Erhebung eine Statue aus Beton stand. Es war ein Junge beim Pinkeln, mit der Hand am Penis. Diese anstößige kleine Szene löste jedes Mal unweigerlich schallendes Gelächter aus, wenn wir als Gruppe zusammenstanden; war man allein, waren die Gefühle komplizierter. Auf die eine oder andere Weise ist Eros in jedem Garten zugange; dies war die Stelle, an der er in Großvaters Garten das Zepter schwang.

War man wieder draußen im Tageslicht, konnte man den Rasenweg weitergehen bis zu einer Stelle mit geometrischen Hecken, die auf die Höhe eines Zehnjährigen zurückgeschnitten waren und eine etwa drei Meter breite und zwölf Meter lange Gasse bildeten. Am einen Ende dieser Gasse gab es ein *Shuffleboard*-Spielfeld* der Regelgröße, ausgelegt auf glattem, gefärbtem Beton (für nackte Füße fühlte er sich den ganzen Sommer über kühl an), am anderen zwei Stäbe zum Hufeisenspielen*. Manchmal, wenn ich zu Besuch war, machten mir diese Spiele eine

---

* Beim *shuffleboard* muss mithilfe eines speziellen »Stocks« (cue) eine runde Scheibe auf einem Spielfeld so bewegt werden, dass sie auf Feldern mit möglichst hoher Punktzahl zu liegen kommt. Ziel des *Hufeisenspiels* ist es, ein Hufeisen so zu werfen, dass es einen freistehenden Stab »umschlingt«.

Zeit lang Spaß; normalerweise aber lief ich direkt zu der Lücke in der Hecke, durch die man in den Teil des Gartens kam, den ich ohne Frage am liebsten mochte und auf den mein Großvater am meisten stolz war – es war eigentlich der einzige Bereich auf dem ganzen Anwesen, der überhaupt jemals von irgendjemand mit dem Wort »Garten« bezeichnet wurde: sein Gemüsegarten.

Gemüse hatte Großvater zu seinem ersten Erfolg verholfen und je älter er wurde, desto mehr war er ihm zugetan. Irgendwann wurde dann die Pflege der Ziergärten Andy übertragen und Großvater verbrachte den größten Teil des Tages zwischen dem Gemüse, wobei er im Frühjahr regelmäßig den Garten um ein Stück vergrößerte und dafür den Rasen etwas verkleinerte. Hätte Großvater 20 Jahre länger gelebt, dann hätte sich sein weitläufiges Vorstadtgrundstück möglicherweise wieder gänzlich in Farmland zurückentwickelt. Fakt war, dass Großvater auf mindestens 2 000 Quadratmetern Gemüse angebaut hatte – es war im Grunde ein Gartenbaubetrieb und ein für ein älteres Ehepaar völlig unsinnig angelegter Garten. Ich besitze ein Foto von ihm aus den 1970er-Jahren; da steht er stolz zwischen seinem Gemüse in seinen *Bleyle*-Hosen, und ich kann mehr als 25 Tomatenpflanzen und mindestens ein Dutzend Zucchinipflanzen zählen. Den Zuckermais – eine Reihe nach der anderen –, die Stangenbohnen, Gurken, Warzenmelonen, Paprika und Zwiebeln kann man nicht sehen; auf jeden Fall aber gab es hier genug, um einen Gemüsestand zu bestücken.

Der Garten war mit einer gekrümmten Kniemauer aus Ziegeln eingefasst, die direkt am Wasser entlanglief. Seine Lage garantierte eine lange Wachstumsperiode, da sich die Wärme in der Bucht bis in den Herbst hinein hielt und vor Frost schützte. Großvater konnte es sich leisten, mit Platz verschwenderisch umzugehen; nirgendwo in seinem Garten kamen zwei Pflanzen miteinander in Berührung. Ich kann mir nicht vorstellen, dass es jemals einen penibler angelegten

Gemüsegarten gegeben hat. Jeden Morgen ging Großvater mit der Hacke durch, und kein Unkraut durfte sich erdreisten, den Kopf aus jenem schwarzen Lehmboden herauszustrecken. Großvater pflanzte Stangenbohnen und Tomaten mit dem gleichen Anspruch an Präzision wie Le Nôtre die Kastanienbäume in den Tuilerien. Die Reihen, die den Biegungen der Gartenmauer folgten, hätten genauso gut von einem Landvermesser gezogen sein können, und der jeweilige Abstand zwischen den Pflanzen war einheitlich und akkurat gemessen. Als Ganzes betrachtet hatte der Garten eigentlich am meisten Ähnlichkeit mit einem maßstabgetreuen Modell eines der neuesten Vorstadtprojekte: Die Reihen stellten die Straßen dar und jede frei stehende Gemüsepflanze ein Einfamilienhaus. Hier in diesem Garten wurde einer der unausgesprochenen Widersprüche in Großvaters Leben symbolisch aufgelöst: Farmer und Projektentwickler verschmolzen zu einer Person.

Was aber konnte meinen Großvater geritten haben, einen derart *großen* Gemüsegarten anzulegen? Selbst wenn sie in dem ihr eigenen rasenden Tempo die Sachen kochte und einmachte und in Essig einlegte, so hatte meine Großmutter doch nicht die leiseste Chance, mit dem riesigen Ertrag, den sein Garten täglich lieferte, Schritt zu halten. Schließlich war sie mit ihren Kräften am Ende und trat in Streik: Von nun an weigerte sie sich, von dem, was er erntete, noch irgendetwas zu verarbeiten. Und sie hielt Wort: Nie wieder füllte sie Tomaten in Dosen oder legte Gurken in Essig ein. Aber nicht einmal davon ließ er sich abschrecken, der Garten wurde größer und größer.

Ich habe den Verdacht, dass diese Überproduktionskrise Großvater sehr gelegen kam. Er war in erster Linie Kapitalist und, um ein Begriffspaar von Marx zu entlehnen, letzten Endes weniger am Gebrauchswert seiner Erzeugnisse interessiert als an ihrem Tauschwert. Ich möchte nicht unterstellen, dass er nicht auch unmittelbar Freude an seinem Gemüse hatte; insbesondere die Fleischtomaten bereiteten ihm großes Vergnügen. Er schnitt seine Tomaten-*Beefsteaks* gerne in dicke rosa Scheiben und verzehrte sie mit Messer und Gabel. Wenn man ihm dabei zuschaute, verstand man augenblicklich, wie eine Tomate dazu kam, nach einem Stück Fleisch benannt zu werden. »Süß wie Zucker«, verkündete er dann zwischen den Bissen, wobei sein Akzent die drei Wörter zu einem einzigen rituellen Beschwörungslaut vermanschte. Das Gleiche sagte er natürlich über seine Bermuda-Zwiebeln, den Mais, sogar über die Paprika. Was englische Superlative betraf, war Großvaters Vokabular beschränkt; »süß wie Zucker« war das größte Kompliment, das man einem Gemüse machen konnte.

Fleischtomaten zu verzehren, war eine mögliche Form des Vergnügens; noch schöner aber war es, ihren Marktpreis zu berechnen und sie zu verschenken. Da er viele Jahre im Obst- und Gemüsegeschäft verbracht hatte, hatte er eine Ecke in seinem Gedächtnis dafür reserviert, die aktuellen Preise einer jeden Gemüsesorte im Supermarkt zu speichern. Noch als er 90 Jahre alt war, schaute er immer wieder einmal in der Gemüseabteilung der *Waldbaums* vorbei, um seine mentale Preisliste auf den neuesten Stand zu bringen. Ich kann mich erinnern, dass Großvater, während ich neben ihm Gemüse erntete, eine Tomate in die Höhe hielt und nicht etwa wegen ihrer Größe oder mustergültigen Farbe in Begeisterung ausbrach, sondern ihren Marktpreis verkündete: *39 Cents das Pfund!* (Ganz gleich, wie hoch der Betrag war, er war immer skandalös.) Wenn er die Augen über seinen Garten schweifen ließ, sah er im Geiste wohl die kleinen, an Holzspatel gehefteten weißen Zettel, die den laufenden Preis pro Pfund für jedes landwirtschaftliche Produkt auflisteten.

Angesichts der Geschwindigkeit, mit der er eine Zahlenkolonne in seinem Kopf addieren konnte, brauchte er mit Sicherheit weniger Zeit als ich für das Hochbinden einer Tomatenpflanze, um den gesamten Garten mental in US-Währung zu übertragen. Im Garten arbeiten, das hieß für ihn: in vertrautem Umgang mit der Natur zu sein, ohne sich jemals vom Marktplatz zu verabschieden.

Indem er erheblich mehr Obst und Gemüse anbaute, als er mit Großmutter zusammen je hoffen konnte zu verbrauchen, verwandelte Großvater sein Gemüse in eine Handelsware. Und um diesen erhabenen Status sicherzustellen, pflanzte er ausschließlich diejenigen Sorten, die von den Supermarktketten verkauft wurden: Fleischtomaten, Eisbergsalat, Stangenbohnen der Marke *Blue Lake*, Salatgurken der Marke *Marketmore*. Dass es sich dabei normalerweise um Sorten handelte, die sich weniger durch ihren Geschmack auszeichneten als durch ihre Eignung für transkontinentalen Versand, spielte keine Rolle; er gab einem (theoretisch) vermarktbaren Gartenprodukt den Vorzug gegenüber einem wohlschmeckenden. Das Gemüse zu verkaufen, war natürlich keine realistische Option. Er sah ein, dass ein 85-jähriger Immobilienmagnat keinen Gemüsestand eröffnen konnte, auch wenn er das noch so gerne getan hätte. Trotzdem brauchte er Vertriebskanäle, deshalb betrieb er einen großen Aufwand, um die Sachen als Geschenke loszuwerden. Den ganzen Sommer hindurch holte Großvater, bevor er sich fürs Geschäft anzog (in Ruhestand ist er nie gegangen), die frische Ware aus dem Garten und belud Kofferraum und Rücksitz seines Lincoln mit Körben voller Gemüse. Wenn er dann seine Runden machte – Besuche bei Mietern, Feilschen mit Bankleuten und Maklern, wobei er billig einkaufte und teuer verkaufte –, hatte er Gemüsekörbe als Geschenk dabei. Nun verschenkte mein Großvater niemals etwas, ohne irgendeine Bedingung daran zu knüpfen. Er war zweifellos überzeugt, dass er sich diese Geschäftsleute mit seinen zuckersüßen Fleischtomaten irgendwie verpflichten und dadurch einen kleinen Vorteil gewinnen konnte. Vermutlich war das auch so. Auf jeden Fall diente die Nummer als Handlungsreisender für Gemüse dazu, die Anzugträger zu überrumpeln, da Großvater dabei eher wie ein freundlicher Bauerntölpel aus der Alten Welt erschien und nicht wie der Hai, der er in Wirklichkeit war.

Ich brauchte lange, bis ich verstand, welche Befriedigung im Verschenken von Gemüse lag; aber was für eine Freude es machte, Gemüse zu ernten, das lernte ich im Handumdrehen. Einen Besuch bei Großmutter und Großvater verbuchte ich dann als gelungen, wenn wir an einem Tag kamen, an dem Großvater noch nicht beim Ernten gewesen war. Bei solchen Gelegenheiten konnte ich es kaum erwarten, bis er mir einen Korb in die Hand drückte und mich in den Garten hinausschickte, um mit dem Pflücken schon einmal anzufangen. Allein war es am schönsten – wenn Großvater mitkam, machte er mich jedes Mal fertig, weil ich irgendetwas in methodischer Hinsicht falsch machte. Deshalb war es mir wichtig, in den Garten hinauszukommen, bevor er mit Mama zu Ende geplaudert hatte. Reifes Gemüse hatte einen Zauber für mich. War der Garten noch nicht abgeerntet, bot er sich als Ort unerschöpflicher Möglichkeiten dar. Beim Anblick einer reifen Tomate schlug mein Herz schneller und ich versuchte festzustellen, wie rot sie schon war inmitten der sie umgebenden grünen Masse. Wenn ich bei einer Stangenbohne die Haube aus herzförmigen Blättern anhob und darunter ein Bündel langer schmaler Schoten hängen sah, dann musste ich tief durchatmen. Die von der Sonne gewärmte Kugel einer Warzenmelone in den Armen zu halten oder den Spargel direkt aus seinem sandigen Boden zu ziehen – dies waren die höchsten Freuden. Die kann ich selbst heute noch im Garten empfinden, und dass sie mir inzwischen sehr vertraut sind, nimmt ihnen kaum etwas von ihrem Glanz.

Diese Freuden hatten damals nichts mit kulinarischem Genuss zu tun. Ich mochte Gemüse ebenso wenig wie andere Kinder (Tomaten fand ich widerlich und nur in Form von Ketchup hinnehmbar). Und doch stand es da vor meinen Augen: das Gemüse in seiner ganzen Erhabenheit. Wahrscheinlich hatte ich die Verehrung, die mein

Großvater gegenüber Obst und Gemüse empfand, in mich aufgesogen, das Gefühl, dass es sich hier um etwas Wertvolles handelte; und hier war es das tatsächlich und wuchs praktisch auf Bäumen. Auch wenn ich selbst mit Tomaten und Gurken nichts anfangen konnte, so war das doch bei den Erwachsenen anders, und das verlieh dem Gemüse in meinen Augen Wert. Im Sommer wurde der Gemüsegarten zu einer verzauberten Landschaft, überall waren Überraschungen vergraben und verborgen – unerwartete Farbkleckse und merkwürdige Formen, die ich als Schätze betrachtete, wie es mir mein Großvater beigebracht hatte. Mein Lieblingsbrettspiel als Kind war *Candyland*. Bei diesem Spiel rückte man sein Männchen mithilfe der Würfel durch eine fantastische Landschaft aus Lutscherbäumen, Milchschokoladensümpfen und Gummibonbonsträuchern vor. *Candyland* postulierte eine Sicht der Natur, die alle Kinderwünsche erfüllte – eine im Übermaß gastliche Landschaft, was übrigens eine mögliche Definition eines Gartens ist. Und die sommerlichen Gemüsebeete meines Großvaters lieferten ein ziemlich treffendes Abbild jenes Paradieses.

Dies war Großvaters Garten. Wenn mir beim Anblick dieses Gartens *Candyland* in den Sinn kam, dann dachte Großvater wahrscheinlich an *Monopoly*; in unser beider Augen war dieser Garten eine Landschaft voller Bedeutung; eine Landschaft, die Wünsche erfüllte und irgendwie in einer menschlichen Sprache redete. Als Kind konnte ich zu Gärten stets eine engere Bindung herstellen als zu Wäldern, vielleicht deshalb, weil Wälder so wenig Auskunft über den Menschen geben, worauf ich damals so scharf war, Gärten dagegen so viel. Kindheit hat viele Aspekte; unter anderem ist sie ein Lernprozess in Bezug auf die unterschiedlichen Wege, die aus der Natur heraus- und in die Kultur hineinführen, und von diesen Wegen gibt es im Garten viele. Ich kann mir keine Wildnis vorstellen, die mir so viel zu sagen gehabt hätte wie Großvaters Garten: der Blütenduft, der etwas von den Gepflogenheiten der Frauen ebenso wie der Blumen ahnen ließ; der Pfirsichbaum, an dem man das ganze Konzept von Frucht und Samen ablesen konnte; das Gemüse, das so viel darüber zu erzählen wusste, wie man an Nahrung und an Geld kam; und der Sommerrasen, der nicht besser hätte ausdrücken können, wie gastfreundlich sich die Natur gegenüber der Besiedlung durch den Menschen erweist.

Das Grundstück meiner Eltern (einen Garten konnte man das nicht nennen) hatte ebenfalls viel zu erzählen, aber das konnte ich erst verstehen, als ich deutlich älter war. Gartenlandschaften können eine zusätzliche Bedeutungsebene vermitteln, die mit gesellschaftlichen oder sogar politischen Fragen zu tun hat, und diese liegen normalerweise jenseits des kindlichen Horizonts. Der nicht gemähte Rasen im Vorgarten meines Vaters enthielt eine klare Botschaft an unsere Nachbarn und an seinen Schwiegervater, aber damals war ich zu klein, um dies wirklich zu verstehen. Ich begriff, dass unser Vorgarten die Quelle gewisser Spannungen zwischen meinen Eltern war, und so viel verstand ich schon, dass mich das irgendwie verwirrte. Konformität ist etwas, das Kinder offenbar mehr oder weniger instinktiv erfassen, und die Tatsache, dass unser Vorgarten anders aussah als bei allen anderen, gab mir das Gefühl, dass unsere Familie aus dem Rahmen fiel. Ich konnte nicht begreifen, warum mein Vater nicht ein bisschen mehr so sein konnte wie die anderen Papas in der Nachbarschaft.

In einem Sommer ließ er den Rasen voll ins Kraut schießen. Die Gräser wuchsen so hoch, dass sie blühten und Samen ansetzten; der Rasen wogte im Wind wie eine Fahne. Das hatte auch etwas Schönes, ganz bestimmt, aber in dieser Situation war das nicht erkennbar. Was der Rasen inmitten einer Zeile von Reihenhäusern auf Long Island ausdrückte, war *Verworfenheit* und nicht *Wiese*, obwohl er im

Grunde genommen genau das geworden war. Gegenüber den Nachbarn drückte er obendrein aus: *Ihr könnt mich mal.*

Man könnte nun argumentieren, dass der Vorgarten als Einrichtung besonders typisch ist für die amerikanische Vorstadt, und dass der Mangel an Respekt, den mein Vater ihm gegenüber erwies, wahrscheinlich seine grundsätzlich ambivalente Haltung gegenüber dem suburbanen Lebensstil ausdrückte. In Suburbia ist der Vorgarten zumindest optisch Teil einer gemeinschaftlichen Gartenlandschaft. Auch wenn er nicht wirklich öffentlicher Grund ist, so ist er doch auch nicht gänzlich privat. Damit spiegelt er einen der Grundsätze des suburbanen Experiments, welches Lewis Mumford einmal definierte als »eine kollektive Anstrengung, ein privates Leben zu führen«. Der private Teil kann ziemlich einfach beschrieben werden: Der Vorstadttraum kreist um den Primat des Familienlebens und des Privateigentums. Da dies die beiden größten Güter im moralischen Universum meines Vaters darstellten, hatte er dem Experiment bereitwillig seine Unterschrift gegeben. »Ein eigenes Haus zu besitzen« ist aber, wie sich zeigte, nur die eine Hälfte davon: Eine Vorstadt ist ein Ort, an dem man sich eben dieses gemeinsam mit Hunderten weiteren »gleichgesinnten« Paaren vornimmt. Ohne das Kleingedruckte zu lesen, hatte mein Vater die Mittelklasse-Utopie als Gesamtpaket unterschrieben, und dafür galt es nun einen hohen Preis zu zahlen.

Der Rasen vor dem Haus ist ein Symbol für das kollektive Gesicht der Vorstadt, der Hof dahinter dagegen für den privaten Aspekt. Hinterm Haus kann man mehr oder weniger machen, was man will, aber nach vorne hinaus hat man den Wünschen der Gemeinschaft und ihrem Selbstbild Rechnung zu tragen. Zäune und Hecken kommen nicht infrage: Sie gelten als unsozial, als unmissverständliches Zeichen für eine Distanzierung von der Gruppe. Der eine Rasen soll ungehindert in den anderen übergehen und damit die Grenzen zwischen den Häusern verwischen und zum Gemeinsinn beitragen. Der Rasen vor dem Haus ist der Ort, an dem die »Gleichgesinntheit« ihren deutlichsten Ausdruck erfährt. Der traditionelle Entwurf einer Vorstadtstraße ist darauf ausgerichtet, eine Vielzahl gleichwertiger individueller Landparzellen zu einer homogenen Gesamtansicht zusammenzuführen – einer demokratischen Gartenlandschaft. Den eigenen Anteil an dieser Landschaft zu pflegen, gehört zu den bürgerlichen Pflichten. Man wählt jedes Jahr im November, man tritt dem Eltern-Lehrer-Ausschuss bei und man mäht jeden Samstag seinen Rasen.

Nun ist es natürlich so, dass es für das demokratische System viel leichter ist, den Nichtwähler zu verkraften, als für die demokratische Gartenlandschaft, mit dem Nichtmäher zurechtzukommen. Ein einziger nicht gemähter Rasen verdirbt die gesamte Wirkung und verkündet der Welt, dass hier in Utopia keineswegs alles in Ordnung ist. Meinem Vater war dies völlig egal. Das Grundstück gehörte ihm; er konnte damit machen, was er wollte. Was die Nachbarn betraf, so fühlte er sich ihnen in keiner Weise verpflichtet. Wir waren praktisch die einzige jüdische Familie in einer überwiegend katholischen Gegend und abgesehen von ein oder zwei Ausnahmen waren die Nachbarn uns immer distanziert begegnet. Warum sollte er so tun, als teile er ihre Werte? Wenn sie unseren Rasen als Abweichung vom Willen der Gemeinschaft betrachteten, so konnten sie dies gerne so interpretieren. Und wenn der Rasen zufällig auch seinen Schwiegervater zur Weißglut brachte, dann umso besser. (Man sollte sich allerdings davor hüten, den Einfluss der Faulheit auf die Rasenpflegephilosophie meines Vaters zu gering einzuschätzen.)

In dem Sommer, in dem er das Mähen dann ganz einstellte, verspürte ich zum ersten Mal den heißen Atem einer tyrannischen Mehrheit. Keiner sagte etwas, aber man hörte es trotzdem: *Mähe deinen Rasen.* Autos bremsten ab, wenn sie an unserem Haus vorbeifuhren.

Manche Fahrer waren vermutlich einfach nur neugierig: Sie sahen den ungemähten Rasen und fragten sich, ob vielleicht jemand in Eile weggezogen oder ob jemand gestorben war. Andere jedoch fuhren in einer Art und Weise vorbei, die eine ganz unmissverständliche Botschaft war, indem sie nämlich beim Näherkommen abbremsten, um dann beim Passieren des Hauses wütend aufs Gas zu treten – das war ein kerniger Fahrstil, eine Vorgehensweise, die Mitgliedern des Ku-Klux-Klans zur zweiten Natur geworden ist.

Die Botschaft erreichte uns auch über andere Medien. George Hackett, der Nachbar direkt nebenan und der einzige Freund meines Vaters in der Siedlung, wurde von den anderen Nachbarn beauftragt, meinem Vater beizubringen, was Gemeinsinn ist. George stand in dieser Sache nicht unbedingt auf der Seite der Mehrheit, aber er war der einzige Vermittler, der infrage kam, und er war leicht unter Druck zu setzen. George war ein kleiner, etwas ängstlicher Mann – in meiner damaligen Welt war er unter den Erwachsenen wahrscheinlich derjenige, der mich am wenigsten einschüchterte – und die anderen setzten ihm vermutlich ziemlich zu, bevor er sich bereit erklärte, ihrem Befehl zu gehorchen. Es war an einem frühen Sommerabend, als er vorbeikam, um seine Botschaft zu überbringen. Ich kann mich nicht mehr an alles erinnern, aber ich habe das Bild vor mir, wie er sich von meiner Mutter einen Drink geben ließ, mit quiekender Stimme herausbrachte, was man ihm aufgetragen hatte und dann die Reaktion meines Vaters – der ein Bär war im Vergleich zu George – abwartete.

Die Antwort meines Vaters hätte nicht beredter sein können. Er ging in die Garage und ließ den rostigen alten *Toro* zum ersten Mal seit dem Frühjahr an; es war ein Wunder, dass das Ding überhaupt ansprang. Er schob ihn hinaus bis an den Randstein und dann zurück über den Rasen zum Haus, jedoch nicht in einer geraden Linie; vielmehr machte er einen Schlenker nach rechts, dann nach links, dann wieder nach rechts. In dem hohen Gras hatte er ein *S* geformt. Dann machte er ein *M* und am Ende ein *P*. Das waren seine Initialen, und sobald er sie fertig geschrieben hatte, rollte er den Rasenmäher zurück in die Garage, um ihn niemals wieder anzuwerfen.

Nicht lange nach diesem Vorfall zogen wir aus Farmingdale fort. Das war im Jahr 1961, ich war sechs Jahre alt, und mein Vater verdiente inzwischen gut genug, um sich ein Haus an der wohlhabenderen Nordküste leisten zu können, und zwar in einer Stadt namens Woodbury. Wir kauften eines der ersten Häuser in einem neuen Bauprojekt mit dem Namen *The Gates*. Zum Baugelände gehörte ein Stück eines alten Landgutes, und der Bauträger hatte die riesigen schmiedeeisernen Eingangstore erhalten, um dem neuen Wohngebiet einen gewissen aristokratischen Anstrich zu verleihen.

Es ist das Vorrecht des Bauträgers, die Straßennamen in seinem Projekt zu bestimmen, und damals war es üblich, dafür ein bestimmtes Thema zu wählen. In den meisten Wohngebieten waren die Straßen nach Bäumen oder Blumen benannt. *The Gates* jedoch stellte sich von Anfang an als ein besonderes Bauprojekt dar – großartiger, fortschrittlicher – und sollte deshalb auch Straßennamen anderer Art bekommen. Vor Kurzem war Alaska zum 50. Bundesstaat ernannt worden, und da sich dieser Bauträger möglicherweise als Pionier oder Reichsgründer fühlte, entschied er sich, alle seine Straßen nach Orten in Alaska zu benennen; unser Haus lag an der Ecke *Juneau Boulevard* und *Fairbanks Drive*. (Das Wort »Straße« mit seiner urbanen Konnotation kommt im suburbanen Vokabular nicht vor.) Dass die Namen entlegener, Pioniergeist atmender Orte ganz und gar nicht zu geleckten *Boulevards*, *Drives* und *Courts* passten, störte anscheinend niemanden.

Bei einem neuen Bauprojekt suchte man sich sein Grundstück aus sowie einen der drei verfügbaren Haustypen (Farmhaus, Kolonialstil oder terrassiert), und dann wurde es gebaut. Wir wählten 4 000 Quadratmeter waldbestandenes Land (ein großes Grundstück verglichen mit dem, das wir in Farmingdale hatten), das vom *Juneau Boulevard* zu einer Senke hin abfiel. Die Topografie gewährte eine gewisse Abschirmung, bedeutete aber auch, dass der Boden des Kellergeschosses normalerweise einige Zentimeter unter Wasser stand. Was den Haustyp betraf, so gab es da gar keine Diskussion: Wir wohnten immer in Farmhäusern. Dafür gab es zwei Gründe: Zum einen war das Farmhaus der »modernste« Typ, und meine Eltern betrachteten sich als modern. Zum andern ging es um Sicherheit. Nach Meinung meiner Mutter war es völlig ausgeschlossen, Kinder in einem Haus mit Treppe aufzuziehen. Da hätte man genauso gut die *Long Island Rail Road* auffordern können, ihre Gleise durch den eigenen Hinterhof zu legen.

Nachdem der Vertrag unterschrieben war, fuhr mein Vater jedes Wochenende mit meiner Schwester und mir nach Woodbury, um den Baufortschritt bei unserem neuen Haus zu verfolgen. Wir sahen zu, wie das waldbestandene Areal teilweise gerodet und von Vermessern mit Dreibeinstativen abgesteckt wurde. Meine Eltern hatten sich für dieses Grundstück wegen des dichten Eichenwaldes entschieden. Wir banden also Bänder um die Bäume, die erhalten werden sollten, unter anderem eine große Eiche mit zwei Stämmen, die dann für den Rest meiner Kindheit vor unserer Haustür stehen sollte. Wir fühlten uns wie Pioniere, als wir zusahen, wie der Wald den Bulldozern Platz machte und wie allmählich eine völlig neue Landschaft Gestalt annahm. Ich weiß noch, wie tief ich beeindruckt war, was das schwere Gerät alles bewirken konnte. Wer hätte gedacht, dass man einen Wald in einen Vorgarten verwandeln oder einen Hügel verschwinden lassen kann? Dass Land sich derart veränderte, hatte ich noch nie gesehen. An dem Tag, als sie dann das Fundament gossen, drückte uns mein Vater Pennystücke in die Hand, um sie als Glücksbringer in den frischen Beton zu werfen.

Obwohl nur 20 Minuten von Farmingdale entfernt, war *The Gates* eine völlig andere Welt. Farmingdale war ein Arbeiterviertel, wo Elektriker, Ingenieure und Arbeiter im Bereich Luft- und Raumfahrt wohnten, für die ein Haus in der Vorstadt der erste und vielleicht auch der einzige Beleg dafür war, dass sie zur amerikanischen Mittelschicht gehörten. Vielleicht waren unsere Nachbarn so empfindlich in Bezug auf Juden und den Rasen vor dem Haus, weil sie in dieser Identität noch keinen so festen Halt hatten. Die Leute jedoch, die sich in *The Gates* einkauften, waren Söhne und Töchter der unteren Mittelklasse, was in den 1950er- und 1960er-Jahren bedeutete, dass sie auf gutem Weg waren, recht wohlhabend zu werden. Sie waren Rechtsanwälte, Ärzte oder Inhaber kleiner Firmen. Das war eine selbstbewusstere Klasse. Man wählte ein Vorstadthaus, das die eigene überlegene Position und verfeinerte Lebensart zum Ausdruck brachte. Schon in den frühen 1960er-Jahren hatten die Vorstädte bereits den Ruf der Konformität und rechtwinkligen Spießigkeit erworben. *The Gates* sprach Leute an, die in einer Vorstadt wohnen wollten, die nicht wie eine solche aussah. Die Straßen waren breit und nicht in einem strengen Raster angelegt, sondern schlängelten sich auf unvorhersehbare Weise. Dafür gab es natürlich überhaupt keinen praktischen Grund; da war nichts, *worum* die Straßen einen Bogen hätten machen müssen. Sie schlängelten sich einzig und allein deshalb, weil man den Eindruck erwecken wollte, als befände man sich hier auf dem Land und als gäbe es dies alles schon von alters her. Das Projekt wurde von einer Art »antisuburbanen Vorstadtästhetik« dominiert; man hatte die Grundstücke in unregelmäßige Flächen aufgeteilt, die Gehwege waren abgeschafft und die Straßen endeten in Sackgassen (das waren die *Courts*).

Im Vergleich mit Farmingdale war die Landschaftsgestaltung in *The Gates* von verwegener Ausdruckskraft. Nicht dass die Tyrannei des Vorgartens aufgehoben worden wäre. Aber selbst innerhalb dieser strengen Auflagen schafften es viele Familien, ihr *eigenes Ding* zu machen – eine Formulierung, die neuerdings häufig zu hören war. Meist gestaltete man die Gärten in einem leicht aristokratisch anmutenden Stil, der an englische Landsitze oder auch, noch weiter hergeholt, an Südstaatenplantagen erinnerte. Sehr beliebt waren kreisförmige Zufahrten. In breiten Halbkreisen, deren Konturen durch Sträucher penibel hervorgehoben wurden, schwangen sie sich direkt bis zum Eingang. Die Bepflanzung sollte die Aufmerksamkeit auf den Asphalt lenken, der jedes Jahr aufs Neue versiegelt wurde, um den tintenschwarzen Glanz aufzufrischen. Diese Zufahrten gaben dem Besucher das Gefühl, das, worauf er zufuhr, sei kein Terrassenhaus, sondern ein Herrensitz. Man erwartete eigentlich schon fast, dass ein Mann in Livree den Wagenschlag öffnete. In Wirklichkeit hatte die kreisförmige Zufahrt aber den Zweck, einen glanzvollen Rahmen für das Familienjuwel zu liefern, das normalerweise ein Cadillac oder ein Lincoln war. Solche Zufahrten machten es gesellschaftsfähig, den Wagen mitten im Vorgarten zu parken, wo ihn keiner übersehen konnte.

Die Rosenblums, von uns aus gesehen ein paar Häuser weiter den *Juneau Boulevard* hinauf, hatten *zwei* Zufahrten, je eine auf beiden Seiten des größten, glattesten, makellosesten Rasens im gesamten Bauprojekt. Weiß und abgehoben stand das Haus im Kolonialstil mitten in diesem riesigen grünen Rechteck, eingerahmt von den zwei schnurgeraden Asphaltwegen. Über die eine Zufahrt konnten die Mitglieder der Familie zur Garage kommen, über die andere wurden Gäste zu einem etwas offizielleren Eingang geleitet. Die Fassade des Hauses war in einer Art *Greek-Revival*-Stil gehalten, aber von ungeheuren Ausmaßen, mit vier geradezu komisch wirkenden dorischen Säulen und einem gigantischen schmiedeeisernen Kronleuchter in der Mitte. Ich musste dabei immer an *Tara* denken. Welche Fantasievorstellungen Mr. Rosenblum hier auslebte, weiß ich nicht, aber was ich noch weiß, ist, dass er fuchsteufelswild wurde, wenn jemand die falsche Zufahrt benutzte.

Es muss meinen Eltern klar gewesen sein, dass in Bezug auf Rasenpflege und Gartenarbeit die »S.M.P.«-Methode in *The Gates* nicht funktionieren würde. Zum Glück konnten sie es sich nun leisten, eine Landschaftsgestaltung nach ihrem Geschmack in Auftrag zu geben und, was noch wichtiger war, einen Vertrag für die Pflege des Gartens abzuschließen; so würde es meinem Vater leichter fallen, sich mit den neuen Nachbarn gut zu stellen. Es ist wichtig zu wissen, dass meinen Eltern die Gartengestaltung nicht gleichgültig war. Selbst meinem Vater lagen seine Bäume und Sträucher am Herzen. Er konnte ganz einfach keinen Rasen leiden und kümmerte sich um den Rest des Gartens lieber aus einer gewissen Distanz, am allerliebsten durch ein Fenster. Seit er aber mehr Geld hatte, erschlossen sich neue Methoden der Gartenarbeit; statt mühseliger, unmittelbarer Auseinandersetzung mit Erde und Pflanzen ging es jetzt um Tätigkeiten, die ihm mehr zusagten: beaufsichtigen, Verträge schließen, einkaufen, herumbasteln an technischen Problemen, verhandeln. Man muss die Definition von Gartenarbeit etwas weiter fassen, bevor man seine quasigärtnerischen Leistungen in vollem Umfang würdigen kann. Vielleicht die größte Leistung dieser Art hatte mit einer Trauerbirke zu tun, die mitten im Hof hinter unserem Haus in Farmingdale stand und aussah wie ein Springbrunnen mit grünen Kaskaden. Dieses durchaus seltene Stück war der Lieblingsbaum meiner Mutter und sie wollte ihn unbedingt nach Woodbury mitnehmen. Sobald man also den Vertrag zum Verkauf des Hauses in Farmingdale unterzeichnet hatte, jedoch bevor die neuen Besitzer einzogen, veranlasste mein Vater, dass Walter Schinkelhaus, der Landschaftsgärtner meines Großvaters, die Birke ausgrub und mit dem Lastwagen nach Woodbury brachte. Der Baum war allerdings derart markant und so zentral im Hof positioniert gewesen, dass die neuen Besitzer sein Fehlen mit Sicherheit bemerkt hätten. Deshalb ließ mein Vater Walter eine Trauerweide an seine Stelle setzen. Und dann wies er Walter an, die Rinde der Wei-

de weiß anzumalen und ihre Zweige behutsam so zurückzuschnei-
den, dass sie aussah wie eine Trauerbirke. Abgesehen davon, dass er
in Farmingdale seine Initialen in den Rasen geschnitten hatte, war
dies vielleicht die größte gärtnerische Leistung im Leben meines
Vaters, eine bemerkenswert originelle Synthese aus Formschnitt und
Jemanden-übers-Ohr-Hauen.

Der Mann, den meine Eltern für Planung, Bepflanzung und
Instandhaltung unseres Gartens einstellten, muss unter den Land-
schaftsgärtnern von Long Island ein Ketzer gewesen sein. Mit meinem Vater als Stichwortgeber ließ er sich einen radikalen, pflegeleich-
ten Entwurf einfallen, der nur ein schmales, gewundenes Rasenband
aufwies. Dieser enge, grasige Weg schlängelte sich mit unerwarteten Windungen durch alles, was man damals in der Landschafts-
gärtnerei an Alternativen zum Rasen kannte: ausgedehnte Inseln
aus Sträuchern, mit Ysander unterpflanzt; plattenbelegte Terrassen;
umfangreiche baumbestandene Bereiche und sogar eine Japan-
abteilung, mit importierten weißen Kieseln ausgelegt. Es war alles
sehr modern und obwohl man damit den Konventionen der suburbanen Landschaftsplanung die Stirn bot, geschah dies doch mit
Geschmack. Der Vorgarten wies insgesamt deutlich mehr Boden-
decker als Gras auf. Die meisten Sträucher (im Wesentlichen Rhododendren und Azaleen) wurden nicht direkt ans Haus, sondern nahe
an die Straße gepflanzt, wodurch sich eine nicht gestutzte, unregelmäßige Hecke ergab, die das Haus verbarg. Die Stützmauer entlang der
Zufahrt war eine terrassenartig abgestufte Konstruktion aus Eisenbahnschwellen, damals noch eine Novität in der Landschaftsplanung.
(Im Handel waren sie noch nicht erhältlich; man erwarb sie – mein
Vater hatte das organisiert – von Beschäftigten der *Long Island Light-
ing Company* (LILCO) und der *Long Island Rail Road* (LIRR), direkt
vom Lastwagen herunter.) Auf einem großen Teil des Anwesens ließ
man die Bäume stehen. Und der *Toro* blieb in Farmingdale zurück.

Wir waren vielleicht die einzige Familie auf Long Island, die keinen Rasenmäher besaß.

Da mein Vater gegenüber dem Bewässern mehr oder weniger die gleiche Einstellung hatte wie gegenüber dem Rasenmähen, beschloss er, eine Berieselungsanlage nach dem neuesten Stand der Technik zu bestellen. Von seiner Kommandozentrale in der Garage aus würde er dann in der Lage sein, jeden Winkel des Grundstücks zu überwachen und zu bewässern, immer jeweils einen Bereich. Eine ausgefeilte Zeitschaltuhr, die in Verbindung mit einem Gerät funktionierte, das den Feuchtigkeitsgehalt des Bodens prüfte, sollte sicherstellen, dass Gras ebenso wie Ysander sich optimaler Bedingungen erfreuten. Bald jedoch stellte sich heraus, dass der Sprinklervertreter meinen Vater ziemlich kostspielig aufs Kreuz gelegt hatte. Wir hatten viel mehr Sprinklerköpfe, als wir überhaupt verwenden konnten, Hunderte davon waren überflüssig; alle zwei Meter schaute schon wieder so ein Bronzepilz aus dem Boden. Auch das System funktionierte von Anfang an nicht wie geplant. Manchmal begannen die Sprinklerköpfe mitten in der Nacht oder während eines Regenunwetters, alle gleichzeitig zu zischen und zu spucken, als würden sie von einer außerirdischen Intelligenz dirigiert. Aus manchen Köpfen schoss der Strahl heraus wie ein Wasserfall, die meisten aber tröpfelten armselig vor sich hin. Mein Vater verbrachte Stunden in der Garage; er stand in seinen Boxershorts vor dem Bedienungspult und versuchte vergeblich, die Perversität des Systems in den Griff zu bekommen.

Aus meiner Sicht fehlte dem ferngesteuerten Landschaftsgarten meines Vaters die entscheidende Qualität. Nachdem die Leute die Büsche gepflanzt und den Grasteppich verlegt hatten, blieb nichts anderes mehr zu tun, als das alles anzuschauen. Bei aller Banalität waren die traditionelle suburbane Landschaft wie auch die Vorstädte als solche doch auf die Bedürfnisse von Kindern zugeschnitten. Nichts eignet sich besser zum Spielen als ein Rasen. So schön das Anwesen meiner Eltern auch angelegt war, mit seinem Rasenstreifen und den vielen schattigen Bäumen, auf Kinder wirkte es nicht einladend. Diese Landschaft war für den Betrachter gemacht, den malerischen Blick konnte man am besten von drinnen genießen, in Boxershorts. Eines war klar: Im Ysander gab es keinen Platz zum Spielen.

Was aber am meisten fehlte, war ein echter Garten. Insgesamt gesehen *war* es natürlich ein Garten, für meine Begriffe jedoch (wie auch im allgemeinen amerikanischen Wortgebrauch) war ein Garten ein kleines Stück Erde mit Blumen oder Gemüse; alles andere war ein *yard*, also ein Hof. Ein Hof war einfach nur ein Grundstück; ein Garten war irgendwie konkreter und er war – was für mich das Allerbeste war – produktiv: Er *machte* etwas. Ich wünschte mir eher etwas, das so aussah wie der Garten meines Großvaters, einen Ort, an dem ich die Erde mit meinen Händen bearbeiten konnte, sodass sie etwas hervorbrachte. Ich hatte auch viel Zeit damit verbracht, die Arbeiter dabei zu beobachten, wie sie, während sie dieses neue Bauprojekt gestalteten, die Landschaft in meiner ganzen Umgebung umwälzten: Jeden Tag, so schien es, verwandelten sich Wälder in Rasen, neue schwarze Straßen zerteilten die nahe gelegenen Felder, Einlaufschächte wurden gegraben, ganze Hügel *bewegten* sich. Wohin man auch schaute, schien die Landschaft im Fluss zu sein; die Idee, die Erde neu zu modellieren, hatte von mir Besitz ergriffen. Währenddessen war aber unser eigenes Grundstück auf einmal versteinert. Man konnte nichts weiter tun als in die Garage zu gehen und an der Sprinklerbedienung herumzufummeln. Was ich aber wollte, war *graben*.

Der größte Teil unseres Grundstücks wurde nun der Gerichtsbarkeit des Gartenpflegeteams, das jeden Freitag auftauchte, unterstellt. Aber es gab doch noch ein paar Ecken, die seiner Aufmerksamkeit entgingen. Der Rasen auf dem rückwärtigen Teil des Grundstücks, entlang des schmalen Gangs zwischen Haus und Wald, wollte einfach nicht gedeihen; ganz gleich, welche Samenmischung die Landschaftsgärtner ausprobierten, letztendlich blieb der Schatten doch Sieger über das Gras. Als sie an dieser Stelle endlich aufgaben, bekam ich die Erlaubnis, dort zu graben. Natürlich konnte ich wegen der Beschattung keinen Garten anlegen, aber ich hatte eine andere Idee: nämlich dem Anwesen zu einem Gewässer zu verhelfen, denn das brauchte es dringend. Vom Haus aus verlegte ich unterirdisch einen Schlauch und konstruierte einen Wasserlauf: ein mit Steinen ausgelegtes Bachbett, das durch ein kompliziertes Netzwerk aus Teichen führte und in einem spektakulären Wasserfall gipfelte, der mindestens 25 Zentimeter abfiel. Ich verbrachte ganze Nachmittage damit, das Wasser zu beobachten, wie es immer wieder neue Pfade in die Erde zeichnete auf seiner unendlich variierbaren, aber nicht aufzuhaltenden Reise Richtung Wald. Ich lernte, wie Wasser zu denken, eine Fähigkeit, die mir später bei der Gartenarbeit gute Dienste leisten sollte. Ich experimentierte mit verschiedenen Steinen, um unterschiedliche Töne und Bewegungen hervorzubringen, und verbrauchte ganz bestimmt verwerfliche Mengen an Wasser. Auch wenn dies alles in meinen Augen eine Miniaturlandschaft von außergewöhnlicher Schönheit darstellte, war mein Wassergarten in Wirklichkeit vielleicht doch nicht viel mehr als ein Fleckchen Matsch; da bin ich mir nicht ganz sicher.

Als ich dann von meinem Wassergarten genug hatte, riss ich ihn heraus und baute an seine Stelle einen Friedhof. Wir hatten viele Haustiere, und die gingen ständig ein. Nicht nur Hunde und Katzen, sondern auch Kanarienvögel und Küken, Schildkröten und Entchen, Rennmäuse und Hamster. Wann immer eines dieser Tiere seinen Geist aufgab, organisierten meine Schwester und ich aufwendige Begräbnisse. Und wenn sich zufällig einmal alle unsere Haustiere guter Gesundheit erfreuten, dann gab es immer irgendwelche totgefahrenen Tiere, denen eigentlich eine ordentliche Beerdigung zustand. Nachdem wir die Schuhschachteln in die Erde versenkt hatten, glätteten wir die Fläche mit dem Rechen, streuten neuen Samen auf die Erde und stellten ein weiteres selbst gemachtes Holzkreuz auf das Grab. Ich wusste, dass man Kreuze für Christen aufstellt. Ein Davidstern überstieg jedoch meine Fähigkeiten als Tischler, und ich hielt Haustiere ohnehin eher für Nichtjuden. Für ein Kind, das jüdisch aufwuchs, war das Andere in allen seinen Erscheinungsformen im Zweifelsfall christlich.

Mein Partner bei diesen diversen landschaftsgestalterischen Bemühungen war normalerweise Jimmy Brancato, ein auf gespenstische Weise vom Glück verlassener Junge, der mit seinen zweifelhaften Eltern ein Stück weiter unten in unserer Straße wohnte. Mr. Brancato war ein irgendwie nach Gangster aussehender Typ, der eine Autowaschanlage in Hemstead besaß und Gerüchten zufolge in einem anderen Staat schon einmal eine Zeit lang im Gefängnis gesessen hatte. Mrs. Brancato, die ihr wasserstoffblondes Haar zu einer gewaltigen Frisur auftürmte und stark nach Gangsterbraut aussah, war eine Meisterin im Herumkreischen und Getuemachen. Sie lebte derart unbeirrt in der Überzeugung, dass ihre Kinder dafür ausersehen waren, in Schwierigkeiten zu geraten (in Jimmys Fall Gefängnis, im Fall seiner Schwestern außereheliche Schwangerschaften), dass diese dann nach und nach auch selbst zu der Überzeugung gekommen sein mussten, es gebe keine Alternative. Und in der Tat wurde eine der Töchter irgendwann geschwängert und Jimmy geriet in ernsthaften Konflikt mit dem Gesetz.

Das geschah aber alles viel später. Zu der Zeit, über die ich schreibe, war Jimmy neun oder zehn und erst an der Schwelle zur Delinquenz. Wie man sich vorstellen kann, hingen wir beide lieber bei mir zu Hause herum. Jimmy mochte meine Mutter gern, wahrscheinlich aus dem einfachen Grund, weil sie, wenn sie ihn anschaute, nicht sofort an gestreifte Gefängniskleidung dachte. Ich meinerseits hatte viel zu viel Angst vor Jimmys Eltern, um mich freiwillig in deren Nähe zu begeben. Ich mochte Jimmy, weil er im Vergleich zu mir kühn und furchtlos war. Und er mochte mich, weil ich im Vergleich zu ihm Verstand hatte. Wir waren ein gutes Team.

Wir gärtnerten beide gerne, obwohl sich Jimmy hier vielleicht nur meiner Führung unterwarf. Normalerweise gab ich das Programm vor; ich erklärte Jimmy, wo wir graben oder was wir an dem entsprechenden Tag pflanzen würden, wobei ich, wann immer es sich als nötig erwies, meine Autorität zu unterfüttern, meinen Großvater zitierte. Unser erster Garten, den wir eine »Farm« nannten, war in Terrassen angelegt: Die Stützmauer aus Eisenbahnschwellen stieg von der Zufahrt in einer Reihe von vier oder fünf Stufen an, von denen jede einzelne ein ideales Gartenbeet darstellte. Auf der ersten Ebene pflanzten wir Erdbeeren, auf der zweiten Wassermelonen und auf der dritten ein paar Gurken, Auberginen und Paprika. Mit Abstand unsere liebsten Früchte waren aber Erdbeeren. Sie hatten die Dramatik der Tomaten (die leuchtend rote Frucht), sie kamen jedes Jahr von alleine wieder (wir fanden das ziemlich toll) *und* man konnte sie obendrein noch essen. Unser Ziel war jedoch, so viele Erdbeeren zu ernten, dass wir sie verkaufen konnten – wir hatten ja schließlich eine Farm –, und jedes Mal, wenn wir sechs oder sieben reife Beeren auf einmal fanden, legten wir sie in einen Pappbecher und verkauften sie an meine Mutter. Irgendwann hofften wir einen Verkaufsstand am *Juneau Boulevard* eröffnen zu können. Jimmy arbeitete immer wie ein Tier. Selbst nachdem man mich zum Abendessen hineingerufen hatte, blieb er noch draußen und grub und hackte, bis seine Mutter den Kopf aus dem Küchenfenster streckte und ihn mit großem Geschrei nach Hause zitierte.

So viel Freude er daran auch haben mochte, diese Art der Gartenarbeit konnte Jimmys Abenteuerlust doch nicht gänzlich befriedigen. Vielleicht spürte er, dass es nicht leicht für ihn sein würde, sein Schicksal im Gemüsegarten zu erfüllen (obwohl er schließlich Mittel und Wege fand, um genau dies zu tun). Jimmy hatte eine vergleichsweise weit gefasste Vorstellung vom Gärtnern. Dazu gehörten auch so unkonventionelle Vorgehensweisen wie das Ernten der Früchte anderer Leute in deren Abwesenheit. An unsere Siedlung angrenzend befand sich ein Kürbisfeld, und jeden Herbst bestand Jimmy mehrere Male darauf, dass ich ihn auf einem Einsatz begleitete mit dem Ziel, so viele Kürbisse zu stehlen, wie wir in unsere Wagen stapeln konnten. Meine Teilnahme an diesen Unternehmungen war der Preis, den ich für Jimmys Hilfe auf der Farm zahlte.

Das Kürbisfeld war ein Ort von bizarrer Schönheit, mit seinem riesigen Netz aus grünen Ranken, das die prachtvollen orangenen Kugeln bedeckte, soweit das Auge reichte. Hier war es wieder, das Gemüse in seiner Erhabenheit, aber diesmal barg die Begegnung mit ihm große Gefahr. Man hatte mir beigebracht, das unerlaubte Betreten fremden Bodens sei ein verabscheuungswürdiges Verbrechen. Wir mussten unsere Wagen an dem Schild »Betreten verboten« vorbeiziehen, und dabei kam ich fast um vor Angst. In den Vorstädten war Privatbesitz eine derart unantastbare Institution, dass selbst kleine Kinder die Macht spürten, die davon ausging. Jimmy behauptete – wahrscheinlich nur, um mir Angst zu machen, aber man konnte ja nie wissen –, die Farmer hätten Gewehre, die mit Kugeln aus Salz geladen waren, und sollten sie uns sehen, hätten sie auf jeden Fall das Recht, auf uns zu schießen, da *wir uns auf ihrem Besitz befanden*. Diese Salzgeschosse verursachten angeblich unerträgliche Schmerzen. (Als ob es nicht schon schlimm genug gewesen wäre, von Stahlkugeln getroffen zu werden). Wir schafften es jedes Mal, lebendig herauszukommen; ich muss allerdings sagen, dass ich in dem Jahr, als das Kürbisfeld einem neuen Bauprojekt Platz machte, nicht ausschließlich Gefühle der Enttäuschung verspürte.

Nachdem wir mit unseren Kürbissen heil nach Hause gekommen waren (wir gingen immer zu Jimmy nach Hause; meine Mutter wäre ausgeflippt, wären wir mit gestohlenen Kürbissen aufgetaucht), teilten wir die Beute auf. Dann machte sich Jimmy daran, seinen Anteil systematisch kaputt zu schlagen. Dies war ein Vergnügen, das sich mir nicht erschloss. Ganz offensichtlich jedoch lag für Jimmy der Kick im Stehlen der Kürbisse, nicht im Besitzen. Wenn man ihn beobachtete, wie er beim Zerstören seiner Kürbisse außer sich geriet, konnte man ihn für besessen halten. Und je länger ich ihn kannte, desto deutlicher wurde mein Gefühl, dass er Schwierigkeiten auf eine fast mystische Weise anzog. Einmal im Sommer, als meine Familie im Urlaub war, stellte Jimmy ein paar Versuche mit Streichhölzern an, wie er das immer machte, und brannte dabei versehentlich fast den gesamten Wald hinter unserem Haus nieder. Alle Kinder warfen Schneebälle auf vorbeifahrende Autos, aber wenn Jimmy so etwas machte, ging garantiert eine Windschutzscheibe zu Bruch und er wurde dann auch erwischt. Er war kein schlechter Junge, ganz und gar nicht; er war nur von einer Art Tropismus befallen, der sein Schicksal in Richtung Unglück wendete, so selbstverständlich wie eine Pflanze sich zum Licht hin dreht.

Jahre nachdem sich unsere Wege getrennt hatten, entdeckte Jimmy eine Methode, mit der er das, was ich ihm über Gartenarbeit beigebracht hatte, mit seiner Neigung, in Schwierigkeiten zu geraten, kombinieren konnte. Es muss um das Jahr 1970 herum gewesen sein, Jimmy war in der neunten Klasse, als er sich entschied, mit einer eigenen Farm anzufangen, und zwar mit einer, mit der man vielleicht tatsächlich Geld verdienen konnte. Er legte ein kleines Marihuanabeet an. Jimmy hatte sich alles sehr genau überlegt und unternahm alles Mögliche, um nicht entdeckt zu werden. Auf dem Anwesen seiner Eltern Gras anzubauen, kam aus naheliegenden Gründen nicht infrage. Deshalb räumte er ein Stück Land frei unten beim Manor House. (Das war das Herrenhaus des alten verlassenen Landsitzes, dessen Grund auch *The Gates* zum Teil vereinnahmt hatte.) Der Projektentwickler hatte zwar versprochen, das *Manor House* in eine Begegnungsstätte umzubauen, aber er hatte sich längst aus dem Staub gemacht und der Ort war zu einer Art Niemandsland verkommen, zu einer Ruine wie aus einem Gruselfilm, inmitten von alten Kühlschränken und herrenlosen Einkaufswägen. Brombeerranken und Sumach überwucherten jeden Quadratzentimeter, der nicht durch einen ausgeschlachteten *Chevrolet Impala* besetzt war. Es muss eine Knochenarbeit gewesen sein, hier ein Stück Land für einen Garten freizulegen. Die meisten von uns trauten sich nicht in die Nähe des *Manor House*, bei Tag nicht und erst recht nicht bei Nacht. Jimmy jedoch schlüpfte Nacht für Nacht aus dem Haus, und zwar nach Mitternacht, fuhr mit dem Fahrrad zum *Manor House* und kümmerte sich im Licht einer Taschenlampe um seine kostbaren Pflanzen.

Es war klar, dass es gar nicht so einfach werden würde, sich dabei erwischen zu lassen, aber Jimmy schaffte es trotzdem. Kurz bevor er mit der Ernte beginnen wollte, entdeckte ein Junge aus der Nachbarschaft, der mit dem Rad beim *Manor House* herumfuhr, den Garten per Zufall. Heute sind Blattstruktur und Silhouette einer Marihuanapflanze so bekannt wie die eines Ahorns, im Jahr 1970 war dies aber noch nicht der Fall. Unglücklicherweise – aus Jimmys Sicht – hatte eben dieser Junge kürzlich eine Versammlung in der Schule besucht, bei der ein Polizist den Kindern gezeigt hatte, woran man Marihuana erkennt. Der Junge raste nach Hause und erzählte seiner Mutter, was er gesehen hatte, und seine Mutter rief die Polizei.

Jimmy war inzwischen schon so oft in der Klemme gewesen, dass er bei der örtlichen Polizei gut bekannt war, und ich bin sicher, dass sie ihn sofort als den Hauptverdächtigen ausmachten. In der Version der Geschichte, die ich zu hören bekam, blieb er, als die Polizei vorbeikam, um Jimmy und seine Mutter zu befragen, ganz gelassen und gab nichts zu. Damit wäre die Sache dann auch erledigt gewesen, da man keine Beweise hatte, um Jimmy mit den Marihuanapflanzen in Verbindung zu bringen. Mrs. Brancato jedoch war durch die Polizei misstrauisch geworden und beschloss, Jimmys Zimmer einer Durchsuchung zu unterziehen.

Unter den sieben Todsünden ist Stolz mit Sicherheit diejenige, die einen Gärtner am häufigsten überfällt. Jimmy war mit Recht stolz auf seinen Garten; er war natürlich nicht so dumm, jemanden zur Besichtigung einzuladen, aber er konnte es offensichtlich nicht lassen, seine zweieinhalb Meter hohen Schönheiten in ihrer prachtvollsten Phase auf ein paar Bildern festzuhalten. Mrs. Brancato entdeckte die belastenden Fotos und übergab sie der Polizei, weil sie der Meinung war, langfristig gesehen wäre dies doch das Beste für ihren Sohn. Es kam nicht zu einer Anklage, aber Jimmy wurde auf die Militärschule geschickt und ich verlor ihn aus den Augen.

Meine Karriere als Gärtner hielt sich immer im Rahmen der Gesetze, wenn auch nicht immer im Rahmen des Korrekten. Etwa zu der Zeit, als Jimmy sein Beet unten beim *Manor Haus* bebaute, verlegte ich meine Farm von den beengten Verhältnissen bei der Stützmauer auf ein etwas großzügigeres Stück Land, das ich meinen Eltern abgeschwatzt hatte, direkt neben dem Haus. Dies sollte mein letzter Garten in *The Gates* sein. Selbst der eifrigste junge Gärtner wird feststellen, dass sein Interesse nachlässt, sobald es Zeit für die *Highschool* wird; und bald sollte dies auch bei mir der Fall sein. In dem Sommer, bevor ich meinen Führerschein machte, legte ich jedoch meinen bisher anspruchsvollsten Garten an. Ich überredete meine Eltern, mir ein paar Kubikmeter Humus zu besorgen. Dann stopfte ich eine Fläche von rund neun Quadratmetern mit einem Dutzend unterschiedlicher Pflanzen voll: Tomaten (an denen ich gerade Geschmack gefunden hatte), Paprika, Auberginen, Erdbeeren, Mais, Speisekürbis, Melonen (Wasser- und Warzenmelonen), Stangenbohnen, Erbsen. Alles außer Salat, der, da er keine Früchte trug, in meinen Augen bei Weitem nicht aufregend genug war. Warum sollte jemand auf die Idee kommen, *Blätter* anzubauen?

Jahre später, als ich mich über die europäischen Methoden der intensiven Landwirtschaft kundig machte, erkannte ich, dass ich, ohne es zu wissen, genau diese angewendet hatte. Ich reicherte den Boden mit Säcken von Torfmoor und Dünger an, bearbeitete ihn gründlich und tief und pflanzte meine Setzlinge buchstäblich auf Tuchfühlung. Da das Beet lang und schmal war, beschloss ich, auf Reihen zu verzichten, und pflanzte die meisten Setzlinge mit einem Abstand von rund 20 Zentimetern in einer Anordnung, die man wohl »freie Form« nennen müsste. Alles gedieh wunderbar: Im August lieferte mein briefmarkengroßer Garten, planlos wie er war, doch körbeweise Ertrag.

Selbst meine Eltern nahmen von diesem Garten Kenntnis und waren voller Bewunderung für die Paprika und Tomaten, die ich auf den Esstisch brachte. Derjenige aber, den ich wirklich beeindrucken wollte, das war mein Großvater. Zu diesem Zeitpunkt war mein Verhältnis zu ihm stark belastet. Ich trug mein Haar lang und hatte mir einen Bart stehen lassen, dies beunruhigte ihn zutiefst. Seit ich 15 Jahre alt geworden war, konnte ich ihm überhaupt nichts mehr recht machen, und Besuche in Babylon, wo ich einige der schönsten Stunden meiner Kindheit erlebt hatte, waren eine Qual geworden. Kaum war ich angekommen, schimpfte er auf mich ein – wegen des Bartes, wegen der ausgesucht schlampigen Kleidung, wegen des geflochtenen Lederarmbands, das ich trug, und wegen anderer Beweisstücke dafür, dass ich einer dieser verachteten »Hippies« – so spuckte er das Wort aus – geworden war. Ich dachte mir, wenn es überhaupt einen Ort gab, an dem ein betagter Reaktionär und ein aufstrebender Hippie so etwas wie eine gemeinsame Basis finden könnten, dann war dies der Gemüsegarten. Ich hatte endlich einen Garten geschaffen, auf den er stolz sein würde, und als er zusammen mit Großmutter in jenem Sommer einen der seltenen Besuche in unserem Haus abstattete, konnte ich es gar nicht erwarten, mit ihm hinter das Haus zu gehen und ihm zu zeigen, was ich hier fertiggebracht hatte.

Großvater jedoch sah den von mir angelegten Garten nicht einmal. Alles, was er sah, war Unkraut und Unordnung. Er bellte: »Das nennst du einen Garten? Das steht alles viel zu dicht zusammen – deine Pflanzen werden sich gegenseitig ersticken. Und wo sind deine Reihen? *Reihen müssen sein.* Das ist kein Gemüsegarten – ein Unkrautgarten ist das, was du da hast!« Die großen roten Fleischtomaten, die kastenförmigen grünen Paprika, die Wassermelonen, inzwischen größer als Fußbälle, das alles war für ihn unsichtbar, außer dem Unkraut. Er schaute sich meinen Garten an und sah darin alles, was er an mir – ja eigentlich am Amerika des Jahres 1970 – nicht ausstehen konnte. Er sah den Zusammenbruch der Ordnung, mangelnden Respekt gegenüber der Autorität, Faulheit, den ungehinderten Vormarsch anrüchiger Elemente. Er benahm sich zwar wie ein Trottel, aber er war mein Großvater, ein alter Mann in einer Zeit, in der es nicht einfach war, alt zu sein, und als er sich dann hinkniete und wie ein Wilder anfing, das Unkraut auszureißen, da schämte ich mich doch.

Man könnte also sagen, dass Jimmy und ich etwa zur gleichen Zeit aus unseren Gärten vertrieben wurden. Aber das wäre zu simpel ausgedrückt. Soviel ich weiß, kümmert sich Jimmy mittlerweile um acht Hektar feinste Sinsemilla* in Humboldt County. In meinem Fall trug der Erwerb des Führerscheins mehr dazu bei, mich aus dem Garten zu verdrängen, als der unbeherrschte Ausfall meines Großvaters gegenüber meinen Methoden. Wenn Gartenarbeit heißt, dass man einen Ort erkundet, zu Hause, da, wo man wohnt, dann heißt Teenager sein, dass man die Möglichkeiten erkundet, sich fortzubewegen, und diese beiden Haltungen gegenüber dem Ort beziehungsweise gegenüber dem Zuhause kommen früher oder später zwangsläufig

---

* Bei *Sinsemilla* (span. *sin semilla*: ohne Samen) handelt sich um getrocknete Blütenstände der weiblichen Hanfpflanze, die keine Samen enthalten.

in Konflikt. Mindestens zehn Jahre lang dachte ich sicher nicht ein einziges Mal über Pflanzen nach oder nahm überhaupt je eine Landschaft wahr.

Irgendwann aber kam ich zum Garten zurück, und so ist das wohl in den meisten Fällen. Gärtnern hat viel mit Rückkehr zu tun, mit dem Bemühen, Landschaften aus der Erinnerung zurückzugewinnen. Ich hatte das Glück, dass mein Großvater noch lebte, als ich wieder mit der Gartenarbeit anfing. Als ich dann ein eigenes Haus hatte, war er über 90 Jahre alt; er hat es nie zu Gesicht bekommen. Ich brachte ihm aber immer Fotos mit, mit Bedacht ausgewählt, um den Eindruck von Sauberkeit und Ordnung zu erwecken. Nachdem er sie genau auf etwaige Anzeichen von Unkraut überprüft hatte, erklärte er seine Zustimmung. Zu jener Zeit bestand sein eigener Garten aus einem halben Dutzend Tomaten am Hintereingang einer kleinen Eigentumswohnung. Ich half ihm beim Unkrautjäten und Pflücken; er zog immer noch genügend Fleischtomaten, um ein paar davon zu verschenken. Oft bat er mich, meinen Garten zu beschreiben. Ich entwarf dann mit sorgfältig gewählten Worten das Bild eines Ortes, den er als gastlich empfinden sollte. Der Garten, den ich beschrieb, war zum großen Teil erfunden und vereinte Elemente meines derzeitigen Gartens mit Erinnerungen an Babylon und Bildern der Art, wie sie vermutlich in allen Gärtnerträumen auftauchen. Es war einer jener Orte, die weder richtig in der Vergangenheit noch in der Zukunft liegen, auf die sich aber jeder, der einen Garten pflegt, unaufhörlich hinbewegt. Es war ein Ort, zu dem wir immer noch zusammen reisen konnten. Bei einem meiner letzten Besuche sagte er mir, ich könnte seine *Dutch hoe* (dt.: Jätschuffel) haben, und erklärte, dies sei das beste Werkzeug zum Jäten, das ihm je untergekommen sei. Großvater war 96 Jahre alt, genau dreimal so alt wie ich, und obwohl seine Schritte bereits unsicher waren, führte er mich hinaus und zeigte mir, wie man damit umzugehen hatte.

Frühling

Kapitel 2

Die Natur kann Gärten
nicht ausstehen

Als ich endlich doch wieder zum Garten zurückkehrte, kam ich gerade aus der Großstadt und hatte den Kopf voll mit vielen unbedarften Ideen in Bezug auf die Landschaft draußen und ihre Bewohner, wie man sie als Städter so hat; so zum Beispiel hinsichtlich des Problems von Pflanzenschädlingen im Garten. In dieser Frage war ich mit den üblichen liberalen Ansichten ausgestattet. Insektengift im Garten als Massenvernichtungsmittel einsetzen; ein Murmeltier, das watschelnd den Rückzug angetreten hat, von hinten mit der Flinte ins Visier nehmen; im Gemüsebeet eine elektrische Barrikade errichten: Maßnahmen dieser Art waren nach meinem Empfinden unverhältnismäßig, ja sogar unverantwortlich. Ich nahm die Fragilität und die Verletzlichkeit der Natur als gegeben hin. Den Widerstand, der sich vor Ort gegen meine Gartenbauplanungen erhob, einfach mithilfe überlegener Feuerkraft niederzumachen, das war ein Gedanke, der mir rücksichtslos und ungerecht erschien, ein Ausdruck von Umweltimperialismus. Außerdem machte doch gerade die Tierwelt das Landleben so reizvoll; wer, wenn nicht Hirsche, Füchse, Stachelschweine und Murmeltiere, gaben einem das Gefühl, draußen in der Natur zu sein. Diese Tiere waren schon lange Zeit vor dem Gärtner hierhergekommen, wer war also der Eindringling? Und was war denn der Sinn des Gärtnerns, wenn nicht die Entwicklung einer harmonischeren Beziehung zur Natur?

Ein Vorteil der Gartenarbeit besteht darin, dass sie den Kopf frei macht von allen Gefühlsduseleien in Bezug auf die Natur im Allgemeinen und die Tierwelt im Besonderen. Die romantische Tierliebe erfährt ihre erste Herausforderung im April: Sie haben gerade die Knochenarbeit des Umgrabens hinter sich gebracht, Torfballen und Säcke voll Dünger aus dem Kofferraum in den Garten geschleppt, diese mit der Heugabel eingearbeitet und daraufhin die Setzlinge für das Frühgemüse in peinlich genauen Reihen angelegt: Salat, Brokkoli, Kohl. Dies alles haben Sie erledigt, einen ganzen Nachmittag totgeschlagen – und was glauben Sie, was das dann am nächsten Morgen für ein Gefühl ist, wenn dieser wohlgeordnete Exerzierplatz mit seinen aufgereihten Setzlingen niedergemäht ist von einem Murmeltier, das gerade etwas zum Naschen gebraucht hat?

Das Erste, was Sie empfinden, ist Frust wegen der Verschwendung von Zeit, Arbeitseinsatz und Geld. Dann überkommt Sie das Gefühl, verfolgt zu werden: Warum in aller Welt, wo es doch zu dieser Jahreszeit in der ganzen Gegend millionenfach zarte Triebe gibt, die überall herausschießen, warum nur haben diese Tiere sich ausgerechnet dieses eine Beet für ihre Mahlzeit ausgesucht? Nun stellen Sie sich den trostlosen Anblick der niedergemähten Reihen vor: Jeder einzelne Setzling ist fein säuberlich zwei Zentimeter über dem Boden abgeschnitten, als hätte jemand eine Schere und alle Zeit der Welt dabeigehabt. Daran erkennt man, dass es ein Murmeltier gewesen sein muss. Die fressen eine Nutzpflanze systematisch auf, während ein Reh – nervös, wie es ist, und vielleicht mit einem stärker entwickelten Schamgefühl versehen – hier ein bisschen an einer Pflanze knabbert, dort einen Setzling zerschnippelt, und dann, aufgescheucht durch ein fallendes Blatt oder eine andere Angelegenheit, die ähnlich gefährlich ist wie ein 100 Kilogramm schweres Säugetier, davonrennt, bevor es mit der Mahlzeit fertig ist. Das Murmeltier indessen macht sich über den Garten her, als sei dieser ein zu seinem Wohle gedeckter Tisch. Es betrachtet Ihre Pflanzen nicht wie ein Dieb, sondern eher wie ein Verwandter. Es rechnet nicht damit, dass seine Mahlzeit unterbrochen werden könnte, und hat fest vor, morgen für einen Nachschlag wiederzukommen.

Und der Gärtner wird sich gefällig erweisen und die niedergemähten Reihen wieder neu pflanzen. Denn er wird angesichts einer derartigen Unverschämtheit vonseiten eines Wesens niedriger Ordnung jetzt nicht klein beigeben. Ein Nagetier, dessen Hirn in einen Fingerhut passt, kann vielleicht den einen oder anderen Kampf gewinnen, am Ende geht der Sieg in diesem Krieg aber doch zwangsläufig an das größere Hirn. Die gesamte Naturgeschichte spricht zugunsten des Gärtners. Was macht denn unsere Spezies die ganze Zeit auf diesem Planeten, wenn nicht genau in solchen Kämpfen zu siegen?

So sah ich die Situation zumindest beim ersten Mal, als ich nach dem Aufwachen die Spuren eines noch vor der Dämmerung eines Aprilmorgens durchgeführten Überfalls auf meinen frisch angelegten Gemüsegarten entdeckte. Ich verschaffte mir eine Vorstellung von der Größe des Schadens und der Größe meines Gegners und kam zu dem Schluss, es sei die klügste Handlungsoption, den Kampf in das Territorium des Murmeltiers selbst zu tragen. Also machte ich mich auf die Suche nach seinem Bau.

Mein Gemüsegarten ist auf einem kleinen, flachen Rasen angelegt, der im Norden am Fuß eines kleinen Abhangs endet. Der Abhang ist mit Wicken, Brombeergestrüpp und zwei Ölweidenbüschen überwachsen, also mit einer perfekten Tarnung für einen Murmeltierbau und nicht einmal fünf Murmeltierschritte entfernt von der nächsten Pflanzenreihe im Garten. Da Murmeltiere sowohl kurzsichtig als auch schlecht zu Fuß sind, richten sie ihre Wohnung so nahe, wie es die Vorsicht erlaubt, bei ihrem bevorzugten Fressplatz ein. Ich schlug mit der Machete auf das Gestrüpp ein. Und tatsächlich: Da war ein Loch, das wie ein großes, hässliches Maul in den Abhang gegraben war. Ein Haufen frisch herausgebuddelter Erde war wie eine dicke Unterlippe an seinen unteren Rand geklebt. Das Murmeltier kam nicht nur zu Besuch in meinen Garten, es war hier für die ganze Saison eingezogen.

Dies machte ein Verhaltensänderungsprogramm erforderlich. Ich sammelte ein halbes Dutzend faustgroße Steinbrocken zusammen und klemmte sie in das Loch. Dann häufte ich noch ein paar Schaufeln Erde darauf und trampelte ein paar Mal auf dem Haufen herum, um Steine wie Erde möglichst tief in den Tunnel zu rammen. Dies müsste das Murmeltier eigentlich davon überzeugen, dass es besser wäre, seine Mahlzeiten anderswo einzunehmen, so dachte ich, mit dem ganzen Selbstvertrauen eines Menschen, der nicht das Geringste von Murmeltieren versteht.

Schon am nächsten Tag hatte das Loch Steine und Erde ausgespuckt und stand gähnend weit offen. Von der Ausgrabungsarbeit zweifellos hungrig geworden, war das Murmeltier aus seinem Bau gekommen, um die frisch gepflanzten Salatsetzlinge zu kosten.

An dieser Stelle mag sich der Leser zu Recht wundern, warum ich eigentlich keinen Zaun hatte. Diese Frage wurde mir, nachdem das Murmeltier zugeschlagen hatte, immer wieder gestellt; mir fiel aber nie eine wirklich befriedigende Antwort ein. Ich konnte allenfalls einige nichtssagende Erklärungen anbieten, irgendetwas in Richtung Sparsamkeit und Kompetenz. Ich vermute allerdings, dass mein Widerstand gegen Zäune eher aus dem Bauch heraus kam. Mit meiner Vorstellung von Gartenbau ließ sich ein Zaun einfach nicht vereinbaren. Nach meinem Gefühl sollte sich ein Garten nahtlos in die Landschaft einfügen, in Harmonie mit der Umgebung. Dass man einen

Garten de facto vor der Natur *schützen* müsse, erschien mir absurd. An irgendeinem Punkt in meinem Leben war ich zu der Überzeugung gelangt, dass ein Zaun gleichbedeutend ist mit Disharmonie, ja sogar mit Entfremdung von der Natur.

Ich habe den Verdacht, dass ich zudem die traditionelle amerikanische Ansicht verinnerlicht hatte, Zäune seien etwas aus der Alten Welt und in einer amerikanischen Landschaft fehl am Platze. In den amerikanischen Landschaftsbeschreibungen des 19. Jahrhunderts taucht dieser Gedanke häufig auf. Ein Autor nach dem anderen äußert sich abfällig über »die beleidigend ungastliche Ziegelmauer des Engländers, die oben noch mit zerbrochenen Flaschen bestückt ist«. Frank J. Scott, ein früher Landschaftsarchitekt, der auf das Erscheinungsbild der ersten Vorstädte in Amerika großen Einfluss hatte, arbeitete unermüdlich daran, die Landschaft von den Zäunen, die er als feudales Überbleibsel aus England verspottete, zu befreien. Im Jahr 1870 schrieb er, er sei der Überzeugung, »unsere eigene oder auch die Sicht unserer Nachbarn auf die unverstellten Wonnen der Natur einzuschränken«, sei selbstsüchtig und undemokratisch. Fährt man heute durch irgendeine beliebige amerikanische Vorstadt, wo der Rasen als Geste der Offenheit und des Willkommens direkt an die Straße heranreicht, dann hat man den Beleg dafür, dass sich diese Ansichten vollständig durchgesetzt haben. Nach einem Besuch in den Vereinigten Staaten war sich Vita Sackville-West sicher: »Die Amerikaner tragen bestimmt viel mehr Brüderlichkeit im Herzen als wir, da es ihnen offensichtlich nichts ausmacht, wenn man sie beobachtet. Sie kommen gar nicht auf die Idee, Privatgrund einzuzäunen.«

In der typisch amerikanischen Vorstadt, in der ich aufgewachsen bin, konnte ein Zaun oder eine Hecke nur eines bedeuten: Die Familie, die dahinter wohnt, ist unsozial, hat möglicherweise sogar etwas zu verheimlichen. Zäune und Hecken gaben die warnende Botschaft: Hier gibt's Monster. Geh hier nicht rein an Halloween. Mit Ausnahme dieser wenigen zweifelhaften Adressen war jede Parzelle in unserer Siedlung wie ein Miniaturlandgut gestaltet, wobei man noch der mickrigsten nicht eingefriedeten »Rasenfläche« den Anstrich eines öffentlichen Parks gab. Was die »Brüderlichkeit im Herzen« betrifft, bin ich mir allerdings nicht so sicher. Weil man alles dieser dünkelhaften Idee eines freien offenen Landes opferte, hatte man gar nichts von diesen Flächen; denn ohne Zaun oder Hecke waren die Vorgärten viel zu sehr den Augen der Öffentlichkeit ausgesetzt, als dass man sich dort hätte aufhalten können. Die Familien verlegten ihre Aktivitäten also in die Enge winzig kleiner Höfe hinterm Haus. Dies war der einzige Ort, an dem der Nutzen von Zäunen und Hecken anscheinend mehr ins Gewicht fiel als die damit verbundenen undemokratischen Assoziationen.

Das amerikanische Vorurteil gegen Zäune ist allerdings schon älter als die Entwicklung der Vorstädte. Zäune sind uns schon immer irgendwie unamerikanisch vorgekommen. Die Europäer hatten Mauern um ihre Gärten gebaut; die Amerikaner dagegen hegten von Anfang an ein Misstrauen gegenüber dem *hortus conclusus*. Doch wenn der Raum innerhalb der Mauer ein Garten war, was war dann das, was außerhalb der Mauer lag? Für die Puritaner war die amerikanische Landschaft in ihrer Gesamtheit das Gelobte Land, ein heiliger Raum, und um Teile davon Linien zu ziehen, hätte bedeutet, diese alles überragende Idee infrage zu stellen. Als Anne Brandstreet, die erste Dichterin der *Massachusetts Bay Colony**, an einer traditionellen englischen Gartenode arbeitete, riss sie die überkommene Gartenmauer nieder oder fasste sie vielmehr (was auf das Gleiche hinausläuft) so

---

* Die *Massachusetts Bay Colony* war eine englische Kolonie in Neuengland. Sie wurde 1629 durch eine Charta des englischen Königs gestiftet und in der Folge vor allem von englischen Puritanern besiedelt und geführt, die vor der Verfolgung im Mutterland geflohen waren.

weit, dass Amerika als Ganzes darin Platz hatte. Die Puritaner hatten den Atlantik nicht in der Absicht überquert, ein kleines ummauertes Stück Land für sich zu gewinnen; das hätten sie auch in England haben können. Was sie vorhatten oder vielmehr Gott, der sein Werk durch sie vollbrachte, das umfasste das ganze Land.

Die Transzendentalisten betrachteten die amerikanische Landschaft ebenfalls als »das zweite Buch Gottes« und lehrten uns, dieses Buch zum Zwecke der moralischen Erbauung zu lesen. Reste dieser Idee haben sich bis heute gehalten; immer noch betrachten und beschreiben wir die Natur mit hoher moralischer Absicht (und fast so oft wie damals im 19. Jahrhundert produziert diese Einstellung eine Menge frömmelnder Prosa). Auch wenn in unserer eigenen Naturschriftstellerei inzwischen, wie es scheint, die Schuld den Platz eingenommen hat, der in der Rhetorik des 19. Jahrhunderts der Ekstase vorbehalten war, so bleibt doch die religiöse Grundhaltung gewahrt. Vielleicht sprechen wir es nicht mehr direkt aus, aber die meisten von uns glauben doch immer noch, dass die Landschaft irgendwie heilig sei und dass es ein Sakrileg sei, an ihr herumzupfuschen. Und innerhalb der Landschaft Hierarchien aufzustellen – also etwa einen Garten von der ihn umgebenden Gegend abzugrenzen –, das ergibt nun wirklich keinen Sinn.

Ist die Landschaft aber einmal als moralischer und spiritueller Raum akzeptiert, dann wird der Anbau eines Ziergartens problematisch. Wie kann man sich anmaßen, Gottes Landschaft neu zu erschaffen? Es ist eine Sache, die Erde für unseren Lebensunterhalt zu bearbeiten – davon ist in der Bibel die Rede –, dies aber aus ästhetischen Gründen zu tun, kam den Amerikanern noch bis vor kurzer Zeit frivol vor, wenn nicht noch schlimmer. Allen Lacy berichtet, er habe bei der Durchsicht der amerikanischen Gartenliteratur für seine neueste Anthologie (*The American Gardener*, eine Quelle zahlreicher historischer Zitate in diesem Kapitel) vor dem

Jahr 1894 keine Textstelle gefunden, in der Farbe oder Duft erörtert werden. Wir arbeiteten also aus vielerlei Gründen im Garten – moralischen, spirituellen, therapeutischen und ökonomischen –, aber das ästhetische Vergnügen gehörte nicht dazu. Selbst wenn wir heute Lustgärten anlegen, geben wir uns die größte Mühe, die Hand des Künstlers zu verbergen, indem wir alles vermeiden, was geplant oder künstlich wirken könnte. Am liebsten sind uns Gärten, die so aussehen wie natürliche Landschaften, und das lässt für Zäune wenig Raum.

Schon lange bevor ich wirklich etwas über Amerika und seine Haltung zur Landschaft zu lesen begann, hatte ich selber, ohne mir darüber im Klaren zu sein, eine Staudenrabatte nach diesem Vorbild angelegt. Die Rabatte verläuft unterhalb einer alten Stützmauer aus Stein an einem schmalen Rasen entlang, der das Auge vom Haus weg auf eine kleine Wiese und einen Wald dahinter führt. Sie hat weder einen klaren Anfang noch ein klares Ende. Je weiter sie sich entfernt, desto rustikaler und größer werden die Pflanzen. Die aristokratische Eleganz von Rittersporn, Schleierkraut, Glockenblumen und Frauenmantel macht nach und nach Taglilien und einer unordentlichen Strecke mit Nachtkerzen Platz, dann folgen ungehobelte Büschel Rudbeckien von zwei Metern Höhe und schließlich ganz proletarischer gewöhnlicher Blutweiderich, eine unkrautartige Pflanze, die hier in der Gegend wild wächst. Vom Haus aus kann man den Punkt nicht festmachen, an dem die Rabatte aufhört und die Naturlandschaft beginnt. Wenn ich also einen Zaun um meinen Garten hätte bauen wollen, wo hätte er verlaufen müssen? Hätte ein solcher Zaun meinen Garten nicht bloß ruiniert?

Ruinieren können ihn aber auch ganz augenscheinlich Murmeltiere, Rehe und Wiesengräser. Meine anfänglichen Bemühungen um eine harmonische Gestaltung wurden von der umgebenden Landschaft, deren Bewohner sofort meine romantische Naivität auszunützen versuchten, nicht honoriert. Die Rehe labten sich an den jungen Setzlingen von Taglilien und Rittersporn. Die Murmeltiere hielten den Weiderich für eine sehr geeignete Tarnung, um den Ausgang aus ihrem Bau zu verstecken. Und die Wiesengräser stellten die sogenannten winterfesten mehrjährigen Stauden als Schwächlinge bloß. Nicht die Blumenrabatte drängte die Wiese zurück, ganz im Gegenteil, die Wiese schob sich vor Richtung Haus und traf vor Ort auf wenig Widerstand. Hätte ich nicht interveniert, hätte die Rabatte ihre erste Saison nicht überlebt.

Unter diesem Ansturm von allen Seiten dauerte es nicht lange, bis meine unbedarften liberalen Einstellungen gegenüber der Landschaft und ihren Bewohnern fast vollständig in sich zusammenfielen. Sehr bald wurde mir der Unterschied klar zwischen dem Naturalisten, der sein Auge wohlwollend über all die Wirkungsweisen der Natur schweifen lässt, und dem erfahrenen Gärtner, der gezwungenermaßen einen etwas weniger sentimentalen Blick auf die Dinge entwickelt hat, insbesondere gegenüber Murmeltieren. Ich will nicht so weit gehen, sie ganz von diesem Planeten verbannen zu wollen – *irgendeinen* ökologischen Sinn werden sie schon haben –, allerdings bezweifle ich stark, dass die Nachricht von einem wie auch immer gearteten Murmeltiermassensterben hier in der Gegend bei mir große Trauer auslösen würde.

Nachdem ich meine romantischen Vorstellungen in Bezug auf die örtliche Tierwelt aufgegeben hatte, kippte ich aber möglicherweise ins andere Extrem. Ich unternahm alles Erdenkliche, um mein Murmeltier auszurotten. Die eskalierenden Maßnahmen hätte nur William Westmoreland* wirklich in Gänze nachvollziehen können. Ich begann

---

* *William Childs Westmoreland* war ein US-amerikanischer General; er war Oberbefehlshaber der US-Truppen im Vietnamkrieg zwischen 1964 und 1968.

mit aufwendig geplanten Kampagnen zur Verhaltensänderung. Die »Schickt ein paar Berater rein«-Phase brach an, in der ich voller Zuversicht die geballte Weisheit der westlichen Zivilisation zum Einsatz brachte. Ich hatte ordentlich recherchiert und herausgefunden, dass Murmeltiere es mit der persönlichen Hygiene sehr genau nehmen. Sie nutzen in ihrem Bau einen eigenen Raum als Latrine. Und sie mögen es gar nicht, wenn der Pelz am Bauch schmutzig wird. In vollem Vertrauen darauf, dass ich die Achillesferse meines Gegners verortet hatte, führte ich einige sorgfältig ausgewählte Substanzen in seinen Tunnel ein: ein Dutzend Eier, zerbrochen und mit bekleckerter Schale; ein Halblitergefäß mit Melassesirup; eine halbe Dose Motoröl; eine tote Feldmaus und schließlich ein Viertelliter Teeröl, ein ekelhaftes Zeug, das so klebrig ist, dass das Murmeltier für sein Bauchfell eine Dampfreinigung brauchen würde.

Als dies nicht funktionierte – mein Murmeltier verfügte offensichtlich nicht über den Felix Unger*-Sauberkeitsfimmel seiner Art –, fand ich mich zu etwas weniger intellektuellen Methoden hingezogen. Es ist in der Tat erstaunlich, welche Wut der Angriff eines Tiers auf den eigenen Garten entfachen kann. Es war ja nun nicht so, dass ich infolge seiner Raubzüge in Gefahr war, zu verhungern. Nein, hier ging es um mehr als nur um Gemüse und sogar um mehr als Eigeninteresse. Hier ging es ums Gewinnen.

Ein Gewehr kam nicht infrage; ich hatte schon immer schreckliche Angst vor Schusswaffen gehabt und nie eine besessen. Ich dachte mir dann aber eine ähnlich unsentimentale Maßnahme aus: Ich holte mir ein ziemlich plattgewalztes Murmeltier von der Landstraße, hob es mit der Schaufel in eine Kiste und nahm es mit nach Hause. Dann

---

* *Felix Unger* ist der hypochondrisch veranlagte Ordnungsfanatiker aus dem US-amerikanischen Spielfilm *Ein seltsames Paar* mit Jack Lemmon und Walter Matthau.

schob ich den Kadaver so tief in den Bau, wie es nur ging. Dies war ein terroristischer Akt, zugegeben. Aber entweder verstand mein Murmeltier dessen Bedeutung nicht, oder es zog vor, die Sache nicht zu beachten; denn zwei Tage später hatte es um das tote Tier einen Umweg gegraben und die Plünderei ging von vorne los.

Nun fasste ich den Entschluss, das Murmeltier in seinem Bau einzuäschern. In den Nachrichten hatte ich einen Beitrag über Kabinenbrände in Passagierflugzeugen gesehen. Um einen neuen, angeblich schwerer entflammbaren Treibstoff zu testen, hatte die *Federal Aviation Administration* (FAA) einen Kabinenbrand simuliert und das im Fernsehen ausgestrahlte Bildmaterial – Feuer, das wild durch den eng geschlossenen Raum rast – brachte mich auf die Idee: Dies war genau das Ende, welches das Murmeltier verdiente.

Der Leser sollte einen Moment innehalten und sich dies bildlich vorstellen.

Ich schüttete also rund vier Liter Benzin in den Bau, wartete ein paar Minuten, bis es sich in den verschiedenen Gängen verteilt hatte, und zündete ein Streichholz an.

Offenbar gab es da unten wenig Sauerstoff, denn die Flamme schoss in die falsche Richtung, hoch in mein Gesicht. Ich sprang zurück, bevor ich richtig versengt war, und sah, wie eine schwarzorangene Flammenfontäne aus der Erde fuhr und nach den herunterhängenden Olivenweiden griff. Es gelang mir gerade noch, das Feuer mit Erde zu löschen, bevor der ganze Garten in Flammen aufging.

Dies war vermutlich meine »Zerstört das Dorf, um es zu retten«-Phase.

Wenn Zäune in einem amerikanischen Garten nichts zu suchen haben, wie verhält es sich dann mit Benzinbränden? Wo genau fügen die sich ins Bild? Dass ich in meinem Gemüse beinahe einen allgemeinen Flächenbrand angerichtet hätte, ist mir glücklicherweise derart in die Knochen gefahren, dass ich meine Vietnam-Methode in Bezug auf Gartenschädlinge aufgegeben habe, bevor sich mir noch eine Chance hätte bieten können, mein Anwesen zu entlauben oder das Grundwasser zu vergiften. Meine Wut auf das Murmeltier brachte mich allerdings in Berührung mit einigen dunkleren Seiten in unserer Einstellung zur Natur: wie sehr nämlich ihre Unnachgiebigkeit uns in Rage versetzen kann und wie schnell wir bereit sind, sie in der sturen Verfolgung irgendeines kurzfristigen Ziels zu vergiften. Man glaubt, man sei klüger, bis man dann von Kohlraupen oder Blattläusen heimgesucht worden ist und festgestellt hat, wie schnell das Einsprühen mit einem petrochemischen Mittel aus neuester Forschung ihnen den Garaus machen kann. Nach dem Feuergefecht nahm ich mir jedoch vor, einen kühlen Kopf zu bewahren und mehr in Richtung Eindämmungspolitik als in Richtung Sieg zu denken.

Allmählich merkte ich auch, dass es hier um mehr ging als nur um einen Krieg zwischen mir und einem Murmeltier, der alle Züge einer Karikatur trug: großes Tier immer wieder von schlauem kleinen Tier ausgebremst; viele Lacher auf Kosten der großen Kreatur. Die Karikatur war Teil der Geschichte, aber nicht die ganze Wahrheit.

Das wurde mir an einem Frühlingsnachmittag bewusst, während eines langen Spaziergangs in den nahe gelegenen Wäldern. Hier in der Gegend gibt es überwiegend Laubwälder, die auf ehemaligen landwirtschaftlich genutzten Flächen gewachsen sind; mit der Wende zum 20. Jahrhundert waren die Farmen aufgegeben worden und der Wald hatte sich sehr schnell große Teile des Landes zurückgeholt. Man könnte den Eichenwald für ganz ursprünglich halten, wären da nicht die Steinmauern und andere noch sichtbare Zeichen einer früheren Bewirtschaftung: Solitärbäume (also Exemplare mit ausladenden Kronen, die ein Hinweis darauf sind, dass die Bäume in offenen Räumen ohne Konkurrenten zu ihrer vollen Größe herangewachsen sind); die auffallende Blüte eines langen,

dürren alten Apfelbaums im Mai; sogar Andeutungen von gepflüg-
ten Furchen, die unter dem Schnee noch zu sehen sind. Auf dem
erwähnten Spaziergang jedoch fand ich eine Reihe noch gespens-
tischerer Zeichen. Einem alten Holzfällerpfad folgend, kam ich
in einen Bereich, der irgendwie geordneter erschien als der Wald
drumherum. Auf beiden Seiten des Pfades standen Steinmauern –
senkrecht aufeinandergestapelte Steine –, welche kleine rechteckige
Einhegungen zwischen den Bäumen markierten. In jedem der Kar-
rees befand sich eine rechteckige, mit Felsbrocken eingefasste Vertie-
fung: das Fundament eines kleinen Hauses.

Ich war ganz zufällig auf Dudleytown gestoßen, eine verlassene
Siedlung aus dem 19. Jahrhundert. Dass sie hier in der Nähe lag, hatte
ich schon oft gehört, aber ich hatte sie nie ausfindig machen können.
Überall gab es Spuren früherer Besiedlung, wie Schatten auf der Landschaft, auch wenn der Wald das Gebiet in Gänze vereinnahmt hatte.
Eichen, Hickorybäume, Eschen und Platanen hatten sich wie eine Decke gleichmäßig über das Dorf gebreitet. Sie wuchsen in ehemaligen
Höfen und Feldern und selbst aus der Mitte der Kellergruben empor
und stießen achtlos durch Räume hindurch, die früher einmal als Kü-
chen oder Schlafzimmer eingerichtet waren; warme Räume, einstmals
vibrierend von den Geräuschen und Lauten der Menschen.

Dachte man sich die Bäume weg und folgte den Konturen des
Bodens, dann konnte man die ehemalige Organisation des Dorfes
erkennen. Häuser hatten einst eine Hauptstraße gesäumt. Die Reste
der Steinmauern kennzeichneten die Höfe der Familien. In einigen
standen noch knorrige Apfelbäume auf ihren letzten Stützbeinen, das
neue Kronendach des Waldes hatte ihnen das Sonnenlicht genommen. Hier und dort fanden sich Flieder und Taglilienbüschel, daneben
tiefgrüne Stellen, an denen Myrte wuchs: Überreste von Vorgärten,
die der Wald noch nicht hatte besiegen können. Einige Höfe öffneten
sich zu Bereichen hin, die einmal Felder oder Weiden gewesen sein

mussten. Steinmauern, mit denen man früher einmal rechtsgültige Begrenzungen markiert und das Weglaufen der Kühe verhindert hatte, zogen sich jetzt auf willkürlichen Pfaden zwischen den Bäumen hindurch, ohne irgendetwas auszurichten.

Der Ort dort ist gruselig. Damit meine ich nicht nur das Gespenstische, das einer verlassenen Siedlung innewohnt, oder das Gewicht der Vergangenheit, das man oft in Ruinen spürt. Was Dudleytown so gruselig erscheinen lässt, das ist die augenfällige Geschwindigkeit, Kraft und Gründlichkeit, mit der der Wald den Ort ausgelöscht hat. Innerhalb weniger Jahrzehnte hat er so gut wie jede Spur der Menschen ausradiert.

Für den Gärtner in mir war Dudleytown von nun an auf gespenstische Art gegenwärtig. Immer wenn ich ein Unkraut auszupfte, einen Grashalm abschnitt, einen Käfer zerdrückte, dann tat ich das jetzt in der Absicht, sein Vorrücken zu verlangsamen. Dudleytown hatte mir die Augen für die Tatsache geöffnet, dass das Murmeltier nicht einfach ein frei agierender Schädling ist, der allein zu seinem eigenen Vergnügen herumnascht, sondern Teil einer größeren, viel heimtückischeren Bedrohung: Es ist im Auftrag des voranrückenden Waldes tätig. Nicht nur die Tiere, sondern auch die Insekten, das Unkraut, selbst die Pilze und Bakterien arbeiten mit vereinten Kräften daran, meinen Garten zu eliminieren – und danach dann meinen Rasen, meine Zufahrt, meine Terrasse und sogar mein Haus. Klingt das vielleicht ein bisschen paranoid? Mag sein, aber trotzdem: Ich habe aus meinen Erfahrungen im Garten gelernt, dass die Natur etwas dagegen hat, dass wir da sind. Sie beschäftigt eine Vielzahl von Agenten unterschiedlichster Art, je nachdem, wo man gerade lebt, um das, was wir im Garten geschaffen haben, wieder zunichtezumachen. Und mit welchem Ziel? Auch das hängt davon ab, wo man lebt; ihr Ziel hier vor Ort ist auf jeden Fall Dudleytown. Der Wald, das ist mir nun klar, ist der »Normalzustand«; Felder, Wiesen, Rasen, Gehwege und am eindrucksvollsten Gärten sind eine Störung, eine Art »ökologisches Vakuum«, welches die Natur nicht lange hinzunehmen gewillt ist. Wenn es manchmal so aussieht, als schenke sie dem Garten ihre besondere Aufmerksamkeit, dann kommt das daher, dass das Vakuum hier am größten ist. Hier ist der Boden am fettesten und am häufigsten umgewälzt. Kann es ein weicheres, lieblicheres, gastlicheres Bett für einen vom Wind herbeigewehten Samen geben, um sich hineinzulegen? Auf diesem Wege kommt das einjährige Unkraut herein, das einen vernachlässigten Garten als Erstes besetzt. In dieser Gegend hier ist das meistens Beifuß-Ambrosie, Giersch, Springkraut und Bitterling. Mehrjährige Unkräuter jedoch – Goldraute, Kermesbeere, Schwalbenwurz und Zaunwinden – können auch auf andere Art und Weise in die Beete kriechen: Um guten Boden ausfindig zu machen, bedienen sie sich ihrer Rhizome. Diese verlaufen unter der Erdoberfläche und können eine Länge von bis zu 15 Metern erreichen. Andere brauchen sich gar nicht die Mühe zu machen, den Garten zu finden: Die Unkrautsamen liegen zu Zehntausenden schlafend in jedem Kubikmeter Erde und warten geduldig auf genau die richtige Kombination aus Licht und Feuchtigkeit, bevor sie sich auf die Pflanzen stürzen.

Und Gartenpflanzen sind ein gefundenes Fressen. Kultivierter Boden stellt in seinem Umfeld eine Art Vakuum dar, und das Gleiche gilt für die meisten Pflanzen, die wir für den Anbau dort auswählen. Was angebaute Früchte und Gemüsesorten auszeichnet, ist die Tatsache, dass sie Kohlenhydrate, Proteine und Fette in höheren Konzentrationen enthalten als die meisten Wildpflanzen. Sie stechen aus der natürlichen Landschaft heraus wie reiche Kinder in einer benachteiligten Gegend. Hier kommen nun die Tiere ins Spiel. Murmeltiere, Rehe und Waschbären sind die großen Gleichmacher in der Pflanzenwelt, indem sie dafür sorgen, dass es in der Landschaft keine ungebührlich reichen Nährwertkonzentrationen gibt. Sie würden sich als Demokraten betrachten, würden sie sich überhaupt betrachten. Sie haben es darauf abgesehen, mein Protein umzuverteilen. Falls Sie sich nun als Anhänger des Egalitarismus durch diese Politik angesprochen fühlen, bedenken Sie bitte, dass die Taktik dieser Tiere alles andere als sozialdemokratisch ist.

Gelingt es den Wirbeltieren nicht, mich so einzuschüchtern, dass ich meinen Garten dem Wald überlasse, dann kommen ein Dutzend unterschiedliche Insektenarten, jede mit ihren charakteristischen Vorlieben, Taktiken und Verstellungskünsten, und marschieren bei meinen Pflanzen ein, in einer Abfolge von Wellen, die im April beginnt und bis zur Frostperiode nicht nachlässt. Zuerst die Erdraupen, die die Sämlinge direkt am Boden absägen. Dann die blassgrüne Spezies der Blattläuse, die sich auf der Unterseite der Blätter zusammenrotten und die lebenswichtigen Säfte aus den jungen Pflanzen saugen, bis diese eine auf ein nahes Ende hinweisende gelbe Farbe annehmen. Als Nächstes kommen die ekelhaften Schnecken: nackte, aus ihrem Haus verwiesene fleischgewordene Gewehrkugeln, die das Tageslicht meiden und bei Sonnenuntergang auftauchen, um auf ihren eigenen Schleimpfaden durch den Garten zu ziehen. Die Aschgrauen Höckereulen, ihres Zeichens Vertreter der Gruppe der Nachtfalter, sind die Fallschirmtruppen des Gemüsegartens: Ihre Eier werden von Truppentransporten, welche sich als unschuldige weiße Schmetterlinge verkleiden, auf dem Kraut abgeworfen. Als Letztes kommt die riesige und weitverzweigte Familie der Käfer – Colorado-Kartoffelkäfer, Blasenkäfer, Erdflöhe, Ackerbohnenkäfer, Gepunktete Gurkenkäfer, Japankäfer, Mexikanische Bohnenkäfer –, die ab Mitte des Sommers eine gewaltige Invasion aus der Luft organisiert.

Wie die Wirbeltiere wird dieser exoskeletale Mob durch den verschwenderischen Nährwert des Gemüsegartens angezogen, ebenso wie durch die Tatsache, dass die meisten Gartenpflanzen – seien wir ehrlich –

in der Natur die Schwächlinge sind. Wir ziehen Gartenpflanzen in erster Linie wegen der Qualitäten, die uns ansprechen, und nicht wegen der Qualitäten, die für das Überleben der Pflanzen hilfreich sein könnten. Und die Eigenschaften, die uns am meisten ansprechen – gefüllte Blumenblüten, gebremstes Schießen beim Salat – sind im Überlebenskampf etwa so nützlich wie geplante Obsoleszenz. (Um Krankheitsresistenz geht es beim Gärtnern nur am Rande, in diesem Punkt wird normalerweise zu wenig und zu spät getan.) Anstatt sie in der Kunst der Kriegsführung zu schulen, schließen wir mit unseren Pflanzen einen stillschweigenden Pakt: Im Austausch für ihre Schönheit und Nützlichkeit schirmen wir sie ab gegen die Schrecken des darwinistischen Kampfes ums Dasein.

Sie brauchen mir also nichts über Harmonie im Garten zu erzählen oder mich darüber zu belehren, dass der Garten im Grunde eine Fortsetzung der natürlichen Landschaft sei. Der Wald in dieser Gegend hat so viel Lebenskraft und wird von seinem Vorauskommando, den Tieren, Käfern und Unkräutern, derart wirksam unterstützt, dass mangelnde Pflege meinen Garten in nur einer Saison zurück in den Zustand einer Wiese katapultieren würde; nach zehn Jahren würde der Wald schon an meiner Eingangstreppe knabbern, während jene finstere Verschwörung von Mikroorganismen, die wir Fäule nennen, sich am Haus selbst zu schaffen machen würde. Nach 50 Jahren: Dudleytown; ein Kellerloch und ein Ahorn, der daraus emporwächst.

Was also war die richtige Art und Weise, mit Schädlingen im Garten umzugehen? Wie konnte ich den Vormarsch von Dudleytown aufhalten, ohne meinen Garten in eine Giftmüllhalde zu verwandeln? Allmählich fing ich an zu begreifen, dass diese Fragen sehr rasch zu der noch größeren Frage führen würden, für welchen Umgang mit der natürlichen Landschaft wir uns entscheiden wollen. Für den des

Entwicklers oder den des Naturalisten? Beherrschung oder Duldung? Ich bin mittlerweile nicht mehr davon überzeugt, dass die Entscheidung so eindeutig ist.

Übersetzt man Beherrschung in suburbane oder ländliche Begriffe, dann ist sie gleichbedeutend mit dem Rasen: mit ein paar Tausend Quadratmetern Wiesen-Rispengras, angelegt in einer Pufferzone zwischen Haus und Landschaft, in einem Niemandsland, über das jede Woche jemand mit einem rotierenden Messer patrouilliert. Der Rasen besitzt große Anziehungskraft, besonders für Amerikaner. Er sieht irgendwie natürlich aus – schließlich ist er grün. Er wächst – in Wirklichkeit aber bedeutet er eine Unterjochung des Waldes, so grundsätzlich und umfassend wie ein Parkplatz für Autos. Jede andere Spezies wird mit Gewalt aus der Gartenlandschaft ausgeschlossen bis auf diese eine, und diese eine darf auf keinen Fall länger wachsen als der kleine Finger des Besitzers. Rasen ist nichts anderes als Natur unter totalitärer Herrschaft.

Auf der anderen Seite steht die Duldung, der wohlwollende Blick des Naturalisten. Dessen ethische Grundsätze klingen schön und nach Verantwortung, sicherlich. Aber ist es eigentlich noch niemandem aufgefallen, dass ein Naturalist nie erzählt, wo er wohnt? Wenn man nicht in der Großstadt oder im Zelt wohnt, ist der wohlwollende Blick in der Praxis überhaupt nicht durchzuhalten – früher oder später führt er nach Dudleytown.

Der Trick ist, das habe ich inzwischen erkannt, irgendwie einen Mittelweg zwischen diesen beiden Positionen zu finden. Und ein Garten ist genau das oder sollte es sein: ein Ort zwischen Dudleytown und Autoparkplatz; ein Ort, der sowohl die Natur als auch die Besiedlung durch den Menschen zulässt. Anders als ich es mir vorgestellt hatte, ist er aber kein harmonischer Kompromiss zwischen beiden, er ist auch nicht stabil. Nach meiner Erfahrung benötigt er ständiges Eingreifen des Menschen, andernfalls wird er verfallen. Die Frage, die sich dem

Gärtner stellt – und sie stellt sich im Grunde uns allen –, ist die: Wie muss ein solches Eingreifen aussehen?

Schon meine begrenzte Erfahrung bei der Gartenarbeit legt die Vermutung nahe, dass es, will man eine gute Antwort auf diese Frage finden, eine Reihe erheblich komplizierterer Entscheidungsalternativen in die Erwägungen einzubeziehen gilt, als die in Amerika üblichen, die da offensichtlich heißen: entweder das Land zu vergewaltigen oder es hermetisch in einem Naturschutzgebiet, wo es niemand mehr anfassen kann, abzuschotten. Dass die erstgenannte Haltung eine Bankrotterklärung ist, versteht sich von selbst. Die zweite, auch wenn sie richtig klingt, ist aber vielleicht auch ein Sackgasse. Beim Gärtnern lernt man sehr schnell, solchen absoluten Positionen zu misstrauen und Fragen etwas anders zu formulieren. Müssen wir wirklich *immer* vor unserer eigenen Macht in der Natur zurückschrecken? Unter allen Lebewesen gibt es nur eine Handvoll, die die Fähigkeit besitzen, ihre Umwelt bewusst zu verändern; und wir gehören dazu. Auf diese Macht einfach zu verzichten – heißt das nicht in gewissem Sinne auch, unser Menschsein aufzugeben? *Unsere* Natur? Und ist unsere Natur in irgendeiner Weise weniger real als die Natur, von der wir offensichtlich glauben, dass sie nur *da draußen* existiert? Der Dichter und Kritiker Frederick Turner hat im *Harper's Magazine* einen Artikel geschrieben, der uns die Gewohnheit auszutreiben versucht, Natur und Kultur als Gegensätze zu sehen. In diesem Artikel stellt Turner die Frage, woher es wohl kommt, dass wir uns selbst und alles, was wir machen und tun, nicht als integralen Bestandteil der Natur wahrnehmen können. Er zitiert die Antwort, die Shakespeares *Polixenes* in dem Stück *Das Wintermärchen* formuliert, und zwar an die Adresse von *Perdita*, die eine durch Kreuzung erzeugte Blume verachtet, weil sie »unnatürlich« sei: »Dies ist eine Kunst, / die die Natur verbessert oder zumindest ändert. / Doch ist die Kunst ja selbst Natur.«

Für den Gärtner ist es eine Befreiung, wenn er sich von der Vorstellung lösen kann, Kunst mache grundsätzlich die Natur zunichte. Es tun sich ganz klar neue ästhetische Perspektiven auf, das ist das eine. Aber was noch wichtiger ist: Jetzt kann endlich eine vielversprechende Schädlingsbekämpfungsstrategie Form annehmen. Als Erstes wird es nun möglich, das amerikanische Zaun-Tabu nochmals zu überprüfen. Es mag ja sein, dass Zäune die amerikanischen Vorstellungen in Bezug auf Demokratie, Unbegrenztheit und Heiligkeit der Landschaft beleidigen. Wir haben aber vielleicht auch die Möglichkeit, in Betracht zu ziehen, dass die Abwesenheit von Zäunen ihrerseits eine Beleidigung für die Idee des Gartens bedeutet. Fast die gesamte Geschichte hindurch haben die Menschen Gärten angelegt, und diese Gärten waren meistens von Mauern oder Zäunen umgeben. Das amerikanische Wort *garden* kommt von dem alten deutschen Wort für *Gehege*. Die Definition im *Oxford English Dictionary* beginnt mit folgenden Worten: »Ein eingehegtes Stück Land […].« (Man vergleiche dies mit *Webster's*, wo die Vorstellung der Einhegung nicht erwähnt wird.) Im Jahr 1914 schrieb George Washington Cable: »Ein *gard, yard, garth, garden* verwies früher immer auf eine Einhegung, ein Gehege, und implizierte eine Privatsphäre für den Besitzer, die höherwertiger war als alles, was er außerhalb genießen konnte […]. Unser Gemeinsinn und unsere gelassene Einstellung fühlen sich geschmeichelt [wenn es keine Zäune gibt], unsere Gärten […] sind aber erst dadurch amerikanisch geworden, dass sie aufgehört haben, Gärten zu sein.« Die lange Geschichte des Gartens, die durch so viele unterschiedliche kulturelle Einflüsse geprägt worden ist, legt die Vermutung nahe, dass es durchaus etwas Natürliches sein kann, wenn man eine Mauer errichtet, auf der einen Seite als Abgrenzung gegen die Landschaft und auf der anderen als Schutz gegen die neugierigen Blicke der Gesellschaft. Einen Biberdamm zählen wir zu den

Werken, die die Natur geschaffen hat, warum dann nicht auch eine Gartenmauer?

Die Zeit war reif; ich errichtete einen Zaun. Dazu nahm ich galvanisiertes Stahlgeflecht von eineinhalb Metern Höhe und spannte es zwischen Pfosten, die gegen Rost mit Arsen behandelt und dann einen Meter tief in die Erde versenkt worden waren. Der untere Rand des Zauns verläuft 30 Zentimeter unter der Oberfläche, um die Tunnelbauer abzuhalten. Er sieht gar nicht so schlecht aus, und obwohl man das Drahtgeflecht aus der Ferne überhaupt nicht sehen kann, habe ich doch, wenn ich die Gartentüre hinter mir schließe, das Gefühl, als hätte ich einen privilegierten Raum betreten.

Viel wichtiger aber ist die Tatsache, dass das Murmeltier den Zaun respektiert, bislang jedenfalls; die Kohlköpfe haben unbehelligt Softballgröße erreicht. Das Murmeltier hat aber offenbar seinen Bau noch nicht aufgegeben; ich sehe im Geiste, wie es in der Morgendämmerung neidisch um den eingezäunten Garten herumläuft, Pläne schmiedet, irgendeine Möglichkeit sucht, um hineinzukommen. Ich bleibe wachsam.

Ein 1,2 Meter hoher Zaun wird allerdings keine Hirschkuh aufhalten, die gerade scharf auf grüne Bohnen ist, aber auch um sie kann ich mich kümmern. Rund 20 Zentimeter über dem Zaun werde ich einen Draht ziehen, der alle drei Sekunden mit Strom von 100 Volt pulsiert. Man hat mir geraten, den Draht mit Erdnussbutter zu bestreichen, um die Rehe mit der gänzlich unbekannten und unvergesslichen Empfindung eines Elektroschocks bekannt zu machen; danach sollten sie eigentlich endgültig wegbleiben. Der Strom wird aus einem Solarkollektor kommen, der auf einem der Pfosten angebracht ist und sich wie eine gigantische Hightech-Blüte nach der Sonne streckt. Dieses letzte Detail kommt mir wie ein hübsches Jiu-Jitsu-Element vor: Die Energie aus der Natur wendet sich gegen ein paar ihrer eigenen Kinder.

Gegen Insekten kann man nicht ganz so geradlinig vorgehen, aber auch in diesem Fall gibt es vielleicht eine Kunst, die »selbst Natur ist«. Der Schlüssel zur Vertreibung eines Insekts aus dem Garten liegt im Fachwissen: über die Gewohnheiten des Insekts, seine Vorlieben und seine Schwachstellen. Die meisten chemischen Schädlingsbekämpfungsmittel stellen eine reichlich grobe Spielart dessen dar, was man über Insekten weiß: Dass zum Beispiel ein hochwirksames chemisches Mittel wie Malathion das Nervensystem der meisten Organismen irgendwie lahmlegt. Eine kleine Menge von dem Zeug müsste folglich also bewirken, dass Ungeziefer sterben, aber (wahrscheinlich) keine größeren Lebewesen. Obwohl dieses Fachwissen von Vertretern des *Homo sapiens* in Laborkitteln produziert wurde, ist es bei Weitem nicht so hoch entwickelt oder so präzise wie das Fachwissen, das zum Beispiel einem Marienkäfer zur Verfügung steht, wenn es um Blattläuse geht. Der Marienkäfer ist nicht besonders schlau, aber eines kann er hervorragend: jeden Tag 40 oder 50 Blattläuse fangen, ohne irgendjemand anderen zu beschädigen. Wenn man sich die Evolution als ein sich über dreieinhalb Milliarden Jahre hinziehendes Laborexperiment vorstellt und den Genpool als einen Speicher, der im Laufe eben dieses Experiments sukzessive mit Informationen gefüllt worden ist, dann begreift man allmählich, dass die Natur bei ihren Aktivitäten ein viel umfassenderes Fachwissen zur Hand hat als wir. Die ganze Kunst besteht also darin, ihr Fachwissen im Garten für unsere Zwecke einzusetzen.

Die bislang einzige Möglichkeit, das Marienkäfer-Gen zum Blattläusefangen einzuspannen, besteht darin, sich komplette Marienkäfer zu besorgen; dies kann auf dem Postweg geschehen. Für etwa fünf Dollar kann man bei einer Firma, die auf »biologische Schädlingsbekämpfung« spezialisiert ist, 4500 Marienkäfer bestellen. Die Marienkäfer werden in einem Beutel mit Kordelzug geliefert, den man im Kühlschrank aufbewahren kann; bei Bedarf sind die Käfer dann auf den Blättern befallener Pflanzen zu verteilen. Diese spezielle Firma verkauft auch Büchsen mit Eiern der Gottesanbeterin, die man an den Zweig eines Baumes in der Nähe des Gartens binden kann. Wenn dann im Frühling das Wetter wärmer wird, kommen die Larven heraus, um auf den oberen Blättern der Gartenpflanzen ihren Posten einzunehmen. Ihre Geduld und Bewegungslosigkeit sind ebenso außergewöhnlich wie ihre Reflexe: Eine Gottesanbeterin kann fast jedes fliegende Insekt mitten im Flug schnappen.

Als biologische Schädlingsbekämpfungsmittel dienen nicht nur Insekten, sondern auch Bakterien. Der *Paenibacillus* soll angeblich gegen drei Schädlingsprobleme auf einmal helfen: Engerlinge, Japankäfer und Maulwürfe. Die Engerlinge sind die weißen, wurmähnlichen Larven der Japankäfer. Sie verbringen den Winter und den Frühling unter der Erde, wo sie an den Graswurzeln herumkauen und dabei kahle Flecken im Rasen hinterlassen. Das wäre schon schlimm genug; zufällig fressen aber die Maulwürfe gerne Engerlinge und ruinieren den Rasen, indem sie auf der Jagd nach den Engerlingen ihre Tunnel graben. Die Engerlinge, die davonkommen, tauchen dann im Juli als Japankäfer auf, eine Geißel sehr vieler Gartenpflanzen. Die Käfer, die vor einigen Jahrzehnten versehentlich in dieses Land eingeführt wurden, können innerhalb weniger Tage einen gesunden Rosenbusch in ein filigranes grünes Gerippe verwandeln. Der *Paenibacillus* ist ein Bakterienparasit, der weiß, wie er ein bestimmtes Insekt in einer bestimmten Phase seines Lebens infizieren kann: nämlich den Japankäfer in seinem Larvenstadium. Die Sporen, die als Pulver oder in Körnerform erhältlich sind, sollten im Spätfrühling auf dem Rasen verstreut werden. Die Engerlinge werden sie dann irgendwann aufnehmen und eingehen, die Maulwürfe werden sich anderswo nach Engerlingen umsehen und der Japankäfer dürfte dann eigentlich nie wieder auftauchen. Wenn man dem Katalog glauben will, hält eine Behandlung 15 Jahre vor.

Biologische Bekämpfungsmittel werden nicht jedes Schädlings-problem lösen. Die Methode jedoch ist vielversprechend und vermittelt eine Ahnung davon, was sich alles machen lässt, wenn wir lernen, uns dessen zu bedienen, was die Natur über sich selber weiß, und wenn wir nicht mehr länger glauben, Kunst und Technologie stünden notwendigerweise gegen die Natur. In welche Kategorie sollen wir denn die durch den *Paenibacillus* bei einigen Käferlarven ausgelöste Milchkrankheit einordnen, wenn sie in Form einer Intervention des Menschen in der Gartenlandschaft auftritt? Ist sie in diesem Fall technologisch oder natürlich? Kategorien dieser Art sind nicht mehr wirklich hilfreich, zumindest nicht im Garten.

Ob ich mein Schädlingsproblem nun wirklich vollständig gelöst habe, werde ich wohl erst nach einer Weile wissen. Wenn ich aber beim Herumwerkeln in meinem frisch eingezäunten Garten die Gottesanbeterinnen betrachte, wie sie oben auf meinen Tomaten Wache stehen, und die Marienkäfer ansehe, wie sie inmitten der Auberginen Vernichtungsmissionen durchführen, dann fühle ich mich in dieser Hinsicht allmählich erheblich entspannter. Obwohl Dudleytown nach wie vor hinter dem nächsten Hügel liegt, so weiß ich jetzt, dass ich seinen Vormarsch aufhalten kann, solange ich mich weiterhin mit Kopf und Hand diesem Fleckchen Erde widme. Ich habe immer noch viel zu lernen, es wird ganz sicher Rückschläge geben. Gartenarbeit ist nichts Endgültiges. Trotzdem habe ich, wie ich glaube, zwischen mir und dem Wald eine arbeitsfähige Grenze gezogen. Wird sich diese Grenze als Maginot-Linie erweisen? Möglich ist das, aber ich halte es nicht für wahrscheinlich, weil sie nicht auf technologische Unbesiegbarkeit baut. Sie baut auch nicht auf das Wohlwollen der Natur. Sie baut darauf, dass ich mich wie ein vernünftiges und zivilisiertes menschliches Wesen benehme, das heißt wie ein Wesen, dessen Natur es ist, seine Umgebung neu zu gestalten, und das sich bei ästhetischen und ethischen Fragen von seiner Kultur leiten lassen kann. Was ich hier schaffe, ist ein Mittelweg zwischen Natur und Kultur, ein Ort, der Teil der Natur ist und ihr doch auch kompromisslos entgegensteht. Was ich hier schaffe, ist ein Garten.

Kapitel 3

Warum mähen?

Kein Rasen ist eine Insel, auf jeden Fall nicht in Amerika. Von meiner Vordertreppe aus breitet sich dieser ungepflegte grüne Teppich über einen Abhang aus, überspringt eine einspurige Straße und gelangt so hinüber in den Vorgarten meines Nachbarn. Von dort aus hüpft er über einige baumbestandene Flecken und Steinmauern, bevor er seinen Weg durch ein Dutzend weiterer nicht eingezäunter Anwesen findet, die hinunter in das Housatonic-Tal führen. Hier beginnt der Rasen seinen Marsch nach Süden in Richtung auf die Metropolregion New Yorks. Wenn er einmal unterhalb von Danbury angelangt ist, läuft er – inzwischen von allem Unkraut gereinigt und säuberlich frisiert – die Vorstadtstraßen hinauf und hinunter, ohne Rücksicht auf die Grundstücksgrenzen. Dann steuert er nach Westen und lässt Conneticut hinter sich. Er schreitet nun in einer würdevolleren Gangart voran und spaziert unter den Ahornbäumen von Larchmont entlang, entfaltet sich über ein Dutzend Golfplätze hinweg und schlingt sich in Scarsdale um die hellblauen Becken eines städtischen Schwimmbads, bevor er weiter in Richtung des Hudson River drängt. Als Nächstes wird New Jersey eingenommen, ein smaragdgrüner Landstrich, der vor und hinter Zehntausenden von terrassierten Häusern liegt, bevor sich das breiter werdende grüne Band teilt. Einer der Arme arbeitet sich nach Süden vor; er überzieht die aufnahmebereiten Hügel von Virginia und Kentucky, weigert sich aber, eine Pause zu machen, bevor er die mageren, sandigen Böden Floridas kolonisiert hat. Der andere Arm weitet sich nach der Abzweigung und breitet sich nach Westen aus; mühelos passiert er das riesige Gitternetz des Mittleren Westens, bevor er gegen die unwirtlichen Staaten im Landesinneren aufläuft. Aber kein verstockter Boden und auch kein widriges Klima wird den Marsch des Rasens in Richtung Pazifik aufhalten: Er springt über die Rocky Mountains hinweg und schreitet mithilfe eines gewaltigen Bewässerungsnetzwerks voran, bis er schließlich vor den großen Wüstengebieten im Westen Halt macht.

Nirgends auf der Welt wird der Rasen so hochgehalten wie in Amerika. In wenig mehr als einem Jahrhundert haben wir einen grünen Rasenmantel quer über den Kontinent gelegt und dabei kaum einen Gedanken auf die jeweiligen örtlichen Bedingungen oder auf die Kosten verschwendet. In Amerika sind rund 150 000 Quadrat*kilometer* Rasen angelegt, für die wir geschätzte 30 Milliarden Dollar pro Jahr ausgeben – dies nach den Angaben des *Lawn Institute*, einer Einrichtung in Pleasant Hill, Tennessee, die sich der Aufgabe verschrieben hat, den Amerikanern die Segnungen des Rasens nahezubringen (wieder einmal so ein Fall, bei dem Eulen nach Athen getragen werden). Wie das Fernstraßennetz, die Fast-Food-Ketten und das Fernsehen hat der Rasen dazu beigetragen, dem amerikanischen Landschaftsbild ein einheitliches Aussehen zu geben. Er sorgt dafür, dass die Vorstädte von Cleveland und Tucson, die Straßen von Eugene und Tampa mehr Ähnlichkeiten als Unterschiede aufweisen. Folgt man Ann Leighton, der verstorbenen Gartenhistorikerin, dann hat Amerika im Wesentlichen *einen* wichtigen

Beitrag zur Gartengestaltung auf der Welt geliefert: den Brauch, »die Rasenflächen vor den Häusern, wie viele davon es auch immer auf beiden Straßenseiten geben mag, zusammenzufügen, um dem Passanten den ungestörten Anblick großzügigen Grüns darzubieten.« Frankreich hat seine formalen geometrischen Gärten, England seine malerischen Parks und Amerika hat diesen grenzenlosen demokratischen Fluss aus penibel gepflegtem Rasen, an dem entlang wir unsere Häuser aufreihen.

Es ist keine leichte Sache, sich so einer mächtigen Strömung entgegenzustellen. Da wir in Amerika aus Tradition etwas gegen Zäune und Hecken haben, kann das Vorstadtpanorama durch die Nachlässigkeit – oder auch die abweichende Haltung – eines einzigen Grundeigentümers verunstaltet werden. Dies ist der Grund, warum in den Vorstädten die Rasenpflege für eine derart gewichtige Bürgerpflicht gehalten wird und warum die Mehrheit, wie ich das als Kind erfahren musste, Säumige oder Abweichler nicht zu tolerieren bereit ist. Die Erfahrung, die mein Vater mit seinen Nachbarn in Farmingdale machte, ist kein Einzelfall. Alle paar Jahre bricht in irgendeiner Vorstadtgemeinde ein Streit aus, weil ein Hauseigentümer seinen Rasen nicht ordentlich mäht. Vor noch gar nicht langer Zeit kamen zwei Eheleute, die in ein 440 000-Dollar-Haus in Potomac, Maryland, eingezogen waren, mit der Rasenpflege in Verzug und mussten alsbald feststellen, dass man sie in ihrer neuen Gemeinde als Aussätzige behandelte. In ihrem Briefkasten tauchte ein Zettel von einem Nachbarn auf, anonym und im Bürgerwehr-Stil hingekritzelt: »*Bitte mähen Sie Ihren Rasen. Er ist eine Schande für die gesamte Nachbarschaft.*« Jene kaum wahrnehmbare, aber unmissverständliche Grenze, an der sich der Bürstenschnitt-Rasen an dem mit der Zottelfrisur reibt, reicht aus, um den Frieden einer ganzen Wohngegend zu stören; sie ist eine Narbe im Gesicht Suburbias, ein nicht hinnehmbarer Hinweis auf Zoff im Paradies.

Die gleiche Narbe wird in dem Film *Der große Gatsby* sichtbar, als Nick Carraway das Haus neben Gatsby mietet und es nicht schafft, seinen Rasen so instand zu halten, wie es sich für die Stadt West Egg gehört. Die Kluft zwischen den beiden Rasenflächen beunruhigt Gatsby derart, dass er seinen Gärtner ausschickt, um Nicks Gras zu mähen und die Kluft damit zu beseitigen. Die Nachbarn in Potomac legten etwas weniger gute Umgangsformen an den Tag. Einige erboten sich, den Eheleuten einen Rasenmäher zu leihen. Andere beschwerten sich bei der Bezirksverwaltung, bis die Übeltäter vor Gericht gezerrt wurden, und zwar wegen Verstoßes gegen eine örtliche Verfügung, der zufolge jedes Unkraut, das höher als 36 Zentimeter ist, eine »Bedrohung der öffentlichen Gesundheit« darstellt. Offenbar gibt es derart zweifelhafte Gesetze in den Akten Hunderter amerikanischer Kommunalverwaltungen. In einem Vorort von Buffalo, New York, lebt ein Thoreau-Schüler, der die letzten Jahre mit der Verteidigung seines Rechts, im Vorgarten eine Wildblumenwiese anzulegen, vor Gericht zugebracht hat. Nachdem Nachbarn von sich aus die sittenwidrige Wiese niedergemäht hatten, errichtete er ein Schild mit der Aufschrift: »Dieser Vorgarten hat nichts mit Faulheit zu tun. Er ist ein natürlicher Garten, der so wächst, wie Gott ihn schuf.« Unter Berufung auf eine Verfügung bezüglich des Verbots von »schädlichem Unkraut« wies ein örtlicher Richter daraufhin den Mann aus Buffalo an, entweder seinen Rasen zu mähen oder ein Bußgeld von 50 Dollar pro Tag zu bezahlen. Der Thoreau-Schüler widersetzte sich der Anordnung des Gerichts; als man das letzte Mal von ihm hörte, hatte der Akt suburbanen zivilen Ungehorsams ihn schon mehr als 25 000 Dollar Bußgeld gekostet.

Ich hatte nicht vor, hinsichtlich meines neuen Rasens eine so harte Linie zu fahren, jedenfalls nicht sofort. Also kaufte ich einen Rasenmäher, einen *Toro*, und fing an zu mähen. Jeden Samstag vier Stunden lang. Anfangs bemühte ich mich um eine Art Zen-Methode; ich befreite meinen Geist von allem außer der vor mir liegenden Aufgabe und versenkte mich ins Rasenmähen im Hier und Jetzt. Mir gefiel die Vorstellung, dass mich meine wöchentlichen Zusammenkünfte mit dem Gras mit den kleinsten Details meines Gartens vertraut machen würden. Bald kannte ich alles auswendig, die genaue Lage jedes Baumstumpfes und jedes Steins, die Tunnelroute eines jeden hier ansässigen Maulwurfs, die genaue Adresse jedes Ameisenhaufens. Ich stellte fest, dass dort, wo sich der Regen sammelt, der Weißklee gedeiht, und dass die Fingerhirse gern auf den trockeneren Erhebungen wächst. Nach einigen Wochenenden kannte ich den Rasen so genau und umfassend wie meine Westentasche.

Auch das fertige Produkt gefiel mir, der feine Duft und das Gefühl wiederhergestellter Ordnung, welches ein frisch geschnittener Rasen verströmt. Mein Haus grenzt an zwei Seiten an Wälder an und das Rasenmähen ist im realen wie im metaphorischen Sinn eine Methode, den Wald in Schach zu halten und mein Zuhause in dieser Landschaft zu bewahren. Die Beherrschung der Natur ist, bei allem Misstrauen, das wir gegen sie aufgebaut haben, doch ein tiefes menschliches Bedürfnis und dieses wird durch Rasenmähen befriedigt. Der Rasenmäher war für mich das Schneidemesser der Zivilisation und mein Rasen die gastfreundliche Fläche, die dieses Messer aus der Wildnis schnitt. Mein Rasen war Teil einer für die menschliche Besiedlung angepassten Natur.

Vielleicht liegt es ja in unseren Genen, dass der Rasen einen solchen Reiz auf uns ausübt. Davon sind die Soziobiologen überzeugt. Sie gehen sogar so weit, ein »Savannen-Syndrom« in die Debatte einzubringen, um unsere Liebe zum Gras zu erklären: In unsere DNA sei eine Vorliebe für offene grasbewachsene Landschaften gleichsam eingeschrieben; sie ähneln den afrikanischen Kurzgras-Savannen, in denen wir uns entwickelt und unsere ersten Jahrtausende verbracht haben. Eine grasbewachsene, punktuell von Bäumen durchsetzte Ebene gewährt Sicherheit gegen Raubtiere und eine geeignete Umgebung für weidende Herden. Dies wird als Erklärung für die Tatsache herangezogen, dass wir die bewaldeten Landschaften von Europa und Nordamerika nach dem Erscheinungsbild Ostafrikas umgestaltet haben. Auch Thorstein Veblen war der Meinung, die Beliebtheit des Rasens könnte ein Atavismus sein, der auf unsere Wurzeln im Hirtendasein verweist. »Der kurz geschnittene Rasen«, schrieb er in seiner »Theorie der feinen Leute« *(Theory oft the Leisure Class)*, »besitzt Schönheit in den Augen eines Volkes, das die Neigung geerbt hat, sich beim Betrachten einer gepflegten Wiese oder Weide ganz unmittelbar zu erfreuen.«

Diese Theorien können bis zu einem bestimmten Punkt begründen, woher die weitverbreitete Anziehungskraft des Grases kommt, eine komplette Erklärung für den amerikanischen Rasen liefern sie jedoch nicht. Sie können zum Beispiel weder das leidenschaftliche Interesse erklären, das Jay Gatsby für Nick Carraways Rasen empfindet, noch den Skandal, den der ungemähte Rasen meines Vaters in Farmingdale entfachte, oder die Tatsache, dass wir in Amerika Zäune und Hecken abgebaut haben, um die Rasenflächen zusammenzufügen. Und sie erklären auch nicht den unverkennbaren Geruch von Tugend, der in diesem Land über einem penibel gepflegten Rasen schwebt.

Um dies alles verstehen zu können, muss man etwas über die Geschichte des Rasens in Amerika wissen. Da wird deutlich, dass der amerikanische Rasen eine ziemlich junge Erfindung ist, ein Produkt der Jahre nach dem Bürgerkrieg, als die ersten Vorstadtgemeinden des Landes angelegt wurden. Wenn man die Erfindung des amerikanischen Rasens überhaupt einem bestimmten Individuum zuschreiben kann, dann ist dies Frederick Law Olmstedt. Im Jahr 1868 erhielt er den Auftrag, Riverside zu planen – eine der ersten planmäßig angelegten Vorstadtgemeinden in Amerika vor den Toren Chicagos. Olmsteds Konzept legte fest, dass jedes Haus etwa zehn Meter von der Straße zurückgesetzt werden sollte; Mauern waren verboten. Er reagierte damit auf die »hohen toten Mauern« in England, die nach seinem Gefühl eine Häuserzeile aussehen ließen wie »in einer Reihe aufgestellte private Irrenhäuser«. In Riverside sollte jeder Hausbesitzer einen oder zwei Bäume pflegen sowie einen Rasen, der nahtlos in den des Nachbarn übergeht und so den Eindruck erweckt, als würden sie alle zusammen in einem einzigen Park wohnen.

Olmsted gehörte zu einer Generation von amerikanischen Landschaftsplanern oder Landschaftsreformern – zusammen mit Andrew Jackson Downing, Calvert Vaux und Frank J. Scott –, die sich um die Mitte des 19. Jahrhunderts daranmachten, die amerikanische Landschaft aufzuhübschen. Dass sie eine Verschönerung überhaupt nötig hatte, mag uns heute überraschen, da wir selbstverständlich davon ausgehen, dass die Geschichte der Landschaft eine Geschichte des Niedergangs ist. Damals aber dachten die meisten so wie die Reformer. William Cobbett, der aus England angereist war, war erschüttert angesichts der »Schlamperei auf dem Außengelände« der amerikanischen Gehöfte. Jeder Farmer, schrieb er, gibt sich zufrieden mit seinem »Brettergehäuse, während um ihn herum alles so öde ist wie an der Meeresküste [...], obwohl es keinen englischen Strauch und auch keine englische Blume gibt, die hier nicht wachsen und gedeihen würde.« Die Gegend sah aus, als ob sie in großer Eile gerodet und gestaltet worden wäre (was ja auch stimmte): weitgehend von Bäumen entblößt, notdürftig zusammengezimmerte Zäune um schlecht gepflügte Felder und Baumstümpfe, wohin das Auge blickte. Sobald ein Stück Land ausgelaugt war, rodeten die Farmer ganz einfach ein neues und ließen das erste brach liegen. Wie Cobbett und viele andere Besucher im 19. Jahrhundert feststellten, betrieb kaum einer Ziergartenbau. Der typische Hof war in dem Stil gestaltet, den die Südstaatler später »weißen Abschaum« nannten – ein paar Hühner, kaputtes landwirtschaftliches Gerät, Dreck und Unkraut, dazu ein ungepflegtes Gemüsebeet.

Für Farmer mochte das ausreichen; für die wachsende Zahl der Mittelständler aus den Städten, die in den Jahren nach dem Bürgerkrieg in das Umland zogen, brauchte man jedoch etwas, das respektabler aussah. Um Olmsteds und Downings planerische Ideen der Mittelklasse zugänglich zu machen, veröffentliche Frank J. Scott im Jahr 1870 das erste Buch, das jemals »der Verschönerung des Vorstadtheimes« gewidmet war: *The Art of Beautifying Suburban Home Grounds*, ein Buch, das wohl mehr als irgendein anderes dazu beigetragen hat, das Aussehen der amerikanischen Vorstädte festzulegen. Wie so viele Reformer jener Zeit war Scott sich seiner Sache durch und durch sicher: »Was die Schönheit betrifft, so ist eine glatte, kurz geschnittene Grasoberfläche bei Weitem das wichtigste Element auf dem Grundstück eines Vorstadtheims.«

Amerikaner wie Olmsted und Scott haben den Rasen nicht erfunden – er war in England schon seit den Zeiten der Tudors beliebt gewesen. In England aber fand sich Rasen normalerweise nur auf Landsitzen; die Amerikaner demokratisierten ihn, indem sie die riesigen herrschaftlichen Grünflächen in Stücke von 1 000 Quadratmetern zerschnitten, die sich jedermann leisten konnte (insbesondere nach 1830, als Edwin Budding, ein Teppichfabrikant, den ersten brauchbaren Rasenmäher patentieren ließ). Die Engländer betrachteten den Rasen auch nie als Selbstzweck. Er diente als Schauplatz für Rasenspiele sowie als Hintergrund für Blumenbeete und Bäume. Scott ordnete dem Rasen alle anderen Landschaftselemente unter; Blumen waren zulässig, aber nur am Rand der Grasfläche: »Lasst euren Rasen das samtene Gewand des Heimes sein und eure Blumen den nicht allzu bunt gemischten Schmuck.«

Am radikalsten entfernte sich Scott von den Gepflogenheiten der Alten Welt in seiner Betonung der Verantwortung, die der Einzelne gegenüber den Nachbarn hat. »Es ist unchristlich«, verkündete er, »anderen die Sicht zu verwehren auf die Schönheiten der Natur, die zu erschaffen oder zu erlangen uns das Glück bescherte.« Der eigene Rasen sollte nach Scotts Meinung zur gemeinsamen Gartenlandschaft beitragen. »Die Schönheit, die man erreicht, indem man die Vorgärten ohne Begrenzung zusammenfügt, hat jene herausragende Qualität, die alle, die an diesem Austausch teilhaben, reicher macht und keinen Menschen ärmer.« Wie Olmsted vor ihm, so versuchte auch Scott ein bescheidenes Rasenstück in eine demokratische Einrichtung zu verwandeln. Wer ihren Plänen nicht zustimmte, wurde als »selbstsüchtig«, »unfreundlich«, »unchristlich« und »undemokratisch« gebrandmarkt.

Mit dem offenen freien Rasen vor dem Haus bekennen wir, dass wir und unsere Nachbarn Gleichgesinnte sind – und dass wir uns von den Engländern distanzieren, die ihre Gärten mit »ungastlichen Ziegelmauern umgeben, die oben von zerbrochenen Flaschen geziert werden«, in der Absicht, den neidischen Blicken der niederen Stände einen Riegel vorzuschieben. Der amerikanische Garten entspringt einer egalitären Arroganz, die impliziert, dass es keinerlei Grund gibt, sich hinter Hecke oder Zaun zu verstecken, da wir ja doch alle derselben Mittelklasse angehören. Wir sind alle Grundbesitzer hier, verkündet der Rasen und deutet damit gleich einen weiteren Zweck seines Daseins an: nämlich eine entsprechend großartige Bühne für die stolze Zurschaustellung des eigenen Hauses zu bieten. Mit der Feststellung, unsere Vorgärten seien so angelegt, »dass sie die Bewunderung der Straße erregten«, stellte ein Landschaftsarchitekt die Verbindung her zwischen der Popularität des offenen Rasens und »unserem infantilen Instinkt, dem Vorübergehenden ›Guten Tag!‹ zuzurufen und das, was wir besitzen, seinen Blicken darzubieten.«

Der demokratische Vorgarten hat natürlich auch eine dunklere, repressive Seite, wie das meine Familie in Farmingdale erfahren musste.

Indem sie den »einfachen Stil« eines schmucklosen Rasens für amerikanische Vorgärten empfahlen, stellten die Planer und Reformer in der Mitte des 19. Jahrhunderts im Stile puritanischer Pfarrer rigide Grundsätze auf, die unsere Beziehung zum Land regelten. Die Art und Weise, wie wir uns diesen Grundsätzen beugten, wurde in der Folge als Hinweis auf unseren Charakter angesehen. Und so wie die Puritaner es nicht tolerierten, wenn ein Individuum seine oder ihre Beziehung zum göttlichen Wesen inoffiziell auf eigene Faust etablierte, so sind die Mitglieder des suburbanen Utopia nicht bereit hinzunehmen, dass ein Hausbesitzer eine Beziehung zum Land aufbaut, die nicht durch die Grundsätze der Gruppe vermittelt wird. Die Parallele ist nicht so weit hergeholt, wie es scheinen mag, wenn man sich ins Gedächtnis ruft, dass die Natur in Amerika oft als göttlich angesehen wurde. Betrachtet man die Natur als Heiligen Geist, den gemeinsamen Vorstadtrasen als Kirche und das Rasenmähen als eine Art Sakrament, dann begreift man allmählich, warum Ziergärten so lange gebraucht haben, um sich in Amerika durchzusetzen, und warum mein Vater in den Augen der Nachbarn als ein Anhänger der chrsitlichen Lehre des Antinomismus erscheinen konnte. Wie Hester Prynne in Nathaniel Hawthornes Roman *Der scharlachrote Buchstabe* nahm er für sich in Anspruch, für seine Aktivitäten auf den Segen der Nachbarn verzichten zu können; seine Initialen im Rasen vor dem Haus waren, wenn man so will, nichts anderes als smaragdgrüne Buchstaben.

Vielleicht haben wir deshalb ein so tief sitzendes Misstrauen gegenüber einer individualistischen Haltung zur Landschaft entwickelt, weil das, was uns alle zu Amerikanern macht, eben dieses Land ist, das uns gemeinsam gehört, und weniger Rasse oder Ethnie. Für unsere amerikanische Identität ist das Land viel zu wichtig, als dass man jedermann erlauben könnte, damit nach Belieben zu verfahren. Und nachdem es einmal etabliert war, dass das Land dazu dienen sollte, den Konsens zu repräsentieren und nicht als Bühne der Selbstdarstellung zu fungieren, bot der amerikanische Rasen – kollektiv, national, ritualisiert und schlicht – die ideale Lösung. Der Rasen drückt heute unsere Einstellung gegenüber dem Land ebenso beredt aus wie die selbstbewussten geometrischen Formen eines Le Nôtre den Humanismus im Frankreich der Renaissance oder Capability Browns malerische Parkanlagen die romantischen Empfindungen in England.

Nach meiner ersten Rasenmähersaison nutzte sich die Zen-Methode allmählich ab. Ich begann, mich im Garten mit Blumen und Gemüse zu beschäftigen, und bald reuten mich die vier Stunden, die der Rasen mir jede Woche abverlangte. Ich hatte es satt, endlos im Kreis herumzulaufen, den heulenden Rasenmäher über das riesige Blatt meines Gartens hin- und herzuschieben und darauf immer wieder den gleichen grünen Satz zu kopieren: »Ich bin ein gewissenhafter Hausbesitzer. Ich teile eure Mittelklassewerte.« Rasenpflege war Gartenarbeit mit dem Ziel, »die Bewunderung der Straße« zu erregen, ein Konsensritual, für das ich mich einfach nicht erwärmen konnte. Ich begann, müßigen Rebellionsfantasien Raum zu geben und darüber nachzudenken, was mich eigentlich daran hinderte, entlang der Straße eine Hecke zu pflanzen, mein Grundstück aus dem nationalen Grünflächenfluss herauszulösen und irgendetwas ganz anderes damit anzufangen.

Im dritten Frühling pflanzte ich Obstbäume auf dem Rasen vor dem Haus – Apfel, Pfirsich, Kirsche und Pflaume –, in der Hoffnung, sie würden die Eintönigkeit auflockern und zumindest dafür sorgen, dass der Rasen endlich produktiv würde. Auf der Rückseite des Hauses legte ich eine Staudenrabatte an. Aus alten Scheunenbrettern aus Kastanienholz baute ich drei Hochbeete und pflanzte zwei Dutzend verschiedene Gemüsesorten. Auch wenn dies harte Arbeit war, so machte es doch großen Spaß, an der Stelle, wo die Beete hinkommen sollten, das Gras zu entfernen. Zunächst steckte ich die Beete mit einer Schnur ab. Dann zog ich mit der scharfen Schneide des Spatens einen Schnitt durch den Rasen. Von einem Ende ausgehend hob ich die Grasnarbe vom Boden und rollte sie langsam wie einen Teppich auf. Ich konnte das Reißen des Grases hören, als ich es aus der innigen Verbindung mit der Erde löste. Ein bisschen kam ich mir wie ein Pionier vor, der den Wald mithilfe seiner Axt domestiziert. In meiner Fantasie skalpierte ich schon den gesamten Garten. In der Realität setzte ich meine Tagträume dann aber doch nicht um, war nicht mutig genug – nach wie vor richtete ich mich nach den Vorgartenkonventionen, mähte fleißig und legte alle meine Beete im Garten hinter dem Haus an.

Je ernsthafter ich das Gärtnern betrieb, desto fragwürdiger kam mir der Rasen vor. Anders als bei meinem Vater lag das Problem für mich nicht im Verhältnis zu den Nachbarn, das der Rasen zum Ausdruck brachte, sondern vielmehr im Verhältnis des Rasens zur Natur. Ein Rasen mag noch so demokratisch sein, was die Nachbarn anbelangt; was die Natur anbelangt, ist er autoritär. Unter dem brutal rotierenden, alles unterschiedslos niedermähenden Schneidemesser des *Toro* wird die Gartenlandschaft unterworfen, gleichgemacht, restlos beherrscht. Ich kam zu der Überzeugung, dass Rasenpflege mit Gärtnern genauso viel zu tun hat wie Bodenwachsen oder Straßenpflastern. Ich begann, das Gärtnern als einen subtilen Prozess des Gebens und Nehmens im Austausch mit der Landschaft zu sehen, als die Suche nach einem Mittelweg zwischen Kultur und Natur, den Rasen hingegen als Natur unter dem Stiefelabsatz der Kultur.

Beim Rasenmähen hatte ich eher das Gefühl, die Erde zu bekämpfen, statt sie zu bearbeiten. Jede Woche schickte sie eine grüne Armee ins Feld und jede Woche schlug ich diese Armee mit meiner infernalischen Maschine zurück. Im Unterschied zu allen anderen Pflanzen in meinem Garten waren die Gräser anonym, traten als Masse auf und hatten keinerlei Möglichkeit, sich zu verändern oder zu entfalten. Jede Form der Selbstbestimmung war ihnen verwehrt. Ich herrschte über eine totalitäre Landschaft.

Heiße monotone Stunden hinter dem Rasenmäher gaben Anlass zu existenziellen Spekulationen. Einen halben Nachmittag verbrachte ich mit dem Versuch, herauszufinden, wer in dem absurden Drama des Rasenmähens denn die Rolle des Sisyphus spielte. Ich selber? Dafür sprach sicherlich einiges. Oder vielleicht das Gras, das jede Woche durch den Boden wuchs, eine Zellschicht um die andere, nur um abgeschnitten und dann (mit Kalk, Dünger und dergleichen mehr) perverserweise ermutigt zu werden, den ganzen unseligen Vorgang von Neuem zu beginnen? Bei anderer Gelegenheit kam mir der Gedanke, die Zeit, so wie wir sie kennen, existiere beim Rasen gar nicht, da Gras niemals stirbt und auch nicht blühen oder Samen ausbilden darf. Rasen ist so viel wie Natur, der Sex und Tod ausgetrieben wurden, schlussfolgerte ich, kein Wunder, dass die Amerikaner ihn so lieben.

Und wo genau *war* mein Garten überhaupt? Die Antwort ist nicht so offensichtlich, wie es scheinen mag. Ich hatte inzwischen begriffen, dass das Gärtnern eine gewissenhafte Erforschung des Ortes bedeutet. Alles, was in meinem Garten geschieht – das Gedeihen und Absterben bestimmter Pflanzen, die Raubzüge verschiedener Insekten und anderer Schädlinge – macht mich mit diesem Fleckchen Erde genauer bekannt, mit der Geologie, dem Mikroklima und der speziellen Ökologie der Unkräuter, Tiere und Insekten an genau diesem Ort. Mein Garten gedeiht in dem Maße, wie ich diese Besonderheiten erfasse und mich ihnen anpasse. Der Rasen funktioniert nach dem entgegengesetzten Prinzip. Sein Erfolg hängt davon ab, ob es ihm gelingt, sich über die örtlichen Bedingungen *hinwegzusetzen*. So wie Jefferson der unendlich vielseitigen Topografie des Nordwestterritoriums sein großes Gitternetz überstülpte, so stülpen wir dem Land unseren Rasen über. Und da Geografie und Klima in weiten Teilen dieses Landes für Rasengräser (von denen keines hier heimisch ist) schlecht geeignet sind, kann dies nicht ohne die Werkzeuge der industriellen Zivilisation des 20. Jahrhunderts bewerkstelligt werden, als da sind: chemischer Dünger, Schädlingsbekämpfungs- und Unkrautvernichtungsmittel, Maschinenparks sowie sehr oft computergestützte Bewässerungsanlagen. Denn wir wollen uns nicht mit dem Rasen, der hier wächst, begnügen. Wir wollen den Rasen, der *dort* wächst: jenen dichten, elastischen, hypergrünen und unkrautfreien Teppich, jenes kitschige platonische Idealbild eines Rasens, das in den Werbesendungen und Broschüren der Landschaftsbaufirmen angepriesen wird oder in kitschigen Comedy-Fernsehserien omnipräsent ist. Unser Rasen existiert weniger hier als dort; er nährt sich aus dem nationalen Strom der Bilder, er hebt unseren Blick von den realen Orten, an denen wir leben, empor und fixiert ihn auf irreale Orte anderswo. Rasen ist eine Art Fernsehen.

Muss ich noch darauf hinweisen, dass eine solche Haltung zur »Natur« wohl kaum gut für die Umwelt sein kann? Neuerdings wird uns immer deutlicher bewusst, dass wir uns mit unseren Rasenflächen selbst vergiften. Verglichen mit allem, was in diesem Land angebaut wird, nehmen diese Flächen im Durchschnitt am meisten Pestizide und Herbizide pro Quadratkilometer auf. Gegen die landesweit arbeitenden Rasenpflegefirmen werden Prozesse angestrengt; in letzter Zeit erwacht auch das Interesse an eher »organischen« Pflegemethoden. Das Problem ist aber weitaus größer. Der Rasen ist, so meine Überzeugung, zugleich Symptom und Metapher für unser verzerrtes Verhältnis zum Land. Er enthält die Botschaft, dass wir mithilfe von Petrochemie und Technologie die Natur nach unserem Willen formen können. Er schürt unsere Hybris in Bezug auf das Land.

Was ist die Alternative? Die Rasenflächen in Gärten umzuwandeln. Damit will ich nicht sagen, dass *in* diesen Gärten kein Raum für Rasen wäre oder dass Gärten als solche bereits unser Verhältnis zum Land ins Lot bringen würden; die Art zu denken jedoch, die sich in Gärten entwickelt, führt uns ein Stück weit in diese Richtung. Verglichen mit der Rasenpflege bringt uns die Gartenarbeit die Funktionsweisen der Natur näher und befördert eine Ethik des Gebens und Nehmens gegenüber dem Land. Gärten sind Lehrmeister, was die Besonderheiten des Ortes angeht. Im Garten verringert sich unsere Abhängigkeit von Energierohstoffen, die wir von weither schaffen, von Technologie, von Nahrungsmitteln und übrigens auch von wirklich interessanten Dingen. Wenn sich nämlich das Rasenmähen so anfühlt, als kopiere man den gleichen Satz wieder und wieder, dann heißt Gartenarbeit neue Sätze schreiben, in einem unendlich variierbaren Prozess des Erfindens und Entdeckens. Im Garten lernt man auch die notwendige, wenn auch unamerikanische Lektion, dass es einen Kompromiss zwischen Natur und Kultur geben kann, dass da ein Mittelweg sein könnte zwischen Rasen und Wald – ein Mittelweg zwischen denen, die am liebsten im Namen des Fortschritts die Eroberung des Planeten vollenden würden, und denen, die die Zeit für gekommen halten, dass wir endlich das Zepter niederlegen und die Erde in die Obhut harmloserer Arten geben. Der Garten deutet die Möglichkeit an, dass es vielleicht doch einen Ort gibt, an dem wir uns mit der Natur auf halber Strecke treffen könnten.

Nun wollen Sie wahrscheinlich wissen, ob ich auch angefangen habe, das, was ich predige, in die Tat umzusetzen. Nun, ganz herausgerissen habe ich meinen Rasen nicht. In jedem Frühjahr machen aber immer größere Teile davon dem Garten Platz. Einmal nahm ich 2 000 Quadratmeter weg und pflanzte darauf eine Wiese mit Rudbeckien und Margeriten. Dafür, dass ich dort nur ein einziges Mal im Jahr mit der Sense mähe, werde ich mit einer Blumenwiese belohnt, die von Mai bis zum Einsetzen des Frostes unablässig blüht.

Der Rasen schrumpft zusehends. Um das zu mähen, was noch übrig ist, habe ich einen Jungen aus der Nachbarschaft eingestellt. Jeden

Samstag, an dem nicht Bon Jovi oder andere Rockgrößen im *Hartford Coliseum* auftreten, ist damit zu rechnen, dass dieses große, blonde halbstarke Wesen mit einem 1,2 Meter breiten John-Deere-Rasenmäher auftaucht, der den Rasen in weniger als einer Stunde kurz schert. Das macht immerhin 30 Dollar in der Woche. Besonders scharf bin ich nicht auf die Anwesenheit des Jungen. Seine Konversation besteht im Wesentlichen aus Grunzen und er glotzt meine Frau an, als warte er darauf, dass sich ein doppelseitiges *Penthouse*-Poster aufblättert. Immerhin hat er mich aber von den finsteren Grübeleien über den Rasen befreit und mir auf diese Weise mehr Zeit im Garten beschert.

Draußen vor dem Haus, entlang der Straße, wo mein Rasen auf den Rasen der Nachbarn und damit wiederum auf den Rasen des übrigen Landes trifft, habe ich meinen radikalsten Schachzug umgesetzt. Ich habe einen Holzzaun aus waagrecht angeordneten Brettern gebaut und inzwischen begonnen, am Zaun entlang eine Hecke zu pflanzen – eine unbeschnittene Hecke aus Forsythien, Flieder, Bittersüß und Strauchspiere. Sobald diese Hecke groß und dicht ist, wird meine Sezession vom Rasen der Nation vollendet sein. Dann ist alles möglich. Ich *könnte* zulassen, dass alles zu Wiese wird oder sogar zu Wald. Allerdings bin ich nicht sicher, ob ich diese Art der Selbstauslöschung wirklich will. Ich könnte ein Kürbisbeet anlegen, einen Seerosenteich oder vielleicht auch einen Obstgarten mit Apfelbäumen. Eventuell könnte ich sogar ein Stück Gras stehen lassen. Würde ich mich dafür entscheiden, dann wäre dies allerdings eine ganz andere Art von Rasen als der jetzige. Zum einen hätte er einen Rahmen, das heißt, man könnte dort raffiniertere und vielfältigere Pflanzen unterbringen als die schreienden Ringelblumen, den knalligen Scharlachsalbei und die muskelprotzenden Rhododendren, die die Leute normalerweise gegen eine große, nicht eingezäunte Rasenfläche in den Ring werfen. Mittels einer Mauer von den Nachbarn abgetrennt und nicht länger als Zufluss zum nationalen Strom fungierend, wäre mein Rasen dann ein individueller, privater Ort und Teil eines Gartens, nicht nur ein Ersatz dafür. Ja, vielleicht ist in meinem neuen Garten auch Platz für einen kleinen Rasen. Ich warte aber lieber, denke ich, bis die Hecke richtig dicht ist, bevor ich meine Entscheidung treffe.

Kapitel 4

Der Kompost und
sein moralischer Imperativ

Bald nachdem wir die ehemalige Milchfarm gekauft hatten, arbeitete ich mich immer tiefer in die Gartenbücher ein. Dabei begann sich vor meinem inneren Auge ein Fantasiebild zu formen: dass ich nämlich irgendwo auf dem Grundstück eine Schaufel Erde ausheben, umdrehen und dabei auf eine dicke Ader kompostierten Stallmists stoßen würde. Nach allem, was ich gelesen hatte, wäre eine solche Erde – locker, pechschwarz und von bröckeliger Substanz – ein Schatz, der mir weit mehr einbringen würde als nur die Garantie für eine ansehnliche Ernte; ein solcher Fund würde mich auf Anhieb in den Rang eines *seriösen* Gärtners erheben. In den letzten Jahren wurde kein amerikanisches Gartenbuch veröffentlicht, das beim Thema »Kompost« nicht lyrische Töne angeschlagen hätte. In dem Buch *Victory Garden* nennt James Crockett den Kompost »braunes Gold« und bietet zu seiner Herstellung ein Rezept an, das so raffiniert ist wie ein Rezept zur Zubereitung eines Soufflés. Ehcr literarisch ausgerichtete Gartenschriftstellerinnen und -schriftsteller wie Eleanor Perényi und Allen Lacy liefern begeisterte Kapitel über die Vorteile und – auch wenn das vielleicht seltsam klingt – die Werte, für die der Kompost steht. Die Gartenzeitschriften – insbesondere *Organic Gardening* und *National Gardening* – schreiben regelmäßig umfangreiche Artikel über Gärtner, die weniger aufgrund der eleganten Zusammenstellung oder des üppigen Wachstums ihrer Staudenrabatten als Helden ausgewählt wurden, sondern wegen der über den Garten verstreuten dampfenden Komposthaufen. Es scheint, als habe in der amerikanischen Gartenkultur der geglückte Komposthaufen die perfekte Teehybride oder die gigantische Fleischtomate als Ehrenzeichen des Gärtnerstolzes bereits weitgehend abgelöst. Meine Lektüre zum Thema »Kompost« vermittelte mir eine erste Ahnung davon, dass die Gartenarbeit, die ich zunächst als eine mehr oder weniger säkulare Freizeitbeschäftigung angesehen hatte, in Wirklichkeit ein moralisches Drama ersten Ranges darstellt.

Bevor Sie als Leser nun den Versuch unternehmen, die metaphysische Seite des Komposts zu erfassen, haben Sie vielleicht den Wunsch, kurz das Material selbst zu betrachten. Kompost ist, ganz simpel ausgedrückt, teilweise abgebaute organische Materie. Stehen genügend Zeit, Feuchtigkeit und Sauerstoff zur Verfügung, dann wird alles und jedes – Laubhaufen, Rasenschnitt, Blütenköpfe, Gestrüpp, Dünger oder Gemüseabfälle – durch die Aktivität von Bakterien zu ein paar kostbaren Schaufeln Kompost verrotten. All die ausgefeilten Theorien, Formeln und mechanischen Vorrichtungen zur Kompostbereitung sind in Wirklichkeit nichts anderes als Kunstgriffe zur Beschleunigung dieses natürlichen Prozesses. (Es gibt eine rotierende Stahltrommel auf dem Markt, die angeblich innerhalb von 14 Tagen Kompost herstellt; die meisten Bücher rechnen hierfür mit einem Zeitraum von drei Monaten.)

Einige Gärtner und sogar einige Gartenschriftsteller sprechen vom Kompost, als wäre er ein Düngemittel, aber das ist nur ein Teil der Angelegenheit und etwas irreführend. Es stimmt, dass Kompost Stickstoff, Phosphor und Kali enthält (also die wesentlichen Bestandteile von Dünger), jedoch keineswegs in besonders beeindruckenden Mengen. Der wahre Vorteil von Kompost liegt in dem, was der Humus – sein wesentlicher Bestandteil – für den Boden tut. Folgendes ist dabei bemerkenswert:

1. Kompost verbessert die »Struktur« der Erde. Erde besteht aus Ton, Sand, Schluff sowie organischem Material in jeweils unterschiedlichen Anteilen. Ist der Ton- oder Schluffanteil zu hoch, neigt der Boden zur Verdichtung und lässt Luft, Wasser und Wurzeln nur schwer passieren. Ist der Sandanteil zu hoch, ist die Fähigkeit des Bodens, Wasser und Nährstoffe zurückzuhalten, beeinträchtigt. Ideale bröselige Gartenerde besteht aus leichten Krümeln, in denen Sand-, Ton- und Schluffpartikel durch Huminstoffe zusammengehalten werden. Kompost hilft bei der Herausbildung dieser Partikel.

2. Kompost erhöht das Wasserhaltevermögen des Bodens. Ein Experiment, auf das ich beim Lesen gestoßen bin, hatte ergeben, dass 50 Kilogramm Sand rund zwölf Liter Wasser halten können; 50 Kilogramm Ton rund 25 Liter, 50 Kilogramm Humus hingegen 85 Liter. Kompostreiche Erde braucht also weniger Bewässerung und die darin wachsenden Pflanzen können Trockenheit besser überdauern.

3. Weil er so dunkel gefärbt ist, absorbiert Kompost die Sonnenstrahlen und erwärmt den Boden.

4. Im Kompost wimmelt es von Organismen, die das organische Material in der Erde in die von den Pflanzen benötigten Grundbestandteile zerlegen.

5. Da er aus verrottendem pflanzlichen Material besteht, enthält der Kompost fast alle chemischen Stoffe, die die Pflanzen zum Wachsen brauchen, einschließlich solcher Spurenelemente wie Bor, Mangan, Eisen, Kupfer und Zink, die man im handelsüblichen Dünger

nicht immer findet. Der Kompost gibt also dem Boden einen großen Anteil dessen zurück, was ihm die Landwirtschaft nimmt.

Wie wichtig auch immer diese Vorteile sein mögen, so bieten sie doch keine Erklärung für den Heiligenschein der Rechtschaffenheit, der inzwischen über dem Kompost schwebt und auch über denen, die ihn herstellen. Schließlich kann man Humus auch aus anderen Quellen bekommen. Um das Geheimnis des Komposts zu begreifen, braucht man möglicherweise weniger Kenntnisse in Bodenkunde als Wissen über die Motive, die uns zur Gartenarbeit bewegen. Der einschlägigen Literatur und den Gesprächen zufolge, die ich mit erfahrenen Gärtnern geführt habe, geht es dabei oft nicht so sehr um die Schönheit als vielmehr um die Tugend.

Der herausgehobene Status des Komposts ist zum großen Teil das Verdienst von J. I. Rodale, dem Gründungsverleger der Zeitschrift *Organic Gardening*, der bis zu seinem Tod im Jahr 1971 mit einem ans Messianische grenzenden Eifer für die Tugenden des biologischen Gärtnerns geworben hat. So wie Eleanor Perényi in dem Buch *Green Thoughts* ihre Geschichte erzählt, war Rodale ein moderner Jeremia, der die Amerikaner aufgerufen hat, ihm nachzufolgen, heraus aus der agrikulturellen Wüstenei. Perényi, normalerweise die sachlichste unter den Gartenschriftstellerinnen, beschreibt ihre eigene Bekehrung wie folgt:

> [Rodales] bärtiges Gesicht auf der ersten Seite der Zeitschrift trug grimmige Züge wie das Antlitz eines Propheten aus dem Alten Testament (nach seinem Tod wurde es durch das etwas freundlichere seines Sohnes ersetzt), und seine Botschaft war jeder Seite wie ein Stempel aufgedrückt. Wie alle großen Botschaften war auch diese einfach und für diejenigen unter uns, die sie zum ersten Mal hörten, eine Offenbarung von blendender Helligkeit. Erde, so sagte er uns, sei keineswegs nur Material zur

Aufrechthaltung von Pflanzen zu dem Zweck, sie anschließend mit Kunstdünger zu ernähren; und wir, die wir sie in dieser Funktion benutzen würden, würden uns dabei an den Kreisläufen der Natur vergehen. Wir hätten vielmehr die Pflicht, das, was wir uns genommen haben, wieder zurückzugeben.

Und wie konnten wir zurückgeben, was wir genommen hatten? Wie konnten wir wieder eine gute Beziehung zur Natur gewinnen? Eben durch den Kompost.

Wie Rodale selbst als Erster einräumte, war das Kompostieren nicht wirklich etwas Neues. Seit Jahrtausenden war kompostierter biologischer Abfall eine Stütze der Landwirtschaft gewesen – bis zur Erfindung chemischen Düngers in den ersten Jahren des 20. Jahrhunderts. Bis zum Zweiten Weltkrieg hatte man dann die meisten amerikanischen Farmer davon überzeugt, dass ihre Nutzpflanzen nichts weiter zum Gedeihen bräuchten als regelmäßige massive Anwendung von Düngemitteln. Für den Farmer stellt die Verlockung des synthetischen Düngers so etwas wie einen Pakt mit dem Teufel dar. Zuerst steigen die Erträge geradezu dramatisch. Der Preis dafür jedoch ist hoch, denn die Inhaltsstoffe des Düngers töten nach und nach die biologische Aktivität im Boden ab und zerstören seine Struktur. Der Boden verarmt an natürlichen Nährstoffen und die Nutzpflanzen sind vollständig vom Dünger abhängig – die Erde ist dann tatsächlich nicht viel mehr als eine Vorrichtung, die die Pflanze aufrecht hält, während sie sich an »feinstem« Universaldünger gütlich tut. Und was noch schlimmer ist – je mehr Dünger der Landwirt einsetzt, desto mehr Probleme bekommt er mit Krankheiten und Schädlingen, da chemischer Dünger offensichtlich die Widerstandsfähigkeit der Pflanzen schwächt. In der Zeit nach dem Krieg erlag die Landwirtschaft in ihrer Not einer Unzahl neuer chemischer Versuchungen – DDT, Temik, Chlordan –, und es dauerte nicht lange, bis sich die Bauern tief unten in der agrikulturellen Hölle wiederfanden.

Wie der Landwirt, so hatte sich auch der Heimgärtner inzwischen auf den Weg in die Abhängigkeit begeben; erst kaufte er immer mehr Chemiedünger und dann immer mehr Pflanzenschutzmittel. In den 1960er-Jahren waren die Regale in seiner Garage bereits mit den zweifelhaften Produkten der amerikanischen petrochemischen Industrie vollgestellt: Cygon, Sevin, Kelthane, Benomyl, Malathion, Folpet, Diazinon. Wo man logischerweise das Firmenlogo von Gartencentern wie *Burpee* oder *Agway* hätte erwarten können, erblickt das Auge die Flügel des Ölkonzerns *Chevron*. Auf einmal war die Gartenarbeit, diese durch und durch gesunde und urwüchsige Freizeitbeschäftigung, mit den schlimmsten Auswüchsen der industriellen Zivilisation verknüpft.

Dies also war die Wüstenei, in der Rodale den amerikanischen Gärtner vorfand. Er stellte ihn vor eine knallharte moralische Entscheidung: Wollte er weiterhin Petrochemie zur industriellen Herstellung von Blumen und Gemüse einsetzen? Oder wollte er sich Rodale anschließen, das Kompostieren lernen und den Boden retten – und damit, das war klar, auch sich selbst?

Damals, als Rodale sich erstmals zu Wort meldete, wurde er in dem Maße mit Respekt begrüßt, wie das bei Propheten normalerweise der Fall ist. Sogar in den 1960er-Jahren hielt man ihn ganz allgemein noch für einen Spinner. Als er im Jahr 1971 in einer Aufzeichnung für die *Dick-Cavett-Show* umkippte und starb, reagierte die Nation mit hämischem Grinsen. Wochenlang machte Johnny Carson in der *Tonight Show* Witze darüber. Im Lauf der 1970er-Jahre allerdings, als die Besorgnis in puncto Pestizide und Umweltfragen anstieg, fand Rodales Botschaft immer mehr Gehör. Heute identifizieren sich viele Heimgärtner mit seiner Philosophie; seine Vorstellungen haben sogar Eingang in die amerikanische Landwirtschaft gefunden.

Dass Rodale eine quasireligiöse Bewegung gründen konnte – und dass sich der Komposthaufen unter amerikanischen Gärtnern auf einmal zum Statussymbol entwickelte – ist vollkommen einleuchtend, wenn man bedenkt, welche Haltung die Amerikaner traditionell gegenüber dem Land eingenommen haben. Die Apotheose des Komposts ist in Wirklichkeit nichts anderes als der letzte Akt eines schon seit Langem auf dem Programm stehenden Lehrstücks über die Amerikaner und ihr Land. In den Lobgesängen der Gartenschriftsteller auf den Kompost ist immer noch ein Nachhall von Jeffersons landwirtschaftlichem Idealbild zu vernehmen, so wie es Henry Nash formuliert hat: »Wer das Land bestellt, bekräftigt seinen rechtmäßigen Anspruch darauf; indem es ihn unabhängig macht, verleiht das Eigentum an Land dem Farmer gesellschaftlichen Status und Würde, während der ständige Umgang mit der Natur ihn zu einem tugendhaften Menschen macht.«

Auch wenn er häufig nur aus dem Gartencenter stammt, stellt der Kompost zumindest im metaphorischen Sinn die Unabhängigkeit des Gärtners wieder her. Wenn er den gesamten Kreislauf der Natur in seinem Garten reproduzieren kann, dann ist der Gärtner für den Anbau seiner eigenen Nahrungsmittel von keinem anderen mehr abhängig (außer vielleicht vom Saatgutlieferanten). Und weil das Kompostieren die Erde fruchtbarer macht, schmeichelt das Verfahren dem alten amerikanischen Glauben, man untermauere den eigenen Anspruch auf das Land, indem man es verbessert.

Der Garten als Verwirklichung des landwirtschaftlichen Idealbilds im Kleinformat – diese Vorstellung scheint erstmals im 19. Jahrhundert aufgetaucht zu sein, als die Amerikaner in großer Zahl ihre Farmen verließen, um in die Stadt zu ziehen. Wenn die Amerikaner nun schon nicht länger in erster Linie ein Volk von Farmern sein konnten, dann sollten wenigstens diejenigen, die in den Städten wohnten, mithilfe der Gartenarbeit einige der ländlichen Tugenden pflegen. »Ein Mann, der einen Garten angelegt hat, spürt, dass er etwas für das Gute auf der Welt getan hat«, schrieb Charles Dudley Warner, Herausgeber des *Hartford Courant*, um die Mitte des Jahrhunderts. »Er gehört zu den Produzenten. […] Es sind nicht einfach Rote Rüben, Kartoffeln, Mais und Stangenbohnen, die er in seinem gut durchgehackten Garten zieht, nein, es geht hier um das ganz alltägliche menschliche Leben.« Etwa um die gleiche Zeit pflanzte Thoreau sein Bohnenbeet am Walden, nicht so sehr mit dem Ziel, Bohnen zum Essen oder Verkaufen anzubauen, sondern um metaphorische Redewendungen über die Bedingungen des menschlichen Lebens ernten zu können. Den Boden zu verbessern, hieß, den Menschen selbst zu veredeln.

Die Amerikaner sahen in der Gartenarbeit deshalb weit mehr als nur einen Zeitvertreib, und in den Jahrzehnten vor dem Bürgerkrieg erreichte die Gartenkultur eine Zeit lang tatsächlich den Stellenwert eines moralischen Kreuzzuges. In einer durch »die Ruhelosigkeit und das Dröhnen des Prinzips Eisenbahn« geprägten Epoche, schrieb Lydia H. Sigourney im Jahr 1840, »erfüllt [die Arbeit im Garten] die im Goldrausch hechelnde Brust des Mannes von Welt mit sanften Gedanken, welche ihm wohltun, so wie eine Arznei.« Bei einer Ansprache an die wohlhabenden Einwohner von Boston, die sich an jedem Samstagmorgen in der *Massachusetts Horticultural Society* drängelten, um inspirierenden Vorträgen zu Gartenbau und Selbstvervollkommnung zu lauschen, erklärte Ezra Weston im Jahr 1845, dass »derjenige, der einen Garten kultiviert und Blumen und Früchte zur Vollkommenheit bringt, zugleich seine eigene Natur kultiviert und fördert.«

Die Zeigefingerrhetorik mag uns heutigen Menschen fremd vorkommen, aber wie verhält es sich mit den Thesen, die ihr zugrunde liegen? Die teilen wir nach wie vor, wie mir scheint. Nicht weniger als die Transzendentalisten und Reformer des 19. Jahrhunderts setzten wir auch heute noch auf den Garten als eine Quelle moralischer Unterweisung. Damals suchten sie nach Mitteln und Wegen, wie man Jeffersons Tugenden auch in der Stadt noch beibehalten könnte; wir suchen heute nach Möglichkeiten, wie wir uns der Natur bedienen können, ohne ihr Schaden zuzufügen. So ähnlich wie der Garten vor dem Sezessionskrieg zum Beleg für das Idealbild der Landwirtschaft wurde, so betrachten wir unsere gleich neben dem Komposthaufen angelegten Beete als Modelle ökologischer Verantwortung. Innerhalb beider Glaubenssysteme wird der Garten, zumindest auf der symbolischen Ebene, zum Erlösungsakt.

Einem Europäer wird ein derart frommes Verhältnis zur Gartenarbeit zweifellos skurril vorkommen. In der englischen Gartenliteratur wird der Kompost nur selten erwähnt. Teilweise rührt dies daher, dass diejenigen, die in England Gartenbücher schreiben, normalerweise nicht mit denjenigen identisch sind, die mit Erde umgehen. Der tiefere Grund ist aber meiner Meinung nach die Tatsache, dass die englischen Gärtner sich selbst aus Tradition eher als Künstler und weniger als Reformer gesehen haben. In der englischen Gartenliteratur werden die Themen stets in ästhetischen und nicht in moralischen Begriffen formuliert. Gertrude Jekyll, eine um das Jahr 1900 herum einflussreiche Gartengestalterin und -autorin, bediente sich bei der Gartenschriftstellerei nicht der Metaphern der Religion, sondern der Kunst: Sie verglich Pflanzen mit einem »Farbenkasten« und war der Meinung, wir sollten »die Pflanzen so einsetzen, dass sie schöne Bilder ergeben.« Das Buch *The Education of a Gardener* aus der Feder des englischen Gartenarchitekten Russell Page folgt der traditionellen Form einer Künstlerbiografie; es erzählt, wie der Künstler seine Begabung entdeckte, wie er seinen persönlichen Blick und Stil entwickelte und wie Leben und Kunst bei ihm auf unterschiedliche Weise ineinandergriffen. Kein Wort über Kompost, Selbstverwirklichung oder den Zustand der Biosphäre.

Die von den Ästheten gestalteten Gärten sind, wie nicht anders zu erwarten, wesentlich schöner anzusehen als die Gärten der Moralisten. Es ist kein Zufall, dass die Amerikaner bislang noch keine weltberühmten Gärten oder Landschaftsarchitekten hervorgebracht und in der Gartenarchitektur noch keinen Stil begründet haben, den irgendjemand hätte kopieren wollen. Damit will ich nicht gesagt haben, dass wir in diesem Land keine schönen Gärten besitzen – die gibt es –, wie viele davon sind aber von europäischen oder orientalischen Stilrichtungen abgeleitet? Obwohl sie in unserem Klima und in unserem Licht nur selten wirklich gut gedeihen, bestehen wir darauf, Kopien englischer Staudenrabatten zu pflanzen – selbst in den Wüsten Südkaliforniens! Bisher zumindest hat die amerikanische Gartenarchitektur (weckt diese Formulierung überhaupt *irgendwelche* Assoziationen?) kaum etwas von jener Unverwechselbarkeit erworben, die man in der amerikanischen Literatur, Musik, Kunst und selbst in der amerikanischen Küche findet. Nach wie vor ist die Gartenarchitektur eine kulturelle Nische, die noch immer von England beeinflusst wird. Wem das Aussehen seines Gartens am Herzen liegt, der holt sich nach wie vor englische Gartenarchitekten (oder deren Nachahmer) und studiert englische Gartenbücher. Selbst nach so langer Zeit ist der amerikanische Gartenbau immer noch von der Anglophilie beherrscht.

Aus der englischen Perspektive jedoch verdienen einige unserer renommiertesten Gärten diese Bezeichnung eigentlich gar nicht. Ich denke da an den *Central Park*; unter den von Menschen gestalteten Landschaften in Amerika gehört er mit Sicherheit zu den besonders gelungenen Beispielen. Wie kann es dann sein, dass Russell Page Olmsteds Meisterwerk spontan abtun kann als »eine verkrüppelte Travestie eines englischen Parks aus dem 19. Jahrhundert«? Als ich dieses Urteil zum ersten Mal las, stellten sich mir die Nackenhaare auf. Inzwischen glaube ich aber zu verstehen, was er meint. Selbst wenn man die vergleichsweise informellen Maßstäbe des englischen Landschaftsgartens, dem der *Central Park* nachempfunden ist, anlegt, ist er doch beklagenswert prosaisch und unzureichend konzipiert (Page kritisiert den Park wegen seiner »kompletten Richtungslosigkeit«). Allerdings ist es wahrscheinlich gerade diese radikale Formlosigkeit und das gänzliche Fehlen alles Künstlichen, was uns an diesem Park besonders gut gefällt. Der *Central Park* tut so, als sei er nicht geplant worden. Er ist weniger ein Garten als eine nachgeahmte natürliche Landschaft, und die New Yorker suchen dort weniger die Erfüllung durch die Kunst als durch die Natur.

Eine Gesellschaft, die »Gärten« (oder »Anti-Gärten«) wie den *Central Park* hervorbringt, geht von der Annahme aus, dass sich Natur und Kultur grundsätzlich und unversöhnlich gegenüberstehen. Wer wirklich herausragende Gärten schaffen will, der muss, so ist mein Eindruck, eine Vorstellung davon haben, wie beides in Übereinstimmung gebracht werden kann. Vielleicht ist es das, was uns fehlt. Historisch bedingt haben die Amerikaner die Natur immer als ein Heilmittel für die Kultur betrachtet oder umgekehrt. Wenn wir vor der Frage stehen, was wir mit dem Land tun sollen, dann fallen uns immer wieder die gleichen unausgereiften Alternativen ein: das Land im Namen des »Fortschritts« in aller Rechtschaffenheit zu unterwerfen oder es rigoros zu tabuisieren in sogenannten »Wildnisgebieten«, heiligen Orten, wo wir das Gegenmittel zum städtischen Leben zu finden hoffen.

Ein Volk, das in der Natur etwas Heiliges erkennt – für die Puritaner offenbart sich Gott nicht allein in der Bibel, sondern auch in einem zweiten Buch, der Natur; für die Transzendentalisten ist sie im Symbol für den Geist enthalten – wird sich immer schwer damit tun, sie unter seinen Willen zu zwingen, insbesondere wenn es um ästhetische Zwecke geht. Spätestens seit der Zeit von Thoreau ist es den Amerikanern eher darum gegangen, sich selbst dem Willen der Natur zu beugen, was eine Erklärung dafür bieten könnte, warum dieses Land so viel mehr große Naturalisten als große Gärtner hervorgebracht hat. Wir fühlen uns offenbar erheblich wohler, wenn wir in Bohnenbeeten und zu Füßen von Bäumen moralische Unterweisung erhalten als beim Gruppieren von Pflanzen in gefälligen Arrangements.

Selbst unseren Gärten gegenüber verhalten wir uns wie Naturalisten. Nehmen wir zum Beispiel das typische amerikanische Gartenbuch. Es ist wie ein Bestimmungsbuch aufgebaut, eine Pflanze nach der anderen. Viel seltener als in englischen Gartenbüchern findet man Steingärten, Blumenrabatten oder eine Gesamtdarstellung eines Beetes mit einjährigen Pflanzen. Stattdessen kommt jede Sorte zu ihrem Recht; sie wird als Individuum betrachtet und nach Eigenschaften, Wesen und Mängeln beurteilt. »Blumen kann man um ihrer selbst willen mögen oder sogar lieben«, schrieb Katherine White, über viele Jahre Gartenkolumnistin des *New Yorker*, »Gärten allerdings haben unweigerlich etwas mit dem Menschen zu tun.« O je, es sieht in der Tat so aus, als sei das Anlegen von Gärten irgendwie unfair gegenüber den darin befindlichen Pflanzen, als werde ihnen Individualität und Freiheit abgesprochen. Es wird wohl nicht mehr lange dauern, bis die Amerikaner gemeinsam die Fahne für die Rechte der Pflanzen schwingen.

Aber nun zurück zum Kompost. Irgendwann fand ich dann doch den vergrabenen Schatz. Eines Tages war ich in der Nähe der Scheune am Graben, als ich mit dem Spaten plötzlich durch eine Stelle stach, an der die Erde besonders locker war. Ich drehte ein Stück Grasnarbe um, und da war sie tatsächlich: die schwärzeste Erde, die ich je gesehen hatte. Freudige Erregung erfasste mich, allerdings nur für einen Augenblick. Zu diesem Zeitpunkt hatte ich nämlich bereits genug über Kompost gelesen, um zu wissen, dass beim Kompost das Entdecken nicht wirklich zählte. Natürlich würde das ein Segen für Gemüse und Stauden sein. Aber es war ein einmaliger Glücksfall, moralisch gleichzusetzen mit der Entdeckung einer Lagerstätte von fossilem Brennstoff. Gegenüber den seriösen Gärtnern unter meinen Freunden erwähnte ich den Zufallsfund nicht einmal. Inzwischen hatte ich nämlich begriffen: Wollte ich meinen Gartenglauben zur Vollendung bringen, dann führte kein Weg daran vorbei, einen eigenen Komposthaufen anzulegen.

Was ich dann auch umgehend tat. Aus Holzresten baute ich eine Lattenkiste und suchte dafür eine schattige Stelle (so würde der Kompost in der Sonne nicht austrocknen) Nachdem der erste Frost den wärmeliebenden Pflanzen den Garaus gemacht hatte, füllte ich die Kiste bis oben hin mit schwarz gewordenen Bohnenranken, Kürbisblättern, Zinnien, Sonnenblumenstängeln, Maiskolben und einem halben Dutzend knüppelgroßer Zucchini, die nicht rechtzeitig geerntet worden waren. Oben auf den Haufen gab ich noch eine Schaufel voll von dem Kompost, den ich gefunden hatte (um die notwendigen Mikroorganismen einzubringen, beginnt man einen Komposthaufen am besten mit etwas Kompost, nach dem gleichen Prinzip wie bei der Herstellung von Brot aus Sauerteig). Ich vermengte das Ganze, spritzte mit dem Wasserschlauch darüber und überließ mein Werk seinem Schicksal.

Als ich dann im April wieder zum Komposthaufen zurückkehrte, hatte ich bereits genug über den amerikanischen Gartenbau gelesen, um zu wissen, dass die ganze Kompostiererei ein ziemlich alberner Fetisch war. Damit ließ sich keine schöne Staudenrabatte produzieren, allenfalls eine moralisch korrekte; und war das nicht eigentlich ziemlich lächerlich? Mag sein. Als ich dann aber die oberste, nicht verrottete Blätterschicht hochhob und meine Hand durch den krümeligen, schwarzen, unerwartet warmen und wohlriechenden Kompost darunter gleiten ließ, da hatte ich das Gefühl, etwas Großes geleistet zu haben. Wenn Fruchtbarkeit einen eigenen Duft hat, dann war es mit Sicherheit dieser. Eingestreut waren unvollständig kompostierte

Stücke – unbestimmte braune Teile, in denen ich immer noch ehemalige Maiskolben und Fruchtstände von Sonnenblumen erkennen konnte. Sie wirkten wie Schatten der letztjährigen Ernte. Zugegeben, ich begann Metaphern zu sehen. Dieser Haufen aus verrottendem Pflanzenmaterial erschien mir liebreizender als die höchste Spitze des blauesten aller Rittersporne. In diesem Augenblick wurde mir klar: Ich war, ob es mir nun passte oder nicht, ein amerikanischer Gärtner, der in seinem Garten wohl eher die Tugend kultivierte als die Schönheit.

Sommer

Kapitel 5

In den Rosengarten

Mit der Vorbereitung eines Rosenbeetes ist das ein bisschen so, wie wenn man das Haus für die Ankunft einer schwierigen alten Dame herrichtet, einer Zicke mit aristokratischen Allüren und überkandideltem Geschmack. Ihr Aufenthalt wird mit Sicherheit eine Tortur, und man möchte ihr so wenig wie möglich Anlass zur Klage geben. Auf einmal scheint der Boden, der jahrelang alle Ansprüche erfüllt hat, nicht mehr zu genügen, die Drainage zweifelhaft, der pH-Wert nicht mehr in Ordnung zu sein. Also grub ich den Boden tief um, schleppte Torfmoosballen und verbrauchte den gesamten Kompost, dieses wertvolle Vorratslager, das aufzubauen mich Jahre gekostet hat, auf einmal und nur für diese einzige Stelle. Bislang hatte ich um das Züchten von Rosen immer einen Bogen gemacht (genauer gesagt: von *echten* Rosen; ein oder zwei robuste Kletterrosen hatte ich immer). Wer hofiert denn schon gerne solch' nörgelnde und einschüchternde Gäste? In diesem Frühjahr aber setzten sich die üppigen Rosenfotos, die mich bislang unberührt ließen, aus irgendeinem Grund in meinem Kopf fest; ich beschloss, den Schritt zu wagen.

Es müssen wohl die über zwei Seiten ausgebreiteten historischen Rosen im *Wayside*-Gartenkatalog gewesen sein, die mich zuerst verführten. Hier waren ein Dutzend Damen (und ein liebenswürdiger Herr: *Jacques Cartier*) versammelt, die überhaupt nicht so aussahen, wie man das von Rosen erwartet. Anstatt der faden keuschen Knospen, die man aus dem Blumenladen kennt, trugen diese buschig ausladenden Pflanzen prachtvolle Blüten, deren Blätter kaskadengleich aus der Katalogseite herauszufallen schienen. Es waren ungebärdige Mengen an Blütenblättern – in manchen Fällen *Hunderte* –, die kaum im Zaum gehalten werden konnten durch die Form, die in den meisten Fällen eine Rosette oder eine teetassenförmige Halbkugel war. *Wayside* fotografiert die Rosenblüten gerne im Stadium der vollen Blüte und schneidet die Bilder so zu, dass es aussieht, als würden die Blüten den Rahmen sprengen und sich dem Betrachter fast ins Gesicht drücken. Das Ganze macht einen unterschwellig lasziven Eindruck.

Dann allerdings wird man durch die Namen dieser Rosen in eine andere Richtung gelenkt: in einen Salon. »Darf ich vorstellen: *Madame Hardy* … Ich würde Sie gerne mit *Madame Isaac Perrier* bekannt machen … Je voudrai présenter … *La Reine Victoria, Belle de Crécy* und die *Königin von Dänemark*.« Namen, die mehr verbergen als sie preisgeben, Namen der *feinen Gesellschaft*, deren volle Bedeutung sich nur den Eingeweihten erschließt. »Sie erinnern sich doch noch an *Madame Hardy*, die Witwe von Monsieur Hardy? … Hat er nicht seinerzeit den Rosengarten der Kaiserin Josephine in Malmaison gepflegt? … Ja, natürlich.« In unserem Salon tritt nun (der mittlerweile verstorbene) bedeutende Rosenkenner Graham Stuart Thomas auf den Plan, nimmt Sie zur Seite, um Ihnen anzuvertrauen, dass *Madame Hardy* aus der Damaszener-Familie stammt, auch wenn einige ihrer Verwandten Zentifolien sind. »Da ist eine leichte Andeutung von Fleischrosa in [ihren] halb geöffneten Knospen«, flüstert er. »Ist sie nicht von hinreißender Fülle?« Inmitten dieser alten Rosen ist es gar nicht leicht auszumachen, ob man in einen Salon des *Second Empire** geraten ist oder in ein Bordell auf der *Left Bank** – ob es der Stammbaum oder die Sexualität ist, die diesen Damen ihre Verführungskraft verleihen.

Geblendet und bezaubert wie ich war, bestellte ich vier Alte Rosen bei *Wayside*. Selbstverständlich *Madame Hardy*; *Jacues Cartier*, 1868 eingeführt und auf allen Bildern äußerst charmant; die *Königin von Dänemark* (»ein unbezahlbares Juwel« und deshalb wohl mit knapp 18 Dollar ein Schnäppchen); und *Blanc Double de Coubert*, eine hybride Kartoffel-Rose von 1892. Nach den Worten von Gertrude Jekyll ist sie »die weißeste Rose, die wir kennen«. Bei einer anderen Firma, *Roses of Yesterday and Today* in Kalifornien, orderte ich eine Rose, die *Wayside* nicht im Angebot hat: *Maiden's Blush*, eine muschelrosa Spezies aus der Gruppe der Alba-Rosen. Zu ihr gibt der Katalog ein unmissverständliches Urteil ab: »Was Pflanze und Blüte betrifft, hat die Natur nichts Erleseneres geschaffen.« *Maiden's Blush* ist von den Rosen, die ich bestellte, die älteste; sie blühte zum ersten Mal im 15. Jahrhundert. Darüber hinaus erstand ich noch eine moderne Rose, eine einzige, *Queen Elizabeth*, eine klare, rosafarbene hybride Buschrose, die 1953 eingeführt worden war, anlässlich der Krönung von Elizabeth II. von England. Mit Ausnahme des prominenten englischen Rosenzüchters David Austin, der sie etwas »gewöhnlich« findet, sind sich die meisten Autoritäten einig: *Queen Elizabeth* ist eine der attraktivsten Rosen des 20. Jahrhunderts.

Während ich auf die Ankunft dieses Sextetts via UPS wartete, bereitete ich das Beet vor und machte mich zum Thema »Rosen« kundig.

---

* *Second Empire* (engl.) steht für das Zweite Kaiserreich, die Regierungszeit des französischen Kaisers Napoleon III. (1852–1870). *Left Bank* (frz.: Rive Gauche) ist das südlich der Seine gelegene, zentrale Stadtgebiet von Paris; in den 1920er-Jahren galt es als ein Viertel der Bohemiens.

Dabei fiel mir sehr schnell wieder ein, warum ich früher keine Rosen im Garten hatte haben wollen. Jedes Buch, eines wie das andere, brachte die immer gleiche Horrorgeschichte über ihre zahlreichen Empfindlichkeiten und Anfälligkeiten. Was konnte nicht alles schiefgehen! Die Liste war entmutigend. Ich würde gut daran tun, war in den Büchern zu lesen, meine Rosen im Winter warm anzuziehen: ohne Schutz würden nämlich alle mit Ausnahme der ganz winterfesten dem Wechsel von Frost und Tauwetter, wie er in Connecticut im Januar auftritt, zum Opfer fallen. Und im Sommer würden meine Rosen auf reichlich Wasser bestehen (zweieinhalb Zentimeter pro Woche ohne Unterbrechung während der heißen Monate); da sie aber »nicht gerne nasse Füße haben«, sollte die Erde natürlich stets tadellos entwässert sein. Ich grub also das Beet 60 Zentimeter tief aus und gab große Mengen organischen Materials dazu: Kompost, Stallmist und Torfmoos. Aber auch ein perfektes Beet bietet nicht von vornherein Schutz gegen die Bataillone der Schädlinge und Krankheiten, die sich die Rose für ihre Eroberungszüge ausgesucht haben.

In *America's Garden Book*, dem Leitfaden des Botanischen Gartens in New York, füllt die Liste dieser Schädlinge und Krankheiten volle acht deprimierende Seiten – eine Fülle neuer Sorgen, die ich mir soeben freiwillig aufgehalst hatte. Dass eine Rose von der Schwarzfleckenkrankheit befallen ist, würde ich daran erkennen, dass die Blätter erst die besagten schwarzen Flecken aufweisen, sich dann gelb färben und abfallen würden. Laut Leitfaden gibt es kein Mittel dagegen, doch sind eventuell Präventionsmaßnahmen möglich (in Verbindung mit der regelmäßigen Anwendungen von Fungiziden). Leider lässt sich dies nicht für den Rindenbrand sagen, eine rätselhafte Krankheit, gegen die man nichts unternehmen kann. Und dann gibt es noch Grauschimmel, Knospenstielfäule, Rosenrost, Echten und Falschen Mehltau, Wurzelhalsgallen sowie eine riesige Auswahl ekelhafter Viren.

Sollte es einer Rose gelingen, einem jämmerlichen Schicksal dieser Art zu entkommen, dann lauern noch andere Gefahren auf sie: Rosenblattläuse wollen ihr die Körpersäfte aussaugen – wenn nicht bis zum tödlichen Ende, dann doch mit Sicherheit lange genug, um sie ihrer Schönheit zu berauben und für alle oben aufgeführten Krankheiten anfälliger zu machen. Im späteren Verlauf der Saison lassen sich dann Horden glatter, grüner Japankäfer auf ihr nieder; sie können einen gesunden Rosenbusch in Windeseile auf ein klappriges Skelett reduzieren. Sollten die Käfer noch irgendetwas übrig lassen, dann möge man mit der Ankunft von Wicklern rechnen, von Karminspinnmilben, Goldkäfern, Dickmaulrüsslern, Rosenblattgallmücken, Kleinen Rosenschildläusen und Rosensägewespen. Welche andere Pflanze kann auf derart viele Insekten verweisen, die ihr zu Ehren benannt sind? Da könnte man schon ins Grübeln kommen, ob nicht der wahre Daseinszweck der Rose, ihre eigentliche ökologische Aufgabe, vielleicht darin liegt, der großen Zahl der nach ihr benannten Schädlinge als Mahlzeit zu dienen.

Es ist allerdings eher wahrscheinlich, dass ein Großteil dieser Landplagen und Insektenarmeen erst die Bühne betrat, nachdem sich die moderne Hybridrose entwickelt hatte. In den letzten Jahren wurden Edelrosen nur nach dem Aussehen gezüchtet. Krankheitsresistenz und robuste Konstitution wurden so sehr vernachlässigt, dass diese Pflanzen mittlerweile zu hoffnungslosen Fällen geworden sind. Sie sind so etwas wie durch Inzucht erzeugte Nachkommen einer alten Königsfamilie: weich, empfindlich, zu schwach, um sich aus eigener Kraft im Leben durchzusetzen. Matte Glashauswesen, regierungsunfähige Herrscher, für die wir Gärtner, mit der ganzen reichhaltigen Palette an Schädlingsbekämpfungsmitteln ausgerüstet, einspringen und als Regenten agieren müssen.

Genau dazu hatte ich aber keine Lust und das ist wohl der Hauptgrund, warum ich um Rosen so lange einen Bogen gemacht habe.

Die meisten Gärtnereien bieten ausnahmslos hybride Edelrosen an und diese passten ganz einfach nicht zu den Grundsätzen, um die es meiner Meinung nach beim Gärtnern ging. Das Gärtnern versucht, eine Balance zwischen Natur und Zivilisation zu halten und dabei stehen die Rosen (oder jedenfalls die fröhlich verpackten *Jackson & Perkins*-Rosen, die mein Gartencenter anbietet) zu weit auf der Seite der Zivilisation. Moderne Rosen kommen ohne die Krücke der chemischen Industrie ganz einfach nicht über die Runden. Ich erinnere mich an die Rosen meines Großvaters, wie sie, in die weißen Wolken seines Rosensprays gehüllt, einen Duft verströmten, der eindeutig mehr nach Chemie als nach Blumen roch. (Nichtsdestotrotz mochte ich den Geruch von Rosenspray, ebenso wie den von Chlor, immer gerne, weil er so schön an den Sommer erinnerte, zumindest so lange, bis ich herausfand, dass das Gift war.) Die modernen Rosen in seinem Garten wie auch die Rosen, die er meinen Eltern schenkte, haben mir nie viel bedeutet; ich nahm sie kaum wahr, vielleicht weil die Blüten mir als visuelle Klischees derart vertraut waren. Die klassischen festen Knospen einer *Mr. Lincoln*-Rose waren Teil eines wenig spektakulären Durchgangs im Garten meines Großvaters, der gar nicht in mein Bewusstsein drang.

Nicht dass es der modernen Rose an Neuigkeitswert mangelte – der Neuigkeitswert ist ja gerade ein gewichtiger Teil des Problems. Der Kapitalismus des 20. Jahrhunderts entdeckte die Rose und kam zu dem Schluss: Das, was diese nach mehreren Jahrtausenden erfolgreicher Kultivierung nun in erster Linie brauchte, war ein straffes Programm aus Forschung und Entwicklung, Innovation, Marktanalyse, Positionierung und Werbung. Wie Gärtner gerne betonen, hat sich die moderne Rosenindustrie offensichtlich die US-Automesse in Detroit zum Vorbild genommen. Jedes Jahr bringt sie eine Handvoll »aufregender« neuer Modelle auf den Markt, manche in zweifelhaften Neon- oder Metallicfarbtönen, wie man sie eher mit so manchem

Straßenflitzer in Verbindung bringt. Und jedes einzelne bekommt einen grellen, reißerischen Namen, der an der *Madison Avenue* erfunden und entsprechend markenrechtlich geschützt worden ist. *Chrysler Imperial* ist, man möchte es nicht glauben, tatsächlich der Name einer Rose, ebenso *Sunsation, Broadway* (ein zweifarbiges Wunderwerk, so knallig herausgeputzt wie ein Showgirl), *Hoola Hoop, Patsy Cline, Penthouse, Sweetie Pie, Twinkie, Teeny Bopper, Fergie, Innovation Minijet, Hotline, Ain't Misbehavin', Sexy Rexy, Givenchy, Graceland, Good Morning America* und *Dolly Parton* (eine Rose mit – wer hätte das gedacht – besonders umfangreichen Blüten). Mir scheint, die Welt, die mit solchen Rosen heraufbeschworen wird, ist genau die Welt, der wir mit der Gartenarbeit eigentlich entkommen wollen.

Das war es also, was es zu Rosen zu sagen gab; so dachte ich zumindest, bis ich mich in das schrullige, exklusive Reich der historischen Rosen verirrte. Hier entdeckte ich Rosen, die ganz anders aussahen als die Rosen meiner Kindheit oder die Rosen auf dem Verkaufstisch bei mir im Gartencenter und die nur wenige der Mängel der Hybriden aufwiesen. Die Welt der Alten Rosen entpuppte sich als unerwartet streitsüchtig; in dieser Welt war ich, wie sich zeigte, mit meiner Abneigung gegenüber hybriden Tee- oder Edelrosen keineswegs allein, ganz im Gegenteil. Verachtung dieser Art wird hier als Zeichen sowohl von gesundem Menschenverstand als auch von kultiviertem Geschmack angesehen. Hier traf ich auf bedeutende Gartenschriftsteller und Gartenschriftstellerinnen wie etwa Eleanor Perényi, die ihrer Empörung angesichts der »geplanten Obsoleszenz« bei modernen Rosen Ausdruck verleihen und im Weiteren dann vom »unvergesslichen Duft alter Rosen« erzahlen. Eigentlich sind es aber die Engländer, die bei der Kritik an den Hybriden kein Blatt vor den Mund genommen haben: Moderne Rosen, so klagte Vita Sackville-West gegenüber jedem, der bereit war, ihr zuzuhören, moderne Rosen seien nicht subtil genug, zu intensiv in der Farbe, insgesamt einfach zu … bürgerlich. Sackville-West war Vorläuferin einer ganzen Fraktion von »Rosen-Tories«, die (in aller Schicklichkeit natürlich) gegen hybride Rosen agitieren und an dem Traum festhalten wollen, ihre geliebten Albas, Gallicas, Damaszener, Bourbon-Rosen und Zentifolien könnten wieder ihren angestammten Platz zurückbekommen. Die Welt der Rosen, die ich mir immer als eine sanfte, von harmlosen alten Schachteln und freundlichen Rosenzüchtern bevölkerte Provinz vorgestellt hatte, erwies sich auf einmal als Schauplatz eines brodelnden Konflikts.

Über lange Jahre war der englische Rosenzüchter Graham Stuart Thomas, Autor des Buches *The Old Shrub Roses*, eine als elegante Gartenplauderei verkleidete klassische Polemik, *der* Meinungsführer unter der Alte-Rosen-Fraktion. Thomas hat seine Leidenschaft für historische Rosen schon in den 1940er-Jahren entdeckt, als er in seiner Funktion als Wissenschaftler für den Botanischen Garten in Cambridge Exemplare Alter Rosen, die damals bereits am Aussterben waren, sammelte und am Leben erhielt. Thomas und Gefolgsleute wie David Austin führten zugunsten der historischen Rose eine Reihe von Argumenten ins Feld: Alte Rosen sind unzweifelhaft widerstandsfähiger als die modernen, und meist bei Weitem nicht so anfällig für die vielfältigen Rosenplagen. Alte Rosen besitzen auch einen viel intensiveren Duft – während vom modernen Züchter bei der Jagd nach innovativen Farben und immerwährender Blüte Kriterien wie Wohlgeruch oder Krankheitsresistenz mehr oder weniger ignoriert werden. In folgenden Punkten allerdings hat die moderne Rose die Nase vorn: Wie Thomas einräumte, bieten Alte Rosen nur eine enge Farbenauswahl (von weiß bis rosa; kein kräftiges Rot oder Gelb, das der Erwähnung wert wäre). Und was kein Gartenkatalog zu erwähnen vergisst (die Teehybriden brauchen keine gelehrten Verteidiger; sie haben die gesamte Gartenindustrie und den Großteil der Bevölkerung auf ihrer Seite): Anders als die meisten Alten Rosen blühen die Hybriden die ganze Saison hindurch.

Es ist aber mehr als Krankheitsresistenz und ein angenehmer Duft, was die Verfechter der Alten Rosen für sich verbuchen können. Ihre Befürworter geben es vielleicht nicht offen zu, aber der Reiz der historischen Rosen – der heute anscheinend eine Renaissance erlebt – beruht zum großen Teil auf Snobismus. Der Rosenkrieg ist im Grunde nichts anderes als ein Klassenkampf.

In den Traktaten, die die Kenner Alter Rosen verfassen, finden sich auf Schritt und Tritt jene feinen Unterscheidungen, augenzwinkernden Anspielungen und Codewörter, mittels derer sich Aristokraten schon immer gegenseitig erkannt haben. In ihrer Einführung zum Buch von Graham Stuart Thomas schreibt Vita Sackville-West: »[Die Alte Rose ist] etwas erheblich Ruhigeres und Subtileres, aber ach, lassen Sie mich doch sagen, wie bereichernd ein guter Geschmack ist, wenn man ihn erst einmal erworben hat.« Im Weiteren zieht sie dann einen Vergleich zwischen Alten Rosen und Austern. Thomas selbst kleidet sein vernichtendes Urteil über die moderne Teehybride in eine Andeutung von Lob; er gesteht ihr zu, »Blumen liefern zu können, die für Blumenläden genau richtig sind.« David Austin merkt an, die Hybriden seien wie »gefräßige Raupen« und das tiefe Rot einiger neu eingeführter Sorten sei zwar schön, zugegeben, aber »der Rose vielleicht doch ein wenig fremd«.

Immer wenn Rosenkenner die Geschichte der Rose niederschreiben, steigen Fragen der Klassenzugehörigkeit, die in der Welt des Gartens ohnehin immer naheliegend sind, zur Oberfläche auf. Unter ihren Händen wird die Geschichte der Rose eine kaum verhüllte Parabel des Klassenkampfes in Europa, erzählt aus der Perspektive einer überholten Aristokratie. Beim Lesen der Beschreibungen erkennt man aber eines sehr deutlich: Dafür, dass die Rose nur eine Pflanze ist, hat sie doch eine gewaltige Last an kulturellem und politischem Gepäck zu tragen.

Die Geschichte der Rose ist ein äußerst kompliziertes Thema und ich will Sie nicht mit zu vielen Einzelheiten langweilen. Der Hinweis möge genügen, dass die Rosenwelt der westlichen Hemisphäre vor 1789 von einer kleinen Handvoll »Familien« beherrscht wurde, die jahrhundertelang eine unangefochtene Vormachtstellung genossen – etwa so wie der in Europa herrschende Adel. Die wichtigsten Rosenfamilien hießen wie folgt: die Gallicas (die alles überragende Rose des Römischen Reiches); die Damaszener (eine mittelalterliche Kreuzung zwischen der Gallica und einer wilden Rose); die Albas (eine Damaszener gekreuzt mit einer anderen Rosenart, der *Rosa canina* oder Hundsrose); die Zentifolien, auch als Kohlrose bekannt (die Lieblingsrose der niederländischen Maler der Renaissance), und die Moosrosen, die als Nebenlinie der Zentifolienfamilie gelten. In der Zeit des Römischen Reiches bis zum Ende der Aufklärung haben Mitglieder dieser fünf königlichen Familien in Europa die Dinge praktisch unter sich ausgemacht. Veränderung gab es selten, war aber nicht ausgeschlossen: Ab und zu vereinten sich zwei große Familien durch Heirat und gründeten auf diese Weise eine neue Linie, so wie in den Niederlanden des 17. Jahrhunderts, als sich Damaszener und Albas zusammentaten, um die Zentifolien in die Welt zu setzen.

Das war das Ancien Régime der Rosenwelt; es sollte sich nicht länger halten als das Ancien Régime in Frankreich selbst. Denn wie Graham Thomas voller Betrübnis feststellte, musste »die Rose ebenso wie ihre seinerzeit glühendsten Verehrer im Jahr 1789 eine große Revolution über sich ergehen lassen.« Ursache für den Aufruhr in der Rosenwelt war die Einführung von *Rosa chinensis*, der Wildform der China-Rose, in Europa; diese Rose hatte die Fähigkeit, pro Saison mehrmals zu blühen. Dass die Rosen des Ancien Régime nur einmal blühten, hatte man nie als Mangel empfunden, bis zur Entdeckung der China-Rose, die, obwohl in Europa nicht winterfest, doch in der Lage war, den ganzen Sommer über in Blüte zu stehen. Wegen der wachsenden Ansprüche sah sich die Rosenwelt auf einmal mit einer Krise konfrontiert und es dauerte nicht lang, bis die alten Familien einer Generation neuer Rosen Platz machten, die mehrmals blühen konnten. Die erste dieser sogenannten Remontant-Rosen war die Portland-Rose (wozu auch *Jacques Cartier* gehört). Die wichtigste Rose dieser Kategorie aber, die Bourbon-Rose, tauchte in Frankreich erst 1823 auf. Auf der Île Bourbon, einer kleinen Insel im Indischen Ozean in der Nähe von Mauritius, pflanzten die Farmer damals immer gemischte Hecken aus Herbst-Damaszener-Rosen und *Old Blush*-China-Rosen. Jean-Baptiste Bréon, ein begeisterter Gartenfreund zu Besuch aus Paris, entdeckte eine auf natürlichem Weg entstandene Hybride aus den beiden Varianten, die bei den Inselbewohnern als *Rose Edward* bekannt war. Er ließ sie nach Hause, nach Paris, schicken, wo sie bald zur beliebtesten Rose ihrer Zeit wurde.

Die Einführung der China-Rose in Europa »eröffnete große Möglichkeiten«, wie David Austin in dem Buch *The Heritage of the Rose* richtigerweise bemerkt, »aber auch gewisse Gefahren, wie das so häufig der Fall ist.« Dies waren heikle, wahrhaft gefährliche Zeiten für die Rose; zum Glück (zumindest aus Austins Sicht) legten die neuen Rosen jedoch ein außergewöhnlich gutes Benehmen an den Tag; seiner Meinung nach vereinte die Bourbon-Rose »das Beste aus beiden Welten«; sie hatte das Remontant-Merkmal nach Europa gebracht, ohne jedoch die Schönheit der Alte-Welt-Blüten zu zerstören. Diese Rosen mögen vielleicht das Ancien Régime gestürzt haben, sie selbst verhielten sich in der Folge aber zum Glück wie Aristokraten, nicht wie Jakobiner. Ein neuer Adel installierte sich, eine Gruppe, die ihre Position durch einen glücklichen Zufall gewonnen und nicht ererbt hatte. Da war neues Blut, wohl wahr, aber dieses neue Blut strebte eher imperiale als demokratische Ziele an. Die Napoleonische Ära der Rose hatte begonnen.

Diese Bezeichnung passt umso mehr, wenn man berücksichtigt, dass Kaiserin Josephine bei der Förderung des Goldenen Zeitalters der Rose im 19. Jahrhundert ein wichtige Rolle gespielt hat. »In La Malmaison gab es eine Ansammlung von Rosen«, bemerkt Thomas, »in einer Fülle, wie man sie vorher noch nie gesehen hatte.« All die alten Rosen waren vertreten und auch viele neue Sorten – wie etwa die Portland-Rose oder die Noisette-Rose – wurden hier unter der Leitung von André Dupont, Josephines Oberhofgärtner, zusammengeführt und weiterentwickelt. Josephines Rosengarten war so berühmt und angesehen, dass britische Kriegsschiffe mit Pflanzenmaterial beladene französische Schiffe (Napoelons Truppen hatten den Befehl, die Welt nach neuen Rosensorten abzusuchen) passieren ließen. Josephines Rosenleidenschaft trug dazu bei, diese Blume zur herausragenden Zierpflanze des 19. Jahrhunderts zu machen; war der Ruhm der Rose bisher in gleichem Maße ihrem Duft, ihren medizinischen Eigenschaften und ihrer Schönheit geschuldet gewesen, schaffte es Josephine sogar, ihr künstlerischen Rang zu verschaffen, indem sie Pierre Joseph Redouté zu seiner monumentalen Serie von Rosengemälden anregte, von denen viele in Malmaison geschaffen wurden. So war das Jahr 1789 für die Rose doppelt bedeutsam: Es markierte die Einführung der China-Rose in Europa und es setzte mit der Französischen Revolution eine Kette von Ereignissen in Gang, die in der Sternstunde der Rose in Schloss Malmaison gipfelte. Folgt man den Experten, dann gibt es von hier aus nur noch ein langes Abwärtsgleiten bis in die Niederungen von *Dolly Parton*.

Als in Frankreich und England das Bürgertum an die Macht kam, begann der Niedergang der Rose; mehr und mehr näherte sie sich ihrer heutigen Erscheinungsform an. Erfindungsreichtum und Wettbewerb, die die Industrielle Revolution mit vorantrieben, entfalteten ihre Wirkung auch im Fall der Rose; erstmals machten sich Züchter gezielt daran, neue Hybriden mit bestimmten Eigenschaften eigens zu Marktzwecken zu entwickeln. Und erstmals in der Geschichte des Gartenbaus war dieser Markt vom Bürgertum beherrscht, dessen spezielle Geschmacksrichtungen und Bedürfnisse bald zu revolutionären Veränderungen der Rose führten, sodass sie sich mit David Austins Worten »in eine in jeder Hinsicht neue Blume« verwandelte.

Diese neue Blume hatte eine Reihe hervorstechender Eigenschaften. Zunächst einmal ist die Rose seit der Einführung der Hybriden Mitte des 19. Jahrhunderts kein Strauch mehr, sondern ein Busch. Die bürgerlichen Gartenliebhaber hatten ganz einfach nicht so viel Platz, wie ihn eine Alte Rose benötigt (manche wuchsen bis zu einer Höhe von 180 Zentimetern); der neue Markt verlangte Blüten und keine wuchernden Sträucher, und die Züchter beeilten sich, den Wünschen nachzukommen. Mit der Entwicklung der dauerblühenden Hybriden, deren Stammbaum den Rosenkenner beim Versuch, die Entwicklung zurückzuverfolgen, zur Verzweiflung bringt (einer von ihnen schnaubt verächtlich, sie seien nichts weiter als »eine Verschmelzung verschiedener Rosen zur Verfolgung gewisser Ziele«), wurde die Form der Rosenpflanze – mittlerweile »plump«, »ungraziös« und »zu aufrecht« – zur Gänze der alles andere verdrängenden Blütenversessenheit der Epoche geopfert.

Diese Obsession wurde ohne Zweifel durch den Blumenschaufimmel der Viktorianischen Epoche angefacht. Bei diesen Blumenschauen drängelten sich Tausende von Hobby-Rosenliebhabern, um mit ihren schönsten Stücken am Wettbewerb teilzunehmen. Da es bei der Beurteilung ausschließlich auf die Blüten ankam, dauerte es nicht lange, bis die Rosenzüchter sich um nichts anderes mehr kümmerten, eine Entwicklung, die von der Alte-Rosen-Fraktion natürlich beklagt wurde. »Rosen dieser Art sind freilich recht schön, wenn man sie auf dem Schauregal betrachtet«, knurrt ein Rosenkenner, »als Gartenpflanzen aber lassen sie erheblich zu wünschen übrig.« Man darf aber auch nicht einen Moment lang glauben, dass dieser Mensch eine dieser Blüten *tatsächlich* »recht schön« fand. Die viktorianische Leidenschaft für alles Neue hatte sich der Rose bemächtigt. Die Züchter erzeugten eine Reihe knalliger neuer Farben (und auch ein paar Streifen), über die die Liebhaber Alter Rosen bis zum heutigen Tag verächtlich herziehen.

Im Jahr 1867, dem gleichen Jahr, in dem der *Second Reform Act* das Wahlrecht auf das englische Bürgertum ausdehnte, kreuzte ein französischer Züchter namens Guillot eine dauerblühende Hybride mit dem Namen *Madame Victor Verdier* mit einer Teerose (der zarten Mischung aus Bourbon- und China-Rosen) mit dem Namen *Madame Bravy*, um die Sorte *La France* zu produzieren, die allgemein als die erste Teehybride gilt. Diese neue Rose war, wie sich zeigte, genau das, worauf das Bürgertum gewartet hatte. Sie war ein zierlicher Busch (selten höher als 90 Zentimeter), der gut in kleine Gärten passte und blühte wie verrückt – »ohne an die Zukunft zu denken«, so die besorgten Worte eines Mitglieds der Alte-Rosen-Fraktion. Mit ihrer langen, wohlgeformten Blüte war der Teehybride der Sieg auf dem Schauregal sicher, da man Rosen normalerweise im Knospenstadium ausstellte. »Die spitze Knospe der Teehybride […] kann von exquisiter Schönheit sein«, bemerkt David Austin. Aber dafür sei ein hoher Preis zu zahlen: »Unglücklicherweise ist die offene Blüte dann oft konturlos und von mangelhafter Qualität – ein Wust von Blättern ohne besondere Form.« Doch die sich öffnende Knospe entwickelte sich durch die Beliebtheit der Teehybride zur typischen Rosenform und verdrängte sukzessive die Rosette. Dadurch veränderte sich etwas an der Vorstellung in den Köpfen: Das Bild, das durch das Wort »Rose« vor dem inneren Auge eines Shakespeare-Publikums entstanden war, machte dem ganz anderen Bild Platz, das dieses Wort bei uns heute hervorruft.

Weil sie nicht so groß waren und durchgehend blühten, konnte man die Teehybriden auch für die in der viktorianischen Zeit beliebte Anordnung der Beete heranziehen – die fragwürdige Praxis, eine einzige farbenfrohe Blumensorte in großen Mengen in Beete unterschiedlicher Form zu pflanzen, die dann zu komplexen Mustern zusammengefügt wurden. Persische Teppiche waren sehr beliebt, ebenso Wappen. Wer nicht so hoch hinaus wollte, pflanzte Halbmonde oder sogar Kaulquappen. Wesentliches Standbein dieser Schmuckbeete waren natürlich vor allem einjährige Pflanzen, die inzwischen aus den Tropen eingeführt und in größeren Mengen in den neuen geheizten Glasgewächshäusern gezogen werden konnten. Diese protzigen, hemmungslos blühenden Emporkömmlinge entfachten ohne Zweifel eine gewaltige Konkurrenz unter den Rosenzüchtern, die aus den Rosen immer noch mehr Blüten in immer noch leuchtenderen Farben herauszupressen versuchten.

Zu diesem Zeitpunkt war der Rosenbusch fast ganz auf die Funktion eines Stativs reduziert, das die Aufgabe hatte, diese fetten grellen Blüten emporzuhalten. Der einst so vornehme Strauch war zum Zwerg geworden; er war mit einer Reihe unwürdiger Namen belegt, in lächerlichen Farben aufgetakelt und gezwungen, Schulter an Schulter in der Menge zu stehen, während die Pracht seiner individuellen Blüten sich der Massenwirkung unterordnen musste – dem vulgären »Farbenrausch«. Was diese Bevorzugung der Blüte gegenüber dem Strauch und seiner Tradition betrifft – ist das denn nicht typisch für einen Parvenü, mit den äußeren Zeichen des Wohlstands anzugeben, während die Substanz keine Rolle spielt? Und auch die *Erziehung* nicht? Ja freilich, den *Anspruch* auf Vornehmheit erhebt die moderne Rose gewiss – sehen Sie sich nur die Namen an: *Princess Grace*, *John F. Kennedy*, *Cary Grant*. Vornehm, ja sicher, aber so … so *neureich*. Parvenüs, alle miteinander! (»*Jack Kennedy*«, geifert der Rosenkenner, »du bist nicht *Jacques Cartier*.«) Und was ist mit *Dolly Parton*?

Barbara Mandrell? *Graceland*? Alles ganz fürchterlich, keine Frage. Ist es denn ein Wunder, dass der Freund Alter Rosen fast ein ganzes Jahrhundert lang in den Untergrund gegangen ist, sich auf seinen Landsitz zurückgezogen hat, um dort seine beißenden Traktate zu schreiben und an der Epoche zu verzweifeln?

Die Affen hatten den Tempel der Gärtner geplündert und die schöne Rose geschändet.*

Wie ich schon sagte: Für eine Blume ist das eine Menge Gepäck. Daran musste ich an dem Nachmittag denken, als meine Alten Rosen im UPS-Lastwagen ankamen; für so viel Bedeutungsschwere wirkten sie viel zu zart. Sie waren wenig mehr als ein paar Stöckchen mit bloßen Wurzeln, in den *Pennysaver*** von letzter Woche gewickelt, und sahen eher aus wie Stammgäste von Ellis Island als von Schloss Malmaison. Die Rosen machten einen vollkommen inaktiven Eindruck; von einer kleinen Schwellung an den Knospen abgesehen, sahen sie aus wie tot. Kaum zu glauben, dass ich für diese Zweiglein insgesamt 75 Dollar ausgegeben hatte, und noch weniger zu glauben, dass die westliche Zivilisation so viel über sie zu erzählen wusste.

In der Anleitung stand, man solle sie über Nacht in einem Eimer mit warmem Wasser stehen lassen und so bald wie möglich einpflanzen. Am nächsten Morgen grub ich 60 Zentimeter tiefe und breite Löcher, im Abstand von 1,2 Metern. In jedes Loch gab ich mehrere Handvoll Kompost, gut verrotteten Stallmist sowie Torfmoos und vermengte alles mit der Hand. Dann formte ich aus dieser schwarzen, kuchenartigen Mischung am Grund eines jeden Loches eine kleine

---

* Anspielung auf die Plünderung und Zerstörung des ersten Jerusalemer Tempels (nach biblischen Quellen während der Regierungszeit von König Salomo erbaut) durch die Babylonier.

** Periodisch erscheinendes, kostenloses Werbemagazin, das oftmals Tageszeitungen beigelegt ist.

Erhebung, eine Art Kissen für meine empfindlichen Schützlinge. Die Pflanzen sahen aus wie zwei am Kopf zusammengewachsene Tintenfische; auf der einen Seite hingen die Wurzeln heraus, auf der anderen die Stöcke. Laut Anleitung geht es darum, den Kopf (eigentlich die Veredelungsstelle) auf dieses Erdkissen zu setzen und dann die Wurzeln entlang seiner Seiten auszubreiten.

Hier, in der Winterhärtezone 5, sollte die Veredelungsstelle – *Wayside* zufolge – fünf Zentimeter unter der Oberfläche vergraben werden, um sie gegen die Strapazen des Winters zu schützen. Ich überprüfte die Tiefe, füllte die Löcher mit Erde und wässerte sie gründlich, um lückenlosen Kontakt zwischen den Wurzeln und der sie umgebenden Erde sicherzustellen. Dann stampfte ich mit dem Fuss den Boden rund um die Pflanzen fest. Nach ein paar Tagen in der Feuchtigkeit würden die Rosen aus ihrem Schlaf aufwachen; die Wurzeln würden ihre zarten Tentakel tief in das darunterliegende Erdkissen treiben und die Alchemie, mit deren Hilfe die Rose diese schwarze Masse aus Mist und verrottetem pflanzlichem Material in Blüten von legendärer Schönheit zu verwandeln versprach, würde beginnen – so hatte ich gehofft.

Dies schien allerdings noch in weiter Ferne zu liegen, als ich einen Schritt zurücktrat, um mein Werk zu begutachten. Es sah nach nicht viel aus: sechs Rosenstockkrallen, die im schrägen Winkel aus dem Schlamm herausragten. Nicht besonders sexy, schon gar nicht exklusiv und nicht im Geringsten irgendwelche Bilder hervorrufend. Nein, hier war die Rose all ihrer Assoziationen beraubt, frei von der Last der Metaphern – hier konnte man ganz offensichtlich die Rose endlich einmal im »Geist des Winters« sehen, diesen Ausdruck benutzte Wallace Stevens, so wie sie *war*, ohne symbolische Bedeutung. Ohne Shakespeare. Ohne die Rosenkriege … die Dornenkrone … *die rosenfingrige Göttin der Morgenröte Eos* … die Redensart *sub rosa* … *Eine Rose ist eine Rose ist eine Rose* … den Rosenkranz … die

Rosenkreuzer … den *Rosenroman … the Rose Bowl* … das Rosenbett
… *wie es auch hieße, würde lieblich duften* … Dantes gelbe Rose des
Paradieses … *wenn das Feuer und die Rose eins sind* … Rosenrennen
for the roses … *zu der Türe, die wir niemals öffneten/in den Rosen-
garten* … durch die rosarote Brille … Rosebud … Tennysons *weiße
Rose der Jungfräulichkeit* … die Blume der Aphrodite und die der
Jungfrau Maria … das Blut des Adonis … das Symbol der Liebe, der
Reinheit, der Vergänglichkeit und der Ewigkeit … wie es scheint, das
Symbol aller Symbole.

All dies schienen die trostlosen, stummeligen Skelette zu untergraben und leicht ins Lächerliche zu ziehen. Das war die Rose also: eine
Pflanze, ein Dornstrauch. Punkt.

Nach nur wenigen Tagen wurden die Knospen rot und schwollen
an und nach zwei Wochen hatten die Stöcke um sich herum einen
dunkelgrünen Blättermantel aufgefaltet, dessen Oberfläche blasser,
zarter und matter war als das Hochglanzblattwerk moderner Rosen.
Aus den Büchern wusste ich, dass die meisten historischen Rosen auf
»altem Holz« blühen (das im Vorjahr gewachsen ist), daher erwartete
ich in jener ersten Saison noch gar keine Blüten. Ende Juni jedoch,
nach einem Monat raschen Wachstums, brachte *Madame Hardy* einen
großzügigen Strauß Knospen hervor.

Ich hatte inzwischen so viel über Alte Rosen gelesen, dass ich ehrlich gesagt meine Zweifel hatte, ob sie ihrem Ruf überhaupt gerecht
werden können. *Madame Hardy* aber war wunderschön. Aus einer
kleinen, unauffälligen Knospe tauchte ein eng gewickeltes Büschel reiner, porzellanweißer Blätter auf, in perfekter Halbkugelform, wie von
einer unsichtbaren Teetasse gehalten. Es gab unzählige Blütenblätter,
aber nicht einfach als massenhaftes Durcheinander, das wäre nicht
wirklich ladylike gewesen. Das feine Gewebe von *Madame Hardys*
Blütenblättern war auf raffinierte Weise in Form einer viergeteilten

Rosette angeordnet. Die Blüten erinnerten mich an die Rosettenfenster gotischer Kathedralen; bis dahin waren mir bei diesen Fenstern Rosen überhaupt nicht in den Sinn gekommen.

Es war schwierig, *Madame Hardy* einfach so anzuschauen, schwierig, sie nicht als Ausdruck einer anderen Zeit zu sehen – was sie natürlich ist, genauso wie sie eine Ausdrucksform der Natur ist. Obwohl *Madame Hardy* erst im Jahr 1832 in Erscheinung getreten ist (von Josephines Rosengärtner, wie Sie sich erinnern werden, gezüchtet und nach seiner Frau benannt), ist sie eine Verkörperung der klassischen Form Alter Rosen. Dem Bild, das das Wort »Rose« fast die ganze Geschichte der westlichen Welt hindurch in den Köpfen der Menschen heraufbeschworen hat, kommt sie näher als der Rose in unseren heutigen Blumenläden. Als Shakespeare seine Liebe mit einer Rose verglich, hatte er wohl etwa dieses Bild vor Augen. Die Blüte einer antiken Rose aus der Nähe zu betrachten, bedeutet zumindest ansatzweise eine Übungsaufgabe in historischer Vorstellungkraft: Man sieht sie mit den eigenen Augen, aber auch durch die Augen einer anderen Zeit. Eigentlich seltsam, denn eine Rose ist weder ein Gedicht noch ein Gemälde, sondern eine Blume, ein Teil der Natur: zeitlos. In gewisser Weise jedoch hat der Mensch *Madame Hardy* geschaffen, sie immer wieder gekreuzt, bis sie sein Schönheitsideal widerspiegelte – und so kommt es, dass sie mir heute in meinem Garten die Empfindsamkeit einer anderen Zeit zurückspiegelt. Die Rose ist ein Teil der Natur, zugleich aber auch ein Teil von uns. So viel zum »Geist des Winters«.

Während ich die Schönheit von *Madame Hardy* bewunderte, begann ich zu begreifen, warum sie auf snobistisch veranlagte Rosenkenner einen derartigen Reiz ausübt – und die leicht ungemütliche Tatsache zu akzeptieren, dass zumindest im Fall der Rosenkriege meine eigenen Sympathien nicht auf der Seite des Volkes liegen. Verglichen mit modernen Rosen ist *Madame Hardy* tatsächlich eine Aristokratin, unvergleichlich subtiler und was die Form betrifft, erheblich souveräner.

Wenn man selbst einmal Rosen im eigenen Garten gehabt hat, versteht man, warum die Leute gerne Metaphern aus dem Bereich der gesellschaftlichen Schichten auf sie projizieren. Jeder Busch ist schon als solcher Abbild einer gesellschaftlichen Hierarchie. Unterhalb von *Madame Hardys* Veredelungsstelle befindet sich der Wurzelstock einer anderen, kräftigeren Variante – keiner hybriden Rose, sondern einer derberen Sorte, vom Schrot und Korn eines abgehärteten Bauern; sie kann schlimme Winter überstehen, aber ihre mickrigen Blüten interessieren niemand. Die hochgeschätzte Hybride ist dem Rücken dieses anonymen Wurzelstocks aufgepfropft; er erledigt für sie die ganze harte Arbeit, bearbeitet den Boden und macht seine Wurzeln dreckig, damit die Pflanze blühen kann. Der stachelige Strauch selbst ist nicht besonders repräsentativ, aber auch er wird gebraucht, als Basis für den Luxus der Blüten – die große Menge der Blätter bereitet die Nahrung zu und die Zweige bilden die Architektur, ohne die es kein Blühen gäbe. Und wie echte Aristokraten kommen die extravaganten glanzvollen Blüten überhaupt nicht auf die Idee, die Pflanze zu würdigen, die sie unterhält, oder die Tatsache anzuerkennen, dass ihre eigenen Blüten auch einmal ganz normale grüne Blätter gewesen sind. Sie benehmen sich, als seien Schönheit und Stand für sie gottgegeben, transzendent. In der Blüte der Rose lässt sich weder die Arbeit der ganzen Pflanze erkennen noch das Opfer, das ihre von Käfern angefressenen Blätter bringen, noch der Gestank des Stallmists, in dem sie ihre Wurzeln hat. Wurzeln? fragt *Madame Hardy* arglos, was für Wurzeln?

Während aber *Madame Hardy* auf ihren Stammbaum aufmerksam macht, drängt uns *Maiden's Blush* (dt.: Errötende Jungfrau), die Alba-Rose, die ich im Garten neben sie gesetzt habe, ihre Sexualität auf. Bei ihr sind die Blütenblätter lockerer arrangiert als bei *Madame Hardy*, weniger zurechtgemacht, fast als habe sie die Knöpfe geöffnet. Die Blütenblätter sind auch größer und sie erröten in ganz blassem Fleischrosa zum Mittelpunkt hin, der seinerseits auch irgendwie schlüpfrig ist, verborgen in der Fülle ihrer gefalteten Lippen. Diese Maid errötet also nicht nur im Gesicht. Kann es sein, dass ich mir irgendwelche Sachen einbilde? Na, dann sehen Sie sich einmal ein paar andere Namen an, die man dieser Rose auch gegeben hat: *Virginale, Incarnata, La Séduisante* und *Cuisse de Nymphe.* Der letzte Name ist die Bezeichnung, die sie in Frankreich trägt, wo Blüten, die in einem besonders tiefen Rosa erröten, den »höchst ausdrucksvollen Namen« einer *Cuisse de Nymphe Émue* erhalten; das wissen wir von Vita Sackville-West, die dafür jedoch keine Übersetzung zu geben bereit war. Aber hier kommt's: der Schenkel einer erregten (fr. *émue*) Nymphe.

Nein, *Maiden's Blush* ist ganz bestimmt nicht die alte Lady, mit der ich, als ich mir Rosen in den Garten setzte, gerechnet hatte. Angesichts ihrer Sinnlichkeit habe ich mich gefragt, ob nicht das ganze auf der Rose lastende Reisegepäck vielleicht keinem anderen Zweck diene, als diese Nymphenschenkel zu bedecken, diese unmissverständliche Fleischeslust. Denn wenn auch *Maiden's Blush* eine besonders provozierende Blüte trägt, hat sich doch ausnahmslos jede historische Rose, die ich gesetzt oder seitdem gesehen und gerochen habe, als zutiefst sinnlich erwiesen, in einer Weise, auf die ich nicht vorbereitet gewesen war. Verglichen mit den keuschen Knospen und dem sittsamen Duft der modernen Rosen geben sich die Alten Rosen großzügig hin. Sie blühen alle auf einmal, in einem nur eine Woche währenden Höhepunkt. Voll geöffnet, in ihrer aufwendigsten Form, sehen ihre Blüten am schönsten aus – freizügig und doch immer noch tief genug in sich gefaltet, um ein gewisses inneres Geheimnis anzudeuten. Und ihre verschiedenen Düfte – reifer Pfirsich, gebrannte Mandeln, junger Chardonnay, sogar Moschus – können überwältigend sein. Mehr noch als bei den meisten Blumendüften ist es bei diesen Rosen ganz ausgeschlossen, ihren Wohlgeruch zu fassen oder zu beschreiben –

irgendwie gibt es da einen Kurzschluss im bewussten Denken, der Duft geht geradewegs vom Nasenloch ins Stammhirn. Sie müssen nur einmal das Parfum einer Bourbon-Rose tief einatmen und dann zu sortieren versuchen, was Duft ist, was Erinnerung, was Gefühl; Sie schaffen es nicht, die Fäden auseinanderzuhalten, die Fäden dieses … was war das doch gleich?

Als dann alle meine Alten Rosen geblüht hatten, kam mir der Gedanke, dass Marx uns vielleicht weniger über die Welt der Rosen zu erzählen habe als Freud. Freud würde mit Sicherheit davon ausgehen, dass alles, was wir mit derart viel Bedeutung ausgestattet haben, eine starke sexuelle Anziehungskraft ausüben muss. Ich schaute noch einmal in meine Rosenbücher, und siehe da, die gleichen Rosenkenner, bei deren Prosa ich den Eindruck gehabt hatte, das Standesbewusstsein komme aus allen Poren, lasen sich nun für mich wie leicht sexversessen. Wäre es sehr respektlos anzunehmen, der vielfach ausgezeichnete Graham Stuart Thomas, stehe auf Alte Rosen? Die Beschreibung, die er von *Madame Hardy* gibt, lautet im Wortlaut wie folgt: »Nur ein Hauch von Fleischrosa liegt in den aus ihren langgestreckten Kelchen sich erhebenden halbgeöffneten Knospen, die Blüte wie eine offene Schale, rasch sich abflachend, die äußeren Blütenblätter wunderschön zurückgebogen und die Mitte auf diese Weise fast nach innen gewölbt, von reinem Weiß, mit einem kleinen grünen Auge […], üppig, atemberaubend.« Von *Maiden's Blush's* Duft betört, begibt sich Sir Thomas in unsäglichen Schwelgereien hinunter auf die Ebene eines kitschigen Liebesromanautors: »[Ihre Blüten sind] intensiv, berauschend, köstlich […], die Sinne haben noch keinen Weg gefunden, der Feder diese Qualitäten zu übermitteln.« *Marie Louise*, eine im Jahr 1813 in Malmaison gezüchtete Rose, bringt in ihm den Humbert Humbert*

---

* *Humbert Humbert* ist der pädophil veranlagte Ich-Erzähler in Vladimir Nabokovs Roman *Lolita*.

zum Vorschein: »Den Blätterstrauß zu lüften und den Blick unverwandt auf die vollständig geöffneten Blüten zu richten, das ist eine Offenbarung.« Allmählich wurde mir klar, warum Rosenkenner fast ausschließlich Männer sind. Männer, und dann natürlich Vita Sackville-West, die sich beim Schreiben über Alte Rosen auch ganz gut in einen Rausch hineinsteigern konnte: »Reich waren sie, reich wie aufgeplatzte Feigen, weich wie ein reifer Pfirsich, gesprenkelt wie eine Aprikose, korallenfarben wie ein Granatapfel, wie Weintrauben mit leichtem Flaum bedeckt.« Was sagen Sie dazu, Doktor Freud?

Wenn nun die Anziehungskraft der historischen Rosen in der ungeschminkten Sinnlichkeit ihrer Blüten liegt, wie können wir uns dann die Entwicklung und schlussendlich den Triumph der modernen Teehybride erklären? Vielleicht kam die viktorianische Bürgerschicht mit der Sexualität der Rose ganz einfach nicht zurecht. Was 1876 wirklich geschah, war vielleicht nichts anderes als ein groß angelegter Akt hortikultureller Repression. Indem man das Schönheitsideal bei der Rose von der voll geöffneten Blüte auf die Knospe übertrug, nahmen sich die Leute im Viktorianischen Zeitalter ganz einfach eine sinnlich-weibliche Blume her und verwandelten sie in eine Jungfrau – in eine von allen verehrte Schönheit, solange sie auf der Schwelle kurz vor der Entfaltung verharrte, danach aber sehr schnell fallen gelassen.

Was die hoch geschätzte neue Eigenschaft des dauerhaften Blühens betrifft, so kann auch diese als eine Form der Sublimation angesehen werden. Die hybriden Rosen produzieren nämlich in Wirklichkeit nicht zahlenmäßig mehr Blüten, sondern teilen diese über einen längeren Zeitraum auf, sie sparen und investieren erneut. Anstatt sich also einem einzigen großartigen Höhepunkt des Blühens hinzugeben, teilt die hybride Rose ihre Blüten Stück für Stück aus, immer beherrscht, immer auf der Schwelle, aber nie wirklich … zum Ende kommend. Die Idee einer Blume, die nie zum Ende kommt, wäre den Elisabethanern pervers vorgekommen; was ihnen an der Rose am meisten gefiel, das war ihre Art, nichts zurückzuhalten, sich freimütig hinzugeben und am Ende völlig verausgabt zu sein. Mittels Züchtung trieben die Viktorianer der Rose jedoch diesen sexuellen Rhythmus aus und unterwarfen ihn dem Jungfräulichkeitskult der Epoche ebenso wie den neuen ökonomischen Vorstellungen. Von ihnen haben wir eine backfischhafte Blume geerbt, hübsch, zugegeben, aber bis zur Duftlosigkeit geschrubbt und, was erotischen Reiz oder sexuelle Sensibilisierung betrifft, auf der Stufe eines Pfadfindermädchens.

Wenn man beim Betrachten einer Blume an Sex denkt – was genau hat das wohl zu bedeuten? Emerson schrieb einmal, dass »die Natur immer die Farben des Geistes trägt«, womit er sagen wollte, dass wir die Natur nicht unmittelbar wahrnehmen, sondern lediglich durch den Schleier der Metaphern, die wir Menschen mit ihr verbinden. In unseren Augen bedeutet Frühling Jugend, Bäume stehen für Wahrheit, und selbst die schlichte Ameise wird zum großherzigen Soldaten. Und wenn uns beim Anblick von Rosen Aristokraten, alte Ladys und Pfadfindermädchen einfallen oder wenn wir diese Blumen zum Symbol für Liebe und Reinheit ernennen, dann ist es mit Sicherheit so, dass wir menschliche Kategorien auf sie projizieren und ihnen die Last unserer Metaphern aufbürden.

Aber gibt es denn irgendeine andere Art der Naturbetrachtung? Thoreau hielt das für möglich. Er lotete im Winter die Tiefe des Walden-Sees aus, um die Natur von eben dieser menschlichen Bürde zu befreien – um »den lange verschollenen Grund des Walden-Sees zurückzuholen« aus den örtlichen Legenden, die ihn für unergründlich hielten. Thoreau war überzeugt, er könne zwischen der Natur (dem See, dessen Tiefe er auf genau 31 Meter festlegte) und der Kultur (den Geschichten, die man sich über dessen Unergründlichkeit erzählte) unterscheiden; ihm war daran gelegen, ein für allemal einen Keil zwischen die beiden zu treiben – also den See mit winterlichem

Gemüt zu betrachten: unbelastet, so wie er wirklich war. »Wir wollen zur Ruhe kommen und uns mutig einen Weg bahnen durch all den Schmutz und Dreck der Meinungen und Vorurteile, der Tradition, der Illusion und des äußeren Scheins, durch jene Schlammschicht, die den Globus bedeckt […], bis wir auf harten Boden stoßen, auf felsigen Grund, den wir *Wirklichkeit* nennen können, und dann sagen: Dieses ist […].« Die Transzendentalisten sahen in der Natur ein Heilmittel gegen die Kultur; bevor sie allerdings ihre »heilende Wirkung« enfalten kann, müssen wir – den Transzendentalisten zufolge – zuerst die kulturelle Schicht abkratzen, die sich darüber gebildet hat.

Die säuberliche Trennung von Natur und Kultur wird kompliziert, wenn man es mit Gartenpflanzen wie der Rose zu tun hat; dies erklärt vielleicht, warum Thoreau Sümpfe den Gärten vorzog. Die Rose trägt nämlich nicht nur die Farben unseres Geistes, sie *enthält* sie sogar. Die Rosen sind nun so lange »kultiviert«, so lange immer wieder gekreuzt worden, mit dem Ziel, ein Spiegel unserer Ideale zu sein, dass man zwischen ihrer Natur und unserer Kultur unmöglich mehr unterscheiden kann. Es ist mehr als nur Einbildung, wenn man die Vermutung äußert, *Madame Hardys* Eleganz verkörpere auch einen Teil der Gesellschaft. Bis zu einem gewissen Grad gilt das Gleiche für alle hybriden Pflanzen, und doch hat keine so lang anhaltende Aufmerksamkeit genossen vonseiten des Züchters, der nach Shakespeares Worten eine »Kunst« praktiziert, die doch »selbst Natur ist«. Beim Anblick einer Rose hätte Thoreau das, was er suchte, nicht finden können; sie ist mit »Vorurteil, Tradition und Illusion« – also der Geschichte des Menschen – so schwer beladen, dass man hier gar keinen festen Boden mehr finden kann. *Dolly Parton* ist ein aus dem »Schmutz und Dreck der Meinungen« gezüchtetes Produkt; sie ist kein Heilmittel gegen die Kultur, sondern vielmehr deren Symptom.

Auch wenn *Dolly Parton* nun die Vermutung nahelegt, dass aus unserer intimen Beziehung zur Natur gelegentlich bedauerliche

Sprösslinge hervorgehen, so heißt das noch lange nicht, dass wir mit Sümpfen besser bedient sind. Es ist viel zu spät – wir sind ganz einfach zu viele geworden –, um Thoreau in die Wälder zu folgen, um von der Natur zu erwarten, dass sie die Kultur irgendwie kuriert oder ungeschehen macht. Wie wichtig Sümpfe auch sein mögen – heutzutage ist es doch wohl wichtiger, begreifen zu lernen, wie wir unsere Kunst so mit der Natur vermischen können, dass am Schluss eine *Madame Hardy* herauskommt und nicht eine *Dolly Parton* – in solchen Formen menschlicher Gestaltungskraft, die der Kultur Genüge tun, ohne der Natur zu nahe zu treten. Die Gewohnheit, Natur und Kultur konsequent als Gegensatz darzustellen, hat uns nur in Schwierigkeiten gebracht. Aus diesen Schwierigkeiten werden wir uns erst dann befreien, wenn wir ein komplexeres, subtileres Gefühl dafür entwickelt haben, wie wir uns am besten in die Natur einfügen. Wie dies aussehen könnte, weiß ich nicht; ich habe aber den Verdacht, dass die Rose mit ihrer langen, sehr eigenen Geschichte des Gebens und Nehmens im Austausch mit dem Menschen uns ein solches Gefühl mindestens so gut, wenn nicht besser beibringen kann als Thoreaus unbefleckter Sumpf.

Selbst wenn wir endlich begriffen haben, wie falsch die Dichotomie zwischen Natur und Kultur eigentlich ist, bleibt es immer noch schwierig, sie aus den Köpfen und der Sprache zu verbannen. Sie sehen ja, wie oft auch ich auf Begriffe zurückgreife, die diese Dichotomie unterstreichen. Unsere Entfremdung von der Natur gründet tief. Es trifft die Sache aber eigentlich auch nicht wirklich, wenn man von einem Kompromiss zwischen Natur und Kultur spricht; damit setzt man eine Distanz zwischen beiden voraus und unterstellt, dass wir gar nicht Teil der Natur sind. So viele Metaphern, die wir nutzen, beruhen auf dieser Kluft, auf einer zu oberflächlichen Vorstellung davon, was Natur ist und was »die Farbe des Geistes«. Was wir brauchen, das ist eine Verwirrung unserer Metaphern, und dabei kann uns die Rose besser behilflich sein als der Sumpf.

Vielleicht geht es genau darum, wenn wir eine Rosenblüte betrachten und dabei an Sex denken. In diesem Sommer hat *Maiden's Blush* in meinem Garten sehr üppig geblüht und manche Blüten waren von einem derart intensiven Rosa überzogen, dass sie das Adjektiv *émue* (dt.: *erregt*) durchaus verdienten. Was bedeutet es also, wenn ich diese Blüten anschaue und an Sex denke? Denke ich dann in Metaphern? Nun, ja und nein. Wie alle Blüten ist auch diese *tatsächlich* ein Sexualorgan. Die nicht kultivierte Hummel scheint sie ebenso attraktiv zu finden wie ich, ist von ihrem Duft genauso hingerissen. Trotzdem kann ich nicht glauben, dass ich die Blüte wirklich mit den gleichen Augen sehe wie die Hummel. Für mich liegt ihre Anziehungskraft in der Ähnlichkeit mit Frauen – mit »den Schenkeln einer erregten Nymphe«, die die Hummel, denke ich, kalt lassen. Denn es war meine Spezies, die diese Ähnlichkeit in der Rose sehen wollte und sie deswegen so selektiert beziehungsweise gezüchtet hat. Ist diese Ähnlichkeit also reine Einbildung? Nur eine Symbolisierung? (Was ist dann aber mit der Hummel?! Dass sie die Rose bestäubt, geschieht nicht auf der symbolischen Ebene.) Sprechen wir also letzendlich von Natur oder Kultur, wenn wir eine Rose (Natur) meinen, die gezüchtet wurde (Kultur), sodass ihre Blüten (Natur) Männer dazu bringen, sich Sex mit Frauen (Natur) vorzustellen (Kultur)? Was für eine Verwirrung. Vielleicht ist es genau das, was wir vermehrt brauchen.

Kapitel 6

Unkraut – das sind wir selbst

Ralph Waldo Emerson war sein Leben lang Gärtner und hätte es eigentlich besser wissen müssen. Und doch stammt von ihm die Äußerung, ein Unkraut sei nichts anderes als eine Pflanze, deren gute Eigenschaften uns noch nicht aufgefallen seien. Unkraut sei keine Kategorie der Natur, sondern ein menschliches Konstrukt, ein Fehler in unserer Wahrnehmung. Diese Haltung entspringt dem alten amerikanischen Hang zu romantischen Vorstellungen über die unberührte Natur, aber man kann damit ganz schön in Schwierigkeiten kommen. Mir ist das jedenfalls so ergangen. Ich hatte nämlich Emersons hübsche Formulierung im Kopf, als ich mein erstes Blumenbeet anlegte, und das Ergebnis war alles andere als gelungen.

Vielleicht hatte ich zu viel Emerson gelesen und zu viele Gartenbücher, die »wilde Gärten« befürworten und das Wort »Unkraut« mit zwei bedeutungsvollen Anführungszeichen einrahmen (ein sicheres Zeichen für Ökologie in Reinkultur). Ich nahm mir also vor, ein Blumenbeet anzulegen, das so »natürlich« wie möglich war. Geometrisches kam überhaupt nicht infrage (zu künstlich!). Ich schnitt also ein mehr oder weniger nierenförmiges Beet in den Rasen, riss das Gras heraus und teilte die nackte Erde in unregelmäßige Felder auf, die ich mit etwas gemahlenem Kalk markierte. Dann nahm ich Samenpäckchen von einjährigen Pflanzen – Kornblumen, Kapuzinerkresse, Tabak, Cosmea, Mohn (sowohl Goldmohn als auch Klatschmohn), Spinnenblumen, Zinnien und Sonnenblumen – und säte von jeder Sorte eine Handvoll breitwürfig in die gekennzeichneten Felder und ließ dabei die Samen fallen, wohin auch immer die Natur es befahl. Keine Reihen: Dieses Beet sollte ganz »natürlich« angelegt sein. Dann streute ich etwas lockere Erde über die Samen, goss Wasser darüber und wartete darauf, dass sie keimten.

Als Erstes keimte der Giersch, obwohl ich seinerzeit noch unbedarft genug war, diesen kräftigen Emporkömmling für eine Zinnie oder eine Sonnenblume zu halten. Mit Giersch hatte ich bis dahin noch keine Bekanntschaft gemacht (auf dem Grundstück wuchs er sonst nirgends) und kam gar nicht auf die Idee, dass das Unkraut sein könnte, bis ich bemerkte, dass er in jedem der planlos aufgeteilten Felder des Beetes aus der Erde kam. Innerhalb einer Woche war das ganze Beet mit zähem, haarigem Giersch bedeckt und es war klar, dass ich ihn, wollte ich jemals, wie vorgesehen, meine Einjährigen zu Gesicht bekommen, herausreißen musste. Da es keine Reihen oder Pfade gab, war das Unkrautjäten schwierig; ich schaffte es aber immerhin, den lebensfrohen Giersch auszudünnen; und nun endlich schoben sich die Einjährigen aus der Erde, voller Dankbarkeit für die Intervention zu ihren Gunsten. Die Luft war ziemlich rein, stellten sie fest, und fingen nun an, eifrig zu wachsen.

In jenem ersten Sommer gedieh meine einjährige Wiese gut und entsprach fast genau dem Bild, das ich beim Pflanzen vor Augen gehabt hatte. Himmelblaue Kornblumenstreifen flossen übergangslos in Glutnester aus dichtem Mohn in Signal-Orange und Feuerwehr-Rot und dahinter erhoben sich turmhoch riesige Sonnenblumen.

Die Kapuzinerkresse schüttete ihre Blätter säuberlich zu niedrigen, karmesinrot und zitronengelb getupften Häufchen auf und die Spinnenblumen entfalteten hoch in der Luft ihre komplizierte Architektur. Bald wurde das Unkrautjäten in diesem dichten Durcheinander fast ein Ding der Unmöglichkeit. Nach der Giersch-Panik hatte ich aber gegenüber den ungeladenen Gästen so etwas wie eine Laisser-Faire-Politik entwickelt und beschlossen, mit dem Unkraut das Experiment des Zusammenlebens zu wagen: Auf meiner Wiese gab es Orangerotes Springkraut (ein schlaksiger Verwandter des Altweiberzorns oder Großen Springkrauts mit orangefarbenen Blüten), Knick-Fuchsschwanz, Klee, Hirtentäschel, das unscheinbare Franzosenkraut sowie den Wiesenkerbel mit Blüten aus elfenbeinfarbener Spitze (so hübsch wie etwas Selbstgepflanztes) und einer essbaren karottenartigen Wurzel; also die Art Unkraut, die Emerson wohl im Sinn gehabt hatte. In jenem ersten Jahr schlich sich auch eine hübsche Kletterpflanze ein, die sich aus dem umgebenden Rasen hierher geflüchtet hatte. Sie wand sich an den Sonnenblumen hoch und entfaltete im August weiße trompetenförmige Blüten, so ähnlich wie die Ackerwinden. Welches Recht hatte ich, diese zarte Ranke zu vertreiben und zu entscheiden, dass die von mir gesetzten Pflanzen schöner waren als die vom Wind gesäten? Es gefiel mir, dass mein Garten so wild war und dass meine Kulturpflanzen so friedlich mit ihren wilden Verwandten auszukommen schienen. Und es gefiel mir, dass ich so gar nicht neurotisch war, was Unkraut betraf. Gestatten, Ihr Ökofreak.

Das Unkraut stand wirklich ganz ungerechtfertigt in der Kritik. Das war die Quintessenz, die ich in jenem Sommer zog. Ich dachte zurück an den Garten meines Großvaters, an dessen unaufgeklärte, totalitäre Haltung gegenüber dem Unkraut. Täglich patrouillierte er durch seine makellosen Reihen und köpfte jede leiseste Andeutung von Grün mit seiner wachsamen Hacke. Hippies, Gewerkschaften und

Unkraut, alle drei brachten ihn – einen alten Mann in den späten 1960er-Jahren – zum Wahnsinn und alle drei erregten seinen reaktionären Zorn. Dass es nicht in seiner Macht stand, dem Marsch der Hippies und der organisierten Arbeiterschaft wirklich etwas entgegenzusetzen, war vielleicht der Grund, warum er mit umso größerem Eifer über das Unkraut herfiel. Er gehörte zu den Gärtnern, die Unkraut herauszupfen, wo sie gehen und stehen – nicht nur in seinem Garten oder dem Garten anderer Leute, sondern auch auf Parkplätzen oder in Blumenkästen vor irgendwelchen Geschäften. Seine Welt befand sich damals im Belagerungszustand und im Unkraut erkannte er das Vorauskommando der Chaos-Truppen. Wenn er den Anblick noch erlebt hätte, dann hätte mein kleiner wilder Garten – dieses reihenlose Pflanzen-*Be-in**, dieses hortikulturelle *Haight-Ashbury** – ihm wohl das Herz gebrochen.

Mein Großvater war nicht der Erste, der im Wachsen von Unkraut eine gesellschaftliche oder politische Bedrohung erkannte. Wann immer Shakespeare in seinem Werk davon spricht, dass »Lolch und Schierling und das geile Erdrauch« oder »schlechter Ampfer, raue Disteln und Kletten« sich ungehindert verbreiten, können wir davon ausgehen, dass gerade eine Monarchie im Begriff ist, zusammenzubrechen. Bis zur Zeit der Romantiker sah man in der Hierarchie der Pflanzen ganz allgemein einen Spiegel der menschlichen Gesellschaft. Gemeine Leute, so befand ein Autor im Jahr 1700, »dürfe man als wertloses Unkraut oder Nesseln betrachten«. J. C. Loudon, ein Gartenfachmann aus dem frühen 19. Jahrhundert, forderte seine Leser auf, »Pflanzen mit Menschen zu vergleichen, also ursprüngliche

---

* Das Human *Be-In* war ein Happening, das am Nachmittag und Abend des 14. Januar 1967 im Golden Gate Park in San Francisco stattfand. Es stellte den Anfang des »Summer of Love« dar. Haight-Ashbury ist ein Stadtteil von San Francisco. Bekanntheit erlangte er in den 1960er-Jahren durch die Beatnik- und Hippie-Bewegung. Er ist jedoch auch heute noch Anziehungspunkt für eine alternative Gegenkultur.

Arten einfach als Wilde anzusehen und gezüchtete Pflanzen […] als zivilisierte Wesen.«

Auch heute noch ordnet die Gartenwelt alle Pflanzen in eine große Hierarchie ein. Ganz oben stehen die hyperzivilisierten Hybriden – denken Sie an die Rose, die »Königin des Gartens« – und ganz unten ist das Unkraut angesiedelt, das Proletariat der Pflanzenwelt, das sich blindwütig vermehrt und den Lebensraum der Kultivierten, die hortikulturell über ihnen stehen, zu usurpieren droht. Wo genau in dieser »grünen Kette des Seins« sich eine Pflanze jeweils befindet, hängt stark von der Mode ab, es gibt aber auch ein paar unverrückbare Gesetze. Ganz allgemein gilt: Je intensiver eine Pflanze hybridisiert wurde – je weiter sie also von ihrem Ursprung als Wildblume entfernt ist –, desto höher ist ihre Position in der Pflanzengesellschaft. So kann sich ein Garten-Rittersporn über einen Feld-Rittersporn erheben und eine hochgezüchtete, stark gefüllte Bourbon-Rose über eine nur fünfblättrige Kartoffelrose. Eine Konsequenz aus dieser Regel besagt: Je unkrautartiger eine Pflanze ist – je leichter man sie heranziehen kann –, desto tiefer ihr Stand. Der für alle Arten von Pilzen anfällige Gartenphlox hat einen höheren Status als das unverwüstliche Mädchenauge.

Auch die Farbe bestimmt über den Rang. Ganz oben steht das Weiß. Der Grund: Reines Weiß kommt in der Natur nur selten vor. Ein möglicher weiterer Grund: Das Gespür für die Raffinesse weißer Blumen ist etwas, das man erst erwerben muss. (Grelle Farben sind seit jeher mit den niedrigeren Elementen beziehungsweise dem, was man dafür hielt, in Verbindung gebracht worden: Die Kokardenblume, eine knallige, zweifarbige Cousine des Gänseblümchens, nannte man früher »Negerblume«.) Gleich nach dem Weiß kommt das Blau, eine Farbe, die sich seit jeher königlicher und aristokratischer Verbindungen erfreut. Von da aus geht es abwärts durch all die schrillen, auffallenden Farbtöne, die allzu gewöhnlichen Gelbschattierungen und jene Varianten von Rot, auf die selbst die Bullen reagieren, bis hinunter zum absoluten Tiefpunkt: dem gemiedenen, verschmähten, ausgestoßenen, peinlichen, promisken Violett. Violett, der Discount-Farbstoff, den die Natur auf Tausende von Unkräutern gepinselt hat, ist in der Gartenwelt schon immer ein Zeichen für minderwertige Züchtung gewesen. Die Nachkommen hybrider Arten, denen man gestattet, sich auszusäen, fallen oft ins Violett zurück, da sich die schlechten Gene durchsetzen.

Die Romantiker des 19. Jahrhunderts, die den gemeinen Mann mit freundlicherem Blick betrachteten, sahen auch das Unkraut mit größerem Wohlwollen. Zu der Zeit, als sie ihre Werke schrieben, war die Landschaft in England derart gründlich domestiziert, jeder Quadratmeter gerodet und durch Hecken zerteilt, dass – vielleicht zum ersten Mal in der europäischen Geschichte – die Vorstellung einer wilden Landschaft große Faszination ausübte. (Nichts einfacher, als nostalgische Gefühle für die Wildnis zu empfinden, wenn sie nichts Bedrohliches mehr enthält.) Mit großem Enthusiasmus schrieb Ruskin über die Wildblume, dass ihr (im Gegensatz zu den hochgezüchteten Blumen) »noch nie die Beleidigung widerfahren ist, auf einer Blumenschau beäugt, begutachtet, bewertet und (falls der gängigen Mode nicht entsprechend) abgewertet zu werden.« Einen Blumengarten hielt er für etwas Unnatürliches, »etwas Hässliches, selbst unter bester Pflege: So ein Garten ist eine Ansammlung unglückseliger Geschöpfe; sie sind verhätschelt und über ihre natürliche Größe aufgeblasen […], durch schlechte Verbindungen verdorben und zu fleckiger und unharmonischer Farbgebung verführt, aus ihrem geliebten Boden gerissen, dem Boden, dessen Seele und Herrlichkeit sie waren, um im grellen Licht die Strafe eines qualvollen Lebens abzusitzen.«

Wenn Gartenblumen also Sklaven der Menschen waren, dann war Unkraut ein Symbol für das Freie und Wilde – zumindest unter den Schriftstellern der Romantik, deren tägliches Leben sich in einer gewissen Entfernung von der Natur abspielte. »Lieber ist mir das geringste Unkraut«, schrieb Tennyson in den frühen 1830er-Jahren. »Unkraut« wurde bald die übliche rhetorische Figur für »Wildnis«, wie etwa in der folgenden Strophe von Gerard Manley Hopkins:

Was wäre die Welt, wäre sie des Nassen
Und des Wilden beraubt? Lasst es uns,
Oh lasst es uns, das Wilde und das Nasse;
Lang lebe das Unkraut und die Wildnis dazu.

Wie vorauszusehen war, ergriff die Unkrautromantik schnell von der amerikanischen Seele Besitz, von dieser Seele, die schon immer dazu neigte, die Werke der Natur höher zu schätzen als die der Menschen und sich gegen Hierarchien zu stemmen, wo immer man auf sie stieß. Das Unkraut versorgte Emerson, Whitman, Thoreau und Generationen amerikanischer Naturalisten mit einer ihrer Lieblingsmetaphern für die freie Natur, für die Schönheit der naturbelassenen Landschaft und – wenn in Anführungszeichen gesetzt – selbstredend für den umnachteten Zustand jener Landsleute, die die Natur nicht mit ebensolcher Intensität und Liebe wahrnehmen konnten wie sie selbst. (Wir übergehen an dieser Stelle die Frage, wie intensiv diese Autoren selber das Unkraut wahrnahmen.) Seit der Romantik hat es in Amerika immer wieder Phasen der Unkrautverehrung gegeben, etwa in den 1960er-Jahren. Damals wurde Marihuana liebevoll »Unkraut« (engl. *weed*) genannt. Millionen von Gleichgesinnten suchten Rat in zerfledderten Ausgaben von Euell Gibbons *Stalking the Wild Asparagus*; das Buch wurde ganz unerwartet ein Bestseller und propagierte im Wesentlichen die Idee, Unkraut zur Grundlage einer neuen amerikanischen Küche zu machen. Jedes Mal, wenn in Geschichte und Kultur das Gefühl erstickender Enge entsteht, hat das Unkraut wieder Konjunktur.

Meine eigene romantische Beziehung mit dem Unkraut überlebte keinen zweiten Sommer. Ich hatte meine Einjährigen sich aussäen lassen. Sie kamen zwar zurück, waren aber dem Unkraut, das ebenfalls mit massiver Verstärkung wiederkehrte, nicht gewachsen. Es schien fast, als hätte sich die Nachricht von den Superbedingungen hier (so ein Trottel von einem Gärtner!) im Lauf des Winters in der Gegend herumgesprochen; der Unkrautbestand nahm enorm zu, an Anzahl wie auch an Sorten. Mir wurde klar, dass das, was ich jetzt pflegte, ein Unkrautgarten war; und da man mir beigebracht hatte, dass ein Gärtner von den Pflanzen in seiner Obhut jeweils den Namen kennen sollte, schlug ich in ein paar Bestimmungsbüchern nach und fertigte eine Liste meiner Sammlung an. Über die bereits erwähnten Arten hinaus hatte ich nun Schwalbenwurz, Kermesbeeren, Bitterling, Johanniskraut, Quecke, Fingerhirse, Wegerich, Löwenzahn, Leimkraut, Flohkraut, Gewöhnliches Leinkraut, Wiesenlieschgras, Malve, Hornklee, Weißen Gänsefuß, Sternmiere, Portulak, Krausen Ampfer, Goldraute, Schafsampfer, Klette, Ackerdistel sowie Brennnessel. Bestimmt habe ich ein weiteres Dutzend vergessen und ein paar nicht richtig erkannt; die Liste gibt aber doch einen Eindruck davon, welch unterschiedliche Früchte meine romantischen Gefühle getragen haben. Was als eine Art idealisierte Wildblumenwiese begonnen hatte, sah jetzt aus wie verfilztes Straßenbegleitgrün; hätte ich es ein weiteres Jahr ins Kraut schießen lassen, hätte man das Ganze dann wahrscheinlich für ein unbebautes Grundstück halten können.

Da dies nicht meine ästhetische Zielsetzung gewesen war, machte ich mich daran, meinen Garten zurückzuerobern – den Prozess zumindest im Stadium »ländlicher Straßenrand« anzuhalten, bevor das Ganze noch zum »aufgegebenen Bahnnebengleis« degenerieren würde. Allerdings wollte ich an die Sache in aufgeklärter Manier herangehen, also das Unkraut, das mir gefiel, verschonen und den Rest dann ganz hinauswerfen. Das Flohkraut war ich bereit zu tolerieren, weil es seine lichten Wolken kleiner, aster-ähnlicher Blüten so schön hochhielt, oder auch die Schwalbenwurz mit ihren interessanten Samenschoten; brutales Unkraut jedoch wie Klette, Ackerdistel oder Brennnessel mussten weg. Leider stellte sich heraus, dass das Unkraut, das ich am wenigsten mochte, sich am besten wehren konnte und besonders widerspenstig war. Die Klette, deren riesige klumpfußförmigen Blätter jede andere Pflanze im meterweiten Umkreis verschatten, hält die Erde in einem tödlichen Klammergriff. Versucht man, ihre kilometerlange Pfahlwurzel unter großer Anstrengung herauszuziehen, kommt man sich vor wie ein kleiner Junge beim Armdrücken mit einem erwachsenen Mann. Jedes Mal reißt die Wurzel ab, bevor sie nachgibt, mit dem Ergebnis, dass man wenige Tage später zwei zähe Kletten hat, wo vorher nur eine stand. Meine Bemühungen hatten nur den einen Effekt, dass ich meiner Klette bei der Vermehrung half. Ich hatte das Gefühl, eher die Hebamme als der Zerstörer dieses Unkrauts zu sein.

Auch die hübsche Kletterpflanze mit den Ackerwindenblüten erwies sich als ein vielköpfiges Hydra-Ungeheuer. Die Zaunwinde – so heißt sie – wächst wie Kudzu (dt. auch: Weltengrün); sie drohte bald den gesamten Garten zu überziehen. Ohne Stütze kann die Zaunwinde nur etwa 30 Zentimeter hoch wachsen; deshalb tastet sie wie ein Blinder herum, torkelt hierhin und dorthin, bis sie eine passende Pflanze zum Festhalten und anschließenden Erwürgen findet. Auch in diesem Fall erwiesen sich meine Bemühungen um Ausmerzung als kontraproduktiv. Die Zaunwinde, deren Wurzeln manchmal mehr als drei Meter tief in den Boden reichen, kann sich entweder über Samen oder über »menschengestütztes Klonen« vermehren. Ihre Wurzeln sind nämlich so brüchig wie frische Brechbohnen. Sobald man sie mit der Hacke bearbeitet, zerbrechen sie in ein Dutzend Teile, *von denen jedes einzelne eine komplett neue Pflanze hervortreibt.* Man könnte meinen, die Hacke sei in die Evolution der Zaunwinde einkalkuliert.

Indem ich sie bei der Wurzel zu packen versuchte – bei den meisten Unkrautsorten die bewährte Ausrottungsstrategie –, erfüllte ich in den hinterhältigen Weltherrschaftsplänen der Zaunwinde genau die mir zugedachte Funktion.

Habe ich überhaupt schon von meinen Einjährigen gesprochen? Ein paar schafften es, mutig durchzuhalten. Goldmohn und Schöngesicht waren geschickt genug, zwischen den Disteln ihre Nische zu finden. Auch einige wenige Tabakpflanzen erschienen in zweiter Generation. Leider hatten sie wieder den Farbton eines unkrautartigen Vorfahren angenommen – statt in hellem Rosa tauchten sie in einem schlammbleichen Grün auf. Im Großen und Ganzen konnten sich meine Einjährigen glücklich preisen, wenn sie dem siegreichen Unkraut als Unterpflanzung dienen durften. Allerdings schienen einige Gräser darauf erpicht zu sein, die wenigen Nischen, die den Einjährigen noch geblieben waren, zu vernichten. Verstohlen zog das Queckengras ein und verästelte sich mit unerschrockenen Rhizomen bis in jede Ecke des Beetes. Queckengraswurzeln können sich seitwärts bis zu 15 Meter ausbreiten. Sie bewegen sich dabei wenige Zentimeter unter der Oberfläche und treiben, wo immer sich die Gelegenheit ergibt, einen Halm (oder auch zehn) in die Höhe. Man rupft von diesem Gras eine Handvoll heraus und denkt, man hat einen einzelnen Büschel erwischt, um dann festzustellen, dass man einen Strang in der Hand hält, der bestimmt bis in den nächsten Landkreis reicht – wo er garantiert mit einem besonders festen Knoten an einer Eiche festgebunden ist.

Was würde nun Emerson dazu sagen? Allen Sorten meines Unkrauts hatte ich einen Vertrauensvorschuss entgegengebracht, die jeweiligen Vorzüge anerkannt und jeder Sorte einen Platz zugewiesen. Mit anderen Worten: Ich hatte sie wie Gartenpflanzen behandelt. Sie verhielten sich aber nicht wie solche. Was sie von den kultivierten Sorten unterschied, das war nicht nur der Grad der Wertschätzung durch den Menschen. Nein, sie waren offensichtlich eine ganz andere Art von Lebewesen, erheblich wendiger, besser ausgerüstet, schneller, schlauer – sie konnten ganz einfach mit den Aufgaben ihres Pflanzendaseins viel geschickter umgehen. Welche Gartenpflanze kann schon innerhalb von 36 Minuten auskeimen, wie zum Beispiel der Steppenläufer? Welche Kulturpflanze kann an einem einzigen Blumenstängel 400 000 Samen produzieren, wie das Wollkraut? Oder seine Samen jedem Tier, das gerade vorbeikommt, anhängen, wie die Klette? Oder sich jeden Tag 30 Zentimeter fortbewegen, wie der Kudzu? (»Halten Sie sich nur entsprechend still und gehen Sie nahe genug ran, wenn Sie ihn beobachten«, sagen Ihnen die Südstaatler, »und es müsste mit dem Teufel zugehen, wenn Sie ihn nicht laufen sehen.«) Oder wie die Zaunwinde, die in direktem Verhältnis zu der Anstrengung, die wir zu ihrer Vernichtung unternehmen, neue Ausgaben ihrer selbst klont? Japanknöterich kann ohne Probleme durch zehn Zentimeter dicken Asphalt dringen. Jeden Sommer wagen sich die Wurzeln der Ackerdistel weitere drei Meter in jede Richtung vor. Samen des Weißen Gänsefußes aus einer archäologischen Grabung keimten aus nach einer Lagerzeit von 1 700 Jahren, während derer sie geduldig auf ihre Gelegenheit gewartet hatten. Die Wurzeln des Afrikanischen Hexenkrautes scheiden ein Gift aus, das jede andere Pflanze in der näheren Umgebung abtötet.

Nein, dass die Brennnessel brennt, habe ich mir nicht eingebildet.

Was also ist Unkraut? In der Hoffnung, eine brauchbare Definition zu finden, zog ich mehrere Bestimmungsbücher und Pflanzenkundeführer zurate. Was ich aber fand, war nicht eine Definition, sondern Dutzende. Man kann sie allerdings im Wesentlichen in zwei Lager einteilen. »Unkraut ist jede Pflanze, die an der falschen Stelle steht« – so lässt sich die Position des einen Lagers in etwa zusammenfassen. Das andere Lager vertritt im Prinzip die Meinung, dass »Unkraut eine besonders aggressive Pflanze ist, die mit kultivierten Pflanzen erfolgreich konkurriert.« In der ersten Definition, die auch Emerson vertritt, ist Unkraut ein menschliches Konstrukt; in der zweiten besitzt Unkraut bestimmte immanente Eigenschaften, die nicht wir ihm aufgedrückt haben. Mir kam der Gedanke, die metaphysische Problematik liege bei der Frage des Unkrauts nicht viel anders als bei der Frage des Bösen: Handelt es sich um eine unverrückbare Eigenheit des Universums oder um eine Erfindung der Menschheit?

Meiner Meinung nach ist das Unkraut tatsächlich *da draußen*. Ich bin aber auch bereit, die Existenz einer Grauzone einzuräumen, die von Emersons Unkraut bevölkert ist, also das Vorhandensein von Pflanzen, denen wir die Unkrauteigenschaft übergestülpt haben, weil wir weder Nutzen noch Schönheit in ihnen erkennen können. Was für den einen eine Blume ist, ist für den andern vielleicht Unkraut. Blutweiderich, den ich in mein Staudenbeet gesetzt habe, ist in einigen Staaten des Mittleren Westens, in denen er aus den Gärten entkam und inzwischen die Flora der Feuchtgebiete bedroht, als »schädliches Unkraut« verboten. Umgekehrt haben manche meiner Unkrautsorten in den Augen anderer vielleicht Wert. Ich rupfe aus meinem Gemüsegarten täglich so viel Löwenzahn und Portulak, dass sich Euell Gibbons* daraus ganz leicht einen leckeren Salat hätte machen können. Was ich Unkraut nenne, hätte er Mittagessen genannt.

Kürzlich hatte ich einen lokalen Ingenieurgeologen bei mir, um ihn zu einem bestimmten Vorhaben um eine Einschätzung zu bitten. Er gehört zu jenen verehrungswürdigen alten Herren, die die geografischen Gegebenheiten vor Ort wie ihre Hosentasche kennen. Dieser Mensch wusste über mein Land besser Bescheid als ich: Ihm war bekannt, wie viele Liter pro Minute der Brunnen pumpen kann

---

* *Euell Gibbons* war ein Naturliebhaber und eine Autorität auf dem Gebiet essbarer Wildpflanzen.

und woher sein Wasser kommt; er kannte die Alkalität des Bodens,die von der Kalkplatte, auf der er liegt, herrührt; und er konnte berichten, dass die uralten Apfelbäume auf dem Anwesen früher einmal den besten Apfelmost in der ganzen Stadt hervorgebracht hatten. Auf der Suche nach einer passenden Stelle für einen Teich liefen wir auf dem Grundstück herum; als er die Veränderungen sah, die ich in der Landschaftsgestaltung vorgenommen hatte, nickte er anerkennend: die Wiederherstellung einer Wiese, die mit Niederholz zugewachsen gewesen war; das Zurückschneiden der alten Apfelbäume; die Abflachung des Hangs mit dem Ziel, den Wasserabfluss im Frühling vom Haus fernzuhalten. Eine Sache hatte ich allerdings gemacht, die ihn zu stören schien, und nach einer Weile rückte er damit heraus. Am Rand eines kleinen Feuchtgebietes hatte ich zwei Trauerweiden gepflanzt. Beim Einsetzen waren sie so groß wie Telefonzellen gewesen, jetzt, zwei Jahre später, waren sie bereits so groß wie Häuser. Auf dem Grundstück hatte es wenig schattenspendende Bäume gegeben – im Sommer hatte es einen *wirklich* heißen Eindruck gemacht. Ich pflanzte die Weiden in der Absicht, ein paar kühlende Stellen in der Landschaft zu schaffen. Weiden deuten fast zwangsläufig auf Wasser hin und dienen zur Verstärkung auch der schwächsten Brise. Mein Besucher zeigte mit dem Kopf in Richtung der Bäume und brummte unwillig:

»Warum zum Teufel haben Sie dieses Unkraut gepflanzt?«

»*Unkraut?!* Wovon sprechen Sie?« In meinen Augen waren die Weiden reine Poesie.

»Diese verfluchten Bäume. Sie taugen gar nichts, machen nur Dreck; und wenn Sie nicht aufpassen, dann sprengen sie eines Tages das Fundament Ihres Hauses. Sie werden schon sehen.«

Mittlerweile habe ich gemerkt, dass viele Leute auf dem Land Weiden als Unkraut betrachten. Wenn sie entsprechend viel Wasser bekommen, wachsen sie wie wild und es ist allgemein bekannt, dass ihre Wurzeln auch schon Beton aufgebrochen haben. Meine Weiden stehen allerdings gute 50 Meter vom Haus entfernt. Der eigentliche Kritikpunkt ist offenbar der, dass die Weiden im Lauf einer Wachstumsperiode sehr viele Zweige abwerfen. Aus der Sicht eines Rasenliebhabers machen sie *tatsächlich* Dreck. Man bemängelt auch ihr weiches Holz, eine Folge des schnellen Wachstums. Selbstverständlich hat auch die Welt der Bäume ihre eigene Hierarchie, und da steht Hartholz ganz oben. Weiches, feuchtes Holz wie das der Weide hat keinen wirtschaftlichen Wert, weder als Bauholz noch als Feuerholz.

Es gibt also durchaus einen Standpunkt, von dem aus gesehen eine Trauerweide zum Unkraut gehört. Sie wächst zu schnell, verdreckt den Rasen, beschädigt Häuser und brennt etwa so gut wie Sellerie. Hier in der Gegend wächst sie auch wild, angeblich ein weiterer Hinweis auf ihren Unkrautcharakter. Bei der Beziehung meines Ingenieurgeologen zu Weidenbäumen ging es jedoch in erster Linie um Fragen der Wirtschaftlichkeit; selbst in der größten Not lässt sich kein Stück Weidenschnur verkaufen, das wusste er, und er hatte genügend Geschichten über aufgebrochenen Beton gehört. Meine eigene Beziehung zu Weiden war im Großen und Ganzen eine ästhetische, die von einer ganz anderen Geschichte inspiriert worden war, einer Geschichte, die die Weide in einem völlig anderen Licht darstellt.

Die Trauerweide, hatte ich gelesen, ist kein heimischer Baum, sondern wurde im 18. Jahrhundert für den Garten importiert. In Amerika wurde sie angeblich erstmals nicht weit von hier gepflanzt, in Samuel Johnsons Garten in Stamford, Connecticut. Samuel Johnson war ein Geistlicher und Philosoph, der erste Präsident von *King's College* (das nach der Unabhängigkeit in *Columbia University* umbenannt wurde). Seine erste Trauerweide sah Johnson in Twickenham, in Alexander Popes berühmtem Garten an der Themse. Er war von Popes uraltem Baum derart angetan, dass er bei der Rückkehr in sein Haus am Housatonic einen Ableger in der Tasche hatte. Offensichtlich erwiesen sich die Ufer dieses Flusses für den Baum als ähnlich günstig wie die Ufer der Themse, da die Trauerweide bald aus seinem Garten ausbrach und sich nach Norden ausbreitete. Heute säumen riesige hängende Trauerweiden – hoch aufragende grüne Springbrunnen – den Housatonic von Stamford bis in die Berkshires; wahrscheinlich kann jede davon ihren Stammbaum bis zu Popes großartigem Garten zurückverfolgen. Da ich das weiß, denke ich beim Anblick einer Trauerweide eher an Twickenham und die Themse als an ein betonsprengendes Unkraut.

Es hat den Anschein, als könnten diese Geschichten über Trauerweiden Emersons Behauptung untermauern, der Unkrautcharakter liege im Auge des Betrachters, dass es also um eine Frage der Wahrnehmung gehe. Normalerweise komme ich mit dieser Art relativistischen Denkens gut zurecht. Aus Erfahrung weiß ich jedoch, dass es in puncto Unkraut nicht trägt, und nicht nur aus meiner Erfahrung: Auch Emersons Schüler, Henry David Thoreau, hat beim Anlegen seines Bohnenbeets am Walden Schwierigkeiten mit der Unkrauttheorie seines Lehrmeisters bekommen.

Als Naturbeobachter und Naturalist weigerte sich Thoreau konsequent, zwischen unterschiedlichen Rangordnungen in der Natur »feindselige Unterscheidungen« vorzunehmen. Als eingefleischter Feind von Hierarchien brüstete sich der Mann damit, Sümpfe lieber zu mögen als Gärten. Nachdem er aber die Entscheidung getroffen hatte, »die Erde Bohnen sprechen zu lassen statt Gras«, musste er feststellen, dass er sich in der Natur Feinde gemacht hatte: Würmer, den Morgentau, Murmeltiere und Unkraut. Thoreau merkte, dass ihn das Bohnenfeld »an die Erde bindet«; jetzt musste er seine Stellung verteidigen, wenn er die Hoffnung aufrechterhalten wollte, mit seinem Autarkie-Experiment Erfolg zu haben. Und so war Thoreau gezwungen, einen langen und ganz klar untypischen »Krieg« zu führen, »nicht gegen Kriegsgerät, sondern gegen Unkräuter, gegen diese Trojaner, die Sonne, Regen und Tau auf ihrer Seite hatten. Täglich kam [er] den Bohnen mit einer Hacke bewaffnet zu Hilfe, lichtete die Reihen der Feinde und füllte die Gräben des Schlachtfelds mit Unkrautleichen.« Er merkte, wie er selber »mit seiner Hacke solche feindseligen Unterscheidungen [traf], indem er eine Spezies reihenweise dem Erdboden gleichmacht[e], eine andere aber mit aller Sorgfalt kultiviert[e].«

Thoreau betätigte sich hier natürlich als Gärtner und war dadurch zumindest für eine gewisse Zeit gezwungen, seinen romantischen Gefühlen gegenüber der Natur den Laufpass zu geben – also das aufzugeben, was die heutigen Naturalisten als jenen »Biozentrismus« (als Gegensatz zum »Anthropozentrismus«) bejubeln, mit dem er seiner Zeit voraus war. Am Ende des Kapitels jedoch, nachdem das Bohnenfeld seinen Zweck erfüllt hatte, trottete Thoreau – meiner Meinung nach wenig überzeugend – zur Emerson-Herde zurück: »Die Sonne scheint unterschiedslos auf unsere kultivierten Felder wie auf die Prärien und Wälder. […] Wachsen [diese Bohnen] nicht auch für die Murmeltiere? […] Wie kann denn dann unsere Ernte überhaupt misslingen? Soll ich mich denn nicht auch über die Fülle des Unkrauts freuen, dessen Samen die Kornkammer der Vögel sind?«

Klar, Henry, freu dich nur. Und verhungere.

Meine eigene Erfahrung im Garten hat mich davon überzeugt, dass es so etwas wie eine »absolute Unkrauthaftigkeit« gibt – dass Unkraut eine andere Sorte Lebewesen darstellt. Die Tatsache, dass Thoreaus Bohnen dem Unkraut nicht gewachsen waren, bedeutet also noch lange nicht, dass der Anspruch des Unkrauts auf die Erde Vorrang hat, wie Thoreau offensichtlich glaubte. Meine Vermutung wurde durch die Bestimmungsbücher und Pflanzenkundeführer bestätigt, die ich zurate zog, als ich meine Unkrautsorten zu identifizieren versuchte. Als ich in diesen Büchern nach den *noms de bloom* meiner Marodeure suchte, notierte ich mir den bevorzugten Standort jeder Spezies. Hier ein paar der besonders typischen Stellen: »Deponien und Straßenränder«; »Brachland«; »aufgelassene landwirtschaftliche Flächen und Deponien«; »kultivierte Flächen und Abfallflächen«; »aufgelassene landwirtschaftliche Flächen, Straßenränder, Rasen, Gärten«; »Rasen, Gärten und Ruderalflächen«.

Diese Aufzählung gibt einen Hinweis darauf, dass Unkräuter keine Superpflanzen sind: Sie wachsen nämlich keineswegs überall, was erklärt, warum sie trotz all ihrer Durchsetzungskraft den Globus noch nicht vollständig erobert haben. Geht man nach den Bestimmungsbüchern, dann sind Unkräuter Pflanzen, die besonders gut an vom Menschen geformte und überformte Orte angepasst sind. In Wäldern oder Prärien – also in der »wilden Natur« – wachsen sie nicht. Unkraut gedeiht in Gärten, Wiesen, auf Rasenflächen, leer stehenden Grundstücken, Bahnabstellgleisen, in der Nähe von Müllcontainern und in den Ritzen der Gehwege. Mit anderen Worten: Sie wachsen genau dort, wo wir leben, und ganz selten irgendwo anders.

Ganz im Gegensatz zu den Vorstellungen der Romantiker ist Unkraut nicht wild. Es ist genauso ein Produkt der Zivilisation wie die Teehybride oder Thoreaus Bohnen. Wenn Unkräuter besser als die Gartenpflanzen gedeihen, dann hat das den ganz einfachen Grund, dass sie an das Leben in einem Garten besser angepasst sind. Während nämlich Gartenpflanzen auf unterschiedliche Merkmale hin gezüchtet worden sind (Geschmack, Nährwert, Größe, ästhetische Wirkung), hatten Unkräuter bei ihrer Entwicklung nur ein Ziel im Auge: die Fähigkeit, in einem Boden zu gedeihen, den der Mensch gestört hat. Und darin sind sie wirklich sehr geschickt.

Unkraut steht an der Speerspitze der Evolution. Zweifellos evolviert es gerade in diesem Augenblick in meinem Garten, indem seine milliardenfache Nachkommenschaft im Rahmen der Selbstauslese neue Taktiken entwickelt, wie man meine Bemühungen austricksen und aus jeder Stelle, die sich in meinem Garten auftut, Kapital schlagen kann. Unkräuter sind in der Natur, was bei uns Anwälte sind, die sich am Unglück anderer bereichern, Bauernfänger und Betrüger. Fast jede Nutzpflanze in der allgemeinen Bodenbewirtschaftung hat ihren passenden Unkraut-Hochstapler, eine Art botanischen Doppelgänger, der im Lauf seiner Entwicklung Aussehen ebenso wie Wachstumsgeschwindigkeit der Kulturpflanze nachzuahmen gelernt hat und auf diese Weise sein Überleben sichert. Einige dieser Blender, wie zum Beispiel der Taube Hafer, sind derart wandlungsfähig, dass sie ihr Aussehen je nach der Kulturpflanze, die sie nachahmen, verändern können, ganz wie eine hinterhältige Fünfte Kolonne des Ackerbaus. Folgt man dem Botanikbuch *My Weeds* von Sara B. Stein, dann kopiert der Taube Hafer auf einem Feld, in dem Sommer- und Wintergerste in gemischten Reihen gesät sind, die Gewohnheiten der jeweiligen Kulturpflanze, *je nachdem, in welcher Reihe er wächst.* Steins Buch ist eine wahre Fundgrube, was das Wissen über Unkraut betrifft. Sie berichtet auch von einem Reis-Imitator, der derart lästig wurde, dass Forscher eine violette Reissorte pflanzten, um das Unkraut ein für alle Mal bloßzustellen. Innerhalb weniger Jahre hatte der Unkraut-Reis ebenfalls eine violette Färbung angenommen.

Wie erfinderisch und aggressiv Unkraut aber auch sein mag, so kann es doch ohne uns nicht überleben, ebenso wenig wie eine Gartenpflanze. Würde der Mensch nicht das Ackerland, den Rasen und leer stehende Grundstücke schaffen, so würden die meisten Unkrautarten rasch verschwinden. Die Zaunwinde, die auf dem Acker und im Garten derart respekteinflößend auftritt, hat keine Möglichkeit, irgendwo anders zu wachsen. Für ihr Überleben ist sie im gleichen Maße wie wir vom Pflug abhängig.

Dies alles zu erfahren, war für mich in gewisser Weise eine Befreiung. Das Unkraut in meinem Garten war nicht natürlicher als die Pflanzen selber und hatte keineswegs mehr Anspruch als diese auf den Platz, um den sie buhlten. Die selbstgefälligen Zitate, mit denen die Naturalisten das Unkraut gerne verhätschelten, waren nichts als arroganter Dünkel. Meine Kämpfe mit dem Unkraut waren kein Zeichen der Entfremdung von der Natur oder eines unverantwortlichen Drangs, dieselbe zu beherrschen. Hätte Thoreau von all dem Kenntnis gehabt, hätte er sich nicht so viele Gedanken gemacht über die Frage, ob er das Recht dazu habe, Johanniskraut und all die anderen hinauszuwerfen und den althergebrachten Kräutergarten aufzulösen.

Aus Thoreaus Sicht waren Bitterer Beifuß, Giersch, Sauerampfer und Johanniskraut Teil der Natur, seine Bohnen dagegen Teil der Zivilisation. Wie viele von uns suchte er in der amerikanischen Landschaft einen Weg, der ihn aus der Geschichte heraus- und in die Natur hineinführte, und deshalb schätzte er das, was »natürlich« wuchs, höher ein als das, was der Mensch pflanzte. Es zeigt sich allerdings, dass man der Geschichte nicht entkommen kann, nicht einmal am Walden. Ein Gutteil der Flora in der Walden-Gegend ist ebenso historisch wie seine Bohnen und seine Bücher. Hätte Thoreau ein Bestimmungsbuch mit an den Walden genommen, hätte er vielleicht bemerkt, dass die meisten Unkrautarten in seinem Garten fremde Spezies waren, nach Amerika eingeführt von den Kolonisten. Das Johanniskraut, alles andere als ein alteingesessener Walden-Bewohner, war von einem Trupp fanatischer Rosenkreuzer nach Amerika gebracht worden, die behaupteten, das Kraut habe die Macht, böse Geister auszutreiben. Wollen Sie *so etwas* wirklich gegenüber den Bohnen privilegieren?

Ohne Johanniskraut, Gänseblümchen, Löwenzahn, Fingerhirse, Wiesenlieschgras, Klee, Giersch, Schaumkraut, Hahnenfuß, Wollkraut, Wiesenkerbel, Wegerich oder Schafgarbe kann man sich die amerikanische Landschaft nur schwer vorstellen, und doch war vor der Landung der Puritaner keine dieser Arten hier vorgekommen. In Wirklichkeit hatte es in Amerika nur wenig einheimisches Unkraut gegeben, aus dem ganz einfachen Grund, weil hier der Boden bisher noch kaum gestört worden war. Die Indianer hatten so leichtfüßig auf dem Land gelebt, dass sie nur wenige Habitate hatten entstehen lassen, in denen sich Unkraut hätte festsetzen können. Wo kein Pflug, da keine Zaunwinde. Schon im Jahr 1663 allerdings, als John Josselyn eine Liste »der Pflanzen, die neu entstanden waren, seit die Engländer in Neuengland den Boden bestellten und Vieh hielten,« anfertigte, stieß er unter anderem auf Queckengras, Löwenzahn, Gänsedistel, Hirtentäschel, Kreuzkraut, Ampfer, Wollkraut, Wegerich und Sternmiere.

Einige dieser Unkräuter wurden bewusst mit nach Übersee gebracht: Die Kolonisten schätzten den Löwenzahn als grünen Salat, und verwendeten den Wegerich (der das gleiche wie Hirse ist) zum Brotbacken. Andere Unkrautsamen dagegen kamen zufällig hierher – in Futtermitteln, in der als Schiffsballast verwendeten Erde, selbst in Hosenaufschlägen und rissigen Schuhsohlen. Waren sie erst einmal hier, verbreiteten sie sich wie Lauffeuer. Nach Aussage des Umwelthistorikers Alfred W. Crosby betrachteten die Indianer den Engländer als einen Midas der Botanik, der, indem er sie berührte, die Flora verwandeln konnte. Den Wegerich nannten sie den »Fuß des Engländers«, weil er überall dort hervorkam, wo der weiße Mann seinen Fuß hingesetzt hatte. (Der Onondaga-Häuptling Hiawatha behauptete, die Verbreitung der Pflanze kündige den Untergang der Wildnis an.) Obwohl die meisten Unkrautarten sich zusammen mit den Weißen vorwärtsbewegten, pflanzten sich andere, wie etwa der Löwenzahn, von sich aus (vielleicht auch mithilfe der Indianer, die die Vorzüge der Pflanze sehr schnell erkannten) rasend schnell Richtung Westen fort und kamen dort lange vor den Pionieren an. So war also die angeblich jungfräuliche Landschaft, auf der das Auge der nach Westen vordringenden Siedler ruhte, bereits gezeichnet von ihrer eigenen Zivilisation. Auf dem Steppenläufer, dem bekannten Wahrzeichen des ungezähmten Westens, ruhte das Auge besagter Pioniere allerdings nicht. Der

Steppenläufer kam erst in den 1870er-Jahren nach Amerika, als eine Gruppe russischer Immigranten sich in Bonhomme County in South Dakota niederließ, mit der Absicht, dort Flachs anzubauen. Vermischt in ihren Flachssamen waren ein paar Samen eines Unkrauts, das in den Steppen der Ukraine wohlbekannt ist: der Steppenläufer.

Die europäischen Unkrautsorten gediehen hier und veränderten innerhalb von wenigen Jahren das Gesicht der amerikanischen Landschaft. Sie gestalteten mit, was wir heute für die unwandelbare »Natur« unseres Landes halten. Und warum haben diese Arten sich so gut entwickelt? Vielleicht weil die Europäer, die sie mitgebracht hatten, sich so große Mühe gaben, das Land in ein für Unkraut günstiges Umfeld zu verwandeln – indem man Wälder abrasierte, Felder umpflügte, Prärien abbrannte und Weidevieh hielt. Und so wie die Europäer dem Unkraut den Weg bahnten, so bahnte das Unkraut den Weg für die Europäer. Dies gilt insbesondere im Fall der Gräser. Einheimische Gräser hatten nicht die nötige Futterqualität für die europäischen Nutztiere, die in Amerika zunächst nicht richtig gedeihen wollten. Die Siedler stellten allerdings fest, dass die Gräser – und damit auch die Gesundheit der Nutztiere – nach einigen Jahren offensichtlich an Qualität zugelegt hatten. Folgt man Crosby, war Folgendes geschehen: Der Viehbestand der Alten Welt hatte zu einer Überweidung der einheimischen Gräser geführt. Weil diese Arten eine so intensive Beweidung nicht gewohnt waren, hatten sie Schwierigkeiten, sich zu regenerieren. Infolgedessen waren sie dem Angriff der europäischen Gräser schutzlos ausgeliefert. Diese Gräser entwickelten sich zusammen mit Ziege, Schaf und Kuh und waren deshalb besser gerüstet, dem Weidedruck dieser Tiere standzuhalten. So eroberten die europäischen Gräser schnell die amerikanischen Wiesen und belieferten auf diese Weise die europäischen Nutztiere wieder mit ihrem bevorzugten Futter. Heute sind die meisten der einheimischen Gräser verschwunden.

Indem sie Hand in Hand arbeiteten, erwiesen sich die Unkräuter wie die Menschen aus Europa als beeindruckende Öko-Imperialisten; in Windeseile vertrieben sie die heimischen Arten und veränderten das Land zum eigenen Vorteil. Die neuen Pflanzen gediehen, weil sie perfekte Kosmopoliten waren, Opportunisten, die sich glänzend an Fortbewegung und Veränderung anpassten. In gewissem Sinne hatten die eindringenden Arten weniger mit den im Rückzug befindlichen regionalen Pflanzen zu tun, die sie aus dem Land vertrieben, als mit den Europäern selber. Vielleicht sollte man das auch einfach andersherum ausdrücken. »Wenn wir den Begriff ›Unkraut‹ auf Arten beschranken, die an Störungen durch den Menschen angepasst sind«, schreibt Jack R. Harland in *Crops and Man*, »dann ist der Mensch per definitionem das erste und wichtigste Unkraut, unter dessen Einfluss alle anderen Unkräuter sich entwickelt haben.«

Unkraut, das sind nicht die Anderen. Unkraut, das sind wir selber.

Ein Fußgänger, der an der Ecke Houston Street/La Guardia Place in Manhattan steht, könnte glauben, die Wildnis hätte hier im Koordinatennetz der Stadt ein kleines Eckchen zurückerobert. Ende der 1960er-Jahre erhielt ein Umweltkünstler von der Stadt die Erlaubnis, an dieser Stelle eine »Zeitlandschaft« zu schaffen, die den New Yorkern ein Bild davon geben sollte, wie Manhattan vor der Ankunft des weißen Mannes ausgesehen hat. Auf einem kleinen Hügel pflanzte er Eiche, Hickory, Ahorn, Wacholder und Sassafras. Diese Pflanzen sind zu einem fast undurchdringlichen Dickicht herangewachsen und werden vor den New Yorkern durch ein Stahlgitter geschützt, dessen Stäbe inzwischen mit üppig rankenden Kletterpflanzen geschmückt sind. Das ist genau die Art von »Garten«, die Emerson und Thoreau gefallen hätte – und zwar gerade deshalb, weil es gar kein Garten ist. So zumindest die reichlich abgehobene Idee.

Fast jeden Morgen komme ich auf meinem Weg zur Arbeit an diesem »Anti-Garten« vorbei und aus irgendeinem Grund ärgere ich mich immer darüber. Direkt daneben liegt ein belebter Gemeinschaftsgarten, in dem an jedem Sommerabend ein paar Leute aus der Nachbarschaft zu finden sind, die ihre kleinen Blumen- und Gemüsebeete pflegen. Unmittelbar neben der hier dargebotenen Geschäftigkeit bildet die sich selbst überlassene »Zeitlandschaft« ein interessantes Gegenstück. Irgendwie ist mir diese Gegenüberstellung aber immer zu platt vorgekommen, eine Spur zu rechtschaffen, und eines Tages kam ich beim Vorbeilaufen dahinter, was mich störte.

Innerlich war ich mit dem Unkraut beschäftigt, das zu der Zeit gerade sein Siegesbanner über meinem Garten flattern ließ. Da erkannte ich eine der um den Zaun gewickelten Kletterpflanzen anhand der Bestimmungsbücher, mithilfe derer ich mich kundig gemacht hatte. Es war ein Nachtschattengewächs, eine Spezies, die, wie ich mich – nicht ohne einen Anfall köstlicher Rechtschaffenheit meinerseits – erinnerte, nicht einheimisch ist: Sie war mit dem weißen Mann nach Amerika gekommen. Aha! Also war diese affige kleine Wildnis in Wirklichkeit doch ein Garten. Wenn dort keiner jätet, mit Sorgfalt und entsprechendem Wissen, wird sie sehr rasch von fremden Arten überrannt werden. Diese »Zeitlandschaft« ist in ständiger Gefahr, zu einem ganz alltäglichen leer stehenden Grundstück zu degenerieren; nur ein Gärtner, mit einer Hacke und einem System »feindseliger Unterscheidungen« bewaffnet, kann sie retten.

In alten Zeiten wäre das natürlich nicht der Fall gewesen. Aber das ist lange her; inzwischen haben wir das Land in so vielfältiger Weise verändert, dass es ohne eine gewisse Form von Gartenarbeit gar nicht mehr geht, selbst an jenen Orten, die wir als Denkmäler unserer Abwesenheit erhalten wollen. Das ist meiner Ansicht nach eine der Lehren, die man aus den gewaltigen Feuern im Yellowstone Park ziehen kann, die im Jahr 1988 ausbrachen. Ab einem bestimmten Punkt in der Geschichte bedeutet Nichtstun nicht ohne Weiteres unschädliches Verhalten. Seit 1972 verfolgt die Parkverwaltung in

Yellowstone eine Strategie der »natürlichen Feuer«; danach dürfen natürlich entstehende Feuer ungehindert brennen – vor 1972 wurde jeder Brand sofort gelöscht. Während all der Jahre, in denen man das Feuer bekämpfte, blieb eine Menge leicht brennbaren Totholzes auf dem Waldboden liegen. Das mag der Grund dafür gewesen sein, dass es dann, als im Dürrejahr von 1988 die Feuer schließlich ausbrachen, zu einer solchen Katastrophe kam. Da das Ökosystem im Yellowstone durch die frühere Brandbekämpfungspolitik bereits verändert worden war, konnte die neue Strategie nicht wirklich »natürlich« sein; ebenso wenig wie die dadurch begünstigten Feuer.

Es gibt keinen Weg zurück. Selbst Yellowstone, die großartigste »Wildnis« unseres Landes, benötigt sorgfältiges Management – für ein einfaches »In-Ruhe-Lassen« ist es zu spät. Ich habe keine Ahnung, was die beste Brandstrategie für den Yellowstone wäre; was ich aber weiß, das ist, dass Männer und Frauen, mit wissenschaftlicher Kenntnis ausgerüstet und über menschliche Institutionen agierend, eine Entscheidung zu treffen und dann eine Strategie zu implementieren haben werden. Dabei werden sie sich mit der Tatsache auseinandersetzen müssen, dass die Indianer, schon lange bevor Yellowstone zu einem »Wildnisgebiet« ernannt wurde, dort Brände gelegt hatten. Waren die »natürlich« gewesen? Wenn es das Ziel ist, Yellowstone in seinem vorkolumbischen Zustand wiederherzustellen, dann wird das Legen von Bränden wahrscheinlich Teil der Strategie sein müssen. Sie werden auch zu entscheiden haben, wie viele Touristen Yellowstone aushalten kann, ob Wölfe wieder eingeführt werden sollen, um zu verhindern, dass die Elchpopulation sich explosionsartig vermehrt, und noch viele weitere komplizierte Fragen. Heute muss selbst Yellowstone »wie ein Garten gepflegt« werden.

Ein Jahrhundert nachdem Thoreau geschrieben hatte: »In der Wildheit liegt die Bewahrung der Welt«, fügte der Dichter und Farmer aus Kentucky, Wendell Berry, einen Folgesatz an, der für Thoreau überhaupt keinen Sinn ergeben hätte, aber trotzdem unverzichtbar ist. Berry schrieb: »In der menschlichen Kultur liegt die Bewahrung der Wildheit.« Ich verstehe das so, dass er sagen will: Für das Nichtstun ist es zu spät. Nur menschliche Weisheit und Rücksicht können Orte wie Yellowstone noch retten.

Thoreau und mit ihm seine zahlreichen Nachfolger unter den zeitgenössischen Naturalisten und den radikalen Umweltschützern gehen davon aus, dass die Kultur des Menschen das Problem ist und nicht die Lösung. Deshalb drängen sie uns, unseren Anthropozentrismus abzulegen und inmitten anderer Arten wie unter Gleichen leben zu lernen. Dies klingt wie ein ausgezeichneter ökologischer Gedanke, bis man begreift, dass es der Erde sogar noch schlechter ginge, würden wir uns noch mehr als ohnehin schon wie Tiere verhalten. Die Überlebensstrategie der meisten Arten besteht darin, ihren Herrschaftsbereich so weit und so brutal wie möglich auszudehnen, bis sie gegen eine ähnlich brutale natürliche Grenze stoßen, die ihren Vormarsch aufhält. Ist das nicht genau das, was wir die ganze Zeit gemacht haben?

Was uns von den anderen Arten abhebt, das ist Kultur, und was ist denn Kultur anderes als Rücksichtnahme? Gewissen, ethische Entscheidungen, Erinnerung, Unterscheidungsfähigkeit: Es sind genau diese sehr menschlichen und entschieden unökologischen Fähigkeiten, in denen die letzte und beste Hoffnung für den Planeten liegt. Es stimmt zwar, dass wir, historisch gesehen, diese Fähigkeiten bisher vor allem im Reich des Menschen und nicht im Reich der Natur angewendet haben. Das muss aber nicht heißen, dass man sie dort nicht anwenden *kann*. Die Aufgabe, die jetzt erledigt werden muss, ist folgende: in die Art und Weise, wie wir uns innerhalb der Natur benehmen, mehr Kultur einfließen zu lassen und nicht weniger.

Sie haben jetzt vielleicht den Eindruck, ich hätte mich sehr weit vom Unkraut entfernt. Doch was bedeutet denn Unkraut jäten? Das ist der Prozess, bei dem wir im Bereich der Natur sachkundige Entscheidungen treffen, zwischen Gut und Böse unterscheiden, Intelligenz und Schweiß auf die Erde verwenden. Unkraut jäten heißt, der Natur mit Kultur zu begegnen. Darum sagen wir auch, dass wir, wenn wir Unkraut jäten, den Boden *kultivieren*. In diesem Sinne ist Unkraut jäten nicht eine lästige Mühe, die sich aus der Gartenarbeit ergibt, sondern deren eigentlicher Kern. Und wie die Gartenarbeit selbst wird das Unkrautjäten ab einem bestimmten Punkt zur Pflicht. Das musste ich bei meinem Blumenbeet erfahren: Vernachlässigung allein wird die »Natur« nicht zurückbringen.

In diesem Punkt ist mein Garten gar nicht so viel anders als der Rest der Welt. Wir können in der Welt nicht leben, ohne die Natur unwiderruflich zu verändern; wenn das aber geschehen ist, müssen wir uns um die Folgen der von uns verursachten Veränderungen kümmern, in anderen Worten: Unkraut jäten. Es ist das »Unkrautjäten«, was Orte wie Yellowstone retten wird. Aber nur dann, wenn wir begreifen, dass Jäten sich nicht darin erschöpft, dass wir etwas für das Land tun; nur dann, wenn wir die Notwendigkeit erkennen, auch unsere eigene Natur zu kultivieren. Wir mögen vielleicht die Gärtner der Erde sein, wir sind aber auch ihr Unkraut. Und wir werden nichts erreichen, solange wir nicht mit der fundamentalen Doppelbödigkeit unserer Rolle ins Reine kommen – dass wir nämlich das Problem, zugleich aber auch die einzig mögliche Lösung des Problems sind.

Irgendwann kam ich dann zu der Einsicht, dass mein vom Unkraut erstickter natürlicher Garten von einem verantwortungslosen Verhalten zeugte. Meine Gartenpflanzen hatten ihr Schicksal mit dem meinen verbunden, und nun hatte ich es nicht geschafft, sie vor dem Unkraut zu schützen. Ich riss also meinen Blumengarten heraus und fing noch einmal von vorne an. Dieses Mal schnitt ich ein exaktes Rechteck ins Gras und setzte meine Blumensamen in sorgfältig gezogenen Reihen, im Abstand von 45 Zentimetern und so gerade, wie das mit einer Lotschnur zu bewerkstelligen war. Als die Sämlinge herauskamen, bearbeitete ich die Erde zwischen den Reihen gewissenhaft mithilfe der Jätschuffel, die mir mein Großvater geschenkt hatte. Ich kümmerte mich nicht groß um Erkenntnislehre: Was immer sich zwischen den Reihen zeigte, betrachtete ich als Unkraut und riss es heraus. Die Reihen dienten zunächst der Bequemlichkeit – sie erleichtern die Bodenbearbeitung –, ich habe ihren Anblick aber zu schätzen gelernt. Wahrscheinlich stört mich inzwischen der romantische Naturdünkel mehr als ein bisschen Künstlichkeit im Garten. Geometrie ist die Sprache des Menschen, hat Le Corbusier einmal gesagt, und ich bin froh, einen Garten zu besitzen, der diese Sprache spricht. Heute bin ich nicht mehr so dumm zu glauben, dass ein weniger gepflegter Garten irgendwie natürlicher ist; auch »Unkrautjäten« ist ein Wort, das zu unserer Sprache gehört.

Aus meiner Sicht habe ich an dem Tag, als ich beschloss, den Boden zu stören, die Verpflichtung zum Unkrautjäten übernommen. Dieser Boden ist nämlich nicht jungfräulich und dies auch seit Jahrhunderten nicht gewesen. Er wimmelt von Hunderttausenden von Unkrautsamen; für sie bedeutet der Stich meines Spatens, dass eine gute Gelegenheit an die Tür klopft. Diese Samen sind genau genommen nicht »Natur«, sondern in Wirklichkeit die Nachkommen der Gärtner früherer Zeiten. Ließe man sie wachsen und würde man nichts unternehmen, dann hieße dies nichts anderes, als jenen Gärtnern die Gestaltung meines Gartens zu überlassen: also all jenen abergläubischen Rosenkreuzern, Puritanern und russischen Immigranten zu erlauben, hier zu tun und zu lassen, was ihnen beliebt. Mit anderen Worten: Mit dem Nichtstun würde ich weder mir selbst, noch den Pflanzen, noch der Natur einen Gefallen erweisen. Also jäte ich Unkraut.

Kapitel 7

Grüner Daumen

Angeblich habe ich einen. Das finden auf jeden Fall diejenigen unter meinen Freunden, die im Garten weniger Erfolg haben als ich. So ist das ja meistens mit dem grünen Daumen: Sich selbst zählt man nicht zu den Begnadeten, aber wenn man jemanden trifft, der Fleischtomaten hat, die schon im Juli dick und rot sind, und Rittersporne, die wie lavendelblaue Wolkenkratzer hoch über dem blühenden Stadtbild des Staudenbeetes aufragen, dann liegt einem diese Redewendung sofort auf der Zunge. Das ist ja auch nur logisch: Man kann die eigenen Unzulänglichkeiten leichter ertragen, wenn dieser andere Gärtner seine Gabe von Gott erhalten hat.

Obwohl ich mir ziemlich sicher bin, dass es so etwas gibt, zähle ich mich keineswegs zu den Begnadeten und Erwählten. Das wäre doch, na ja, etwas anmaßend, vielleicht sogar riskant – als ob ich das Schicksal herausfordern wollte. (Wie wär's mit einem Frosteinfall im August, verehrter Herr mit dem grünen Daumen? Oder vielleicht einer Blattlausplage?) Ich glaube, ich habe da etwas von einem Calvinisten, der nicht weiß, ob ihm Gott den Gnadenstand verliehen hat oder nicht, und deshalb durch sein tugendhaftes Verhalten versucht, sich selbst und seiner Umwelt Gewissheit darüber zu verschaffen, dass er zu den Auserwählten gehört. Außerdem bedeutet mein vermeintlicher grüner Daumen (sollen die *Anderen* das doch behaupten!) inzwischen ein Renommee, das aufrechtzuerhalten ich mich verpflichtet fühle; zumindest sollte ich es versuchen. Ich mache mir also Sorgen um meine Setzlinge, beobachte den Zustand des Bodens sehr genau, blättere in den Fachbüchern – so als ob gute Werke im Garten als Gnadenbeweise gelten könnten. Umso schwerer sind dann meine zahlreichen Misserfolge zu ertragen.

Nehmen Sie zum Beispiel meine Karotten. Jedes Jahr im Frühling pflanzte ich sie ein und jedes Jahr im Sommer zog ich diese ziemlich trostlose Ansammlung knotiger Arthritisfinger aus dem Boden – nichts als Knöchel und keiner länger als fünf Zentimeter. Ich hätte mich vielleicht mit dieser Lücke in meinem Gartenrepertoire abfinden können, wenn Karotten nicht allgemein als ein eher leicht zu ziehendes Gemüse angesehen werden würden. Sie keimen leicht und sprießen schnell, locken kaum Schädlinge an und sind unempfindlich gegen Frost. Wenn Sie so ein »Mein erster Garten«-Set für Kinder kaufen, dann ist da garantiert ein Päckchen Karottensamen drin. Nicht nur weil Karotten in der Fantasie der Kinder eine wichtige Rolle spielen (denken Sie an *Bugs Bunny* und *Captain Kangaroo*), sondern auch, weil sie als mehr oder weniger idiotensicher gelten.

Wie konnte ich einen grünen Daumen haben, wenn ich nicht einmal imstande war, eine Karotte anzubauen? Dieses Versagen brachte mich, offen gesagt, in große Verlegenheit und in eine gärtnerische Glaubenskrise.

Also nahm ich mir vor, das hinzukriegen und ein richtiger Karottenkenner zu werden. Ich dachte über Karotten nach, lange und intensiv. Ich versuchte sogar, mich in ihre Empfindungen hineinzuversetzen – mir vorzustellen, was sie denn an ihrer Situation störte.

Das Kraut war üppig und grün, also beschwerten sie sich nicht über Nahrung oder Wasser. Konnte es die Gesellschaft sein, in der sie sich befanden? In dem einen Jahr waren sie neben den Zwiebeln platziert, eine fragwürdige Nachbarschaft für jede Pflanze. (Zwiebeln sind in der Pflanzengesellschaft ebenso umstritten wie in unserer eigenen; viele Arten schrecken vor ihnen zurück.) Also setzte ich sie in der nächsten Saison neben eine Reihe vergleichsweise angenehmer Salatköpfe, konnte aber keine Verbesserung feststellen.

Was hat eine Karotte gern? Die Frage ist gar nicht so dumm, wie sie klingt. Es ist mehr als eine skurrile anthropomorphe Idee, wenn man Pflanzen Vorlieben und Abneigungen zuschreibt und sich fragt, wenn auch nicht wie sie sich »fühlen«, so doch wenigstens, was ihnen wichtig ist, was sie brauchen, um die Bedingungen ihres Schicksals zu erfüllen. Die meisten guten Gärtner, denen ich begegnet bin, scheinen empathische Fähigkeiten zu haben, mithilfe derer sie erspüren können, was ihre Pflanze zu einem bestimmten Zeitpunkt braucht. »Wenn du etwas wachsen lassen willst«, schrieb Russell Page in seinem Buch *The Education of a Gardener*, »musst du es verstehen, und zwar ganz konkret. ›Grüne Finger‹ gibt es tatsächlich, nur dem Ungeübten sind sie ein Rätsel. Grüne Finger sind jedoch Ausläufer eines Herzens, das für das Grün schlägt.« Ich glaube nicht, dass Page hier einfach nur sentimental daherredet. Er spricht von einer Fähigkeit, die man beim Gärtnern braucht, nämlich in der Fantasie einen Sprung zu tun – in meinem Fall in die innerste Natur des Karottendaseins hinein. Genau dies nahm ich mir nun vor. Meine Überlegung war folgende: Was wäre für eine Karotte, während sie sich gerade bemüht, über den Zustand eines kleinen Fingers hinauszukommen, das Allerwichtigste? Und da kam mir die Erleuchtung: Schulterfreiheit.

Ich stellte mir die ersten Zentimeter des Bodens im Querschnitt vor – da ging es zu wie in einer S-Bahn der Linie 6, die zur Hauptverkehrszeit mit zusammengepferchten Pendlern vollgestopft ist. Meine Karotten standen einfach zu eng beieinander. Ich war beim Ausdünnen der Setzlinge nicht gnadenlos genug gewesen. (Dies scheint ein häufiger Fehler unerfahrener Gärtner zu sein. Das Vernichten dessen, was sie gerade erst gesetzt haben, kommt ihnen wie Verschwendung, ja Grausamkeit vor. Im Fall von Wurzelgemüse ist die Triage aber unabdingbar.) Ich malte mir aber noch etwas anderes aus: dass nämlich eine Karotte, die ihre Pfahlwurzel gerade in die Erde hinunterzutreiben versucht, gerne einen luftigen Boden hätte, keine harten Klumpen oder Steine, die dem Schub im Wege stehen. Hatte ich meinen Karotten eine solche Wurzelstrecke zur Verfügung gestellt? Das konnte ich ganz leicht herausfinden. Ich steckte den Zeigefinger in den Boden und kam kaum bis zum zweiten Gelenk, bevor ich auf dicken feuchten Ton stieß. Der Boden war für Karotten einfach zu schwer.

Erfolg, sagt man, heißt einfach, zur richtigen Zeit am richtigen Ort zu sein. Anders als im echten Leben kann man im Garten oft den Ort verändern (manchmal sogar auch die Zeit). Ich bemühte mich also darum, meinen Karotten einen günstigeren Ort zu verschaffen, indem ich der Erde, in der sie wuchsen, eine leichtere Konsistenz verlieh. Sobald ich im Frühling den Boden bearbeiten konnte, grub ich einen Sack Bausand unter, dazu einen Ballen Torfmoos und so viel Kompost, wie ich erübrigen konnte. Normalerweise würde man für Karotten nicht derart große Mengen an Kompost investieren, aber es stand viel auf dem Spiel und nichts bringt mehr als das Auflockern tonhaltiger Erde. Ich vermischte alles mit der Hand, entfernte dabei die Steine und zerkleinerte die Tonklumpen. Ich musste nur wenige Augenblicke kneten und schon nahm der Boden, bislang so zäh wie ein Karamellbonbon, die lockere Konsistenz eines Kuchens an. Noch einmal steckte ich meinen Finger hinein und kam ohne jede Anstrengung bis zur Tiefe einer Zigarre. Das hier war jetzt ein Karotten-Utopia.

Nachdem ich die Stelle mit dem Rechen schön geglättet hatte, säte ich zwei Reihen Mokum, eine angeblich besonders süße, stupsnasige Karotte aus Frankreich. Nach einer Woche zeigte sich ein fedriger Streifen von Sämlingen, den ich gewissenhaft auf einen Abstand von jeweils zweieinhalb Zentimeter ausdünnte. Einen Monat später wiederholte ich die Prozedur, um ganz sicher zu gehen, dass meine Karotten sich nicht gegenseitig anrempelten. Nun hatte jede ihren Sitzplatz und als dann der August gekommen war, zog ich lange orangefarbene Panatela-Zigarren aus der Erde – mit die ansehnlichsten Karotten, wenn ich das so sagen darf, die ich je gesehen hatte. Das Ernten von Wurzelfrüchten gehört zu den erleseneren Freuden des Gärtnerns, die man sich einfach gönnen muss. Da ist der Überraschungseffekt (zunächst kann man nur aus den Blättern erahnen, was sich im Untergrund abspielt) und, was noch schöner ist, das kleine Wunder: Auf einmal findet man in der schwarzen, undifferenzierten Erdmasse Form, Farbe und Wert. Das ist wie Goldsuchen in kleinem Maßstab und diese Karotten waren ein ordentlicher Treffer. Ich wischte eine davon an meinem Hemd ab, rieb sie sauber und kostete dann ihre kühle unterirdische Süße, ihre ganz unerwartet intensive … »Karottigkeit«.

Wer weiß, dachte ich bei mir, wer weiß, vielleicht habe ich doch einen grünen Daumen.

Ein Mensch mit einem richtigen grünen Daumen hätte natürlich all das, was ich unternahm, erledigt, ohne groß nachdenken zu müssen. Aber irgendwo muss man ja einmal anfangen. Das vollendete, mühelose Spiel eines Konzertpianisten hat einmal mit einem Kind angefangen, das sich auf dem Klavier Melodien zusammensucht, oder etwa nicht? Da wussten die Finger auch nicht von Anfang an, was sie zu tun hatten. Das Gleiche gilt für das Fahrradfahren und auch für das Ausloten der »Karottigkeit«. Erst sehr viel später werden diese Fähigkeiten zur zweiten Natur. Mittlerweile habe ich es kapiert – ich weiß eigentlich gar nicht mehr, wie es war, das *nicht* kapiert zu haben –, und ziehe vorzügliche Karotten, ohne auch nur einen Augenblick nachdenken zu müssen; das Ganze ist nicht schwieriger als Fahrradfahren. Vielleicht ist der grüne Daumen genau das, eine besondere Form des Erinnerns: ein Kompendium aus kleinen Geschichten, die so stark destilliert sind, dass der Gärtner ohne großes Nachdenken auf die in ihnen enthaltenen Lehren zurückgreifen kann. Die Moral dieser Geschichten (bei denen es meist um seine eigenen Erfahrungen geht, manchmal aber auch um Erfahrungen aus zweiter Hand) steht ihm jederzeit zur Verfügung.

Diese Geschichten handeln meist, so wie mein Karottenbericht, von Misserfolgen und ihrer Überwindung. Alle versierten Gärtner, die ich kenne, gehen überraschend gelassen mit Misserfolg um. Sie sind vielleicht nicht besonders glücklich darüber, reagieren aber nicht mit Ärger oder Frust; vielmehr entwickelt eine Pfingstrose, die auf einmal nicht mehr blühen will, obwohl dies jahrelang selbstverständlich gewesen war, eine neue Faszination für sie. Sie wissen, dass Misserfolg sich lauter artikuliert als Erfolg – zumindest im Garten. Damit will ich nicht sagen, dass dem Gärtner mehr Misserfolg als Erfolg begegnet (in manchen Jahren allerdings ist das so), sondern dass die Misserfolge ihm mehr zu erzählen haben – über den Boden, das Wetter, die Vorlieben einheimischer Schädlinge, die besonderen Merkmale seines Grundstücks. Wenn die Karotten gedeihen, lernt der Gärtner nichts, es sei denn, dieser Erfolg wird vor dem Hintergrund einer vorausgegangenen Enttäuschung gewonnen. Sofortiger Erfolg ist stumm, Katastrophen dagegen wissen oft viel zu sagen. Zumindest für einen Gärtner, der lernt zuzuhören.

Das Buch über meinen Boden – und das ist wohl das wichtigste Nachschlagewerk im Besitz eines jeden Gärtners – wurde in eben dieser Sprache des Misserfolgs geschrieben. Von meinen Karottenstümpfen lernte ich, dass der Boden schwer war und mehr aus Ton als aus Lehm bestand, und aufgrund dieses Hinweises bemühte ich mich nach Kräften, ihn leichter zu machen. Als meine ersten Tomatenpflanzen jede Menge Blätter, aber kaum Früchte trugen, merkte ich, dass ich zu stark gedüngt hatte – dass von vornherein schon mehr Stickstoff im Boden gewesen war als erwartet (vielleicht weil mein Gemüsegarten auf dem Gebiet einer früheren Kuhweide liegt). Der rasche Tod eines Blaubeerbusches, den ich kurz nach dem Einzug hier gepflanzt hatte, gab mir eine erste Ahnung davon, dass der Boden alkalischer war als der Durchschnitt in Neuengland. Ich las nach und fand heraus, dass Blaubeeren einen sauren Boden brauchen. Also verbuchte ich den Verlust dieses Busches gewissermaßen als sündteuren pH-Test und fügte von nun an in jedem Frühjahr so viel Torfmoos (das sauer ist) hinzu, wie ich mir leisten konnte. Der Misserfolg treibt den Gärtner in die Bücherei, und mit einem tieferen Verständnis für die Landschaft kommt er zurück.

Was ich hier beschreibe, klingt vielleicht weniger nach den Methoden eines mit einem grünen Daumen gesegneten Menschen als danach, was jeder macht, der sich gewissenhaft Kenntnisse aneignet oder genau beobachtet. Bestimmt gibt es viele Gärtner, die der Meinung sind, das ganze Gerede vom grünen Daumen sei nichts als eine durch drittklassige Gärtner und Anfänger veranstaltete Mystifizierung. Russell Page, der zugegebenermaßen etwas von einem Mystiker an sich hat, ist mit seinem grünen Herzen und seinen grünen Fingern ziemlich alleine auf dem Markt. Für die Haltung der Gartenwelt zu dieser Frage ist Eleanor Perényi eher repräsentativ. Sie hält von dem ganzen Grüner-Daumen-Unsinn gar nichts: »Leute, die ihre Misserfolge darauf schieben, dass sie ›keinen grünen Daumen haben‹ (und davon gibt es unzählige), haben normalerweise ganz einfach ihre Hausaufgaben nicht gemacht. Natürlich gibt es so etwas wie einen grünen Daumen gar nicht. Gärtnern ist ein Beruf wie jeder andere – eine Berufung, wenn Sie so wollen, aber keine Gabe des Himmels. Man erwirbt das notwendige Wissen und die notwendigen Fähigkeiten, um den Beruf erfolgreich auszuüben, oder eben nicht.«

Ich weiß nicht so recht. Perényi erinnert mich an eine Biologielehrerin, die ich in der achten Klasse hatte, auch so eine pflichtbewusste Entmystifiziererin, eine unverbesserliche Empirikerin, und sie trug immer vernünftige Schuhe. In der ersten Stunde des neuen Schuljahres verkündete Mrs. Voigt in einem selbstgefälligen, bewusst in nüchterner Sachlichkeit gehaltenen Tonfall, dass ein menschliches Wesen nichts weiter sei als eine Zusammenstellung von Chemikalien, die bei einem Materialversand für den Biologieunterricht für rund vier Dollar erhältlich seien. Warum so billig? Weil wir zu 95 Prozent aus Wasser bestünden und der Rest aus ziemlich gewöhnlichen Kohlenstoff-Formen. Von jenem Tag an war mir klar, dass Mrs. Voigt, selbst wenn sie recht hatte, mir nie irgendetwas beibringen würde, was ich wirklich wissen musste.

Alles, was lebt, besteht zu 95 Prozent aus Wasser. Genie ist zu 95 Prozent Perspiration, zu fünf Prozent Inspiration. Erfolg ist zu 95 Prozent harte Arbeit. In Ordnung, habe ich verstanden, *aber was ist mit den fünf Prozent*? Sie können mir erzählen, dass die Wassermelone zu 99 Prozent aus Wasser besteht, und haben mir doch immer noch nichts mitgeteilt, was von Interesse wäre, wie zum Beispiel: Was ist mit dem einen Prozent? Es könnte nämlich sein, dass man genau dort die Wassermelone findet.

Perényi hat auf ihre Weise recht. Ein guter Gärtner beobachtet, speichert die Dinge im Gedächtnis, zieht die großen Bücher zurate. Aber ich konnte an guten Gärtnern immer wieder auch noch etwas anderes beobachten, ein bestimmtes Fingerspitzengefühl, Empathie für die Pflanzen, ein Gespür für den Boden, feiner und umfassender als jeder Laborbericht. Sie wissen Dinge, die ich in Büchern nicht finden kann. Das ist der Unterschied zwischen dem gut ausgebildeten

Musiker und dem Maestro, dem Wasser und der Wassermelone. Das sind die nicht erklärbaren fünf Prozent.

Bevor wir uns jedoch näher mit den Geheimnissen des Erfolgs im Garten beschäftigen, wäre es mit Sicherheit hilfreich, etwas mehr über den Misserfolg zu wissen; ein Thema, zu dem ich mich mit deutlich mehr Autorität äußern kann. Ich habe drei Hauptvarianten des Misserfolgs im Garten gezählt. Die erste ist die einfachste: Es geht um das, was sowohl Geistliche als auch Versicherungsvertreter »höhere Gewalt« nennen. Damit meine ich Frost im August, die 17-jährige Brut Periodischer Zikaden, Dürren, Überschwemmungen, all diese alttestamentarischen Ereignisse, bei denen der Gärtner nur mit offenem Mund dastehen und zuschauen kann. So dramatisch solche Niederlagen auch sein mögen, über seinen Garten können sie dem Gärtner kaum etwas beibringen. (Viel mehr wissen sie über die großen existenziellen Fragen zu erzählen, aber die gehen über die Grenzen dieses Kapitels hinaus.) Dem Gärtner des Pharao hätte auch der allergrünste Daumen kein bisschen geholfen.

Die üblicheren Varianten gärtnerischen Misserfolgs haben ihren Ursprung ebenfalls in der Natur, sind aber durch unsere Bemühungen leichter zu beeinflussen. Diese Varianten teile ich in Misserfolge durch Über- und Misserfolge durch Unterkultivierung ein.

Zu den Misserfolgen durch Unterkultivierung zählen folgende Beispiele: der Raubzug einer marodierenden Horde von Murmeltieren unter den Setzlingen noch vor dem Morgengrauen; Karottenstummel; ein vom Unkraut ersticktes Blumenbeet; eine Clematis, die sich weigert zu blühen; Tomaten, die vor dem Frost einfach nicht reif werden wollen. Misserfolg durch Unterkultivierung ist normalerweise ein Indiz dafür, dass der Gärtner die Landschaft seines Gartens nicht wirklich in dem Maße zu verändern bereit war, wie es seine Pflanzen brauchen; er hat die Natur nicht ausreichend gezähmt. Vielleicht aufgrund seiner romantischen Vorstellungen von Tieren oder Unkraut hat er nicht genug getan, um seine Pflanzen vor deren Einfällen zu schützen. Oder er ist davon ausgegangen, dass der Boden auch ohne Verbesserung den Bedürfnissen seiner Bäume oder Tomaten entspreche. Das vorliegende Buch ist im Grunde großenteils ein Bericht über meine zahlreichen Misserfolge durch Unterkultivierung. Das kommt vermutlich daher, dass ich mit den Erwartungen eines Städters an den Garten heranging und anfangs in Bezug auf die Natur viele naive Vorstellungen hatte, wie sie nur ein Städter haben kann. Ich dachte, ich könnte einen Garten anlegen und gleichzeitig eine innige Beziehung zu der örtlichen Flora und Fauna aufrechterhalten. In der Überwindung meiner Misserfolge lernte ich, wie viel schwieriger es ist, mit der Natur auszukommen, wenn man aktiver Teilnehmer und nicht distanzierter Bewunderer ist. Aus meinen Misserfolgen lernte ich, beim Ausüben meiner Macht als Mensch in der Natur weniger Hemmungen zu haben; ich lernte, das zu tun, was notwendig ist, um Grund und Boden unseren Vorstellungen anzupassen und unsere Bedürfnisse zu befriedigen.

Selbstverständlich kann der Gärtner die Natur auch zu massiv unter Druck setzen; in diesem Fall droht ihm dann leicht der Misserfolg der dritten Variante: nämlich Misserfolg durch Überkultivierung. Der Gärtner, der große Mengen an Dünger einsetzt, um seine Pflanzen zu schnellem Wachstum zu drängen, wird feststellen, dass sie dadurch anfälliger gegenüber Insekten und Krankheiten werden. Geht er unerbittlich gegen Insekten vor, versprüht er vielleicht so viele Pestizide, dass er den Boden abtötet; dann ist zwar das Ungeziefer weg, aber plötzlich will nichts mehr richtig wachsen. Pflanzen bleiben nur in dem Maße gesund, wie sie wild sind – also »in der Lage, mit Erde, Luft, Licht und Wasser zusammenzuarbeiten, so wie das für Pflanzen üblich war, bevor die Menschen die Erde bevölkerten«, so die einfühlsame Definition von Wendell Berry. Kultiviert man zu intensiv, gefährdet man die Wildheit und öffnet dem Misserfolg Tür und Tor.

Bei manchen Misserfolgen durch Überkultivierung sollte man die Schuld auf mehrere Schultern verteilen. Wenn eine Rose trotz größter Anstrengungen Ihrerseits der Schwarzfleckenkrankheit erliegt, kann es gut sein, dass das Problem nicht bei Ihnen zu suchen ist, sondern bei den Züchtern. Im Zuge ihrer Jagd nach ungewöhnlich großen, exotisch gefärbten Rosen haben sie Sorten geschaffen, die dermaßen überzüchtet sind – sich also so weit von ihren wilden Vorfahren entfernt haben –, dass mit ziemlicher Sicherheit nichts aus ihnen werden kann. (Natürlich müsste ein Gärtner eigentlich selber so gescheit sein zu merken, dass man mit einer blauen Rose die Grenzen des Natürlichen überschreitet; wenn er so eine Rose pflanzt, ist er wohl auch selber schuld.) Ein Gärtner, der auf Teufel komm raus in der Winterhärtezone 4 eine Zaubernuss pflanzen muss, geht ebenfalls zu weit; eine solche Hybris duldet die Natur nicht, auf jeden Fall nicht auf unbegrenzte Zeit.

Wenn meine Einschätzung richtig ist, dass auf beiden Seiten des Gartens Skylla und Charybdis lauern, und wenn Misserfolg daher kommt, dass man sich zu sehr in die eine oder die andere Richtung lehnt, dann bedeutet die Gabe des grünen Daumens vielleicht ein Gefühl für Ausgewogenheit. Wir wollen den Gärtner einen *Grünen Daumen* nennen, der geschickt einen Weg findet zwischen den Gefahren der Über- und der Unterkultivierung; zwischen dem übermäßigen Bedrängen der Natur und dem zu starken Nachgeben ihr gegenüber. Sein Garten ist ein Ort, an dem ihre Gepflogenheiten und seine Absichten elegant in Übereinstimmung gebracht werden. Sich auf einem solchen Mittelweg zu bewegen, ist nicht einfach – immer ist da die Versuchung, entweder die Kontrolle vollständig zu übernehmen oder alles sich selbst zu überlassen; sich auf die eigene Macht (die beträchtlich ist, letztendlich dann aber doch überschätzt) zu berufen oder der

Macht der Natur nachzugeben. Die erste Alternative ist die Methode des Projektentwicklers, die zweite der Weg des »Naturliebhabers«. Der *Grüne Daumen*, weder heldenmütig noch romantisch, meidet beide Extreme. Er will nicht durchsetzen, dass das Wasser bergauf fließt, er lässt es aber auch nicht fließen, wie es gerade will.

Als Metapher für einen Menschen, der Erfahrung mit diesem Mittelweg hat, kommt mir der *Grüne Daumen* sehr treffend vor, da er die Macht des Menschen und der Natur miteinander vereint. Das Grün ist jene Kraft in der Natur, die der Gärtner zu kanalisieren oder zu zügeln (wenn nicht zu beherrschen) versucht, und das kann er nur in dem Maße bewerkstelligen, wie er dieses Grün mithilfe seiner Fantasie aus der Tiefe heraus versteht. Der *Grüne Daumen* ergründet das Wesen der »Karottigkeit«, er kann wie Wasser denken. Was den Daumen betrifft, so ist er zunächst einfach eine rhetorische Figur für die menschliche Macht. Er ist aber mehr als nur ein sprachliches Bild. Nach dem, was uns die Anthropologen sagen, war es der opponierbare Daumen, der uns gegenüber den Affen einen Vorteil verschafft und damit die Basis für die Zivilisation geliefert hat. Der Daumen war das erste Werkzeug, das uns dazu verholfen hat, die Natur nach unserem Geschmack zu verändern. Daran wird der Gärtner ständig erinnert, da der Daumen bei den meisten Gartenarbeiten eine so große Rolle spielt. Er sät mit Daumen und Zeigefinger und lässt, indem er den einen gegen den anderen reibt, die Samen einzeln fallen. Mit beiden Daumen gleichzeitig drückt er die Erde um seine Setzlinge fest und sichert auf diese Weise den Halt der Wurzeln in der Erde. Die ganze Saison hindurch drückt er Daumen und Zeigefinger zusammen; er zwickt Triebe und Blätter ab, pflückt welke Blüten aus, zerquetscht Käfer, erntet Früchte. Und was ist die allgegenwärtige Gartenschere anderes als eine mechanische Erweiterung des opponierbaren Daumens? Der Daumen ist im Garten unser wichtigstes Werkzeug und wenn wir ihn besonders gut handhaben, sodass die Gepflogenheiten der Natur und unsere Wünsche harmonieren, dann darf man ihn getrost grün nennen.

Will man beobachten, wie selbstverständlich ein *Grüner Daumen* im Einklang mit der Natur agiert, dann ist das Pflanzen ein guter Moment. Beachten Sie die Art und Weise, wie er mit Setzlingen umgeht: Verglichen mit dem Anfänger, der seine jungen Pflanzen aus lauter Sorge um ihre Zartheit ganz vorsichtig anfasst, scheint der erfahrene Gärtner fast grob mit ihnen umzugehen. Der Anfänger hebt einen Setzling wie ein Baby hoch, legt ihn sanft in die Erde, genauso tief wie er im Topf gewesen ist, und drückt die Erde um seine Wurzeln herum vorsichtig fest. Der *Grüne Daumen* dreht den Topf gerne auf den Kopf, bis der Sämling herausfällt und stopft ihn dann hüfthoch in den Dreck. Soll das vielleicht Sympathie sein? Jetzt schauen Sie, wie er mit seinen Daumen die Erde festdrückt – richtig *fest*. Dann macht er sich an die paar Blätter und Triebe, die er nicht eingegraben hat, und schnipselt alle bis auf eine Handvoll ab. Wenn er fertig ist, wirken seine Setzlinge ziemlich mitgenommen, zumindest im Vergleich mit denen des Anfängers, die genauso aussehen wie in der Gärtnerei. Kommen Sie dann aber am nächsten Morgen wieder, hängen die Setzlinge des Anfängers schlaff herunter, eine Reihe tapsiger Pensionäre, die zu schwach sind, um ihr eigenes Gewicht zu tragen. Die Setzlinge des *Grünen Daumens* dagegen sehen jetzt fröhlich und aufgeweckt aus wie Schulkinder.

Der raue Umgang des erfahrenen Gärtners mit seinen Pflanzen ist tatsächlich eine Form der Sympathie. Er hat Verständnis für ihre schwierige Lage: Ihre Wurzeln sind so durcheinander, dass sie nicht mehr genug Wasser aus dem Boden ziehen können, um die aus ihren Blättern verdunstende Feuchtigkeit zu ersetzen. Er weiß, dass die Setzlinge, egal wie gut er sie gießt, verdursten werden, wenn er nicht die meisten Blätter, durch die das Wasser verschwindet, amputiert. Und er drückt den Boden rund um die Pflanze so fest an, um Wurzeln und Erde in Kontakt zueinander zu zwingen. Auf diese Weise beschleunigt er den Prozess, dass die Wurzeln neue Fasern austreiben und von Neuem beginnen, Wasser aufzunehmen.

Ja, selbstverständlich gibt es Bücher, die Ihnen dies alles erzählen – dass Sie ein vernünftiges »Spross-Wurzel-Verhältnis« brauchen, wenn Ihr Setzling den Schock der Verpflanzung überstehen soll. Der *Grüne Daumen* jedoch weiß intuitiv, wie viel von den Trieben und Blättern abzuschneiden ist und wann man noch radikalere Maßnahmen braucht. Es ist nicht übertrieben zu sagen, dass er mit dem frisch gepflanzten Baum mitleidet, wenn er sieht, wie dessen Blätter schlaff werden und sich entlang der Mittelrippe zusammenfalten, in dem Versuch, den Abfluss unersetzlicher Wassermoleküle zu stoppen. Wenn der trockene Westwind bläst, kann er gleichsam sehen, wie diese Moleküle aus den Blättern hochsteigen, und er weiß, dass in diesem Moment die Wurzeln so nutzlos sind wie die Kiemen der Fische in der frischen Luft. Zur Rettung des Baumes eilt er nicht mit einem Schlauch herbei, sondern mit Gartenschere und Säge.

Weil er Sympathie empfindet, kann der *Grüne Daumen* die Glieder des Baumes in aller Härte zurückschneiden – und weil er ein Gefühl dafür hat, wo das »Wesen« einer Pflanze ruht. Durch dieses Gefühl unterscheidet er sich meiner Meinung nach deutlich vom Gartenneuling. Der unerfahrene Gärtner schneidet nur sehr ungern an seinem neuen Baum herum (wie er auch grundsätzlich ungern zurückschneidet), weil in seiner Vorstellung der Baum nicht von seinen Gliedern zu unterscheiden ist. Der Grund dafür ist wohl, dass er die Pflanze von einem mehr oder weniger anthropomorphen Standpunkt aus betrachtet – anhand eines Modells also, das, obwohl in mancher Hinsicht durchaus nützlich, nicht imstande ist, jene Teile der Pflanze miteinzubeziehen, die sich – anders als beim Menschen – unter der Oberfläche befinden. Betreibt er seine Gartenarbeit mit Aufmerksamkeit und Sympathie, wird er irgendwann ein komplexeres und weniger anthropomorphes Verständnis dessen entwickeln, wie und wo sich das Leben des Baumes abspielt. Vielleicht kommt er dann zu der Überzeugung, dass der Baum so etwas ähnliches wie eine »Seele« hat, die getrennt von seinen Teilen existiert; für diese Seele sind die Glieder (zum Beispiel beim Versetzen) manchmal eine Last, die sie gerne loswerden würde. Wenn Ihnen »Seele« zu mystisch klingt, dann nennen Sie es einfach die Lebenskraft des Baumes oder die Quelle des Wachstums, das, was Dylan Thomas die »grüne Sicherung« nannte. Betrachten Sie diese als den Gelenkpunkt zwischen den Wurzeln des Baumes und seinem sichtbaren Teil, der direkt unterhalb der Oberfläche verortet ist; dann wird Ihnen das Zurückschneiden nicht länger wie eine Grausamkeit vorkommen, sondern wie eine Wohltat, eine Art Erleichterung und ein Ansporn zu frischem Wachstum.

Ich habe keine Ahnung, ob es für derartige Vorstellungen einer Pflanzenidentität irgendeine wissenschaftliche Grundlage gibt, das ist mir aber eigentlich auch egal. Mir reicht es zu wissen, dass ich, seit ich mir meine Pflanzen in dieser Form vorstelle, mehr Erfolg mit ihnen habe. Der erfolgreiche Gärtner, so meine Erfahrung, entwickelt gegenüber Wissenschaft und Volksweisheit, ja sogar gegenüber Magie, eine Haltung, die gleichermaßen Skepsis wie Neugier enthält. Wenn es funktioniert, dann ist es »wahr«. Gute Gärtner sind normalerweise in der Wolle gefärbte Pragmatiker, die sich von der Wissenschaft nicht besonders beeindrucken lassen.

Tatsache ist, dass die Wissenschaft wenig getan hat, um sich den Respekt der Gärtner zu verdienen. Die Wunderwaffen gegen die Schädlinge, die sie ihm in die Hand gegeben hat, entpuppten sich am Ende als Fluch. Das Bild, das die Wissenschaft von den Vorgängen im Garten und von der Beziehung zwischen den Pflanzen und der Erde im Besonderen gezeichnet hat, erwies sich als oberflächlich und unvollständig. Die Wissenschaft ersetzte das herkömmliche Bild, das der Gärtner von seinem Boden hatte, ein Bild von etwas Lebendigem und unvergleichlich Komplexem – eine Fruchtbarkeit so geheimnisvoll, dass sie die menschliche Vorstellungskraft übersteigt – durch ein chemisches Modell, von dem wir heute wissen, dass es viel zu reduktiv ist. Die Fruchtbarkeit des Bodens, so erklärte die Wissenschaft, sei ganz einfach eine Frage seines Gehalts an Stickstoff, Phosphor und Kalium. Sollte irgendetwas fehlen, könnten dies die Düngemittel liefern. Es stellte sich allerdings heraus, dass die Wahrheit der Wissenschaftler wenn nicht falsch, so doch gefährlich einseitig gewesen ist: Diese Elemente als solche brachten keine gesunden Feldfrüchte hervor. Sie erzählen vielleicht 95 Prozent der Geschichte, aber beileibe nicht alles. So wie es der Gärtner eigentlich immer schon wusste, ist der Boden tatsächlich ein Geheimnis, eine komplexe biologische (und nicht einfach nur chemische) Wildnis, die wir nähren, keineswegs aber, wie uns das Schwarz-Weiß-Bild der Wissenschaft suggerieren will, nachbilden können. Der *Grüne Daumen* will ein differenzierteres Bild seines Bodens in reicheren Farben haben, ein Bild, das auch die anderen fünf Prozent in den Blick nimmt, das zeigt, wie *lebendig* der Boden ist. Man wird ihn also im Frühling dabei ertappen, wie er eine Handvoll Erde an die Nase hält, sie womöglich sogar probiert und sie alsdann in den Händen verreibt, um zu sehen, welche Farbe sie in trockenem Zustand hat. Was er mit seinen fünf Sinnen erfährt, erzählt ihm mehr über den Zustand und die Fruchtbarkeit des Bodens als irgendein Labor.

The Wall Street Journal veröffentlichte einmal einen sehr amüsanten Bericht über biodynamischen Ackerbau. Das ist eine Richtung in der biologischen Landwirtschaft, die zu allerhand mystischen Theorien und Praktiken neigt – zum Pflanzen nach den Mondphasen, zum Trocknen von Kompost in Hirschblasen und zum Einspannen unterschiedlicher kosmischer Kräfte zur Verbesserung der Ernteerträge. Wie nicht anders zu erwarten, war der Artikel ein einziges großes Schmunzeln. Ich hatte mich schon früher mit biodynamischer Literatur beschäftigt, mich sogar an einen von Rudolf Steiners trüben theosophischen Texten gewagt, deshalb fand auch ich in dem Beitrag viel zum Schmunzeln. Manches aber, was die Farmer in diesem Artikel von sich gaben, machte auf eine verrückte Weise Sinn. Wenn die Mondphasen die Meeresphysik beeinflussen können und sogar die weibliche Biologie, warum dann nicht auch das Pflanzenwachstum? »Wie kommt es, dass eine Rose so vollkommen ist?«, fragte einer der Farmer. »Die materiellen Erklärungen der Welt sind mir nicht genug.« Ihm reichte es jedoch, dass seine biodynamischen Präparate anscheinend eine Wirkung hatten. Außerdem musste sogar der Reporter zugeben, dass die Ernte dieses Mannes – höchstwahrscheinlich bei Vollmond gepflanzt und mit Kompost genährt, der die Sonnenwende in einem in der Nähe eines Baches vergrabenen Tierschädel verbracht hatte – ihm großen Eindruck machte. Die meisten biodynamischen Farmen produzieren in der Tat ungewöhnlich ergiebige und gesunde Erträge, und dies ohne die Anwendung chemischer Dünge- oder Schädlingsbekämpfungsmittel. Die in dem Artikel befragten Farmer erinnerten mich an Woody Allens Geschichte von dem Mann, dessen Bruder sich für ein Huhn hielt. Als ihm ein Psychiater nahelegte, den Bruder einweisen zu lassen, zuckte er mit den Schultern: »Das würde ich ja machen, aber wir brauchen die Eier.«

Kein *Grüner Daumen* würde biodynamische Theorien einfach so abtun. Bevor er sich über ein Rezept für Kompost aus in einer Kuhhaut abgelagertem Löwenzahn lustig macht, würde er wahrscheinlich vorher eine Karotte, die darin gewachsen ist, probieren wollen. Alles, was er wissen muss, ist, ob es funktioniert – es ist ihm gleich, von wem die Idee stammt, von Rudolf Steiner, dem Landwirtschaftsbeauftragten des Bezirks, einem Nobelpreisträger oder von der alten Dame ein Stück die Straße hoch, die behauptet, das Geheimnis ihres großartigen Spargels sei die üppige Verwendung von Streusalz. Es kann gut sein, dass er ihre Idee erst einmal ausprobiert – sie wohnt gleich neben-an (das beste Gartenwissen stammt schließlich aus der Gegend) und außerdem hat er ja die »Eier« gesehen.

Man könnte einen *Grünen Daumen* auch als einen Gärtner be-schreiben, der sich in den Hohlräumen der Wissenschaft wohlfühlt. Das Geheimnis, das wir ihm zuschreiben, ist nur ein Hinweis auf all das, was wir noch nicht verstehen. Im Vergleich zu den meisten unter uns studiert der *Grüne Daumen* mit Geduld und Respekt die uner-klärlichen fünf Prozent. Er weiß, dass es im Grunde überhaupt keine materielle Erklärung für die Schönheit der Rose *gibt*. Wenn er sein Ohr manchmal einer mystisch klingenden Gartensage leiht, dann nur deshalb, weil diese Tipps und Geschichten den Erfolg vieler anderer Gärtner im Lauf der Jahre widerspiegeln. Im Garten hören wir die Stimme der Erfahrung – destilliert, zusammengefasst und abgetragen – in der Sprache alter Weiber.

Es ist gerade die abstrakte heldenhafte Stimme der Theorie, der der *Grüne Daumen* misstraut. Er weiß, dass es eine weitere Form der Überkultivierung ist, wenn man sich im Garten zu stark auf das Abs-trakte stützt. Theorien, ob wissenschaftlich oder astrologisch, sind von Menschen gemacht und der Natur übergestülpt – sie sind ganz und gar »Daumen«, also menschliche Macht. Eine Theorie mag kraftvoll sein und Wahrheit enthalten, und doch ist sie nie mehr als nur ein Abbild der Natur. Der gute Gärtner ist nicht so dumm, dass er sie mit der echten, grünen, nicht ableitbaren Sache selbst verwechseln würde.

Beobachten Sie den *Grünen Daumen* eine Zeit lang bei der Arbeit und Sie werden bemerken, dass er, konsequent die Erfahrung der Abstrak-tion vorziehend, eher wie ein Künstler als wie ein Wissenschaftler oder Ingenieur auf die Natur zugeht. In seinem Garten heißt er nicht nur die Gesetze der Natur, sondern auch das Spiel der Möglichkeiten willkommen. Er ist offen für glückliche Zufälle, fühlt sich wohler mit konkreten Fällen als mit allgemeinen Grundsätzen, neigt weniger zur Analyse als zur Trial-and-Error-Methode. Ist er mit einem Problem konfrontiert – was soll er bloß unter die *Clematis Jackmanii* pflanzen? –, probiert er dies oder jenes aus, schaut, was passiert, und versucht es dann mit etwas anderem.

So ahmt der *Grüne Daumen* in seiner Vorgehensweise die Methoden der Natur nach. Innerhalb der Welt seines Gartens spielt er die Rolle der natürlichen Auslese mit der Ausnahme, dass der Maßstab der besten Anpassung, den er anwendet, ebenso durch kulturelle wie durch natürliche Belange geprägt ist – zum Beispiel durch seinen Geschmack. Ob die *Queen Elizabeth*-Rose in seinem Garten überlebt, hat weniger mit ihrer Widerstandsfähigkeit zu tun als damit, wie der Gärtner selbst Farbe und Temperament dieser Rose im Arrangement mit anderen Blumen beurteilt. Er probiert die *Queen Elizabeth* in Verbindung mit der *Jackmanii* aus und findet, dass sich die Kombination beißt – das betuchte Großmutter-Rosa der Rose führt einen regelrechten Klassenkrieg gegen die geradlinige Farmhaus-Farbe der Clematis. Im Folgejahr reißt er also die Rose heraus; vielleicht versucht er es mit ihr an einer anderen Stelle im Garten, vermutlich wirft er sie aber hinaus: Sie hat einfach zu viel von einer feinen Witwe an sich, als dass sie an diesem Ort je glücklich werden könnte. Irgendwann im Winter stößt er in den Katalogen auf eine attraktive, ganz unverstellte Lilie, *Golden Splendor*, deren klares mattes Gelb perfekt zu der *Jackmanii* passt. Im folgenden Juli merkt er zu seiner Freude, dass Farbe und Temperament der beiden Blumen tatsächlich korrespondieren, dass ihre Blütezeiten zusammenfallen, und so wird diese Kombination ein fester Bestandteil seines Gartens.

Wenn ich sage, dass der Gärtner ähnlich vorgeht wie die Evolution, dann meine ich nicht nur, dass er eine Spielart des Überlebens des am besten Angepassten praktiziert. Die Evolution hat einen zweifachen Rhythmus: Erst *nachdem* die Natur in ihrer promisken Kreativität unzählige neue Möglichkeiten und Kombinationen ausgeworfen hat, schreitet die natürliche Selektion (ihr kritischer Impuls sozusagen) ein, um festzulegen, welche unter den jeweiligen Bedingungen am besten funktionieren. Es ist dieser enorm verschwenderische und extravagante Prozess, der die extravagante Schönheit der Rose, die weit über jede Nützlichkeit hinausgeht, möglich macht – erheblich bescheidenere Blumen locken die Hummeln genauso gut an. Die Natur ist schöpferisch tätig ohne ein vorgefasstes Ziel; Anpassung ist lediglich ein Nebengedanke. In seiner eigenen kleinen Welt, so wie der Künstler in der seinen, erfüllt der Gärtner beide Funktionen; versuchsweise heckt er alles Mögliche aus und eliminiert dann, was er für falsch hält.

Aber auch wenn er noch so gottgleich wirkt in seinem Garten, wo er seine eigene heimische Form der natürlichen Auslese praktiziert, so gibt sich der *Grüne Daumen* doch keinerlei Illusionen hin, was die eigene Allwissenheit oder Allmacht betrifft. Falls er ein Gott ist, dann ist er ein griechischer Gott, dessen Macht durch die Willkür der Menschen und anderer Götter streng begrenzt ist. Ganz anders als Jahwe lässt sich Athene aufs Verhandeln ein, schmeichelt, verliert sogar hier und da einmal; Sterbliche können Geheimnisse vor ihr haben. Der *Grüne Daumen* weiß, er zieht in seinem Garten nicht alle Fäden. Und was ebenso wichtig ist: Das ist ihm auch lieber so. Er hat sogar den Verdacht, dass ein Garten, den er vollkommen unter seiner Kontrolle hätte, ein farbloser Ort wäre, inhaltsleer und uninteressant. Ist es denn nicht gerade die Tatsache, dass wir die Herrschaft nur teilweise ausüben – die nicht zu beschwichtigende Spannung zwischen Natur und Kultur, zwischen Tatsache und Vorstellung –, die den Gärten ihren besonderen Charakter verleiht?

Man könnte sagen, dass der *Grüne Daumen* seine Gartenarbeit mit einem überdurchschnittlichen Maß dessen durchführt, was Keats bei dem Versuch, Shakespeares Genie zu erklären, »negative Befähigung« genannt hat – die Fähigkeit, in »Unsicherheiten, Geheimnissen, Zweifeln zu leben, ohne gereizt nach Fakten und Begründungen zu greifen.« Angesichts der Ungewissheiten in der Natur ist der *Grüne Daumen* gelassen; er bewegt sich in ihren Geheimnissen ohne das Bedürfnis nach Kontrolle, Erklärung oder endgültigen Lösungen. Den Garten gut zu bestellen, heißt, mitten im Gemurmel der realen Welt glücklich und zufrieden zu sein, sich nicht aus der Ruhe bringen zu lassen, wenn diese Welt in ihrer unbezähmbaren Üppigkeit sich weigert, sich unseren Vorstellungen entsprechend zurechtstutzen zu lassen. Kann es wirklich einen Zweifel daran geben, dass Shakespeare einen grünen Daumen hatte?

Auch wenn die Haltung des *Grünen Daumens* zur Natur in gewisser Weise der eines Künstlers entspricht, folgt daraus nicht notwendigerweise, dass er seinen eigenen Garten als ein Kunstwerk betrachtet. Dieser Begriff ist ihm eher suspekt, insbesondere weil er so etwas wie Abgeschlossenheit oder Vollständigkeit impliziert. (Gute Gärtner sind nicht automatisch gute Gartendesigner und umgekehrt.) Der *Grüne Daumen* nimmt es hin, dass ein Garten nie fertig ist, dass er die Natur vielleicht für eine gewisse Zeit zähmen kann, doch seine Herrschaft allenfalls befristet ist. Die wohlgepflegte Hecke wird bald wieder ins Kraut schießen, der Gartenpfad mit Unkraut überwuchert sein. Der Regen wird die Schwertlilien umknicken, alle miteinander. Was für ein Kunstwerk soll das denn sein, das sich so hartnäckig weigert, stillzuhalten? Wenn er denn ein Künstler ist, dann gleicht er einem Bildhauer, dessen Stein nach jedem Meißelschlag eine neue unbeabsichtigte Wölbung hervorbringt oder dahinschmilzt. Man kann die negative Befähigung des Gärtners durchaus daran messen, dass er es angesichts der kompromisslosen Haltung vonseiten seines Materials fertigbringt, den Garten weiterhin zu pflegen.

Ich stelle mir den Garten weniger wie ein Kunstwerk vor, sondern eher wie ein kapitalistisches Wirtschaftssystem, systembedingt instabil, mit einer Tendenz zu Auf- und Abschwung. Selbst die Zeiten, in denen alles aufs Beste gedeiht, tragen den Keim kommenden Unheils schon in sich. Ein blütenreiches Jahr im Staudenbeet weist üblicherweise auf demnächst magere Zeiten hin; nachdem sie sich verausgabt haben, müssen die Stauden geteilt werden und erreichen zwei Jahre lang keine Höchstleistungen mehr. Wenn sie im Frühling nicht beschnitten werden, bilden Astern, Phlox und Rittersporn viel zu viele Triebe aus; es kommt zu einer Art Kraut-Inflation, die die Qualität aller Blüten mindern wird, wenn der Sommer kommt. Im Garten wird unablässig Wert geschaffen und zerstört, die Rechnung ist aber nie lange ausgeglichen – im einen Bereich entwickelt sich ein Mangel an Nährstoffen, im anderen ein Überschuss, die Wertigkeit des Wassers ist enormen Schwankungen unterworfen. Wer könnte sich denn zutrauen, eine derart ungebändigte Ansammlung von eigennützigen Wesen durchzuorganisieren, geschweige denn zu beherrschen? Der Gärtner versucht, das, was er will, aus den Pflanzen herauszuholen, während diese ganz einfach machen, was sie wollen. Das ist das Schicksal des Gärtners. Auch auf die Gefahr hin, die Metapher überzustrapazieren, stellen Sie sich den Gärtner als so etwas wie den Vorstandsvorsitzenden der US-Notenbank vor – er hat zwar Macht, ist aber keineswegs allmächtig. Er kann es allenfalls schaffen, die Höhen und Tiefen seiner Gartenzyklen zu glätten, das ausufernde Wachstum des Weiderichs in Schranken zu halten, eine deprimierte Glockenblume aufzurichten, die territoriale Gier der *Silver King*-Artemisia zu kanalisieren. Mehr kann er nicht erwarten.

Für Perfektionisten ist der Garten kein guter Ort. Zu viel befindet sich hier jenseits unserer Kontrolle und das Einzige, womit wir absolut sicher rechnen können, ist irgendwann die Katastrophe. Zu den seltenen Erfolgsmomenten im Garten gehören jene Woche im Juni, in der die Stauden einmütig blühen und das Beet Form annimmt, und jene Fanfarentage im September, wenn die Rottöne sich im

Tomatenbeet austoben, kurz bevor der schwarze Frost zuschlägt. Man kann sich sehr leicht entmutigen lassen, wenn einem, wie das beim *Grünen Daumen* der Fall ist, beim Gärtnern die Zeit nicht wichtiger ist als der Raum; das heißt, wenn das eigene Herzblut nicht ins Tun fließt. Denn der Garten ist niemals fertig: Das Unkraut, das Sie heute jäten, ist morgen wieder da, eine neue Generation von Blattläusen wird hervortreten, um die zu rächen, die Sie umgebracht haben, und alles, was Sie pflanzen – alles – wird früher oder später sterben. Zu den unendlich vielen Dingen, die der *Grüne Daumen* kennt, gehört der Trost des Komposthaufens, wo die Natur, zuvorkommend wie immer, den Todesfällen und Katastrophen einer Saison Erlösung und Wiederauferstehung im nächsten Frühling verheißt.

Bin ich so ein Gärtner? Leider noch nicht. Immer noch schlingere ich mit meinen Fehlern zwischen Unterkultivierung und Überkultivierung hin und her. Welcher *Grüne Daumen* würde denn jemals aus einer fehlgeleiteten liberalen Idee heraus sein Einjährigenbeet mit Unkraut teilen oder einem Murmeltier gestatten, ihn so weit zu treiben, dass er dessen Bau mit Brandbomben ausräuchert? Immer noch gehe ich eher ängstlich mit der Gartenschere um, greife zu schnell zum Spray und merke, dass ich mich nach dem Tag sehne, an dem mein Garten ein für alle Mal fertig ist. Dass sich dieses Stück Land weigert, meinen Vorstellungen zu entsprechen – oder einfach einmal eine Weile *still zu sitzen* –, treibt mich immer wieder zum Wahnsinn. Mit gutem Recht könnte man sagen, dass ich, ganz im Gegensatz zu Shakespeare, dazu neige, »gereizt nach Fakten und Begründungen zu greifen«. Gereizt, das passt genau.

Und doch hat es Augenblicke gegeben, das weiß ich, in denen ich meinen Garten mit den Augen eines Menschen mit grünem Daumen gesehen habe, Zeiten, in denen ich mich gelassen zwischen meinen Pflanzen bewegt habe. Es gibt da eine Stimmung, die einen im Garten manchmal überkommt, ja eine Art Bewusstseinszustand, der am ehesten einem Wachtraum gleicht. Ich nehme an, die meisten Gärtner haben das schon irgendwann einmal erlebt. Vielleicht ist es gerade Spätnachmittag im Juli, Sie haben im Garten verschiedene kleine Dinge erledigt – bei einer Taglilie die verwelkten Blüten abgeknipst, Unkraut entfernt, bei den Tomaten, die gerade Frucht ansetzen, Schösslinge abgezwickt, eine lange, dürre Katzenminze zurückgeschnitten, damit sie ein zweites Mal blüht. Sie arbeiten konzentriert, und auch wenn Sie Schweißperlen auf der Stirn haben, fühlt sich alles so mühelos an, als schlenderten Sie nur einfach herum. Die Arbeitsgeräte liegen leicht in den Fingern und die Finger wissen, was sie zu tun haben. Bei diesem Rittersporn hier müssen ein paar Triebe abgeschnitten werden, damit er dichter blüht; der Clematis dort muss man zeigen, wo sie sich festranken kann. Während Ihre Hände arbeiten, zieht sich die Welt zurück. Ganz genau so, wie das Marvell in seinem Gedicht *Der Garten* schreibt: Der Geist »löst alles Geschaffene auf / in einen grünen Gedanken in einem grünen Schatten«.

Grüne Gedanken, grüne Finger. Der erhabene Augenblick des Gärtners, könnte man sagen, und da geht es nicht um das entwaffnende ehrfürchtige Erstarren vor der Natur wie bei den Romantikern oder um die ausgehöhlte Ichlosigkeit des Zen. In dieser sehr eigenen Träumerei verliert der Gärtner nicht sich selbst, geschweige denn seinen Körper. Denn so wie an diesem Julinachmittag alles um Sie herum auf Sie einwirkt, so wirken auch Sie ein, Sie ermahnen und hören zu, Sie führen jene zwanglose Unterhaltung mit der Natur, die das Gärtnern im Sommer darstellt. Und auch wenn dies nicht lange anhält (Sie sehen ja, ich falle schon wieder ins Argumentieren oder Deklamieren), ist in solchen Momenten doch der Weg des *Grünen Daumens* durch die Natur klar aufgezeichnet, leicht zu verfolgen, fast wie eine zweite Natur. So einfach: der Gnadenstand im Garten – nur eine Art Herumschlendern.

Herbst

Kapitel 8

Ernte

Mit dem Erntemond, der normalerweise gegen Ende September erscheint, tritt der Garten in jene süße melancholische Jahreszeit ein, in der reifer Überfluss sich mischt mit den ersten Vorboten des Winters, die jeder erkennen kann. Mit Ausnahme vielleicht von ein paar tropischen Einjährigen, die, je näher der Frost kommt, umso verrückter blühen. Völlig unbekümmert, was das Nahen des Winters und die Benimmregeln der Winterruhe betrifft, unternehmen Dahlien und Ringelblumen, Tomaten und Basilikum keinerlei Vorkehrungen gegen den Frost, der vor der Tür steht und in einem Monat da sein wird, vielleicht auch schon morgen. Anders als die winterharten Mehrjährigen vollziehen die Einjährigen im September keine innere Wende; bei den Mehrjährigen kann man beobachten, wie sie langsamer werden, kein Risiko mehr eingehen, ihre Aufmerksamkeit von Blüte und Blatt auf Wurzel und Stärkevorrat verlagern. Aber anstatt nun die Luken dicht zu machen und etwas für künftige Tage zurückzulegen, werfen sich die Einjährigen der schwächer werdenden Sonne entgegen, mit offenen Armen und vollkommen naiv. In diesen ersten Herbsttagen, wenn der Frost wie ein Damoklesschwert in der Luft hängt, auch für die niederste Kreatur fühlbar wie das Sonnenlicht, gibt es da etwas Ergreifenderes als das unbeschwerte, tollkühne Blühen einer Dahlie? Denn der leichteste Frost, so ein erster tastender Winterhauch, wie ihn der September oft bringt, kann sie über Nacht vernichten und schon ist sie tot und schwarz.

Manchmal bringt der Herbstmond einen solchen Frost, der jedes Mal wie ein Herzensbrecher der Natur auftritt; denn sehr häufig folgen darauf einige Wochen guten wachstumsfördernden Wetters. Wenn die Tomaten einem Septemberfrost erlegen sind und wie schwarzer Krepp von ihren Spalieren hängen, können solche Wochen geradezu grausam erscheinen – voller Schadenfreude und Vorwürfe wegen versäumter Gelegenheiten. An jenen Abenden, wenn der Vollmond über einen wolkenlosen Himmel herrscht und die Luft so einen leicht metallischen Geschmack hat und damit schon andeutet, sie werde ihre Wärme kampflos aufgeben, an jenen Abenden also unternehmen wir einen letzten Rettungsversuch für die Einjährigen. Um von der Wärme der Erde einen Rest zu bewahren, kleiden wir die Tomaten, Kürbisse und Gurken in alte Bettlaken und Abdeckplanen ein. In solchen silbrigen Nächten sieht der Gemüsegarten wie eine Gespensterzusammenkunft aus und die Erde hat das Gefühl, sie habe ihre Bettdecke verloren; da ist nichts mehr zwischen ihr und dem Weltraum. Bettlaken, fürsorgliche Raumanzüge für die Einjährigen.

Mit etwas Glück gleitet der Garten durch diese wenigen frostigen Nächte hinein in eine Kette sicherer, warmer Tage. Im schrägen Licht der Jahreszeit sieht der ganze Garten überreif aus, beladen und ein bisschen verquer. Die Sonnenblumen haben ausgiebig geblüht und lassen nun, von Tag zu Tag schläfriger, die Köpfe hängen; diese in die Sonne zu heben, schaffen sie nicht mehr, sie sind zu schwer. An den Rändern halten sich Eichelhäher fest und hängen kopfunter, um die fetten Samen herauszupicken. Die vorherrschende Farbe der Jahreszeit ist ein heftiges ins Orange gehende Gelb – der scharfe Ton von Kürbisfleisch, Sonnenblume, von Blütenblättern der Schwarzäugigen Susanne, vom verfärbten Laub des Zuckerahorns. Und auch von *Mongol*-Bleistiften und Schulbussen, denn hat nicht alles, was Schuljahresanfang signalisiert, dieses Gelb als offiziellen Farbton?

Jetzt ist keine Zeit mehr für faules Herumschlendern wie im Sommer, jetzt muss im Garten richtig gearbeitet werden. Ernten ist der geringste Teil davon, wenn auch nach wie vor der beste. Jetzt ist auch die Zeit zum Umgraben neuer Beete, zum Pflanzen von Bäumen und Büschen, zum Verteilen von Kompost, zum Zusammenrechen des Laubs und zum Pflanzen von Bodendeckern. Für die Arbeit im Sommer sind Finger und Schere ausreichend; im Herbst braucht man Spaten und Gabeln und den Einsatz von Armen und Rücken. Das Wetter ist wohlgesonnen, mit frischen kühlen Tagen, an denen es eine Freude ist, ins Schwitzen zu kommen.

Ich tue ja, was ich kann, und doch muss ich zugeben: Wenn der Herbst fortschreitet und die Sonnenbahn immer mehr Richtung Süden rutscht, bin ich nicht immer mit ganzem Herzen dabei. Jedenfalls nicht bei den großen, neuen, in die Zukunft gerichteten Projekten, die wir in dieser Jahreszeit vorbereiten sollten; so jedenfalls lauten die Ratschläge der Gartenfachleute in den Zeitungen und der Verkaufsaktionen in den Gärtnereien. Jedes Jahr macht man mich auf die wunderbaren Dinge aufmerksam, die ich ins Staudenbeet setzen kann, um die Blütezeit zu verlängern. Für mich klingt das nach Nichtwahrhabenwollen und vielleicht auch ein bisschen nach Geldgier. Im Herbst gehen die Geschäfte in den Gärtnereien schlecht, deshalb versucht die Gartenwelt, uns davon zu überzeugen, dass unser uralter Instinkt hier irrt – dass der Herbst, die Zeit, in der die Blätter fallen, in Wirklichkeit die Zeit zum Pflanzen ist. Bei Bäumen mag das zutreffen, aber in diesem Teil des Landes gilt: Ein Gärtner, der im Oktober Stauden pflanzt, wird das im Mai noch einmal tun – weil den Stauden die Zeit nicht reicht, sich einzurichten, bevor der Winter zum Angriff rüstet. Das ist es aber nicht allein. Während die Erde Vorkehrungen trifft, den Laden dichtzumachen, bin ich ganz einfach nicht in der Stimmung, an der Agenda der Natur herumzunörgeln.

In seinem Buch *The Golden Bough* (dt.: *Der Goldene Zweig*) erzählt Sir James G. Frazer von den Inuit, einem Stamm in Nordamerika, der jeden Herbst einen Wettkampf zwischen den Kräften des Sommers und des Winters veranstaltet, um herauszufinden, wer sich durchsetzen wird. Der Stamm teilt sich selbst in zwei Parteien auf, in die Schneehühner und die Enten. Die Schneehühner sind diejenigen Mitglieder des Stammes, die im Winter geboren sind, die Enten die im Sommer Geborenen. Jedes Team packt ein Ende eines Robbenfellseils und nun folgt ein gewaltiges Tauziehen; wenn die Schneehühner gewinnen, kommt der Winter. Allerdings drängt sich der Gedanke auf, dass ein Sieg der Enten etwas hohl klingt, dass es ihrem Freudengeschrei doch etwas an Überzeugungskraft fehlt. Bei begeisterten Herbstgärtnern muss ich immer an das Ententeam der Eskimos denken. Eine Zeit lang, sagen wir bis Ende September, bin ich noch irgendwie bereit, gegen die Kräfte des Winters am Seil zu ziehen, und werfe meinen Tomaten, um ihnen eine kleine Fristverlängerung zu verschaffen, Raumanzüge über. In jedem Herbst aber möchte ich ab einem bestimmten Punkt lieber mein Seilende loslassen und mich den Schneehühnern anschließen.

Wenn man nicht gerade eine Ente ist oder eine tropische einjährige Pflanze, die die Gewohnheiten des Nordens nicht kennt, kann man in einem herbstlichen Garten eigentlich gar nicht übersehen, was die Agenda der Natur ist: Bereite dich auf den Winter vor. Während das Angebot an verfügbarem Licht dahinschwindet, wird die Arbeit der Fotosynthese zurückgefahren und die Pflanzen konzentrieren ihre verbleibende Energie auf die reifenden Früchte und Samen. Der Gärtner hat den Eindruck, die grüne Welt sei plötzlich erheblich leichter zu handhaben. Nach dem Mähen braucht das Gras lange, bis es seine Reihen wieder aufgefüllt hat, gejätetes Unkraut taucht nicht gleich am nächsten Tag wieder auf und der Gärtner kann endlich an der Spitze der grünen Parade marschieren, ohne dass einer auf seinem Werk herumtrampelt.

Zum ersten Mal seit Mai verliert die Farbe Grün im Garten und in den Wäldern ihre überwältigende Mehrheit. Mit der Reife geht ein Ausbruch an Individualität einher, indem jede Frucht ihren eigenen Signalton ausbildet. Die Ranken der Tomaten verschrumpeln zu bleichen Schnüren, während die Früchte rot und gelb anschwellen; die orangenen Schultern der Karotten schieben sich aus der Erde hoch, und die verschiedenen Farbschattierungen des Winterkürbis – das Gelb des Spaghettikürbis, das helle Braun des Butternut-Kürbis, Riesenkürbisse in der Farbe von Rotkehlchen-Eiern – treten jetzt deutlich sichtbar hervor, während das Blättergewirr um sie herum wie abgelegte Kleidung in sich zusammenfällt.

Im Wald signalisiert die herbstliche Farbe die Abdankung des Chlorophylls; im Garten, unter den Einjährigen, bedeutet sie etwas anderes. Mit ihren reifen farbenfrohen Früchten verfolgen die Pflanzen das Ziel, vorbeilaufende Tiere heranzuwinken und ihnen Nahrung anzubieten, damit diese im Gegenzug ihre Samen mit auf die Reise nehmen. Ende September konzentrieren die Pflanzen ihre gesamte Energie auf diesen Prozess – nämlich ihre Geheimnisse auf winzig kleine Samentäfelchen zu schreiben und dann jemanden, *egal wen*, zu animieren, diese in die Welt hinauszutragen. Rezepte, Bedienungsanleitungen, letzte Testamente: Indem sie Samen herstellt, verdichtet die Pflanze sich selbst oder zumindest alles, was sie weiß, in einer Form, die kompakt und dauerhaft genug ist, um den Winter zu überstehen; eine fest versiegelte Flasche mit dem genetischen Gedächtnis, hineingeworfen ins Meer der Zukunft. (Im Fall derjenigen

Bäume, die Nüsse herausbilden, hängt das Überleben des genetischen Gedächtnisses von der Vergesslichkeit ab; würden die Eichhörnchen, die Eicheln sammeln und horten, nicht so oft vergessen, wo sie sie vergraben haben – nach Beatrix Potters Schätzung sind das 50 Prozent –, gäbe es keine Eichen mehr.)

An vorbeilaufenden Tieren herrscht kein Mangel. Die Düfte und Farben der Reife im Garten lösen einen Ansturm auf seine Früchte aus – die Vorbereitung auf den Winter steht ja schließlich auch auf der Agenda der Tiere. Murmeltiere und Waschbären, Rehe, Eichhörnchen und Maulwürfe, sie alle wachen aus ihrer Sommerlethargie auf und stürzen sich in eine letzte große Schlacht um die Ausbeute der Saison. Sie sind der Meinung, die Kohlenhydrate, Fette und Proteine, die von Rechts wegen eigentlich mein Eigentum sind, bekommt der, der am schnellsten ist; was Zerstörungskraft betrifft, sind ihre Einfälle im Herbst durchaus mit den Frosteinbrüchen vergleichbar. Im letzten Jahr meines Maisanbaus hatte ich noch nicht mehr als ein halbes Dutzend Kolben geerntet, bevor eine Horde Waschbären eines Nachts über den Zaun geklettert kam, um auf meine Kosten eine lärmende Party zu feiern. Sie warfen jeden einzelnen Maisstängel um, sie zerstörten den Mais, ohne ihn überhaupt ganz aufzufressen – halbzerkaute Kolben lagen wie Leergut im Garten herum. Es sah aus, als hätten sie ein oder zwei Bissen von einem Kolben genommen, diesen dann über die Schulter geschleudert und sich sofort einen neuen geholt. Sie trampelten durch die Beete, rissen aus reiner Bosheit beim Lauch und der Roten Beete die Spitzen ab und hinterließen dann noch ein paar Scheißhaufen – riesige, *unverschämte* Scheißhaufen – mitten in meinen Beeten. Verglichen mit den nächtlichen Diebstählen der Rehe und Murmeltiere sah dies aus wie das Werk der *Manson-Family**.

---

* Die *Manson-Family* war eine zunächst friedvolle Hippiekommune um den Musiker Charles Manson. Ende der 1960er-Jahre begingen sie eine Vielzahl von Morden und Überfällen.

Die Waschbärenorgie ist aber nur ein extremes und verlustreiches Beispiel einer Praxis, die in der Erntezeit weitverbreitet ist. Während ich nämlich damit beschäftigt bin, die Säugetiere abzuwehren, gilt es gleichzeitig auch, Pilze und Bakterien zu bekämpfen. Auch sie werden von der Reife angelockt; unter der allgemeinen Rubrik »Fäulnis« beanspruchen sie wahrscheinlich mehr von der Ernte als die Säugetiere und ich zusammengenommen. Wie die Epidemiologen sehr wohl wissen, sind an diesem Punkt unserer Evolution die Mikroorganismen die einzig ernst zu nehmenden Konkurrenten für unsere Spezies. Verglichen mit Bakterien, Pilzen, und Viren sind Waschbären und Murmeltiere, Löwen, Tiger und Bären nur ein Witz. Aber die, die man nur mit dem Mikroskop sieht, die können uns tatsächlich zum Gespött machen in unserem Anspruch, uns die Natur untertan gemacht oder die Krankheit »besiegt« zu haben.

Die Mikroorganismen im Garten nehmen uns die Früchte weg, indem sie sie ungenießbar oder giftig machen und auf diese Weise sicherstellen, dass wir sie auf dem Boden zum Verfaulen liegen lassen. Der weiche eitrige Brückenkopf, den Bakterien auf einer Tomate abstecken; die sauber gezeichnete, allmählich sich ausdehnende Zielscheibe, die ein Pilz auf den Kürbis malt und die schwarzen Flecken, die ein Virus auf die Äpfel stempelt – dies alles sind Siegesfahnen, die Mikroben, von uns ganz unangefochten, schwingen. Ein Biologe hat das einmal so beschrieben: Die Mikroorganismen machen das so wie ein Kind, dem man einen Teller Kekse hinstellt; es leckt sie alle ab, ohne einen auszulassen, damit kein anderer mehr Lust hat, davon zu essen. Selbst die Tiere werden abgestoßen, insbesondere durch den Gärungsgeruch, wohl deshalb, weil die Evolution mit Tieren, die sich gerne an alkoholischen Früchten berauscht haben, ziemlich hart umgegangen ist.

Aus diesem Blickwinkel betrachtet wartet der herbstliche Garten mit allerhand Gräueln auf, insbesondere in einem feuchten Jahr. Die

Tomatenranke, die, schwer beladen und tief nach unten geneigt, zulässt, dass eine reife Frucht den Boden berührt, hat deren Schicksal bereits besiegelt; innerhalb eines einzigen Tages wird sie wässrig und abstoßend sein. Fassen Sie nur einmal mit den Fingern um den Fuß eines überreifen Kohlkopfs; da kann es leicht passieren, dass Sie in eine glibberige Masse von braunem Eiter fassen, der sich unbemerkt von unten in den Kopf gefressen hat. Verantwortlich dafür sind Pilzsporen, die sich in der Erde befinden. (Da sie durch die Luft übertragen werden, können sie jedoch aus allen Richtungen hereingeflogen kommen.) In dieser Zeit des Jahres blubbert die Erde geradezu vor Fäulnis, sie ist eine Fäulnisfabrik, die dem Gärtner in Erinnerung ruft, dass sie alles, was sie hergibt, auch wieder zurücknehmen kann. Der Boden ist übersät von weichen, allmählich dunkler werdenden Klumpen sich zersetzenden Pflanzenmaterials. Mit jedem Tag verschwimmen sie mehr, verlieren allmählich Form und Farbe, bis sie sich völlig aufgelöst haben und eins mit dem Boden sind.

Walt Whitman fand es schwer zu begreifen, dass wir es überhaupt wagen, die Erde zu berühren, oder, noch schlimmer, dass wir jemals unsere Kleider abstreifen und uns auf die Erde legen, obwohl diese doch so voller Fäulnis ist. »Wie kann es sein, dass der Boden selber nicht krank wird?«, fragt er in einem Gedicht mit dem Titel *This Compost* (dt.: *Dieser Kompost*):

> *Legt man nicht wieder und wieder verrottete Leichen in dich?*
> *Sind nicht die Kontinente faulig vermischt mit vergrabenen*
> *Toten? […]*
> *Was für eine Chemie! […]*
> *Dass mir, wenn ich ins Gras mich lege, keinerlei Krankheiten*
> *drohen,*
> *Wenn doch wohl jeder einzelne Grashalm aus ansteckender*
> *Krankheit erwuchs. […]*

Mich schauert jetzt vor der Erde, so ruhig ist sie, so geduldig,
Lässt so Wunderbares wachsen aus so großer Fäulnis. […]

Die Erntearbeit besteht darin, die Fäulnis der Erde, das Verrotten unserer Ausbeute zumindest für eine Zeit lang aufzuhalten. Wir pflücken also so viele Früchte wie möglich, bevor die Tiere über sie herfallen, und wenden sodann eine ganze Reihe raffinierter Techniken an, um die Mikroben auszubremsen: Kochen, Einmachen, Einfrieren, sauer Einlegen, Räuchern, Einsalzen, Einzuckern – die lange erprobten Vorsorgemaßnahmen unserer Kultur gegen die Fäulnis der Natur, ausgeklügelte Instrumente des »Küchengartens«. Unter den Konservierungsmethoden mit den besten Ergebnissen gibt es einige, die eigentlich nach den gleichen Prinzipien wie das Gärtnern funktionieren. Wenn wir Wein herstellen oder Apfelmost oder auch verschiedene Käsesorten, dann ist es nicht so, dass wir die natürlichen Mikroben bekämpfen; vielmehr suchen wir uns ein paar davon aus und lassen diese dann zu unserem Wohle arbeiten. Wir machen uns die Zerfallsprozesse, die Fäulnis im Garten als solche, zunutze.

Die dunkle Seite der Natur – aber das ist natürlich nur ein Teil dessen, was man über diese Jahreszeit erzählen kann. Die Erntezeit besteht nicht nur aus Rauferei und Fäulnis, Raubgut und Verderben. Es gibt da auch den Überfluss, die großzügig ausgeteilten, von keiner Gegenforderung belasteten Gaben der Saison – »den trächtigen Herbst, von Fülle überreich« (Shakespeare im 97. Sonett). An einem jener kalten und besonders strahlenden Oktobernachmittage, wenn strenger Frost droht und wir uns beeilen, alles Gemüse bis auf das ganz winterharte hereinzuholen, bietet sich die überreiche Fülle des Herbstes immer wieder atemberaubend dar. Auf einmal ist so viel schiere *Masse* da und vor ein paar Monaten existierte davon noch nichts außer dem Potenzial in einer Handvoll Samen. Wir laden Körbe mit Sommerkürbis voll, mit Gurken und Tomaten; wir stopfen Salat und Mangold in Taschen; wir schneiden kalbskopfgroße Fruchtstände von Sonnenblumen ab und bringen alles ins Haus, wo es die Küche in Beschlag nimmt. Die Menge ist beeindruckend, aber darüber hinaus auch das überraschende *Gewicht* – fast als ob wir nicht einfach Körbe mit Obst und Gemüse auf den Schultern trügen, sondern die Schwere des Herbstes selber, die gleiche reife Kraft, die die Köpfe der Sonnenblumen nach unten biegt und die Zweige der Apfelbäume, die meinen Garten einfassen, niederdrückt. Vor allem die Äpfel scheinen mit der außergewöhnlichen Schwerkraft dieser Jahreszeit ausgestattet zu sein. Plinius, so berichtet Thoreau, stellte fest, dass Äpfel von allen Frachtgütern die schwersten seien und dass den Ochsen schon beim Anblick einer Wagenladung davon der Schweiß ausbreche.

Ganz ordentlich schwitzen würden die Ochsen auch beim Anblick eines Winterkürbisses, den ich in diesem Oktober in meinem Garten entdeckte. Ich hatte seine Größe noch nicht wirklich wahrgenommen bis zu dem Zeitpunkt, als die Blättermassen, in deren Schutz er sich den Sommer über dick und fett gemästet hatte, verwelkt waren. Dieser Kürbis war zweifellos das Größte, was je in meinem Garten gewachsen war; er brachte fast 15 Kilo auf die Waage. Den Samen dafür hatte ich von einer Firma in Idaho bezogen, die sich auf alte Gemüsesorten spezialisiert hat – auf alte Sorten, die nicht mehr zu wirtschaftlichen Zwecken angebaut werden. Der Kürbis heißt *Sibley* und ist angeblich eine Kulturpflanze der amerikanischen Indianer, die an die frühen Siedler weitergereicht worden war. Der Grund, warum er aus dem kommerziellen Gnadenstand gefallen ist – so denke ich jetzt, nachdem ich einen gesehen habe –, hat wohl etwas mit seinem Äußeren zu tun, das nun wirklich wenig gewinnend ist. Ein *Sibley* ist ein großes warzenbesetztes Ding von der ausgewaschenen blaugrünen Farbe dreckigen Eises; er könnte gut ein Stück Gletscher sein. Von der Form her ist er aber eigentlich ganz hübsch: An beiden

Enden spitz zulaufend und in der Taille gewölbt, sieht er wie eine Gondel aus oder wie ein Wikingerschiff, das wegen der schweren Last Schlagseite hat, oder wie ein zunehmender Mond mit dem Bauch eines Buddha.

Und woher kam dieses Ding, diese riesige Menge Kürbisfleisch? Aus der Erde, sagen wir, ohne das *wörtlich* zu meinen. In meinem Garten war im Oktober nicht weniger Erde vorzufinden als im Mai, als ich den Kürbis gepflanzt hatte; für seine Herstellung war keine verbraucht worden. Von Rechts wegen sollte etwas, das derart fett ist, so große Mengen an Material benötigen, dass *Sibley*-Kürbisse eigentlich am Rande frischer Krater hocken müssten. Dass dies nicht der Fall ist, sollte meiner Meinung nach als eine Art Wunder verbucht werden.

Der Erste, der nachwies, dass es sich hier in der Tat um ein Wunder handelt, war ein flämischer Wissenschaftler aus dem 17. Jahrhundert namens Van Helmont. Er pflanzte ein Weidenbäumchen in einen Behälter, der 200 Pfund Erde enthielt, und gab ihm fünf Jahre lang nichts weiter als Wasser. Am Ende dieser Zeitspanne erwies sich der Baum als 169 Pfund schwer, die Erde aber wog 199 Pfund und 14 Unzen – aus genau zwei Unzen Erde waren 169 Pfund Baum entstanden. Ein reicher Zuwachs, in der Tat.

Bevor ich meinen *Sibley* erntete und dann innehielt, um über seinen Ursprung nachzudenken (und mich über Van Helmonts Experiment zu informieren), hatte ich die Gartenarbeit immer als ein Nullsummenspiel angesehen. Ich war also davon ausgegangen, dass es erforderlich wäre, dem Garten immer die gleiche Menge an Nährstoffen zuzufügen, wie das von mir geerntete Produkt ihm entnommen hat. Ich hatte gedacht, ich müsste alles, was mein Riesenkürbis aus der Erde geholt hat, ersetzen, sonst würde am Ende gar nichts mehr darin wachsen. Obwohl es stimmt, dass ein Riesenkürbis wie der meine der Erde gewisse Elemente entzieht, so ist die Menge doch zu vernachlässigen. Eine kleine Handvoll Kompost könnte das Defizit leicht ausgleichen. Dieses Defizit ist aber viel geringer als die Summe des Materials, das mein Kürbis darstellt. Würde ich ihn an der Ranke verfaulen lassen, gäbe es auf dem Gartenkonto sogar ein Plus; der Boden wäre an Nährstoffen reicher und in der Gesamtmasse umfangreicher, als er es vor dem Anbau des Kürbisses gewesen ist. Ein großer Teil des Zuwachses ist natürlich Wasser. Es ist aber doch bemerkenswert, dass der *Sibley*, aus der Perspektive der Materialökonomie des gesamten Planeten gesehen, einen Nettogewinn darstellt. Mit anderen Worten, er ist ein Geschenk.

Das ist nun wirklich nichts Neues, ich weiß. Van Helmot hätte Ihnen das schon vor 300 Jahren erzählen können; Shakespeare ahnte es ganz offensichtlich ebenso wie all die Maler der Fülle zur Zeit der Renaissance. In den letzten Jahren haben wir das aber anscheinend vergessen, während unsere Sorgen bezüglich des Ressourcenabbaus auf der Erde immer größer geworden sind. Es gilt heute als ein Glaubenssatz, dass sich die Erde erschöpft, dass wir im Begriff sind, ihre begrenzten Vorräte an Energie, Fruchtbarkeit und Ressourcen aller Art aufzubrauchen. Wir haben uns angewöhnt, die Erde als ein geschlossenes System zu betrachten. Eine der prägenden Metaphern der Epoche ist das »Raumschiff Erde«. Wenn man so ein Bild vor Augen hat, kann man sich leicht ausmalen, wie die Vorräte des Raumschiffs allmählich zur Neige gehen. Da immer mehr Materie in Energie umgewandelt wird, stehen wir am Ende zwangsläufig mit leeren Händen da.

Entropie ist der große Glaube unserer Zeit. Diejenigen, die dieser Glaube besonders in Schrecken versetzt, predigen die »Grenzen des Wachstums« – dass nämlich unsere Vorräte begrenzt und nicht wieder aufzufüllen sind und wir sie so langsam wie möglich verbrauchen sollten. Auf einem Raumschiff ist dies sehr vernünftig. Das zweite Gesetz der Thermodynamik, nach dem die Entropie in dem Maße zunimmt, wie Materie in Energie umgewandelt wird, ist aber nur auf geschlossene Systeme anwendbar und das globale Ökosystem, wie der Umweltschützer Barry Commoner zeigt, ist kein geschlossenes System. Die Erde ist in Wirklichkeit gar kein Raumschiff, weil ständig neue Energie auf sie herabfließt, in Form von Sonnenlicht – frei, grenzenlos, quasi unendlich. Das Sonnenlicht wird dann im Prozess der Fotosynthese genutzt, um neues Pflanzenmaterial zu schaffen. Mit anderen Worten: Pflanzen sind in Materie umgewandelte Energie – das Ergebnis eines natürlichen Vorgangs, der die Entropie wieder rückgängig macht, auf jeden Fall hier auf der Erde.

Die Lektion daraus heißt ganz und gar nicht, dass wir uns nun Ressourcenverschwendung erlauben sollten, sondern dass unsere Umweltprobleme mehr mit unseren Technologien, Gewohnheiten und wenig naturverträglichen, ökonomischen Regelungen zu tun haben als mit den naturgegebenen Grenzen des Planeten oder der wachsenden Weltbevölkerung. Was immer wir jemals nötig haben sollten, das werden wir bekommen. Innerhalb des globalen Ökosystems gibt es das Mittagessen umsonst; man nennt es Fotosynthese. In gewisser Hinsicht hatten die Menschen in früheren Zeiten vollkommen recht, wenn sie die herbstliche Fülle als ein Geschenk des Himmels betrachteten. Und auch ich läge nicht ganz daneben, würde ich im mondförmigen Umriss meines Kürbisses eine Erinnerung an seine außerirdischen Ursprünge zu erkennen glauben.

Dies scheint mir die heilsamste Lehre des Herbstes zu sein – und in der Tat schon Grund genug, sich mit dem Gärtnern zu befassen: Hier in meinem Garten wird das zweite Gesetz der Thermodynamik widerlegt. Hier gibt es jedes Jahr mehr statt weniger. Hier ist es nie zu spät. Hier, in der plumpen Form eines *Sibley*-Kürbisses, kommt etwas Neues in die Welt.

Im späten Oktober, wenn ich so viel geerntet habe, wie vernünftigerweise zu erwarten gewesen war, haben die tödlichen Fröste ihren Schrecken verloren. Das Absterben der Einjährigen hat nun keinen

Stachel mehr, ist eher eine Erlösung. Am Morgen des ersten wirklich harten Frostes ist der Gemüsegarten mehr schwarz als grün und das gesamte Gebäude, von den breiten zeltartigen Blättern der Kürbisse bis zu den aufrecht stehenden Netzwerken der Bohnen- und Tomatenranken, fällt in sich zusammen, als habe jemand plötzlich die Luft herausgelassen. Es war natürlich gar nicht die Luft, sondern das Wasser, das den Garten seit dem Frühling aufrecht gehalten hat. Mit Ausnahme der verholzten Pflanzen sind Gärten nichts anderes als ausgefeilte Wasserarchitektur; mit Flüssigkeit straff gefüllte und wie Ziegelsteine gestapelte Zellen geben ihr die Form. Der Frost sprengt diese Struktur. Die scharfen Glasfacetten der Eiskristalle, die er in jeder Zelle bildet, durchbohren die Zellwand und lassen das darin eingeschlossene Wasser heraus. Die Zellen verlieren jedoch erst ihre Form, wenn die Temperatur wieder ansteigt; würde sie unter null verharren, blieben die Pflanzen auf immer steif und grün. Es sind die wärmenden Strahlen der Morgensonne, die die inneren Wunden offenbaren. Sie setzen das die Zellen straffende Wasser frei und lassen die grünen Körper in schwarze Haufen zusammenfallen.

Manchmal ist der Boden am Morgen nun stahlhart, an anderen Tagen aber noch zu bearbeiten. In dieser Jahreszeit ist die Erde wie ein Gartentor, das im stärker werdenden Herbstwind auf- und zuschwingt, bis es an einem sehr kalten Tag, meist im Dezember, dann ins Schloss fällt und endgültig geschlossen bleibt. Aber meist habe ich schon einige Zeit bevor die Erde zumacht das Gefühl, dass es Zeit ist, den Garten zu verlassen. Für mich verliert der Blumengarten im Oktober seinen Reiz. Da blüht immer noch viel – Astern, Sonnenaugen und Rudbeckien halten im Staudenbeet tapfer durch und bei den Einjährigen kann man sich darauf verlassen, dass die Löwenmäulchen noch bis in den November hinein ein paar Blüten hinkriegen. Die späten Blumen schaffen es aber einfach nicht mehr, das Auge zu fesseln, sobald der Wald angefangen hat zu blühen.

Die Bäume in einem Neuenglandherbst verändern im Garten alles ebenso radikal wie der Frost. So wie die zunehmende Kälte einen neuen Satz physikalischer Gesetze heraufzubeschwören scheint – indem sie die Art und Weise ändert, wie der Klang trägt, und der Luft die Elastizität nimmt –, so hebt die Färbung von Ahorn, Hickory und Eiche die Gesetze von Raum und Licht auf, die seit dem Frühling gegolten haben. Den ganzen Sommer über verleihen die mattgrünen Mauern aus Bäumen, die mein Grundstück einschließen, dem Garten seine Intimität und schaffen eine Maßstäblichkeit, die den Gartenpflanzen schmeichelt. Die Sommerbäume bilden eine neutrale Bühne, auf der die Blumen ihre elegante Show veranstalten können, ohne in Konkurrenz zu stehen mit der großräumigeren Landschaft. Jetzt aber scheint der grüne Raum von Tag zu Tag weiter zu werden, während jeder neue Farbton in der Waldkulisse den Blick in immer größere Fernen zieht, die dem Auge bislang verschlossen waren. Im Sommer hat der Außenraum eher heimelige Dimensionen; diese öffnen sich nun zu neuer Großzügigkeit. Die Mauern verlieren ihre Bescheidenheit, blühen in spektakulärer Weise auf und das Staudenbeet verblasst wie eine unglückliche Braut, die sich durch den schöneren Glanz der Braujungferngewänder in den Schatten gestellt sieht. Thoreau, der die Schönheit des Herbstlaubs in Neuengland gar nicht fassen konnte, sagte einmal: »Würde ein solches Phänomen nur ein einziges Mal vorkommen, würde es der Nachwelt überliefert und am Ende in die Mythologie eingehen.«

Denn jetzt ist der ganze Wald ein Blumengarten, der Hickory ist die Lilie, der Zuckerahorn die blühende Dahlie, die Scharlacheiche die Rose. Die Blätter der Eschen fallen als erste und streuen Tupfer über die Wiese wie die Narzissen im April; einige Wochen später lässt der Spitzahorn leuchtende gelbe Röcke um seine Knöchel herabfallen. Wenn die Sonne jetzt tief am Himmel steht, verfangen sich ihre schräg stehenden Strahlen in den Spitzen der scharlachroten Bäume und entfachen Waldbrände von West bis Ost – lodernde Baumkronen in einem kilometerlangen Beet. Mitte Oktober sind die Mauern meines Gartens dann in rasendem Aufruhr; die gewöhnlichen Arten des Waldes haben die Blumenbeete rücksichtslos überrannt, die kostbaren Hybriden in Brand gesteckt und ihnen unsere Aufmerksamkeit ganz entzogen.

Ich will gar nicht erst den Versuch unternehmen, den Garten dagegen zu verteidigen. Ausnahmsweise könnte ich sogar einmal Thoreau zustimmen, der in einem schönen, selten gelesenen Essay mit dem Titel *Autumnal Tints* (dt.: *Herbstliche Farben*) folgende Meinung vertritt: »Unsere Gartenarbeit findet in vergleichsweise kleinem Maßstab statt – der Gärtner kümmert sich immer noch um ein paar Astern inmitten von abgestorbenem Unkraut und bemerkt gar nicht die riesigen Astern und Rosen, die ihn gewissermaßen überschatten und seine Fürsorge gar nicht nötig haben […]. Warum sollte man sich nicht eine gehobene, weitere Sichtweise zu eigen machen und in dem großen Garten selbst herumgehen, anstatt nur in einem kleinen ›verkommenen‹ Eckchen herumzuschleichen? Die Schönheit des Waldes betrachten und nicht nur die einiger eingepferchter Kräuter?« Hier, inmitten der selbstverständlichen Extravaganz des Oktoberwaldes, wirkt das Staudenbeet doch etwas lächerlich, wie es da seine Farbe ausspuckt wie ein Springbrunnen mitten im Meer.

Thoreau schrieb relativ wenig über den Herbst, bis auf eben dieses Essay, das in den letzten Monaten seines Lebens entstand. Greift man auf *Walden* zurück, das ja vorgibt, die Chronik eines ganzen Jahres zu sein, so wird man nicht mehr als ein paar wenige Abschnitte über den Herbst finden; das kommt daher, dass *Walden*, zumindest auf der metaphorischen Ebene, ein Buch über den Frühling ist. Über Neuwerdung, neue Perspektiven, auch über Trotz und Auflehnung, und Ermahnungen zu solchen Themen werden durch den Herbst leicht untergraben. Zu viel Reden über den Herbst in *Walden* hätte die straffe, nicht nachlassende Stimmung des Buches in sich zusammenfallen lassen wie strenger Frost. Wie sein Mentor Emerson behielt Thoreau Augenblicke der Resignation meist den Tagebüchern vor. Auf jeden Fall bis zu jenen letzten Monaten, in denen er, tödlich an Tuberkulose erkrankt, das Thema der Herbstblätter aufgriff. »Wie wunderschön sie zu Grabe gehen«, schrieb er. »Wie sanft sie sich hinlegen und vermodern. […] Sie machen uns vor, wie man stirbt. Man fragt sich, ob die Zeit je kommen wird, in der die Menschen in ihrem prahlerischen Glauben an die Unsterblichkeit sich mit ebenso viel Anmut und Reife hinlegen werden, mit einer solchen Nachsommerheiterkeit ihre Körper abwerfen werden wie sonst Haare und Nägel.«

Der Herbst ist keine Jahreszeit für Trotz und Auflehnung. Man kann nach Herzenslust die Agenda der Natur in Zweifel ziehen und Tauziehen spielen, bis man schwarz wird, aber die Entenpartei gewinnt nie, nie wirklich. Wenn ich jetzt also Lust habe aufzugeben, wenn ich Lust habe, die Fürsorge für diesen Garten für eine Weile abzugeben und Thoreau in jenen größeren Garten, den Oktoberwald, zu folgen, dann mache ich das auch. Das bedeutet nicht, meinen Garten im Stich zu lassen, sondern lediglich mir einzugestehen, dass ich nur für eine bestimmte Zeit Macht über ihn habe und dass sein Sterben unvermeidlich ist. In *Herbstliche Farben* argumentiert Thoreau nicht wie sonst zugunsten der moralischen Überlegenheit der Wildnis; er erwähnt, dass ihn der Ahorn auf dem *Concord Green** ebenso bewegt wie der im Wald. Nein, sein eigentliches Thema in jenem Essay ist das Schicksal.

Ein Garten, der niemals stürbe, würde irgendwann müde werden. Vielleicht brauchen Gärten zeitliche Mauern ebenso wie räumliche.

---

* *Concord Green* ist der Name einer Grünanlage in der Stadt Concord (Massachusetts). Concord grenzt an das Waldgebiet, in dem sich der durch Thoreau bekannt gewordene Walden-See befindet.

Ein Garten, den der Winter nicht besucht, ist ein langweiliger Ort, des Frühlings beraubt, und kennt den ganz besonderen Duft nicht, der aus dem Boden steigt, nachdem dieser seine Ruhe gehabt hat. Jenes Versprechen, die Rückkehr der ersten Frische der Erde in jedem Frühling, würde nie eingelöst, gäbe es keine Fröste und kein Verrotten und auch kein reifes Sterben im Herbst. Ich denke, dem will ich nicht im Wege stehen. (Als ob ich das könnte!) Wenn ich also im Herbst zum letzten Mal aus dem Garten gehe, lasse ich hinter mir das Gatter offen.

Kapitel 9

Einen Baum pflanzen

Ich hatte schon längere Zeit mit dem Gedanken gespielt, als ich beschloss, hier einen Baum zu pflanzen – einen *richtigen* Baum. Nicht dass ich nicht schon vorher Bäume gepflanzt hätte (vielleicht zwei Dutzend), aber das waren alles unbedeutende Exemplare gewesen, im Grunde Leichtgewichte, Bäume der Art, die man mit kurzfristigen Zwecken begründen kann: Weymouth-Kiefern als Schutz gegen die Straße, Zwergobstbäume, ein oder zwei Johannisäpfel, eine Baumhortensie und zwei *Salix babylonica* – ein Baum, der sofort alle Erwartungen erfüllt, auch als Trauerweide bekannt. Lange Zeit hatte ich mir unter einem Baum etwas vorgestellt, das man in der Gärtnerei für 29,99 Dollar mitnehmen, hinten im Kombi verstauen und in irgendein altes Loch stopfen kann, um dem Ding dann quasi beim Wachsen zuzuschauen. Meine Kombi-kompatiblen Weiden hatten keine drei Jahre gebraucht, um sich auf die Größe von Heißluftballons aufzublasen.

Ich will meinen Weiden nicht unrecht tun, aber es fehlt ihnen doch eine gewisse … *Gravität.* Aber auch sonst gibt es auf dem

Grundstück so gut wie nichts, was eine solche Komponente beisteuern könnte. Die größten Bäume auf dieser ehemaligen Farm sind die zwei Weißeschen, die vorne an der Einfahrt stehen. Obwohl inzwischen gute 17 Meter hoch, sind sie von ausnehmender Unauffälligkeit. Sie ragen höher auf als ein Stadthaus und trotzdem merkt man kaum, dass sie da sind. Aber das ist halt die Esche; ihre Stämme können zehn Meter hoch wachsen, bevor sie sich verzweigen, und selbst wenn sie voll entwickelt sind, lassen sie doch fast das ganze Sonnenlicht durch, das bei ihnen ankommt. Jedes Jahr betreten und verlassen sie die Bühne mit minimalem Aufwand; sie treiben erst spät im Mai aus und werfen die Blätter schon vor Ende September wieder ab. Sie sind großartige, aber zurückhaltende Bäume, die zufrieden sind, wenn andere Pflanzen in ihrem schwachen gefleckten Schatten wachsen und wenn sie die Leute mit ausgezeichnetem Brennholz beliefern können und mit Holz für Möbel, Baseballschläger und Werkzeuggriffe – inklusive Axtgriffe, was erahnen lässt, wie zuvorkommend Eschen sind.

Wenn Sie an eine Farm in Neuengland denken, haben Sie wahrscheinlich ein paar ehrwürdige Eichen oder Ahornbäume in Hausnähe vor Augen. So eine Farm ist diese hier aber nie gewesen, obwohl sie seit der Kolonialzeit bewirtschaftet worden ist. Bis vor wenigen Jahren war sie noch eine Milchfarm, seit den 1920er-Jahren von einer Familie betrieben, die mit diesem Stück Land wohl nie mehr als einen dürftigen Unterhalt erwirtschaften konnte, man lebte von der Hand in den Mund. Zwei Zuckerahornbäume neben dem Haus wären ein Zeichen dafür gewesen, dass die Familie Matyas in ihrem Verhältnis zu diesem Land ein gewisses Geborgenheitsgefühl entwickelt hatte; ich glaube aber nicht, dass ein solches Gefühl jemals existierte. Die Zuckerahornbäume hätten auch davon erzählt, dass man hier auf Kontinuität baute. Die Kinder hatten aber offensichtlich keinerlei Interesse daran, dieses ausgemergelte, zerklüftete Stück Abhang zu bebauen;

denn als die Eltern Matyas starben, wurde die Farm aufgeteilt und Stück für Stück verkauft.

Niemand in der Stadt weiß über den alten Mr. Matyas (der Name wird »Matches« ausgesprochen) etwas Gutes zu sagen. »So geizig, dass er sich selbst nicht leiden konnte«, das war die Schilderung eines Nachbarn. Eines aber gestehen ihm alle zu: Er machte mit den besten Apfelmost hier in der Gegend, auf jeden Fall den stärksten. Er unternahm auch tatsächlich nur ein einziges Mal eine richtige Baumpflanzaktion, und das waren ein halbes Dutzend Apfelbäume, welche heute mit Abstand die schönsten Bäume auf dem ganzen Anwesen sind. Sie sind inzwischen mehr als ein halbes Jahrhundert alt; ihre verwachsenen, verwitterten Formen erinnern an den Charakter und die weit in die Vergangenheit reichende Zeugenschaft alter Bergwerksruinen. An manchen Tagen wirken sie wie Denkmäler für die legendäre Kratzbürstigkeit des Mannes, der sie gepflanzt hat. Ästhetische Gesichtspunkte spielten bei dieser Aktion offensichtlich kaum eine Rolle; es ging allein um Nützlichkeitserwägungen – nämlich darum, eine kostenlose und zuverlässige Quelle für Alkoholisches sicherzustellen. Im Rübenkeller hinterließ der Farmer Hunderte von Fünf-Liter-Kannen.

Nein, dies war ganz bestimmt keine jener vornehmen Neuenglandfarmen gewesen, deren Besitzer Muße und Voraussicht genug besessen hatten, um zum Wohle künftiger Generationen Eichen zu pflanzen. Als wir das Haus kauften, hatte es unzweifelhaft etwas von *Appalachia* an sich, von Rückständigkeit und Armut. Hof und Garten waren vollkommen schmucklos (wenn man von alten Reifen und kaputtem landwirtschaftlichem Gerät absieht); auch sonst gab es keinerlei Hinweis darauf, dass die Bewohner Freude an ihrem Stück Land gehabt hatten. Joe Matyas hätte ein schattiges Fleckchen, hätte er denn eines besessen, wohl kaum genießen können und für seine Kinder ein solches zu schaffen, hätte nur zur Auflösung von Zucht und Ordnung bei der Arbeit geführt. Möglicherweise war Schatten ein Luxus, den sich die Matyas-Farm nicht leisten konnte.

Die Kargheit des Grundstücks wird durch die Abwesenheit großer Bäume unterstrichen, ebenso wie durch die Einsamkeit des einfach so draufgesetzten kleinen *Sears Roebuck*-Fertighauses. Diese Wirkung abzumildern, war einer der Gründe, warum ich hier Bäume pflanzen wollte. Ich sage »einer der Gründe«, weil ich allmählich dahinter-komme, dass es sich beim Pflanzen von Bäumen um einen komple-xen Akt handelt. Er wird aus vielerlei Ursachen heraus geboren, die so miteinander verwoben sind, dass man sie im Einzelnen gar nicht leicht herausfiltern kann. *Eines* meiner Motive war aber auf jeden Fall ein ästhetisches. Ein großer Baum verändert das Aussehen der Landschaft, das ist klar, und zwar nicht nur aus der Entfernung be-trachtet; er formt den Raum auch in der dritten Dimension. Ein alter Zuckerahorn – das war der Baum, den ich im Auge hatte – lässt um sich herum ein ganz besonderes Licht und eine ganz besondere Luft entstehen. Sein Schatten ist dicht, aber immer angenehm und niemals bedrückend, wie ich finde. Der Raum, den ein Ahorn gestalterisch ausdrückt, scheint für Menschen besonders einladend zu sein – es ist ein intimer, fast häuslicher Raum, verglichen etwa mit dem einer ehrwürdigen alten Eiche, der großartiger und beeindruckender wirkt. Ganz gleich, wie groß er wird, der Ahorn kappt nie seine Beziehung zu Maßstäben, die dem Menschen entsprechen. Immer neigen sich ein paar Äste herunter zu uns, sodass wir hinauf- und hineinklettern können, und sei es auch nur in der Vorstellung. Ahornbäume lassen an einen Hafen denken. Nahe beim Haus wirken sie immer angenehm und sammeln im Sommer die kühle Luft um sich herum, um sie in Richtung der offenen Fenster zu leiten.

Ein einziger großer Baum könnte eine Art Garten schaffen, ei-nen ganz neuen Ort auf dem Grundstück, so dachte ich. Im Geiste besuchte ich bereits den von meinem Ahorn geschaffenen Ort und ruhte mich in seinem Schatten aus. Er würde nicht von heute auf morgen entstehen, so viel war klar, wahrscheinlich würde ich es gar nicht mehr erleben, aber ging es nicht genau darum? Mich auf ein Projekt einzulassen, das mich überdauern würde, einen Baum zu pflanzen, dessen Krone nicht mir, aber meinen Kindern Schatten spenden würde oder eher noch den Kindern fremder Leute? Einen Baum pflanzen, das ist immer ein utopisches Unterfangen, scheint mir, eine Wette auf eine Zukunft, die zu erleben derjenige, der ihn pflanzt, gar nicht unbedingt erwartet.

Schon allein durch das Nachdenken über diese Fragen erwachte in mir, ich gebe es zu, ein Gefühl großer Tugendhaftigkeit. Und als ich dann eines frühen Oktobermorgens zur Gärtnerei fuhr, begann ich, ausführliche Schlussfolgerungen über unsere Epoche im Allgemeinen und im Besonderen zu formulieren, ausgehend von der Tatsache, dass dieser Tage kein Mensch mehr große Bäume pflanzt. Wer kann sich in seiner Fantasie noch vorstellen, in ein paar Jahrzehnten im Schatten eines heute gepflanzten Ahorns zu sitzen? Das sind ganz sicher nicht mehr viele, wenn man sich anschaut, was wir heutzutage alles so in die Erde setzen. Die Gärtner in diesem Land pflanzten früher Bäume mit der gleichen Begeisterung, wie wir sie heute beim Pflanzen von Stauden empfinden. Was dagegen unsere Baumpflanzaktivitäten betrifft, so beschränken sie sich meist darauf, ein paar kleine dekorative Exemplare mutterseelenallein wie Schiffbrüchige in einem Rasenmeer auszusetzen. Es stimmt, wir haben weniger Platz zur Verfügung und wir ziehen ungefähr alle sieben Jahre um. Ich bin trotzdem davon überzeugt, dass auch hier irgendeine Kulturpathologie im Spiel ist, ein Unvermögen der Fantasie, die Zukunft betreffend. (Irgendwo habe ich gelesen, dass die Deutschen in der Weimarer Zeit keine Eichen oder anderes langsam wachsendes Hartholz mehr gepflanzt haben.) Als ich einmal die *Huntington Botanical Gardens* in Südkalifornien besuchte, war ich tief beeindruckt zu hören, dass die drei gebieterischen

Zypressen, die das Gelände beherrschen, aus *Samen* gezogen waren, die Henry Huntington um 1900 im Chapultepec Park in Mexico City mitgenommen hatte. Das war noch eine Epoche, die voller Zuversicht in die Zukunft schaute!

»Bäume pflanzen«, schrieb Russell Page in seinen Memoiren, »das bedeutet, den eigenen Träumen von einer besseren Welt Substanz und Leben zu verleihen.«

Von solch großartigen und erhebenden Gedanken erfüllt, ging ich also meinen Baum einkaufen. Ich erklärte John, dem Geschäftsführer, ich bräuchte einen schattenspendenden Baum, am besten wohl einen Zuckerahorn. John legte die Stirn in Falten und schüttelte bedächtig den Kopf; dabei sah er mich mit dem Blick eines Automechanikers an, der prüfend unter die Motorhaube geschaut und gesehen hat, was man einen Nachmittag lang dort angerichtet hat. Offenbar war es den Zuckerahornbäumen hier in der Gegend schon einmal ziemlich schlecht ergangen und er riet mir dringend davon ab, einen solchen Baum zu pflanzen. Der Blasenfuß, ein mikroskopisch kleines Insekt, hatte anscheinend den Zuckerahorn in ganz Neuengland befallen. Der Blasenfuß ernährt sich im April von den Knospen, sodass die im Mai sprießenden Blätter zu klein und verhutzelt sind, um viel zu bringen. Stark befallene Bäume sind gezwungen, ein zweites Mal Blätter zu produzieren, womit sie sich völlig verausgaben. Nach ein paar Jahren gehen sie an der Anstrengung zugrunde. Den Blasenfuß hätte es schon immer gegeben, sagte John, in jüngster Zeit aber seien die Ahornbäume empfindlicher geworden, vielleicht infolge der Belastung durch den sauren Regen.

Das ist genau die Information, die einem den Wind aus den utopischen Segeln nimmt. Nun aber, da John es erwähnte, fiel mir wieder ein, dass mir immer mal wieder tote Ahornbäume an hiesigen Straßen aufgefallen waren, gewaltige im 19. Jahrhundert gepflanzte Exemplare, die eines Frühjahrs einfach keine Blätter ausgetrieben hatten. Der

Gedanke, die Schornsteine von Ohio könnten daran schuld sein, war deprimierend.

John meinte, mit einem Spitzahorn sei ich besser bedient, einer europäischen Sorte, die in Städten gut gedeihe und sich von den Einflüssen der Zivilisation relativ wenig beeindrucken lasse. Er nannte mir einige Exemplare in der Gegend, die ich kannte, riesige ovale Baumkronen, die im Herbst hellgelb loderten, und ich kam zu dem Schluss, ein Spitzahorn sei genau das Richtige. (Diese Entscheidung war noch folgenschwerer, als mir seinerzeit bewusst gewesen war. Der Spitzahorn, wie ich später herausfand, ist eine invasive Spezies und wird als solche von anspruchsvollen amerikanischen Gärtnern verachtet. Er wirft zudem einen dichten Schatten, in dem so gut wie nichts wachsen kann. Der schönere einheimische Zuckerahorn dagegen sollte sich letztendlich von seinen Blasenfußproblemen erholen. Nichtsdestotrotz stehe ich zu meinem ungeliebten Spitzahorn, und sei es nur, weil er ein bleibendes Zeichen für meine gartenbauliche Naivität darstellt.) John zeigte mir, was er auf Lager hatte, eine Handvoll Fünfmeterexemplare (jedes etwa sechs Zentimeter im Durchmesser) zum Preis von 129 Dollar, ohne Anlieferung. Selbst in dieser Größe waren sie, offen gesagt, nicht besonders beeindruckend; dürre Stangen und oben ein paar gegabelte Zweige – bessere Dübel, weiter nichts. Es würde nicht leicht sein, mein utopisches Bild damit in Einklang zu bringen. Wohl weil er meine Enttäuschung spürte, ließ John die Hand in Schulterhöhe auf einem der Bäume ruhen und sagte: »Aber diese Spitzahornbäume wachsen so was von schnell. Zehn Jahre, und Sie haben vielleicht schon ein ansehnliches kleines Bäumchen; 20 Jahre, und Sie kriegen sogar ein bisschen Schatten.«

Ein »bisschen« Schatten in 20 Jahren?! Auf einmal verließ mich bei dem ganzen Unternehmen der Mut. Ich fühlte mich weniger wie Henry Huntington am Schiffsbug, den Blick zuversichtlich ins neue

Jahrhundert gerichtet, als vielmehr wie John Matyas, der über seinen eingeschränkten Möglichkeiten brütet und zu einem Drink greift. Vielleicht wäre ich mit einem Apfelbaum oder einer weiteren Weide doch besser bedient … Ich meine, wie lange würden wir überhaupt noch in diesem Haus wohnen? Dann aber fielen mir meine erhabenen Gedanken wieder ein – mein hochgesinnter Wunsch, bezüglich der Zukunft eine positive Aussage zu machen. Ich schluckte schwer und trug John auf, den Baum morgen zu liefern.

Den Abend verbrachte ich mit der Lektüre von Anleitungen zum Bäumepflanzen. Alle Bücher, die ich zurate zog, versuchten, mir die enorme Verantwortung klar zu machen, die ich damit auf mich nahm, und ich war entsprechend beeindruckt. Sie führten mir außerdem vor Augen, dass die Auswahl des Standortes und das Ausheben des Loches entscheidende, unwiderrufliche Akte sind, die ich bei fehlerhafter Ausführung über Jahrzehnte hinweg bereuen würde.

Den Standort für einen großen Baum auszusuchen, ist in der Tat eine ernüchternde Verantwortung. Macht man es falsch, pflanzt man ihn zu nahe am Haus oder an einer Oberleitung, dann wird man eines Tages irgendeinem Menschen eine schreckliche Entscheidung aufzwingen. Einen großen Baum zu pflanzen, das bedeutet, einen langen Schatten über die Zukunft eines Ortes zu werfen, und wir stehen in der Pflicht, die Auswirkungen unseres Handelns sorgfältig abzuwägen. Einen halben Tag lang lief ich auf dem Anwesen herum und bemühte mich im Geiste, ein Objekt von der Größe eines Stadthauses in die leere Szenerie vor meinen Augen einzufügen. (Lag es an der Tatsache, dass ich den ausgewachsenen Baum nicht mehr erleben würde, dass es mir so schwer fiel, ihn mir vorzustellen?) Ich schritt im Gras einen 150-Meter-Kreis nach dem andern ab und versuchte, mir ein Bild von dem späteren Schattenfußabdruck zu machen. Schatten, die man sehen kann, sind ja schon ziemlich schwer fassbar. Schatten aber auf Jahrzehnte im Voraus zu planen, heißt, im Schatten von Schatten zu handeln.

Ich entschied mich für eine Stelle in der Mitte einer offenen Wiese, auf halbem Weg zwischen dem Haus und der Scheune, in der sich mein Büro und Judiths Atelier befinden. Dies ist ein zentraler Punkt auf dem Anwesen, von mehreren Räumen des Hauses aus wie auch von Scheune und Einfahrt her zu sehen. Da es dort keinerlei Sonnenschutz oder Schatten gibt, ist die Wiese einem besonders harten Licht ausgesetzt und wirkt im Sommer heiß und trocken, insgesamt wenig einladend. Wir überqueren sie täglich vielleicht ein halbes Dutzend Mal, und die Aussicht auf einen Ahorn, der auf dem Weg zur Scheune hinauf Schatten spendet, hat großen Reiz. Der Baum wird auch vom Schlafzimmer aus ein Blickfang sein, wo die schrägen Strahlen der Morgensonne, wenn sie durchs Fenster hereinkommen, den Weg durch seine Blätter finden müssen, und genauso von meinem Schreibtisch im Scheunendachboden aus, wo die rote Abendsonne ihn von hinten beleuchten wird. Er wird die Blicke auf sich ziehen.

Früh am nächsten Morgen fing ich an, das Loch zu graben, auch dies ein Akt von feierlicher Verantwortung. So wie alle zukünftigen Bewohner dieses Hauses mit den Folgen meiner Standortwahl zu leben haben würden, so würde die Qualität des Loches, das ich nun vorbereitete, über das zukünftige Wohlergehen meines Baumes mitentscheiden. In der Welt der Pflanzen wird das Schicksal durch das Loch bestimmt. Wer mir diese Tatsache erstmals ins Bewusstsein brannte, das war Ralph Snodsmith, ein lieber, etwas aus der Zeit gefallener Mensch, bei dem ich im *New York Botanical Garden* einmal einen Kurs belegte (Gar 101). Snodsmith, der einen grünen Mercedes fuhr und zu ausnahmslos jedem Kurs einen grünen Anzug und eine grüne Krawatte trug, gab uns ein paar anschauliche Daumenregeln mit, die sich als schwer widerlegbar erwiesen haben: »Xylem oben, Phloem unten«, »Achten Sie auf das Spross-Wurzel-Verhältnis«. Und dann noch die Regel, die er ungefähr alle 15 Minuten wiederholte und dann sowohl in der Zwischen- als auch in der Schlussprüfung abfragte: »Lieber eine 50-Cent-Pflanze in ein Fünf-Dollar-Loch setzen als eine Fünf-Dollar-Pflanze in ein 50-Cent-Loch.«

Obwohl zu diesem Punkt die Meinungen auseinandergehen, raten doch die meisten Bücher zu einem Loch, das so tief ist wie der Wurzelballen des Baumes und zweimal so breit, was in meinem Fall ein Loch von 1,80 Meter Breite und 90 Zentimeter Tiefe bedeutete. (Ist die Erde von guter Qualität, genügt ein kleineres Loch.) Die Strichzeichnungen im Buch zeigten Querschnitte von sauberen aus Erde aufgeschütteten Pyramiden und ebenso sauberen in den Boden geschnittenen, auf dem Kopf stehenden Pyramiden. Felsbrocken von der Größe eines Bürotresors waren darauf nicht zu sehen. Aus meinem Loch kamen aber mehr Felsbrocken als Erde heraus; manche waren so groß, dass ich sie, ganz wie die Pyramidenbauer, über schräg gelegte Holzplanken herausrollen musste. Mehrmals war ich drauf und dran, es mit einer anderen Stelle zu versuchen, kam dann aber doch zu dem Schluss, dass der Gletscher, der dieses vulkanische und sedimentäre Elend über das Grundstück verstreut hatte, wohl nach demokratischen Prinzipien vorgegangen war. Nachdem einer der ersten Siedler meiner Stadt das Stück Land, das er zu bewirtschaften beabsichtigte, erstmals besucht hatte, verfasste er zu Ehren dieses Landes einen Zweizeiler: »Mit Fels beglückt uns die Natur/ von Erde aber keine Spur.«

Das Graben in diesem Untergrund – *Bergbau* würde die Sache besser beschreiben – weckte in mir etwas mehr Verständnis für Joe Matyas und die Farmer, die vor ihm hier waren. Wäre ich für meinen Lebensunterhalt auf dieses Land angewiesen gewesen, hätte ich wohl auch keine großen Bäume gepflanzt. Man pflanzt Bäume schließlich in eine Erde, der man eine gewisse Zuneigung entgegenbringt, und die Bearbeitung dieses Bodens, der so sehr mit allem geizte außer mit Felsbrocken, musste zwangsläufig mehr Bitterkeit als Dankbarkeit hervorrufen. Wendell Berry meint, dass Bäume auf einer Farm ein Zeichen seien für »langfristig gute Absichten [des Farmers] gegenüber dem Ort«. Das ist gut möglich und meine Vermutung geht dahin, dass Joe Matyas' Absichten gegenüber diesem Ort an Gehässigkeit grenzten.

Um das Loch zu graben, brauchte ich fast einen ganzen Tag; ich machte aber immer wieder Pause und hatte daher reichlich Zeit, um mich auf die Schaufel zu stützen und meinen Gedanken nachzuhängen. Als ich so in die Runde schaute und mir die Baumgesellschaft ansah, der sich mein Ahorn demnächst zugesellen würde, da fiel mir auf, dass sie die Sozialgeschichte wie die Naturgeschichte dieses Landes gleichermaßen dokumentiert. Die alten, unerschütterlichen Apfelbäume setzen nicht nur der Zeit ein Denkmal, als Joe Matyas Pächter war; ihre Ringe enthalten auch eine Chronik des Wetters über die letzten 50 Jahre. Selbst ein Kind könnte dort wohl den »Treibhaussommer« von 1988 verorten, einen Sommer, so heiß und trocken, dass sich die Bäume den schmalsten Wachstumsring im ganzen Jahrhundert zulegten.

Schon in der kurzen Zeit, die ich hier verbracht habe, habe ich registriert, wie jedes wichtige Ereignis der Naturgeschichte an meinen Bäumen seine Spuren hinterlässt. Einer der Apfelbäume zeigte schon bald eine hässliche Narbe, dort wo am 4. Oktober 1987 ein außergewöhnlich heftiger Blizzard einen Ast abgerissen hat; es handelte sich dabei um einen berüchtigten Sturm, der von hier aus weiterwanderte, um den Atlantik zu überqueren, unterwegs die Kraft eines Hurrikans zu entwickeln und dann, am 16. Oktober, in England Tausende der wertvollsten Eichen und Ulmen umzulegen, bedeutende Anpflanzungen aus dem 18. Jahrhundert und dort als Teil des nationalen kulturellen Erbes eingestuft. Am 10. Juli 1989 wurde bei der Esche auf der Südseite meiner Einfahrt durch einen Blitzschlag ein zwölf Meter langes Stück der Rinde aufgerissen. Obwohl der Baum stark beschädigt wurde, kann ich mich trotzdem glücklich schätzen: Der gleiche Sturm fachte einen heftigen Tornado an, der durch Cornwall wirbelte und dabei Tausende der ältesten Bäume der Stadt entwurzelte beziehungsweise ihre Kronen abknickte. Am 9. Juli hatte Cornwall noch eine elegante, von Ahornbäumen gesäumte Hauptstraße besessen und war der Inbegriff eines Neuenglanddorfes aus dem 19. Jahrhundert gewesen. Am 11. Juli war die Stadt ihrer Bäume gänzlich entkleidet und sah eher aus wie ein Grenzposten, für den man über Nacht ein Stück Wald herausgeschlagen hatte. Solange ich lebe, wird Cornwall optisch nicht wieder den Eindruck machen, als sei der Ort hier in der Gegend richtig angekommen. Um den Schaden so schnell wie möglich zu reparieren, war im Herbst 1989 jeder damit beschäftigt, Bäume zu pflanzen (könnte dies auch eines meiner Motive gewesen sein?), und mein Ahorn wird einer zahlenmäßig großen neuen Baumgeneration angehören, die noch jahrzehntelang an die Katastrophe von 1989 erinnern wird.

Wie Joe Matyas' Apfelbäume wird mein Ahorn ebenfalls einen Wendepunkt in der Sozialgeschichte des Anwesens markieren. Ich weiß natürlich nicht ganz genau, was dieser Ahorn einem Menschen signalisieren wird, der im Jahr 2040 auf eine Schaufel gestützt seinen Gedanken nachhängt, aber ich habe eine Vermutung: den Beginn einer eher kosmopolitischen Epoche auf dieser Farm, in der der Besitzer Mittel und Muße hatte, einen Baum zu rein dekorativen Zwecken in den Boden zu setzen. Was aber, wenn das gar nicht stimmt? Wenn das Pflanzen eines Ahorns im Jahr 2040 eine völlig andere Bedeutung hat und mein Nachfolger hier das Pflanzen dieses Baums als auf kuriose Weise arrogant oder »speziesistisch« interpretiert, weil man dann davon überzeugt ist, dass Bäume bestimmte unveräußerliche Rechte haben, wozu auch das Recht gehört, nicht im Umkreis von zwölf

Metern einer menschlichen Behausung gepflanzt zu werden. Vielleicht ist dann aber auch das Öl ausgegangen und ein Stapel Brennholz ein weit reizvollerer Anblick als ein ausgewachsener Ahorn.

Jetzt denken Sie wohl allmählich, ich hätte gut daran getan, das Sinnieren auf später zu verschieben und endlich mit dem Graben weiterzumachen. Aber das tat ich nicht, weil nämlich dieser mit der Hand auf dem Spaten unternommene Ausflug in die Geschichte mich auf den Gedanken gebracht hatte, dass ich Joe Matyas gegenüber vielleicht doch ungerecht gewesen war. Bestand nicht die Möglichkeit, dass für Joe das Abhacken eines Baumes ein ebenso tugendhafter Akt gewesen war wie für mich das Pflanzen eines solchen? Und dass man, wollte man sich dem wahren Kern der Geschichte dieses Ortes annähern, den Bäumen, die *nicht* da sind, ebenso viel Aufmerksamkeit schenken muss wie denen, die da sind? Womöglich sind es nicht die Apfelbäume, sondern die freien Wiesen, die Joes wesentlichen Beitrag zur moralischen Ökonomie des Ortes darstellen. Matyas war der Besitzer einer unbedeutenden Neuenglandfarm. Seine Gefühle gegenüber Bäumen sollten nicht nach meinen (oder Wendell Berrys) Maßstäben gemessen werden, sondern nach dem Maßstab der frühen Subsistenzfarmer in Neuengland; für diese war ein Baum im besten Fall eine Ressource zum Ausbeuten und im schlechtesten Fall etwas, das der Landwirtschaft im Wege stand – Unkraut im Großformat. Seit sich dieses Land im Besitz von Weißen befindet, hat man das Fällen von Bäumen fast immer für eine ähnlich zivilisierte Angelegenheit gehalten – von ebenso unzweifelhafter Moral und gesellschaftlicher Verantwortung – wie in unseren Tagen das Pflanzen.

Es fällt uns heute schwer, uns das vorzustellen oder in einer frisch gerodeten Landschaft so etwas wie Schönheit oder gar einen Maßstab moralischer Befriedigung zu entdecken; viele Menschen, die vor uns gelebt haben, haben das aber genau so empfunden. William James berichtet – die Geschichte wird von Richard Rorty in seinem Buch

Contingency, Irony, and Solidarity (dt.: *Kontingenz, Ironie und Solidarität*) nacherzählt –, wie er durch die Appalachen reiste und auf ein schlichtes kleines Gehöft stieß, das ein Farmer gerade eben durch Rodung dem Wald abgerungen hatte. Das Blockhaus des Mannes, der dürftige Garten und der verdreckte Schweinestall kamen James zunächst »hässlich« vor, »wie eine Art Geschwür«. Als ihm der Farmer aber erzählte, »wir sind hier erst zufrieden, wenn wir eine dieser gerodeten Flächen zu Ackerland gemacht haben«, wurde James Folgendes klar:

Die gesamte innere Bedeutung der Situation war an mir vorübergegangen. Weil die Rodungen für mich nichts als Entblößung bedeuteten, glaubte ich, sie könnten auch denen, die sie mit starkem Arm und fügsamen Äxten geschaffen hatten, keine andere Geschichte erzählen. Wenn *sie* aber die hässlichen Baumstümpfe betrachteten, sahen sie darin einen persönlichen Sieg [...]. Kurzum, die gerodete Fläche, die für mich nur ein unschönes Bild auf der Netzhaut war, bedeutete für sie ein Symbol, das an rechtschaffene Taten erinnerte und einen Lobgesang auf Pflichterfüllung, Mühe und Erfolg ertönen ließ.

James' anfängliche Eindrücke vom Gehöft dieses Farmers sind ein Echo auf zahlreiche Beschreibungen von Neuenglandfarmen durch englische Reisende des 18. und 19. Jahrhunderts. »Es ist ein richtig unzivilisiertes Bild«, schrieb ein Europäer beim ersten Anblick der amerikanischen Landschaft. Am Anfang brannten die Farmer einfach ganze Wälder ab oder zerstörten die Bäume durch Ringeln und betrieben dann Ackerbau zwischen den blattlosen Stämmen und verbrannten Stümpfen. Die Äcker in Neuengland, darin waren sich die meisten Besucher einig, machten »einen ungehobelten und abstoßenden Eindruck«. Warum fühlte man sich derart abgestoßen? Vielleicht weil den Europäern im 18. Jahrhundert bewusst geworden war, dass ihnen nur noch ganz wenige Bäume geblieben waren; so entwickelten sie auf einmal einen neuen Sinn für deren Wert und Schönheit. Die Haltung der Amerikaner zum Urwald weckte bei ihnen ähnliches Entsetzen wie bei uns heute die Haltung der Brasilianer gegenüber dem Regenwald.

Wer hat also recht? Welche der verschiedenen Geschichten, die wir uns über Bäume und Äxte erzählen können, ist *wahr*? Für mich ist es natürlich einfach und beruhigend zu denken, dass ich beim Thema »Bäume« aufgeklärter bin als Joe Matyas (oder die Brasilianer), aber mich beschleicht doch das Gefühl, die Wahrheit, was die Bäume betrifft, könnte noch komplizierter sein.

Es trifft sich gut, dass uns die Etymologie des englischen Wortes *true* (wahr) zurückführt zu dem alten englischen Wort für *tree* (Baum): Wahrheit war für die Angelsachsen nichts anderes als ein tief verwurzelter Gedanke. Meine Lesart eines gepflanzten Baumes – ein in die Zukunft entsandter Botschafter, Speicher der Geschichte, Indikator für die Achtung, die wir gegenüber Grund und Boden empfinden, Quelle des ästhetischen Vergnügens usw. – ist wahr im Sinne des englischen Wortes *true*; sie hat tiefe Wurzeln in der Kultur und scheint uns insgesamt gute Dienste zu leisten. Joe Matyas hätte mich allerdings warnen können: Auch Gedanken mit den allertiefsten Wurzeln können hinfällig werden.

Der Baum des Joe Matyas und mein Baum sind natürlich nicht die einzigen, die diesem Ort bislang Schatten gespendet haben. Ich kann mindestens ein halbes Dutzend weiterer Baum-Lesarten aufzählen, die allein in dieser Ecke von Neuengland im Schwange waren, angefangen bei denen der Indianer. Es lohnt sich, die Geschichte dieser Bäume beziehungsweise Baummetaphern zu erzählen, schon allein deshalb, weil daraus zu entnehmen ist, dass unsere eigenen Wahrheiten in Bezug auf Grund und Boden irgendeines fernen Tages einmal neuen und vielleicht auch hilfreicheren Vorstellungen Platz machen könnten.

Obwohl es keine Belege dafür gibt, dass jemals Indianer in Cornwall gelebt haben, kamen sie doch regelmäßig zum Jagen hierher und durchquerten die Wälder; die meisten unserer Straßen verlaufen auf ihren Pfaden. Für die Indianer war die Landschaft von allen möglichen Geistern belebt und Bäume, so glaubten sie, besaßen verehrungswürdige Seelen, die zu beleidigen man sorgfältig vermied. Im Schatten bestimmter Bäume konnte man Erleuchtung finden. Bäume hatten Gefühle, Augen, Ohren (eine Vorstellung, die sich mit einer gewissen Hartnäckigkeit gehalten hat) und man fällte Bäume nur dann, wenn es sich gar nicht vermeiden ließ. Selbst in diesem Fall machte man sich die Mühe, dem Baum die Gründe zu erklären und seine Vergebung zu erbitten.

Die amerikanischen Indianer waren weder die ersten noch die einzigen, die den Bäumen gottähnliche Eigenschaften zugeschrieben haben. Viele, wenn nicht die meisten Völker der vorchristlichen Zeit praktizierten irgendeine Form der Baum-Anbetung. Frazers Buch *The Golden Bough* führt Dutzende von Beispielen auf, aus jedem Winkel Nordeuropas wie auch aus dem antiken Griechenland, aus Rom und aus dem Orient. Fast die ganze Geschichte hindurch sind die Wälder eigentlich immer mit Geistern und Kobolden, Dämonen, Elfen und Feen dicht bevölkert gewesen; die Bäume selbst hat man als Wohnstätten der Götter betrachtet. (Interessanterweise war bei einer bestimmten Baumart die Verehrung weiter verbreitet als bei jeder anderen: nämlich bei der Eiche, dem Baum des Zeus. Vielleicht liegt das an der Lebensdauer der Eiche; noch weiter als die meisten anderen Bäume weisen Eichen über den Menschen hinaus. Frazer schlägt noch eine andere mögliche Erklärung für den Sonderstatus der Eiche vor: Sie ist der Baum, der am häufigsten vom Blitz getroffen wird; die Idee liegt also nahe, dass sie eine besondere Beziehung zu den himmlischen Mächten genießt.)

Wenn der Monotheismus, wie es heißt, die Menschen gelehrt hat,

Gott zu fürchten, ohne seine Schöpfung fürchten zu müssen, dann steigerten die Puritaner diesen neuen Gedanken bis ins Extrem: Sie konnten Gott lieben und gleichzeitig seine Schöpfung hassen. Der Unterschied zwischen dem Baum der Indianer und dem der Puritaner hätte größer nicht sein können. In den Augen der Puritaner war der Wald der Neuen Welt eine »abscheuliche Wildnis«, »wild und unzivilisiert«, ein »düsteres Dickicht«, worin man leicht den Weg verlieren oder umgebracht werden oder, noch schlimmer, von Christus und der Zivilisation abfallen konnte – zurück in den Zustand der Wilden. Der Wald, jener schattenhafte Rückzugsort des Satans und alles Ungewissen, beleidigte die Auffassungen der Puritaner von Ordnung und Licht, ja von der Zivilisation als solcher, zutiefst. In den *captivity narratives*, den Berichten über das Leben in indianischer Gefangenschaft, welche die Puritaner (und auch später viele Generationen von Amerikanern) einander erzählten mit dem Ziel, die Indianer zu verteufeln, hatte der Baum faktisch die Rolle des Komplizen des Bösen: In diesen Geschichten banden die Rothäute die gefangene weiße Frau ausnahmslos an den einen Baum und zerschmetterten den Schädel ihres Babys an dem anderen. Einen Baum zu fällen, war für die Puritaner demnach ein über die Maßen rechtschaffener Akt, mittels dessen Gottes Werk befördert und das Heulen der Wildnis zurückgedrängt wurde.

Sicher gab es auch rein praktische Gründe für die heftige Ablehnung der Bäume durch die Puritaner – ihre Form der Landwirtschaft in der Neuen Welt zu etablieren, erforderte bei der Abholzung eine Herkulesarbeit und rechtschaffener Hass auf den Wald war mit Sicherheit eine gute Methode, um die Arbeit zu beschleunigen. Es scheint aber auch plausibel, dass der Anblick von Indianern beim Anbeten von Bäumen ihren Abscheu noch angefacht hat; sie fanden sich in einem Land wieder, in dem Bäume nach wie vor heidnische Götzenbilder waren. Indem sie sie abschlugen, reihten sich die Puritaner in eine alte christliche Tradition ein, eine feindselige Haltung gegenüber Bäumen, welche von der Kirche als Rivalen angesehen wurden, und zwar mit Recht. Die Päpste des Mittelalters hatten regelmäßig Proklamationen erlassen, die das Anbeten von Bäumen verboten und die Zerstörung der heiligen Haine anordneten. Wie so oft, wenn es nicht gelang, solche heidnischen Bräuche durch eindeutige Verbote auszumerzen, ging das Christentum dann dazu über, sie sich einzuverleiben, und man kann die Architektur der gotischen Kathedralen, deren aufstrebende Raumwirkung und gefiltertes Licht an einen Wald erinnern, durchaus als einen geschickten Versuch interpretieren, den heiligen Hain für Christus in Beschlag zu nehmen.

Die späteren Kolonisten und danach die Föderalisten setzten den Krieg der Puritaner gegen die Bäume fort und gewannen ihn schließlich auch, obwohl sie auf der Basis einer eher säkularen Autorität agierten. (Die besten Darstellungen der puritanischen und kolonialen Einstellungen gegenüber der Landschaft finden sich in William Cronons Ökologiegeschichte *Changes in the Land* und in John R. Stilgoes Buch *Common Landscape of America, 1580–1845*). Seiner göttlichen Qualitäten inzwischen völlig entkleidet, erschien ein Baum in Kolonistenaugen entweder als Ware oder als Unkraut. Wenn ein Kolonist eine Kiefer betrachtete, sah er einen Schiffsmast; in einer Eiche erblickte er Fassdauben. Alles Übrige stand einfach im Wege. Für die Kolonisten war Abholzen gleichbedeutend mit Fortschritt. Das Fällen von Bäumen hob den Wert von Grund und Boden und bekräftigte in vielen Fällen auch den Rechtsanspruch darauf.

Als das Gebiet, das jetzt Cornwall heißt, im Jahr 1738 erstmals in Anteilen von je 200 Hektar versteigert wurde, erhob die Kolonie die Forderung, jeder neue Eigentümer habe innerhalb von drei Jahren mindestens zweieinhalb Hektar seiner Fläche zu roden, andernfalls würde er seinen Rechtsanspruch darauf verlieren. Nach den Einkommenssteuerregistern der Stadt waren im Jahr 1820 bis auf einen

Bruchteil die gesamten städtischen Flächen von Bäumen befreit. Als Joe Matyas im Jahr 1919 dieses Hanggrundstück hier kaufte, war es mit Sicherheit so gut wie kahl. Schon zum damaligen Zeitpunkt allerdings waren die Farmen in Cornwall auf dem absteigenden Ast und der verbliebene Baumbestand am Rand der Stadt war bereits dabei, sich zu erweitern. Er breitete sich von den nicht für die Landwirtschaft geeigneten Hügelkämmen hinunter bis ins Tal des Housatonic aus und erhob Anspruch auf jede gerodete Fläche auf seinem Weg. Als einer der letzten Erben der kolonialen Baummetapher vor Ort muss Joe seine ganze Kraft eingesetzt haben, um den anstürmenden Wald in Schach zu halten. Wie die meisten Amerikaner des 19. Jahrhunderts hätte er eher eine Axt als einen Baum angebetet. Zweifellos hätte ihm Whitmans Lied auf die Breitaxt gefallen, in dem die Axt als eine Art Urquell dargestellt wird, aus dem die neue amerikanische Nation entspringt:

Das Beil springt!
Der feste Wald verflüssigt sich und spricht,
Die Worte stürzen heraus, steigen auf und formen sich,
Hütte, Zelt, Flur, Vermessung,
Dreschflegel, Pflug, Hacke, Brechstange, Spaten,
Schindel, Geländer, Stütze, Getäfel, Pfosten, Latte, Verkleidung,
Giebel, Festung, Decke, Gastraum, Schule, Orgel, Ausstellungshaus,
Bibliothek […]
Kapitol der Staaten, und Kapitol der Staatennation […]
Das alles nimmt Form an!

Die Geschichte der Baummetaphern stellt sich nicht ganz so linear dar, wie ich es hier glauben mache. Denn wenn auch die koloniale Metapher dieses Anwesen hier fast durch seine gesamte Geschichte hindurch beherrscht hat, haben doch auch Elemente anderer Lesarten des Baumes ihre Spuren hinterlassen, wenn auch viel weniger auffallend. So wurden zum Beispiel die beiden Weißeschen wohl unter dem Einfluss einer neuen Baummetapher gepflanzt, die im England des 17. oder 18. Jahrhunderts aufkam, bald nachdem den Engländern plötzlich aufgefallen war, dass ihnen kaum mehr Bäume geblieben waren. Meine Weißeschen wurden, wie ich annehme, von Matyas oder seinem unmittelbaren Vorgänger gepflanzt. Sie haben im Wesentlichen eine politische Bedeutung: So wie sie am Beginn der Einfahrt Wache stehen, machen sie die Grenzen des Besitzes unmissverständlich klar und unterstreichen die Absicht des Eigentümers, daran auf immer und ewig festzuhalten.

Die Vorstellung, dass das *Pflanzen* von Bäumen eine gesellschaftliche oder politische Bedeutung haben könnte, scheint eine Erfindung der Engländer gewesen zu sein, obwohl sie inzwischen weitverbreitet ist. Wie Keith Thomas in seinem historischen Werk *Man and the Natural World* beschreibt, fingen die englischen Adligen im 17. und 18. Jahrhundert an, Laubbäume zu pflanzen, normalerweise in Reihen, um den Umfang ihres Besitzes und ihren bleibenden Anspruch darauf anzuzeigen. »Was kann angenehmer sein«, fragte der Herausgeber eines Herrenmagazins seine Leser, »als Umfang und Grenzen Ihres Landbesitzes von solchen lebendigen und wachsenden Zeugen bewahrt und über die Generationen hinweg bekräftigt zu wissen?« Das Pflanzen von Bäumen hatte noch zusätzlich den Vorteil, dass es als ein Akt des Patriotismus galt. An Hartholz, auf das die königliche Marine angewiesen war, herrschte ein gefährlicher Mangel. Das hatte die Krone öffentlich bekannt gegeben.

Der *Politische Baum* (wenn wir ihn so nennen wollen) war geboren.

Die englischen Aristokraten der damaligen Zeit entwickelten geradezu eine Manie für Bäume. Sie pflanzten sie nicht nur, sondern sie malten sie auch, verewigten sie in Gedichten und diskutierten sie lang und breit. (Als Washington Irving England besuchte, traf er zu seiner Belustigung und Verwunderung Herren an, die die Eigenschaften von bestimmten Bäumen diskutierten, als wären sie Statuen oder Pferde.) Landbesitzer identifizierten sich mit ihren Bäumen; deren Adel und Verwurzelung waren ein Symbol für ihren eigenen Status in der Gesellschaft. Edmund Burke verkündete, die Aristokraten seien »die großen Eichen, die einem Land Schatten geben«.

Die weniger privilegierten Mitglieder im »Walde der Gesellschaft« lassen sich politische Symbolik dieser Art nur selten entgehen: Während der Englischen Revolution machten es sich die Rebellen auf dem Land zur Gewohnheit, die Bäume auf den Landsitzen der Royalisten abzuhauen. Nach der Restauration galt für einen Mann von Stand das Nachpflanzen von Bäumen als ein geeigneter Weg, der Monarchie seine Loyalität zu erweisen; zwischen 1660 und 1800 wurden einige Millionen Laubbäume gepflanzt.

Zur gleichen Zeit also, als die Amerikaner fleißig damit beschäftigt waren, ihren Kontinent abzuholzen, machten sich die Engländer daran, die historisch wohl erste Aufforstung im großen Stil durchzuführen. Der Baumkult war wiederentdeckt worden, allerdings war seine Bedeutung nun eher eine gesellschaftliche als eine spirituelle. Wie Thomas betont, war die umfangreiche Aufforstung im England des 18. Jahrhunderts eine Reflexion »nicht nur von Muße und dickem Geldbeutel, sondern von politischer Sicherheit und einem Erbschaftssystem, das eine Vertrauensgrundlage für die Weitergabe des Besitzes geschaffen hatte. Dies war zweifellos einer der Gründe, warum man damit in England früher [als anderswo] begonnen hatte.«

Englands großartige Bäume, die zu weiten Teilen aus dieser Epoche stammen, spiegeln nicht nur die konservativen Traditionen des Landes wieder, sie haben wahrscheinlich auch dazu beigetragen, eben diese lebendig zu erhalten. Bei einem Englandbesuch zu Beginn des 20. Jahrhunderts vermutet der tschechische Autor Karel Čapek:

Die wunderbar breitschultrigen, uralten, großzügigen, freien, riesigen, verehrungswürdigen Bäume [des Landes] … haben einen großen Einfluss auf den Konservatismus in England gehabt. Meiner Meinung nach bewahren sie die aristokratischen Instinkte, den Sinn für Geschichte, den Konservatismus, Zölle, Golf, das *House of Lords* und andere seltsame und antiquierte Dinge. Würde ich in der Straße der schmiedeeisernen Balkone oder der Straße der vornehmen grauen Backsteinbauten leben, wäre ich wahrscheinlich ein fanatischer Radikaler; unter einer alten Eiche im Park von Hampton Court sitzend jedoch würde ich ernsthaft in Versuchung geraten, den Wert der alten Dinge anzuerkennen, den erhabenen Auftrag alter Bäume, das harmonisch Allumfassende der Tradition und die Rechtmäßigkeit des Respekts für alles, was stark genug ist, um sich über Generationen hinweg zu erhalten.

Wenn Menschen Bäume verehren, so die Schlussfolgerung, die Thomas zieht, dann verehren sie in Wirklichkeit ihre Gesellschaft. Zumindest bei *gepflanzten* Bäumen ist das so – in der Wildnis hat die Verehrung von Bäumen, wie wir sehen werden, eine andere Bedeutung. Die im 18. Jahrhundert in England gepflanzten Bäume sind jedenfalls Teil des nationalen Erbes; dies erklärt vielleicht, warum die Engländer durch den Hurrikan vom Oktober 1987 derart traumatisiert waren.

Heutzutage gedeiht der *Politische Baum* besonders gut in der Erde des Mittleren Ostens. Es mag auch an den englischen Wurzeln der Bewegung gelegen haben, dass der Zionismus schon von Anfang an den *Politische Baum* in Palästina eingeführt hat, wo er bis heute ein stark aufgeladenes Symbol ist. Die Israelis haben in der Wüste Millionen von Bäumen gepflanzt, um auf diese Weise ihren Anspruch auf das Land zu dokumentieren; überdies haben sie das Ausreißen eines Baumes unter Strafe gestellt und von den Bewohnern der Westbank verlangt, vor dem Pflanzen eines Baumes auf öffentlichem Grund eine Genehmigung einzuholen. Die politische Symbolik der Bäume ist den Palästinensern natürlich nicht entgangen; in den Anfangszeiten der Intifada schockierten sie die Israelis, als sie mehrere der von ihnen angelegten Wälder anzündeten. Der »Krieg der Steine« war ebenso ein »Krieg der Bäume«: Die israelischen Verteidigungskräfte rächten sich, indem sie Olivenhaine der Palästinenser niederwalzten.

In England und Amerika wurde der *Politische Baum* im Lauf des 19. Jahrhunderts zunehmend durch den *Romantischen Baum* ersetzt, dessen Symbolik mehr im Spirituellen als im Gesellschaftlichen liegt. Das ist der Baum von Wordsworth, Emerson, Thoreau und Muir – und im Großen und Ganzen auch der Baum unserer Zeit. »Im Wald finden wir zu Vernunft und Glauben zurück«, schrieb Emerson. Dadurch machte er uns Amerikaner darauf aufmerksam, dass der Baum auch als Quelle spirituellen Wohls dienen könne – ein ganz neuer Gedanke in Amerika. In der Betrachtung und in der Gesellschaft des *Romantischen Baumes* – in beständigem Selbstvertrauen, unablässig hinauf zum Himmel strebend – könnten wir ein Gegengift finden gegen unsere minderwertige kommerzielle Kultur und uns selbst dem Unendlichen öffnen, so Emerson. Der Baum halte nämlich Distanz zur Geschichte und biete auf diese Weise den Vorteil eines erhabenen Aussichtspunktes, von dem aus wir über die Unordnung und Zufälligkeiten der Geschichte hinweg den Blick auf »höhere Gesetze« richten könnten. Bäume seien den Menschen »zu Diensten«, meinte Thoreau; sie würden für unser spirituelles und emotionales Wohlergehen sorgen. »Zeigt mir zwei Dörfer, das eine von Bäumen umrankt […], das andere eine nichtssagende baumlose Wüstenei mit allenfalls ein oder zwei Bäumen für die Selbstmörder, und ich bin ganz sicher, dass man in letzterem die ausgezehrtesten und bigottesten religiösen Fanatiker sowie die hoffnungslosesten Trinker finden wird.«

Während der zweiten Hälfte des 19. Jahrhunderts lebten der *Romantische Baum* und der *Koloniale Baum* in Amerika in einer verkrampften Koexistenz. Etwa um die gleiche Zeit, als Whitman die Breitaxt feierte, komponierte Thoreau einen einfühlsamen Nachruf auf eine von Holzfällern umgeschlagene Kiefer: »Eine Pflanze, die zur Vollendung zu bringen zwei Jahrhunderte erforderlich waren, die sich langsam, Stufe für Stufe, gen Himmel erhob, hat an diesem Nachmittag aufgehört zu existieren. […] Warum erklingt von der Dorfglocke kein Totengeläut?« Um die Jahrhundertwende brachte Gifford Pinchot, Theodore Roosevelts Förster, eine neue Metapher in die Debatte, den *Utilitaristischen Baum*, um auf diese Weise den Baum als Ware mit dem Baum als spirituellem Objekt zu versöhnen. Nach seinem Konzept sollten Bäume nach wie vor je nach Notwendigkeit gefällt werden, jedoch mit Umsicht und Rücksicht auf den Erhalt bestimmter besonders geschätzter Bestände. Pinchots Kompromiss konnte jedoch nicht überzeugen und am Ende siegte Thoreaus Baum über Whitmans Axt, zumindest in der gängigen Meinung. Heute sehen wir mehrheitlich den Baum ebenso wie den Wald durch die Augen von Thoreau. Er hätte den von unseren Naturschriftstellern gezeichneten Baum ganz leicht als seinen wiedererkannt, einen Baum, der außerhalb der Kultur steht und eine Art moralisches und spirituelles Zeugnis ablegt. Der *Romantische Baum* ist im Grunde das Spiegelbild des *Puritanischen Baumes*: Wenn die Puritaner die Bäume roden, um die Natur zu erlösen, dann verehren die Romantiker Bäume, um die Kultur zu erlösen. Beide sehen Natur und Kultur als Gegner an; sie votieren nur unterschiedlich.

Ganz offensichtlich ist die Baummetapher, die in einem Volk vorherrscht, von entscheidender Bedeutung für die Bäume der jeweiligen Zeit. *Puritanische Bäume* werden gerne mit scheinheiliger Frömmigkeit gefällt. *Koloniale Bäume* werden ohne große Feierlichkeit abgehauen. *Politische Bäume* werden in stabilen Zeiten gepflanzt, in revolutionären Zeiten aber gefällt – wenn auch auf feierliche Weise. Und der *Romantische Baum*? Ihm steht das Schicksal zu, sich in einem Park oder einem Wildnisgebiet zu befinden, außer Reichweite der Menschen. Ganz allgemein ist der *Romantische Baum* eher einer, den man bewahrt, als einer, den man pflanzt, da seine spirituelle Autorität zum großen Teil auf seiner Unabhängigkeit vom Menschen beruht, seinem unberührten Anderssein. In der Tat ist es genau dieser romantischen Sicht auf die Bäume und die Natur im Allgemeinen zu verdanken, dass die Wildnisgebiete erfunden wurden, die zu den großen und bedeutenden Beiträgen Amerikas zur Weltkultur zählen.

Und wo lande ich selber unter all diesen Metaphern? Irgendwo zwischen dem *Politischen* und dem *Romantischen Baum*, vermute ich. Durch mein Vorhaben – nämlich einen Baum zu pflanzen – befinde ich mich in einer Linie mit der politischen Metapher: Ich will hier ein Zeichen hinterlassen, eine Botschaft in die Zukunft senden. Ehrlich gesagt wäre es mir aber ebenso recht gewesen, hätte ich Bäume geerbt und direkt einen Sprung in die Romantik getan. Ich hatte mir hier sehnlichst große Bäume gewünscht, um in ihrem Schatten meinen Gedanken nachzuhängen, genau wie Emerson. Fast alle meiner unhinterfragten Gefühle gegenüber Bäumen habe ich von den Romantikern geerbt. Die Schlussfolgerungen, die ich zunächst in puncto Joe Matyas zog, waren dieselben, zu denen auch Thoreau gekommen wäre: Aus dieser »nichtssagenden baumlosen Wüstenei« hätte er geschlossen, dass der Eigentümer ein bigotter religiöser Fanatiker und hoffnungsloser Trinker gewesen sein müsse – ein Heide im Land der Naturanbeter.

Und doch fühle ich mich, wie gesagt, nicht mehr richtig wohl mit so einer selbstgefälligen Kategorisierung. Joe lebte im Licht einer anderen Metapher, einer Metapher, die unerlässlich war für die Durchführung einer ganz bestimmten historischen Aufgabe: nämlich

Amerika zu besiedeln und aufzubauen. Sie war als Werkzeug damals ebenso wichtig wie die Axt. Auch wenn es uns schwerer fällt, dies zu erkennen, so sind doch unsere eigenen Naturmetaphern nicht richtiger oder ewiger als die von Joe Matyas. Aus dem Blickwinkel der nächsten Baummetapher wird unser eigener Standpunkt ebenso zeitbedingt erscheinen wie der von Joe – und wahrscheinlich ebenso geistig umnachtet. Wenn die Geschichte, die ich erzählt habe, irgendeine Lehre für uns bereithält, dann diese: Die im 19. Jahrhundert gepflegte Idee eines Baumes, der in heiterer Gelassenheit außerhalb der Kultur steht – eigentlich die ganze Idee, dass die Natur, *da draußen* ist, eine Art beständige und metaphysische Absolutheit, ein Hintergrund, vor dem wir die unordentliche, zeitbedingte Kultur bewerten können – ist *selbst* ein kulturelles Konstrukt, eine Erfindung von Emerson, Thoreau und den romantischen Dichtern in England. Eine großartige Erfindung, ganz bestimmt – sie schenkte uns das Wildnisgebiet, unsere unübertroffene Naturliteratur sowie eine Menge grandioser Campingreisen –, wir sollten sie aber nicht mit einer ewigen Wahrheit verwechseln. Wie der *Koloniale* oder der *Politische Baum* ist der *Romantische Baum* nicht mehr (und nicht weniger) als ein Werkzeug, das sich bei der Erfüllung gewisser historisch bedeutsamer Aufgaben als nützlich erwiesen hat.

Ich habe aber allmählich meine Zweifel, ob dieses Werkzeug auch in Zukunft noch viel Nutzen bringen wird. Wenn ich im Garten bis jetzt überhaupt etwas gelernt habe, dann ist es die Erkenntnis, dass der bei den Romantikern so krass gesehene Gegensatz zwischen Natur und Kultur nicht hilfreich ist. Die romantische Metapher bietet uns Menschen in der Natur keine andere Rolle an außer der des Beobachters oder Verehrers; in der Natur zu handeln bedeutet, sie mit Kultur zu beflecken. (Denken Sie nur an die Redewendungen im Sprachgebrauch: Das Land ist »jungfräulich«, bis die Menschen es »vergewaltigen«.) Die romantische Vorstellung bestärkte mich vielleicht darin, die Bäume, die ich besaß, zu achten und zu erhalten; sie lieferte mir aber kaum einen Anreiz, neue zu pflanzen. Es war ja genau das Bild des erhabenen *Romantischen Baumes*, das die dürren Setzlinge in der Gärtnerei mit ihren Preisschildchen so armselig aussehen ließ. Die politische Metapher könnte vielleicht eher weiterhelfen – sie erleichtert es mir, den Blick auf eine Belohnung in der fernen Zukunft zu richten –, aber mal ehrlich: Ist da nicht auch eine Spur von Anmaßung bei diesen grandiosen Vorstellungen von Bäumen, die man für zukünftige Generationen pflanzt?

Mir scheint, wir könnten gerade jetzt ein paar neue Baummetaphern ganz gut brauchen.

Aber lassen Sie mich für einen Augenblick aus diesem Wald reichlich spekulativer Bäume zu meinem realen Baum zurückkommen, der geduldig darauf wartet, dass er endlich eingepflanzt wird.

Nachdem das Loch gegraben war, bereitete ich die Erde vor, ein Thema, bei dem die Meinungen der Baumpflanzautoritäten derzeit gespalten sind. Die neueste Ansicht geht dahin, die Erde solle – *entgegen* der Meinung des Gartenexperten Snodsmith – nicht verbessert werden, es sei denn, sie ist schon von vornherein ungewöhnlich nährstoffarm. Dahinter steht die Theorie, dass ein Baum, der in einer mit Vorzugserde gefüllten Pflanzgrube wächst, verwöhnt wird und deshalb nicht imstande sein wird, eine robuste Konstitution zu entwickeln. Meine eigene Erde ist so schwer, dass ich dann doch den Rat der alten Schule befolgte, sie leichter zu machen und anzureichern. Nachdem ich also die Erde am Trichtergrund mit einer Heugabel aufgelockert hatte, gab ich dazu einen Ballen Torfmoos von knapp 170 Litern, zwei 20-Kilogramm-Beutel kompostierten Stallmist sowie ein paar Schaufeln meines eigenen Komposts (jedoch keinen Dünger; der kann die Wurzeln eines jungen Baumes verbrennen). Ich stellte mich in das Loch hinein, wendete und rührte die Mischung mit der Gabel um und legte dann einen Teil davon für später beiseite. Ich entfernte die Steine aus den Trichterwänden und schlug Kerben hinein; sind die Wände zu fest und zu blank, wird der Baum gerne wurzellastig, so als wachse er im Topf.

Im nächsten Schritt wird der Schlauch aufgedreht und das Loch mit Wasser gefüllt. Dabei geht es nicht nur darum, ein ausreichendes Feuchtigkeitsangebot zu gewährleisten; die Erde soll sich auch setzen und größere Luftkammern, die bei eindringenden Wurzeln zu Fäulnis führen könnten, sollen entfernt werden. Ich ließ dem Wasser reichlich Zeit, in die Erde einzusickern, und maß dann mittels Brett und Lotschnur die Lochtiefe aus. Auf die Pflanztiefe kommt es an: Pflanzt man den Baum zu tief, ersticken womöglich die Wurzeln, pflanzt man zu flach, liegen diese schnell frei. Nach dem Einfüllen der letzten Erdschicht sollte der Wurzelballen oben knapp bedeckt sein. Man muss allerdings miteinberechnen, dass sich der aufgewühlte Boden am Grund des Loches noch setzen muss.

Das hier war also jetzt endlich ein richtiges 50-Dollar-Loch, ein Snodsmith-Loch, und die Zeit war gekommen, meinen Ahorn hineinzusetzen. Mithilfe eines dicken Holzbretts und ein paar zusätzlicher Hände gelang es, den Ahorn vorsichtig in sein Loch einzuführen, ohne den Wurzelballen übermäßig zu beschädigen. Obwohl man den Rupfen nicht abnehmen muss (er zersetzt sich schnell), öffnete ich doch die Knoten am unteren Ende des Stammes und entfernte so viel wie möglich von dem Draht, der den Wurzelballen zusammenhielt. Während Judith den Stamm senkrecht hielt, fing ich an, die vorbereitete Erdmischung rund um den Wurzelballen einzufüllen. Immer wenn ich ein paar Spaten Erde hinzugegeben hatte, begoss ich den neuen Boden mit Wasser und stampfte ihn fest, um eventuelle Luftlöcher platt zu machen und die Erde richtig dicht anzudrücken. Sobald die Wiederauffüllung Bodenniveau erreicht hatte, formte ich einen etwa 15 Zentimeter hohen Rand aus Erde um das Loch herum, um Regenwasser einzufangen und den Wurzeln zuzuführen. Dieses Becken füllte ich mehrmals mit Wasser auf und ließ die Wurzeln gründlich durchweichen. Anschließend legte ich eine Mulchschicht darüber, um das Austrocknen des Bodens zu verhindern.

Setzt man eine Pflanze in die Erde, sieht das immer so aus, als nähme man ihr etwas von ihrer Größe. Mein Ahorn hatte plötzlich fast einen Meter an Höhe verloren und sah noch unscheinbarer aus als vorher, als er noch oben auf der Erde gestanden hatte. Und nun sollte er noch mickriger werden, da John mir eingeschärft hatte, ihn zu »beschneiden«: Um das richtige Gleichgewicht zwischen den Wurzeln (die in der Gärtnerei zurückgeschnitten worden sind) und der Baumspitze wiederherzustellen, sollte nach dem Pflanzen die Krone ausgelichtet werden – bis zu einem Drittel, wie manche sagen, obgleich es dazu unterschiedliche Meinungen gibt. Ist die Krone jedoch zu umfangreich, ist das reduzierte Wurzelsystem womöglich nicht in der Lage, genügend Wasser zu liefern, um die verschwenderischen Blätter zu versorgen, und der Baum wird in einen Schock verfallen. (Dies ist der Grund, warum man Bäume im späten Herbst pflanzt, wenn sie keine Blätter tragen und infolgedessen wenig Wasser brauchen; bis zum Frühling, wenn der Baum dann wieder Blätter treibt, hat sich sein Wurzelsystem erholt.) Im Bestreben, das Spross-Wurzel-Verhältnis ins Lot zu bringen, stieg ich also auf eine Leiter und schnitt schweren Herzens einige der ohnehin dürftigen Glieder meines Baumes ab, ein Akt gärtnerischer Barmherzigkeit, den auszuüben mir nicht leichtfiel.

In einem letzten Schritt geht es darum, Maßnahmen zu ergreifen, um den Baum während seines ersten Jahres vor dem Einwirken der Elemente zu schützen, obwohl auch dieser Punkt umstritten ist. Neuerdings wendet man sich gegen ein übermäßiges Verhätscheln des jungen Baumes. Ich optierte aber ohnehin für die alte sentimentale

Tour, da die Bedingungen auf diesem Hanggrundstück sowieso schon besonders hart sind. Zum Schutz der Rinde vor winterlicher Sonne und Wind umwickelte ich den Stamm mit Papier. Um die Feldmäuse, die gerne unten am Stamm eines jungen Baumes herumknabbern (und ihn dabei kaputtmachen), auszubremsen, wickelte ich dessen Fuß in eine Socke ein, die aus einem Stück metallenem Fenstergitter geformt war. Zum Schluss stützte ich den Baum noch mit einem Stock, um zu verhindern, dass der Wind die empfindlichen Wurzeln störte, während sie ihre ersten Ausflüge in unbekanntes Terrain unternahmen.

Als ich dann endlich einen Schritt zurücktrat, um mein Werk zu bewundern, war die Dämmerung hereingebrochen. Es war einer jener wolkenlosen Oktoberabende, an denen die Temperatur rasch fällt, im Gleichschritt mit der Sonne. Die Nacht versprach scharfen Frost. Und mein neu gepflanzter Ahorn, diese teure Stange mit den paar Zweigen oben dran, mit Socken bekleidet und mit Spanndraht aufrecht gehalten, schien viel zu verletzlich, um die Nacht ganz allein da draußen zu verbringen. Trotz der ganzen Arbeit sah er nicht wirklich nach etwas aus – ein knorriger alter Typ mit einer Gehhilfe, allein da draußen auf einer baumlosen Ebene, so weit entfernt von unserem Bild eines *Romantischen Baumes*, wie man es sich nur vorstellen kann. Auch in den folgenden Tagen war ich immer wieder enttäuscht, weil Gäste, wenn ich sie nicht darauf hinwies, den Baum überhaupt nicht bemerkten, geschweige denn bewunderten. Je länger ich aber da stand und meinen Baum anschaute, desto mehr konnte ich von ihm sehen. Vielleicht war es das späte, ungewisse Licht, auf jeden Fall hatte ich nach einer Weile kaum noch Schwierigkeiten, mir seine Zukunft vorzustellen; sie nahm vor meinen Augen Gestalt an. Ich schaute die dünnen, knubbeligen Zweige an und sah sie wie in Zeitlupe Blätter austreiben und sich verzweigen, Frühling um Frühling, ein Zweig in zwei, in vier, in acht, in sechzehn, während sich mein Baum Sommer um Sommer vergrößerte in einer geometrischen Progression, die sich schließlich in vollem Grün in einer riesigen ovalen Krone entfaltete.

Von meinem Schreibtisch im Scheunendachboden aus habe ich eine gute Sicht auf den neuen Baum und wann immer meine Aufmerksamkeit von der Arbeit wegdriftet, scheint sie sich zwischen seinen blattlosen Zweigen niederzulassen. Ein zerbrechliches Etwas für derart gewichtige Betrachtungen, ich weiß, das scheint aber einfach das Schicksal von Bäumen in einer Menschenwelt zu sein – unsere Gedanken und Metaphern kleben an ihnen wie Eisenspäne an einem Magneten. Es ist ja offensichtlich, dass Bäume ganz unabhängig von den Bildern existieren, die wir im Lauf der Zeit von ihnen entwickelt haben, wir haben sie ja schließlich nicht *erfunden*. Und doch sind die Bäume schon so lange mit unseren Metaphern vermählt, dass wir uns gar nicht mehr vorstellen können, was sie in ledigem Zustand wären. Jedes Mal, wenn wir herausgefunden zu haben glauben, was ein Baum *wirklich* ist – die Wohnstätte der Götter, eine Ware, ein fester Bestandteil der transzendentalen Natur oder ein Element des Ökosystems Wald – dann stellt sich heraus, dass wir uns einfach nur eine neue, für eine begrenzte Zeit passende Beschreibung haben einfallen lassen. Da wir aber sind, was wir sind, ist das keine bedeutungslose Sache: Unsere Metaphern sind wichtig. Unsere Metaphern für die Bäume entscheiden sogar weitgehend über das Schicksal der Bäume.

Seit den 1980er-Jahren kommen Bäume, wenn nicht permanent, so während längerer Perioden hindurch durchaus häufig in den Nachrichten vor. Wissenschaftler machen darauf aufmerksam, dass sie sich in einem schlechten Zustand befinden und dass ihre Gesundheit mit der unseren auf eine vorher nie geahnte Art und Weise verbunden ist. Das Abholzen von Wäldern wird mit möglicherweise katastrophalen Veränderungen in der Erdatmosphäre in Verbindung gebracht.

Kein Wunder also, dass gehäuft Bilder von Bäumen auftauchen: in Kunstgalerien, auf den Titelseiten der Zeitschriften, in Produktlogos und Anzeigen, in den Reden der Politiker. Ich habe das Gefühl, wir spüren, dass unsere alten Metaphern in Bezug auf Bäume und die Natur insgesamt fadenscheinig werden und dass wir auf der Suche nach neuen und mächtigeren Bildern sind. Wenn mein Ahorn irgendwann einmal ausgewachsen ist, wird er wahrscheinlich eine völlig andere Bedeutung haben als heute.

Wie könnten diese neuen Metaphern aussehen? Philosophen und Umweltaktivisten vertreten immer häufiger die Ansicht, mein Baum (und die Natur im Allgemeinen) hätten »Rechte«. Sie betrachten die Geschichte der westlichen Welt als einen andauernden Kampf um die Ausweitung des Kreises derer, die Rechte besitzen, welcher zunächst nur Adelige und Grundbesitzer umfasste, sich im Laufe der Zeit jedoch auf weiße Männer, Männer insgesamt und letztlich auch auf Frauen erstreckt hat. Sie schlagen vor, wir sollten nun diesen Kreis noch weiter ziehen, um auch die Natur miteinzuschließen. Ohne mit der Wimper zu zucken, stellen sie Analogien her zwischen der Situation der Afroamerikaner vor der Abschaffung der Sklaverei und der Situation der Natur heute. Aus dieser Gleichsetzung ergibt sich eine Legitimation für radikale Aktionen zur Verteidigung der Natur; Gruppen wie *Earth First!* starteten 1990 im Rahmen des *Redwood Summers* eine entsprechende Aktion und schlugen Nägel in Bäume, um diese gegen Holzfäller zu verteidigen. Akzeptiert man erst einmal, dass Bäume gleiche Rechte haben, dann macht einem die Tatsache, dass das Einschlagen von Nägeln das Leben der Holzfäller und Sägewerksbetreiber gefährdet, gleich viel weniger aus.

Christopher D. Stone, ein Rechtswissenschaftler, ist sogar so weit gegangen, in seinem Buch *Should Trees have Standing?* (dt.: *Umwelt vor Gericht. Die Eigenrechte der Natur*) zu fordern, dass Wäldern, Seen und Bergen das Recht verliehen wird, vor amerikanischen Gerichten als Kläger aufzutreten. Die Idee ist nicht ganz so weit hergeholt wie sie klingt; Unternehmen und Schiffe sind bereits »Personen« aus der Sicht des Gesetzes, warum also nicht auch Bäume? Stones Argumentation wurde von Richter William O. Douglas tatsächlich auch akzeptiert; zugunsten von Bäumen und anderen natürlichen Objekten wurde in einigen Fällen Klage zum Schutz natürlicher Lebensräume eingereicht, und zwar mit Erfolg.

Ich weiß nicht, ob mir die Idee wirklich gefällt, dass mein Baum später einmal ein Prozesshansel wird. Obwohl denjenigen, die für die Rechte der Natur eintreten, das Interesse meines Baumes und auch der übrigen Natur ganz bestimmt sehr am Herzen liegt, habe ich doch die Sorge, dass eine Welt, in der Bäume Rechte besitzen, vermutlich eine Welt wäre, in der die Rechte der Menschen substanziell verwässert würden. Die Rechte des Einzelnen, eine derart mühevoll erkämpfte und zerbrechliche Errungenschaft in der Geschichte des Westens, würden in einer Welt der »Rechte der Natur« kein leichtes Leben haben, und sei es auch nur deshalb, weil in der Natur die Arten immer mehr zählen als die Individuen. Aus der »biozentrischen« Perspektive, die anzunehmen uns die radikalen Umweltschützer drängen wollen, sind die letzten paar Grizzlys wichtiger als ein einzelnes menschliches Wesen. Im Versuch, den Liberalismus so auszuweiten, dass er auch die Natur umfasst, zerstören wir am Ende möglicherweise den Liberalismus selbst.

Dies ist natürlich nur ein pragmatischer Einwand, und auf Menschen, die davon überzeugt sind, eine neue Wahrheit über die Natur entdeckt zu haben, würde man damit wenig Eindruck machen. Selbstverständlich ist aber die Vorstellung, dass Bäume Inhaber von Rechten sind, nichts anderes als eine weitere Metapher, eine Metapher, die wir annehmen oder ablehnen können. Sollte sie sich durchsetzen, dann aus dem Grund, dass sie in die Linie unserer liberalen Tradition passt ebenso wie zu Thoreaus *Romantischem Baum*. (Was ist denn der

»Prozesshansel-Baum« anderes als ein *Romantischer Baum* mit einem Anwalt?) Mögen sie auch noch so viel über Biozentrismus reden, die Vertreter der Rechte der Natur entkommen doch nicht wirklich der Anthropozentrismus-Falle: Rechte sind schließlich eine menschliche Erfindung und werden von uns verliehen oder verwehrt.

Fällt uns nicht vielleicht doch eine Metapher ein, die nicht aus »Rechten« hergeleitet und weniger sperrig ist? In der Tat hat die Wissenschaft kürzlich ein paar neue Charakterisierungen von Bäumen vorgeschlagen, die mir deutlich vielversprechender erscheinen; rückblickend gesehen lassen sie die uralten starken Gefühle, die der Mensch gegenüber den Bäumen empfand, fast wie eine unheimliche Vorahnung aussehen.

Stellen Sie sich den Baum als Atmungsapparat der Erde vor, als ein Organ, das zur Regulierung der Atmosphäre des Planeten beiträgt, indem es frischen Sauerstoff ausatmet und den Kohlenstoff, den Tiere, Verwesungsprozesse und die Zivilisation ausspeien, einatmet. In dieser neuen Charakterisierung ist der Baum nicht nur ein Mitglied des regionalen Ökosystems Wald (von dem wir seit geraumer Zeit wissen, dass es auf das Leben, den Boden und sogar das Klima vor Ort erheblichen Einfluss hat); er ist auch ein lebenswichtiges Organ in einem globalen System, das komplizierter ist und dessen einzelne Komponenten tiefer ineinandergreifen, als uns jemals bewusst war. Vielleicht ist die Erde gar kein Raumschiff, sondern ein Organismus, dessen Lungen die Bäume sind.

Mithilfe von Instrumenten der Gasanalyse, die auf der Flanke eines Vulkans auf Hawaii aufgestellt wurden, hat die Menschheit mittlerweile ja tatsächlich das Atmen der Erde beobachtet, das einem jährlichen Rhythmus folgt: Jedes Jahr im Sommer, während die Wälder einatmen, sinkt in der Atmosphäre der nördlichen Erdhalbkugel der Kohlendioxidgehalt und jedes Jahr im Winter, wenn die Fotosynthese nachlässt und die Zivilisation die Verbrennung fossiler

Stoffe verstärkt, steigen die Kohlendioxidwerte erneut, jedes Jahr ein bisschen höher. (In unserer Zeit fällt der Erde das Atmen allmählich immer schwerer, in dem Maß, wie der Wald damit zu kämpfen hat, beim Einatmen von Kohlendioxid mit dem heißen, schweren Atem der Zivilisation Schritt zu halten.) Hier treten also die Umrisse einer neuen Baummetapher hervor, einer Metapher von großer Kraft, Schönheit und Bedeutung.

Die Wissenschaft betrachtet Bäume mittlerweile auch als Barometer für unseren ökologischen Gesundheitszustand. Lange bevor dies anderswo sichtbar wird, zeigen die Bäume deutlich die Auswirkungen der durch den Menschen verursachten Umweltschäden. Mutmaßlich wird sich der Treibhauseffekt neben den Polar- und Küstenregionen auch in den Wäldern manifestieren, wo an kühle Temperaturen gewöhnte Baumarten, die nicht schnell genug Richtung Norden wandern können, um mit dem wärmer werdenden Klima Schritt zu halten, vielleicht bald erkranken und absterben werden. Der saure Regen lässt die Wälder in Neuengland immer noch nicht unbeeinflusst, auch wenn die schlimmen Jahre vorbei sind. (Was letztlich ja der Grund war, wie Sie sich erinnern werden, warum ich mich überhaupt für einen Spitzahorn entschied. Eines wird mein Baum wohl auf jeden Fall repräsentieren, nämlich unsere ersten Anpassungsversuche an diese neue Welt.) Bäume sind wie die Kanarienvögel, die die Bergleute früher mit in die Kohlenbergwerke nahmen; da die Vögel den giftigen Gasen viel früher als die Menschen erlagen, dienten sie den Bergleuten als Warnsignal vor unsichtbaren Gefahren.

Hätte ich die Wahl, wäre es mir viel lieber, wenn sich der Lungen- oder der Kanarienbaum durchsetzen würde und nicht der Prozesshansel-Baum. Die ersten beiden Metaphern (die in Wirklichkeit in enger Beziehung zueinander stehen) haben den Vorteil, dass sie uns zwingen, die Zusammenhänge zwischen unseren unbedeutenden, örtlich beschränkten Aktivitäten und dem Gesundheitszustand des Planeten wahrzunehmen. Sie regen uns an, die vorhandenen Bäume zu erhalten und neue zu pflanzen. Was aber meiner Meinung nach noch wichtiger ist: Die Lungenmetapher führt uns wieder in eine wechselseitige Beziehung zu den Bäumen zurück. Sie unterhöhlt romantische Vorstellungen von deren Andersartigkeit und leitet uns auf eine existenzielle gemeinsame Ebene. Wenn wir uns die Bäume als Lungen und die Erde als einen Organismus vorstellen, dann macht der Gedanke, dass wir Menschen außerhalb der Natur stehen, keinen Sinn mehr, und noch weniger kann dann gelten, dass Bäume kein Teil der Kultur sind. Im Grunde müsste sich eigentlich die ganze Drinnen/Draußen-Metapher verflüchtigen, und das wäre ein Gewinn.

Es ist ganz offensichtlich nicht möglich vorherzusagen, ob eine dieser Metaphern Schule machen wird, und wenn ja, welche. Das wird von ihrer Nützlichkeit abhängen ebenso wie von den üblichen Irrungen und Wirrungen der Gespräche, die wir laufend über die Natur führen. Denn jederzeit könnte ein neuer Thoreau, diesmal vielleicht in Gestalt eines Wissenschaftlers, daherkommen und den Baum ganz neu erschaffen, nach Grundzügen, die wir unmöglich vorhersehen können. Ich weiß aber auch: Könnte ich aus der Zukunft Nachrichten über meinen Ahorn erhalten, aus einer Zeit in 100 Jahren, dann würde ich enorm viel über das Schicksal der Natur erfahren.

An einem frühen Morgen, nach einer Nacht, die den ersten Schnee der Saison gebracht hatte, machte ich mir einmal Gedanken darüber, was für Informationen das denn wären, die ich gerne über meinen Baum hätte. Die Sonne stand so tief am östlichen Himmel und so hell, dass der Ahorn einen ungewöhnlich langen und scharf umrissenen Schatten auf die frische weiße Schneedecke warf. Der Schatten raste über die Wiese geradeaus nach Westen, schwang sich dann einen kleinen Hügel hinauf und schoss tief in die Wälder hinein, wo sich seine Spur verlor.

Was wollte ich also von dort bekommen, von da vorne, da oben? Auf jeden Fall wäre der Bericht eines Botanikers über den Gesundheitszustand meines Baumes hilfreich. Der Spitzahorn ist eine an kühle Temperaturen gewöhnte Art und sollte er in der Hitze des späten 21. Jahrhunderts krank geworden sein, dann würde ich wissen, dass der Treibhauseffekt die heute prognostizierte reale Bedrohung gewesen ist und dass wir ihn nicht abgewendet haben. Noch aufschlussreicher als der Bericht des Wissenschaftlers wäre aber ein Brief aus jener Zeit, der zufällig der Beschreibung meines Baumes ein paar Sätze widmen würde, in der Sprache des Alltags. Daraus könnte ich vielleicht erfahren, wie die Menschen um die nächste Jahrtausendwende einen Baum betrachten, und dies würde mir ziemlich genau sagen, in welchem Zustand die Natur ist. Würde der Brief den Baum in Begriffen beschreiben, mit denen Joe Matyas oder auch Henry Thoreau etwas hätten anfangen können, dann gäbe dies Anlass zur Sorge. Das würde nämlich bedeuten, dass wir im Sumpf unserer alten Naturmetaphern stecken geblieben sind und es wahrscheinlich nicht geschafft haben, uns aus unserer verzwickten Lage zu befreien.

Vielleicht würde der Brief aber auch einen Beleg für eine neue Metapher enthalten, die voller Leben und Kraft und, zumindest für eine gewisse Zeit, *wahr ist*. Diese Metapher würde mir wahrscheinlich zunächst seltsam vorkommen, vielleicht sogar unverständlich. Irgendwann aber würde mir dämmern, was damit gemeint ist. *Das also ist es, was einen Baum ausmacht! Wie konnten wir je etwas anderes gedacht haben?* Dann gäbe es Grund zur Hoffnung, eine neue Wahrheit hätte Wurzeln geschlagen und wir hätten unsere Beziehung zur Natur vielleicht endlich auf eine heilsamere Basis gestellt.

Kapitel 10

Die Idee des Gartens

Unter all den Nachrichten, die im Laufe vieler Jahre aus meiner Stadt nach außen drangen, war die wichtigste der Tornado (eigentlich waren es mehrere), der am 10. Juli 1989, an einem Montag, hier durchraste. Von den Berkshires kommend, schoss er das Tal des Housatonic hinunter, drehte sich über Coltsfoot Mountain ostwärts und sprang dann, nachdem er den Himmel mit einem unheimlichen Graugrün überzogen hatte, wie verrückt 15 Minuten lang zwischen den Hügeln hin und her wie ein Flipper, bevor er wieder hinauf in den Himmel kreiselte. Er war Teil des bereits erwähnten Sturms, der die Rinde meiner Esche aufgerissen hat. Auf der anderen Seite der Stadt war der Schaden aber um vieles größer. Wie ein gigantischer, ins Schleudern geratener Radierstift löschte der Wirbelsturm ganze Bereiche des Waldes völlig aus, über viele andere wischte er, lediglich die Baumwipfel abknickend, mit rabiater Gewalt hinweg. Von heute auf morgen waren weite Teile der Stadt nicht wiederzuerkennen.

Eine der Stellen, an denen der Radierstift direkt zuschlug, war *Cathedral Pines*, ein berühmter Wald aus Weymouthskiefern – ein

Altbestand – nahe dem Stadtzentrum. Dieser 17 Hektar große Wald, eine Art lokales Heiligtum, gehörte zu den ältesten Weymouthskieferbeständen in Neuengland; etwa seit dem Jahr 1800 hatte man die Bäume nicht mehr angetastet. Beim Anblick dieses Waldes konnte man sich eine Vorstellung davon machen, wie der Wald der Neuen Welt auf die ersten Siedler gewirkt haben muss. Im Jahr 1985 war er von der Bundesregierung der Vereinigten Staaten zu einem *National Natural Landmark*, einem Nationalen Naturdenkmal, erklärt worden. An einem heißen Sommertag in *Cathedral Pines* einzutreten, war ein Gefühl, als schreite man aus der Sonne in eine dämmrige Kathedrale. Das Sonnenlicht wurde durch Billionen von Kiefernnadeln angenehm gekühlt, während es sich seinen Weg hinunter auf den weichen, federnden Boden suchte. Dieser Boden hatte seit bald zwei Jahrhunderten den blauen Himmel nicht mehr gesehen. Der Sturm kam hier gegen fünf Uhr abends durch und der Wind brauchte nur wenige Minuten, bis mehr als 50 Meter hohe Kiefern mit raketenähnlichem Umfang wie Mikadostäbchen auf dem Boden lagen, als hätte man eine Handvoll Stifte aus großer Höhe heruntergeworfen. Der Wind toste mit einer derartigen Lautstärke, dass die Leute in den Häusern am Waldrand gar nicht bemerkten, dass Bäume umgefallen waren, bis sie sich dann nach dem Abzug des Sturms auf die Straße wagten. Am nächsten Morgen war der Himmel wieder klar; es war das erste Mal nach mehr als einem Jahrhundert, dass genau auf diesem Fleckchen Erde Sonnenlicht auftraf.

»Es ist ein schreckliches Durcheinander«, sagte der Bürgermeister vor der Presse, »eine Tragödie«, meinte ein weiterer Bewohner von Cornwall. Damit verlieh er dem Gefühl eines unersetzlichen Verlustes, das viele in der Stadt ebenso empfanden, Ausdruck. In den folgenden Tagen jedoch mussten der Stadtrat und wir alle miteinander uns sagen lassen, unsere Reaktionen seien zwar verständlich, aber doch kurzsichtig, unwissenschaftlich und, was das Schlimmste war, anthropozentrisch. »Für uns mag es ein großes Unglück sein«, sagte ein Beamter der staatlichen Umweltbehörde einem Journalisten des *Hartford Courant*, »aber für die Biologie ist das kein Zerrbild der Natur. Es ist ein ganz normaler natürlicher Vorgang.« Die Organisation *The Nature Conservancy*, der *Cathedral Pines* gehört, erklärte in einer Pressemitteilung, der Sturm sei nur ein weiteres Verbindungsstück in einer kontinuierlichen Kette von Ereignissen gewesen, in deren Verlauf dieser Wald geschaffen und verändert worden sei.

Es dauerte nicht lange, bis die Reibung zwischen diesen beiden Sichtweisen eine Kontroverse lostrat, die dermaßen hitzig wurde, dass sie es sogar bis in die *New York Times* schaffte. Ganz im Einklang mit dem Auftrag, ihre Gebiete in »einem natürlichen Zustand« zu halten, kündigte die Organisation *The Nature Conservancy* an, man werde *Cathedral Pines* sich selbst überlassen und so dem Wald die Möglichkeit geben, seinen »natürlichen Gang« zu gehen, was immer man auch darunter verstand. Für die städtischen Beamten und die Anrainer des Waldes war dies in jeder Hinsicht inakzeptabel. Nicht nur, dass die umgeworfenen Bäume unmittelbar am Rand der Stadt eine Beleidigung für das Auge waren, sie stellten auch ein Brandrisiko dar. Ein paar Sommer mit Dürreperioden und schon könnte das Holz in einer Feuersbrunst aufgehen, eine Bedrohung für mehrere nahe gelegene Wohnhäuser und möglicherweise sogar für die Stadt selbst. Viele Leute in Cornwall forderten, man solle *Cathedral Pines* abräumen und neu bepflanzen, damit wenigstens die kommende Generation einmal in den Genuss käme, so etwas Ähnliches wie den alten Wald vor Augen zu haben. Ein paar Leute waren so geschmacklos darauf hinzuweisen, dass über 2 500 Kubikmeter kostbares Holz eine ungeheure Verschwendung wären – tadelloses Kiefernholz ohne Astlöcher in enormen Längen.

Die Presse stellte das Ganze als klassische umweltpolitische Auseinandersetzung dar, bei der die Interessen von Mensch und Natur aufeinanderprallen, und das war es auch in gewisser Weise. Auf der einen Seite standen die Umweltpuristen, die *jedwede* Einmischung des Menschen in den Charakter dieses Waldes als unnatürlich empfanden. »Wenn Sie das alles wegräumen wollen«, erklärte ein Purist in der lokalen Presse, »dann können Sie genauso gut Eigentumswohnungen hinstellen.« Auf der anderen Seite stand das vermeintliche Interesse des Menschen, abwechselnd ausgedrückt in Formulierungen aus dem Bereich Sicherheit (Brandgefahr), Wirtschaftlichkeit (Verschwendung von Holz) und Ästhetik (das »schreckliche Durcheinander«).

Ein ordentlicher Streit im Städtchen macht jedem Freude; ich fand die ganze Sache allerdings sehr schnell deprimierend. Dies war in der Tat eine klassische umweltpolitische Auseinandersetzung, insofern als sie mehr oder weniger alles, was wir bei der Behandlung solcher Probleme falsch machen, beispielhaft vorführte. Beide Seiten fingen an, die Position der anderen Seite ins Lächerliche zu ziehen: Der Satz vom »schrecklichen Durcheinander« brachte dem Bürgermeister auf der Leserbriefseite der *New York Times* Hohn und Spott ein wegen seines Anthropozentrismus; der Bürgermeister wiederum beschuldigte den Wissenschaftler aus Yale, der zugunsten von Nichteinmischung plädierte, »in einem Elfenbeinturm zu leben«.

Auch wenn es den Anschein hatte, die beiden Parteien lägen sehr weit auseinander, so hatten sie doch viel mehr gemeinsam, als sie dachten. Beide gingen von der Voraussetzung aus, dass sich Mensch und Natur unversöhnlich gegenüberstünden und dass der Sieg der einen Seite zwangsläufig die Niederlage der anderen Seite beinhalten müsse. Mit anderen Worten, beide Parteien akzeptierten die Prämissen dessen, was wir »Wildnis-Ethik« nennen könnten; diese Ethik gründet auf der Annahme, die Beziehung zwischen Mensch und Natur gleiche einem Nullsummenspiel. Dieser weitverbreitete, jedoch großenteils ungeprüfte Gedanke hat bislang den Rahmen für die meisten Umweltauseinandersetzungen in diesem Land gesetzt, seit der allerersten Debatte, einem Fall von großer Bedeutung. Die Rede ist vom Kampf um den Bau des *Hetch-Hetchy-Damms** im Jahr 1907, bei dem John Muir gegen Gifford Pinchot antrat, den Muir einen »Tempelschänder« zu nennen pflegte. Während ich nun so zuschaute, wie meine kleine Debatte vor Ort sich im Lauf des Sommers entfaltete und zunehmend schriller und unfruchtbarer wurde, kam ich ins Grübeln, ob nicht vielleicht die Wildnis-Ethik selbst, bei allen Verdiensten, die sie sich das ganze 19. Jahrhundert hindurch um dieses Land erworben hat, mittlerweile selbst Teil des Problems geworden ist. Ich dachte auch darüber nach, ob es denn nicht möglich wäre, eine andere Ethik zu formulieren, der wir uns beim Umgang mit der Natur anvertrauen könnten, ab und zu jedenfalls, an der einen oder anderen Stelle, eine Ethik, die nicht auf der Idee der Wildnis, sondern auf der Idee des Gartens beruht.

Forstleute, die Teile der umgestürzten Bäume in *Cathedral Pines* untersucht haben, glauben, dass die ältesten Bäume in diesem Wald etwa aus dem Jahr 1780 stammen, was vermuten lässt, dass das Gebiet von der ersten Siedlergeneration abgeholzt wurde. *Cathedral Pines* ist folglich kein »Urwald«. Die Ringe der gefallenen Bäume weisen zudem einen signifikanten Wachstumsschub im Jahr 1840 auf, wahrscheinlich ein Hinweis darauf, dass Holzfäller in jenem Jahr Laubbäume entfernten und den Kiefern damit erlaubten, ohne Konkurrenz zu wachsen. Im Jahr 1883 kauften die Calhouns, eine alte Familie aus Cornwall, deren Besitz an den Wald angrenzt, das betreffende Stück Land, um die Bäume vor der Bedrohung durch Holzeinschlag zu bewahren. Im Jahr 1967 übertrugen sie das Gelände urkundlich an *The Nature Conservancy*, unter der Auflage, dass es in seinem natür-

---

* Mit dem Wasser aus dem *Hetch-Hetchy*-Tal werden heute rund 80 Prozent der Bevölkerung der San Francisco Bay Area versorgt; aufgrund der Nähe zum Yosemite National Park war das Projekt sehr umstritten.

lichen Zustand belassen werde. In der Folgezeit entwickelte sich der Wald zu einem beliebten Ort für Wanderungen und Sonntagsausflüge; auch feierten zahlreiche Bewohnerinnen und Bewohner Cornwalls ihre Hochzeit dort. Das änderte sich erst in dem Augenblick, als der Tornado die Wege unpassierbar machte.

Cathedral Pines ist keine Wildnis im eigentlichen Sinne des Wortes. Die Naturgeschichte des Waldes überschneidet sich an vielen Punkten mit der Gesellschaftsgeschichte Cornwalls. Dieser Wald ist das Ergebnis von Methoden des Holzeinschlags, die man in früher Zeit praktizierte; das Land wurde einmal per Kahlschlag gerodet und 100 Jahre später dann ein zweites Mal, diesmal allerdings selektiv. In der Geschichte des Waldes spielten höchstwahrscheinlich auch andere menschliche Faktoren eine Rolle. Wir können mit Sicherheit davon ausgehen, dass jedes Feuer, das in der Gegend ausbrach, gelöscht wurde, bevor es Cathedral Pines erreichte. (Wir denken zwar nicht in diesen Kategorien, doch die Europäer haben die amerikanische Landschaft ganz besonders durch die Unterdrückung des Feuers geprägt.) Cathedral Pines ist also in gewissem Maß eine vom Menschen geschaffene Landschaft, und es ließe sich sehr wohl argumentieren, dass es einem Bruch mit der Vergangenheit gleichkäme, würde man den Menschen am jetzigen Punkt in der Geschichte ausschließen.

Beide Parteien in der Debatte zogen es jedoch vor, die faktische Geschichte von Cathedral Pines zu ignorieren und den Wald stattdessen als eine Wildnis im landläufigen Sinne des Wortes zu betrachten: als einen von den Weißen unberührten ursprünglichen Ort. Seit der Zeit der Romantiker schätzen wir Orte dieser Art als Zuflucht vor der Unordnung der Menschenwelt, als Aussichtspunkte, von denen aus wir uns über die Launen jener Welt erheben und auf das konzentrieren können, was Thoreau die »höheren Gesetze« nannte. Ein Nachmittag in Cathedral Pines ist solchen Gefühlen sicherlich entgegengekommen, und schon der Name allein spiegelt den Pantheismus, der dahinter liegt. Schon lange bevor die Wissenschaft den Begriff des »Ökosystems« prägte, spürten wir, dass die ungestörte Natur eine ganz wunderbare Ordnung und Ausgewogenheit entfaltet, etwas, von dem die Welt der Menschen nur träumen kann. Lässt der Mensch sie nur in Ruhe, strebt die Natur immer nach einem Zustand gesunden und beständigen Gleichgewichts. Die Wildnis, reinster Ausdruck dieses Naturgesetzes, steht also jenseits der Geschichte.

Dies sind starke und in vieler Hinsicht wunderbare Gedanken. Das Wildnis-Konzept wirkt in unserer Kultur wie eine Art Tabu und bremst uns oft, wenn wir wieder einmal die Natur beherrschen und verschandeln wollen. Es hat uns dazu inspiriert, so spektakuläre Flächen wie *Yellowstone* und *Yosemite* stillzulegen. Es ist aber auch ein zutiefst entfremdendes Konzept, dessen Prämissen einen starken Keil zwischen Mensch und Natur treiben: Vor dem Hintergrund der zeitlosen Kreisläufe der Natur erscheint die Geschichte der Menschheit linear und unvorhersehbar, von Zeit und Zufall gebeutelt, während sie blind in die Zukunft treibt. Demgegenüber gehorcht die Naturgeschichte festen und ablesbaren Gesetzen, welche die »Gesetze« der menschlichen Geschichte als kümmerlich und zweitrangig erscheinen lassen, sodass sie die Bezeichnung gar nicht verdienen. Was die Zukunft für Cornwall in petto hat, darüber wissen wir so gut wie nichts; für *Cathedral Pines* aber hat die Natur bestimmt einen Plan. Lasst den Wald einfach in Ruhe und schon wird sich jener Plan – in der Wissenschaft unter der Bezeichnung »Sukzession« bekannt – unerbittlich und in strikter Übereinstimmung mit den Naturgesetzen vollziehen. Während die Natur an der Wiederherstellung ihres Gleichgewichts arbeitet, wird ein neuer »Klimaxwald« entstehen – das ist zumindest die Idee.

Die Vorstellung, dass die Natur einen Plan für *Cathedral Pines* hat, ist tröstlich; sie liefert auch mit Sicherheit ein kraftvolles Argument dafür, den Wald sich selbst zu überlassen. Ich wollte natürlich wissen, wie dieser Plan aussieht: Was macht die Natur mit einem von einem Tornado umgelegten alten Kiefernwald? Um das rauszukriegen, schaute ich in ein paar Ratgebern und Standardwerken für Forstökologie nach.

Nach der klassischen Sukzessionstheorie, die im 19. Jahrhundert unter anderem von Henry Thoreau ausgearbeitet wurde, werden auf einen abrupt zerstörten Kiefernwald normalerweise Laubbäume folgen; typisch ist die Eiche. Dies kommt daher, dass Eichhörnchen gerne Eicheln in Kiefernwäldern vergraben und viele davon nicht wieder ausgraben. Die Eichen keimen aus und da jungen Eichen Schatten nicht viel ausmacht, gelingt es den Jungpflanzen oft, unter dem dunklen Dach eines ausgereiften Kiefernwaldes zu überleben. Kiefernsämlinge dagegen brauchen mehr Sonnenlicht als ein ausgewachsener Kieferwald durchlässt; im Schatten können sie nicht auskeimen. Wenn also sehr viele ausgewachsene Kiefern umfallen, haben die Eichensämlinge im Wettlauf um die Herrschaft im neuen Wald die Nase vorne. Bevor überhaupt neue Kiefern die Chance haben zu keimen, sind die Eichen längst damit beschäftigt, die Kontrolle über das Sonnenlicht zu übernehmen und das Erbe im Wald anzutreten.

Das war jedenfalls das, was ich bei meiner Lektüre herausfand. Ich wollte aber doch noch etwas herumfragen und mir bestätigten lassen, dass man allgemein damit rechne, *Cathedral Pines* werde sich in der vorausgesagten Art und Weise verhalten. Ich redete mit einem Forstökologen und einem Fachmann im Mitarbeiterstab von *The Nature Conservancy*. Von ihnen erfuhr ich, dass die Entwicklung von *Cathedral Pines* wohl tatsächlich dem Schema der klassischen Sukzessionstheorie folgen wird. Und doch kann sich eine ganze Menge, wenn nicht im eigentlichen Sinne »falsch«, so doch zumindest anders entwickeln. Was nämlich, wenn es keine Eichen in der Nähe gibt? Eichhörnchen legen auf der Suche nach einem Versteck für die Eicheln nur eine begrenzte Wegstrecke zurück. Anstelle von Eicheln könnten in *Cathedral Pines* überall Hickorynüsse gebunkert sein. Des Weiteren muss man die Zusammensetzung der Arten einbeziehen, welche die menschlichen Nachbarn des Waldes gepflanzt haben. Es wäre vorstellbar, dass sich eine von diesen, möglicherweise eine exotische (also standortfremde), in den Wettlauf einreiht und die Macht ergreift.

»Es kommt ganz darauf an«, das war der Satz, den ich immer wieder hörte, als ich das, was die Natur für *Cathedral Pines* plant, genauer zu definieren versuchte. »Sukzession« ist, wie es scheint, nur eine Theorie, eine von uns geschaffene Metapher, und sehr oft lässt die Natur uns damit ziemlich dumm aussehen. So viele Faktoren gehen in die Gestaltung des Schicksals von *Cathedral Pines* ein, dass man fast den Überblick verliert. Um zu zeigen, was die zukünftige Entwicklung maßgeblich beeinflussen könnte, hier ein paar Beispiele:

Ein Gewitter – oder eine aus einem vorbeifahrenden Auto geschnippte Zigarettenkippe – entzündet im nächsten Sommer ein Feuer. Nehmen wir an, es ist ein heftiges Feuer, heiß genug, um die Bodenfruchtbarkeit zu beeinträchtigen und damit die Erholung des Waldes um Jahrzehnte zu verzögern. Oder sagen wir, es regnet in jener Nacht, sodass es nur zu einem schwachen Feuer kommt, gerade heiß genug, um die Eichensämlinge zu vernichten und damit die vergleichsweise feuerresistenten Kiefernsämlinge ohne Konkurrenz gedeihen zu lassen. Also doch ein neuer Kiefernwald? Vielleicht. Was aber, wenn die Rotwildpopulation im folgenden Jahr zufällig stark ansteigt? Mit seinem Verbiss wird das Rotwild die jungen Kiefern ausradieren und Freiraum für Fichten schaffen, deren Geschmack ihm nicht zusagt.

Oder nehmen wir an, es gibt überhaupt kein Feuer. In diesem Fall kann es Hunderte von Jahren dauern, bis die umgefallenen Kiefern verrottet sind und ihre Nährstoffe dem Boden zurückgeben. Bäume wachsen in dem erschöpften Boden schlecht, die Samen der Brombeeren jedoch, die 50 Jahre lang in der Erde schlummern können, keimen aus und verbreiten sich stark: Am Ende haben wir 100 Jahre Gestrüpp. Oder ein Windhauch trägt geflügelte Samen eines Spitzahorns herein, der in einem nahe gelegenen Vorgarten steht, und zwar genau in dem Moment, in dem die Keimbedingungen perfekt sind. Der Spitzahorn, wie Sie sich erinnern werden, ist eine europäische Art, die hier Anfang des 19. Jahrhunderts eingeführt und vielerorts als Straßenbaum gepflanzt wurde. Sollte diese exotische Spezies zufällig die Oberhand gewinnen, dann würde aus *Cathedral Pines* ein Wildnisgebiet von äußerst seltsamem Charakter und ziemlich peinlicher Namensgebung.

Die Folgen allerdings wären noch viel schlimmer. Nehmen wir an, im nächsten Frühjahr sind die Regenfälle besonders ergiebig und spülen die ganze Humusschicht weg (der Wald steht an einem steilen Abhang). Jetzt können nur noch exotische Unkrautarten überleben und zufällig ist eine davon das Japanische Geißblatt, ein Import aus dem 19. Jahrhundert. Es wächst so zügellos, dass es das Wachstum aller anderen Bäume in der Umgebung auf unbestimmte Zeit ersticken kann. Am Ende haben wir gar keinen Wald mehr.

Mit anderen Worten: Kein Mensch konnte im Sommer 1989 wissen, was in *Cathedral Pines* passieren würde. Und das liegt nicht daran, dass die Forstökologie eine junge oder unvollkommene Wissenschaft ist, sondern dass *die Natur in solchen Fällen selbst nicht weiß, was passieren wird*. Die Natur hat keinen ausgearbeiteten Plan für solche Orte. Ein unfassbar vielfältiges und komplexes Ineinandergreifen von Umständen – manche menschlichen Ursprungs, viele aber auch nicht – würde die Zukunft von *Cathedral Pines* bestimmen. Und wie immer diese Zukunft konkret aussehen würde, sie würde sich kein zweites Mal auf exakt die gleiche Weise entfalten. Es mag sein, dass die Natur gewisse inhärente Tendenzen besitzt, Tendenzen, die sich beispielsweise durch die Sukzessionstheorie beschreiben lassen; zufällige Ereignisse jedoch können ihren Lauf umlenken in eine fast unendliche Zahl unterschiedlicher Kanäle.

Es ist für uns schwierig, diese Tatsache zur Deckung zu bringen mit dem starken Gefühl, es gebe eine quasi göttliche Ordnung in den Aktivitäten der Natur. Mittlerweile ist die Wissenschaft allerdings immer mehr davon überzeugt, dass der Zufall in der Naturgeschichte eine annähernd so große Rolle spielt wie in der Menschheitsgeschichte. Heute werden Forstökologen zugeben, dass Sukzessionstheorien wenig mehr als tröstliche Narrative sind, die wir einem überraschend unberechenbaren Prozess überstülpen; selbst sogenannte Klimaxwälder werden manchmal verdrängt. (Im Norden der Vereinigten Staaten fallen beispielsweise an vielen Stellen Ahornbäume auf unerklärliche Weise in ausgereifte Eichenbestände ein – unerwünschte Gäste bei der Klimax-Gartenparty.) Viele Ökologen geben daher freimütig zu, dass selbst das Konzept des Ökosystems nur eine Metapher ist, ein menschliches Konstrukt, das einer Realität aufgezwungen wird, die erheblich vielfältiger und prekärer ist. Ein Ökosystem mag ein nützliches Konzept sein, aber es ist noch keinem Ökologen jemals gelungen, in der Natur ein solches zu isolieren. Auch der Evolutionsprozess ist keineswegs so logisch und unerbittlich, wie wir angenommen haben. Die Theorien der Paläontologie gehen davon aus, dass die Evolution irgendeiner Spezies, einschließlich unserer eigenen, keineswegs das zwangsläufige Produkt natürlicher Gesetze sei, sondern vielmehr die Folge einer Verkettung zufälliger Ereignisse – »einfach nur Geschichte«, wie das Stephen Jay Gould formuliert. Hätte ein zusätzliches Ereignis stattgefunden oder wäre ein Ereignis ausgeblieben – hätte der Asteroid die Dinosaurier nicht ausgelöscht oder wäre ein kleines Chordatier, ein Wurm namens *Pikaia*, im Burgess-Schiefer* zugrunde gegangen – wäre die Menschheit nie in Erscheinung getreten.

---

* Der *Burgess-Schiefer* in den kanadischen Rocky Mountains ist eine der weltweit bedeutendsten Fossillagerstätten aus der Zeit des Kambriums.

Quer durch mehrere Disziplinen kommen Wissenschaftler de facto zu dem Schluss, in der Natur sei mehr »einfach nur Geschichte« am Werk als bisher angenommen. Unsere Metaphern bilden die Natur aber nach wie vor als logisch, stabil und unhistorisch ab – nicht wie einen Organismus, eher wie eine Uhr oder eine Aktienbörse, um zwei Metaphern zu nennen, die sich eventuell besser eignen. Überall in der Natur sind offenbar Zufall und Kontingenz zugange; sie hat keine festen Ziele, keine unabänderlichen Pfade in die Zukunft, keine unverrückbaren Regeln, die sie selber nicht nach Gutdünken verbiegen oder brechen könnte. Sie ist uns ähnlicher (oder wir sind ihr ähnlicher), als wir je vermutet haben.

Diese Erkenntnis verändert alles, jedenfalls für mich. Für mich ist das eine zutiefst positive Nachricht, obwohl ich mir gut vorstellen kann, dass sie manche Leute nervös macht. Für viele von uns stellt die Natur die letzte Bastion der Gewissheit dar. Außerhalb der Reichweite von Geschichte und Zufälligkeiten stehend, ist die Wildnis eine der letzten tröstlichen transzendentalen Werte aus unserem rapide schwindenden Vorrat an metaphysischen Absolutheiten, der uns seit jeher Maßstab und Richtschnur gewesen ist. Nimmt man uns die berechenbare, von Gott geordnete Natur weg, dann holt man einen unserer letzten Anker ein und wir treiben womöglich ohne Orientierung dahin auf dem Meer unserer Subjektivität.

Die Entdeckung, dass auch in der Natur Zeit und Zufall herrschen, kann aber auch befreiend sein, weil der Zufall eine Einladung ist, an der Geschichte teilzunehmen. Dass der Mensch Entscheidungen trifft, ist nur dann unnatürlich, wenn die Natur deterministisch ist; dass der Mensch Dinge verändert, ist nur dann unnatürlich, wenn die Natur in unserer Abwesenheit unveränderlich ist. Wenn die Zukunft von Orten wie *Cathedral Pines* von vielen verschiedenen Faktoren beeinflusst werden kann, wenn die Geschichte dieses Waldes immer das Produkt von Myriaden zufälliger Ereignisse sein wird, warum sollten wir unter all den Entscheidungsfaktoren dann nicht auch unseren Platz beanspruchen? Sind wir denn nicht auch eine der Möglichkeiten der Natur? Wenn unsere Zigarettenkippen und Spitzahornbäume und der saure Regen die Zukunft dieses Ortes prägen werden, warum dann nicht auch unsere Hoffnungen und Wünsche?

Die Natur würde eine fast unbegrenzte Zahl möglicher Zukünfte für *Cathedral Pines* dulden. Die einen wären besser, die anderen schlechter. Zugegeben, was wir als »besser« einstufen würden, ist wahrscheinlich nicht das, was den Käfern am liebsten wäre. Die Natur selber aber hat keine starke Präferenz. Das soll nicht heißen, dass sie sich jedes Ergebnis gefallen lässt; bestimmte mögliche Zukünfte (tropischer Regenwald, Wüste usw.) hat sie bereits ausgeschlossen, und wenn alles gleich bleibt, wird sie wohl Richtung Eiche tendieren. Es bleibt aber nicht alles gleich (*ihre* Idee) und sie überlässt es ganz offensichtlich gerne dem freien Spiel der zahlreichen großen und kleinen Zufälligkeiten, die Sache unter sich auszumachen. Die Wünsche des Menschen dabei auszuschließen, wäre, zumindest hier und jetzt, willkürlich, verkehrt und, ja, unnatürlich.

Bei der Frage, wie es mit Orten, die von Naturkatastrophen heimgesucht wurden, weitergehen soll, Stimmrecht einzufordern, ist um einiges leichter, als zu klären, wie wir dieses Stimmrecht ausüben wollen. Die Entdeckung des Zufalls in der Natur öffnet ja gleichsam die Büchse der Pandora. Wenn beim Lauf der Natur nämlich nichts feststeht und nichts unausweichlich ist, warum sollten wir dann nicht zu dem Schluss kommen, dass alles erlaubt sei? Da tut man sich doch viel leichter mit der Wildnis-Ethik, also mit dem Glauben, die Natur werde, wenn sie sich selbst überlassen bleibt, schon am besten wissen, was für ein Gebiet gut ist.

Vielleicht sollten wir uns tatsächlich von der Wildnis-Ethik leiten lassen. Dass sie auf einem Naturbild aufbaut, dass wohl eher dem

Mythos als der Realität zuzuordnen ist, muss noch lange nicht heißen, dass wir die Wildnis-Ethik ausrangieren müssen. Genauso wie die Unabhängigkeitserklärung mit der zweckmäßigen Fiktion beginnt, »alle Menschen sind gleich geschaffen«, könnten wir einfach festlegen, dass Orte zu einem bestimmten Zeitpunkt (zum Zeitpunkt einer Naturkatastrophe, zum Zeitpunkt einer Kalamität, etc.) eine Wildnis *sind*, und von dieser Annahme aus weiterarbeiten. Die Wildnis-Ethik muss nicht auf ihren Wahrheitsgehalt, sondern auf ihre Zweckmäßigkeit hin überprüft werden in Bezug auf das, was wir erreichen wollen – nämlich die Umwelt zu schützen und zu verbessern.

Wie viel also taugt die Wildnis-Ethik als Wegweiser in solchen Fällen? Behandeln wir Orte wie *Cathedral Pines* als Wildnis, dann können wir es uns ganz sicher nicht erlauben, dort Eigentumswohnungen zu bauen. Wenn man sich selber die richtige Entscheidung nicht zutraut, tut es gut, eine Autorität von der Klugheit und dem Erfahrungsreichtum der Natur zur Seite zu haben, die die Dinge dann selber entscheidet. Was aber, wenn die Natur sich für das Japanische Geißblatt entscheidet – für einen 300 Jahre währenden Teppichboden aus Gestrüpp? Wir hätten dann einen Wald, der uns erstens nicht gefällt und zweitens nicht einmal eine Wildnis ist; es war ja schließlich der Mensch, der das Japanische Geißblatt nach Cornwall gebracht hat. An dem Punkt der Geschichte, an dem wir jetzt stehen, an dem die Menschen praktisch jedem Winkel der Erde ihren Stempel aufgedrückt haben, da ist Nichtstun oft ein schlechtes Rezept für eine Wildnis. In vielen Fällen führt das nur dazu, dass die Umwelt immer weiter herunterkommt oder dass sie in weiten Teilen das bietet, was die Aktivitäten und Fehler früherer menschlicher Bewohner aus ihr gemacht haben.

Wenn wir an Orten wie *Cathedral Pines* richtige Wildnis wollen und nicht nur fantasierte Unschuld, müssen wir eine solche wiederherstellen. Dies ist das Paradox, mit dem *The Nature Conservancy* und andere Fürsprecher der Wildnis konfrontiert sind: An diesem Punkt der Geschichte eine Landschaft zu schaffen, die keine Spur menschlicher Einmischung verrät, wird ein gewisses Maß an menschlicher Einmischung verlangen. Das bedeutet, dass zumindest die exotischen Arten entfernt werden müssten; dies ist jedoch eine Maßnahme, die die strenge Befolgung der Wildnis-Ethik durch *The Nature Conservancy* nicht erlaubt.

Was aber, wenn *The Nature Conservancy* tatsächlich bereit wäre, genau in dem Maße zu intervenieren, wie es notwendig ist, um jedes Anzeichen menschlicher Gegenwart auszuradieren? Man würde sehr schnell auf einige schwierige Fragen stoßen, auf die man durch die Wildnis-Ethik nicht gut vorbereitet wäre. Was ist denn überhaupt der »echte« Naturzustand in *Cathedral Pines*? Gleicht er dem Erscheinungsbild des Waldes vor Ankunft der Siedler? Einen solchen Zustand könnten wir wiederherstellen, indem wir alle Spuren des europäischen Menschen entfernen. Ist das aber nicht ein ziemlich eurozentrisches (um nicht zu sagen rassistisches) Wildnis-Konzept? Wir wissen heute, dass die Indianer nicht die ökologischen Eunuchen waren, für die wir sie früher gehalten haben. Auch sie hinterließen ihre Spuren auf dem Land: Von den Indianern gelegte Feuer bestimmten über die Zusammensetzung der Neuenglandwälder und schufen wohl jene »Wildnis«, die wir *Great Plains* nennen. Für eine echte, unberührte Wildnis müssen wir viel weiter als bis 1640 oder auch 1492 zurückgehen. Wollen wir aber wirklich den Zustand der Landschaft vor der Zeit der Indianer wiederherstellen, dann werden wir einiges an schwerem Gerät zur Eisherstellung brauchen (ganz abgesehen von ein paar wolligen Mammuts), damit das alles richtig aussieht.

Selbst das jedoch wäre noch Willkür. Es gibt in der Tat keinen einzigen Augenblick in der Geschichte, auf den wir deuten und von dem wir sagen können, dies ist der Naturzustand von *Cathedral Pines*. Schon allein seit der letzten Eiszeit hat dieser »Naturzustand«

ungefähr alle 1 000 Jahre eine gründliche Umwälzung erlebt, als von den Gletschern nach Süden gedrängte Baumarten wieder Richtung Norden zurückwanderten (ein immer noch anhaltender Prozess), als die Indianer kamen und Feuer legten, als die großen Säugetiere verschwanden, als Klimaschwankungen auftraten – als eben all die üblichen historischen Zufälligkeiten die Bühne betraten und wieder verschwanden. Nach der letzten Eiszeit war dieser Teil von Connecticut mehrere Tausend Jahre lang eine baumlose Tundra. Ist das der wahre Naturzustand in *Cathedral Pines*? Wir können uns nicht davor drücken: Wollen wir hier eine Wildnis haben, müssen wir entscheiden, welche Wildnis wir wollen – ein Gedanke, der sich mit der Wildnis-Ethik überhaupt nicht verträgt. Denn besteht denn nicht gerade darin die Attraktivität der Wildnis, dass sie uns der Notwendigkeit, eine Wahl zu treffen, enthebt? Soll nicht die Natur selber entscheiden und uns damit aus der Zwickmühle von Geschichte und Anthropozentrismus befreien?

Das klappt leider nicht, so wie es aussieht. Wildnis ist als Richtschnur beileibe nicht so geradlinig oder verlässlich, wie wir es gerne hätten. Wenn wir nichts tun, haben wir am Ende womöglich ein ausgelaugtes Fleckchen voller Unkraut, das wir selbst (indirekt) geschaffen haben, was wohl kaum als ein Sieg für die Wildnis zu verbuchen wäre. Falls wir aber *Cathedral Pines* in einem früheren Zustand wiederherstellen wollen, sind wir eben zu den unvermeidlichen anthropozentrischen Entscheidungen und Unterscheidungen gezwungen, denen zu entgehen ja der Grund war, warum wir uns der Wildnis zugewandt haben. (Wollte man die Wiederherstellung der Wildnis wirklich ordentlich machen, bräuchte man alles an Technologie und wissenschaftlichem Fachwissen, was die Menschheit auftreiben kann.) So oder so, der Geschichte kann man anscheinend nicht entkommen, nicht einmal in der Natur.

Der Grund, warum die Wildnis-Ethik bei einem Gebiet wie *Cathedral Pines* nicht wirklich weiterhilft, liegt darin, dass sie eine absolutistische Ethik ist: Mensch oder Natur, das ist ihre Botschaft, du musst dich für eines von beiden entscheiden. Sobald Geschichte oder konkrete Umstände diese Trennlinie verschwimmen lassen, bringt die Wildnis-Ethik uns in Schwierigkeiten. Es gibt durchaus Zeitpunkte und Orte, die ein Entweder-oder zwischen Mensch und Natur erforderlich machen; damals im Jahr 1907 im Hetch-Hetchy-Tal mag das durchaus der Fall gewesen sein. Meiner Meinung nach sind aber die meisten umweltpolitischen Fragen, mit denen wir es heute zu tun haben, so vielschichtig wie bei *Cathedral Pines* und zu Fragen dieser Art hat die Wildnis-Ethik immer weniger Konstruktives beizutragen.

Die Wildnis-Ethik sagt uns nicht, was zu tun ist, wenn ein Ökosystem immer mehr herunterkommt, nicht in Folge unserer Einmischung, sondern weil wir uns *nicht* gekümmert haben. Wenn eine Spezies den gemeinsamen Lebensraum verschiedener Arten zu erdrücken und zu ruinieren droht, weil die Geschichte zufällig den Räuber, der die Population einst eingedämmt hatte, ausgerottet hat, dann ist die Ethik stumm. Sie kommt ebenfalls ins Schleudern, wenn die einzige Hoffnung für das Überleben einer Spezies darin besteht, dass der Mensch in das natürliche Habitat eingreift. Überall dort, wo eine durch den Menschen angestoßene Entwicklung wünschenswert oder unabdingbar ist, weiß sie nichts anderes zu sagen als: Macht das nicht. Müssen wir uns zwischen einem Wasserkraftwerk und einem Atomkraftwerk entscheiden, verweigert sie ihre Hilfe. Das kommt daher, dass die Wildnis-Ethik nicht zwischen dieser und jener Intervention in die Natur differenzieren kann – in *Cathedral Pines* also etwa zwischen dem Entfernen unerwünschter Pflanzen und der Entwicklung eines Freizeitparks. »Dann können Sie genauso gut Eigentumswohnungen hinstellen«, ist eine klassische Antwort auf jede Art von geplantem Eingriff in die Natur.

»Alles oder nichts«, das ist der Kern der Wildnis-Ethik und wir haben in Amerika jetzt tatsächlich eine Landschaft, die diesem Motto auffallend gut entspricht. Dank dieses Entweder-oder-Denkens haben es die Amerikaner auf bewundernswerte Weise geschafft, Linien um bestimmte geheiligte Gebiete zu ziehen (wir haben schließlich die Wildnisgebiete erfunden), mit dem Rest des Landes sind sie aber ganz furchtbar umgegangen. Der Grund dafür liegt auf der Hand: Die einzige Umweltethik, über die wir verfügen, weiß nichts Sinnvolles über die Gebiete außerhalb der Linie zu sagen. Sobald eine Gegend nicht mehr »jungfräulich« ist, wird sie typischerweise abgeschrieben als gefallen, für die Natur rettungslos verloren. Wir übergeben sie in die Zuständigkeit des ökonomischen Laisser-faire, jener anderen sakrosankten amerikanischen Ethik: »Dann können Sie genauso gut Eigentumswohnungen hinstellen.« Genau das machen wir dann auch.

Die Wildnis-Ethik und das ökonomische Laisser-faire sind, auch wenn sie zunächst als Antithese erscheinen, in Wirklichkeit Spiegelbilder. Beide gehen von einer quasi göttlichen Kraft aus – von der Natur beziehungsweise dem Markt –, die, wenn sie nur sich selbst überlassen bleibt, schon irgendwie weiß, was für ein Gebiet das Beste ist. Natur und Markt regulieren sich beide selbst, gelenkt von einer unsichtbaren Hand. Den Angehörigen beider Glaubensrichtungen ist ein tiefes puritanisches Misstrauen gegenüber dem Menschen gemeinsam; sie glauben, dass ein Herumdoktern des Menschen die Ordnung der Natur oder der Ökonomie nur von Grund auf verderben kann. Sie wollen nicht zugeben, dass ihre jeweiligen Gottheiten auch irren können: dass die Natur nicht nur die Rose, sondern auch das Aids-Virus hervorbringt, und dass die gleichen Märkte, die unermessliche Werte schaffen, auch zusammenbrechen können.

Im Grunde haben wir unser Land zweigeteilt, in das Reich der Wildnis und in das Reich des Marktes. Das eine umfasst acht Prozent des amerikanischen Landes, das andere den Rest. Vielleicht sollten wir für solche sicheren Grenzen dankbar sein. Was aber sollen wir Naturliebhaber machen, wenn wir uns im Reich des Marktes befinden, was ja die meiste Zeit der Fall ist? Wie verhalten wir uns? Was sind unsere Ziele? Wir können nicht wirklich hoffen, die Grenzen zu verändern. Nein, im Reich des Marktes bringt uns die Wildnis-Ethik nicht viel. Ihre Politik kann nicht anders, als hoffnungslos romantisch sein (mit nicht umsetzbaren Plänen zur Neuvermessung der Grenzen) oder aber nihilistisch. Konfrontiert man sie mit harten Fragen nach dem Umgang mit globalen Umweltproblemen wie dem Treibhauseffekt (ein Problem, das sich nicht um Grenzen schert), werfen die Anhänger der Wildnis-Ethik gerne verzweifelt die Hände in die Luft und erklären das »Ende der Natur« für gekommen.

Es gibt nur eine Sache, der wirklich das Ende droht, und das ist die romantische, pantheistische Vorstellung von der Natur, die wir selber erfunden haben und deren Verschwinden sich am Ende durchaus als Segen erweisen könnte. So hilfreich sie war beim Schutz der heiligen acht Prozent, so hat sie uns doch nicht daran hindern können, den restlichen 92 Prozent schweren Schaden zuzufügen. Diese alte Idee hat uns vielleicht beigebracht, wie man die Natur verehrt, aber nicht, wie man mit ihr lebt. Sie hat uns mehr über Jungfräulichkeit und Vergewaltigung erzählt, als wir wirklich wissen müssen, aber so gut wie nichts über die Ehe. Die Metapher der göttlichen Natur kann dem Menschen nur zwei Rollen zugestehen: die Rolle des Gläubigen (des Naturalisten) oder des Tempelschänders (des Projektentwicklers). Dieses Drama ist inzwischen aber erledigt. Der Tempel – wenn es denn je einer war – ist zerstört. Die Natur *ist* tot, wenn wir darunter etwas verstehen, das abseits vom Menschen und seiner chaotischen Geschichte steht. Und da sie jetzt tot ist, können wir vielleicht endlich ein paar neue Rollen für uns schreiben, Rollen, die uns zeigen, wie wir von hier und nicht von irgendeinem imaginären Unschuldszustand aus weitermachen können, und die uns erlauben, die anstehende Arbeit anzupacken.

Thoreau, Muir und deren Nachfahren begaben sich in die Wildnis und kamen mit den Zutaten für Amerikas erste Umweltethik zurück. Diese hat bis heute Bestand, wenn sie auch mittlerweile etwas angegriffen und ramponiert ist. Wie wäre es, wenn wir jetzt einmal nicht mehr auf die Wildnis, sondern auf den Garten bauen würden, wenn es um die Zutaten einer neuen Ethik geht? Eine Ethik, die die vorherige nicht unbedingt ersetzt, uns aber in solchen Fällen, in denen die alte stumm bleibt oder nichts Konstruktives zu bieten hat, sinnvolle Argumente an die Hand geben kann?

Um die Konturen einer solchen Ethik auszuarbeiten, braucht es schärfere Denker als mich. Aber schon meine begrenzte Erfahrung im Garten hat mich davon überzeugt, dass die dafür nötigen Bausteine – die neuen Naturmetaphern, die wir brauchen – möglicherweise dort zu finden sind. Der Garten ist nämlich ein Ort mit langjähriger Erfahrung in Fragen, die mit der Rolle des Menschen *in* der Natur zu tun haben. Auf der Grundlage meiner eigenen Erfahrung und der Erfahrungen anderer Gärtner, die ich aus Begegnungen und Büchern kenne, folgen nun einige vorläufige Überlegungen dazu, was für Antworten der Garten hier geben könnte.

1. Eine auf den Garten gegründete Ethik würde lokal orientierte Antworten liefern. Anders als das Wildnis-Konzept würde sie für unterschiedliche Orte und Zeiten unterschiedliche Lösungen vorschlagen. In meinen Augen bedeutet dies sowohl Stärke als auch Schwäche. Es ist eine Schwäche, weil eine »Garten-Ethik« nie so klar und eindeutig wie die Wildnis-Ethik Stellung beziehen kann. In einem so großen und geografisch so vielfältigen Land wie dem unseren ist es vermutlich unabdingbar, dass wir abstrakte Vorstellungen in Bezug auf die

Landschaft fördern – Gitterstrukturen, Rasenflächen, Monokulturen, Wildnisbereiche –, die flächendeckend angewendet werden und sogar in die nationale Gesetzgebung eingehen können. Vorstellungen dieser Art haben die Kraft zu vereinfachen und zusammenzuhalten. Ist diese Kraft nicht aber als solche bereits Teil des Problems? Es ist dem Wohl eines Ortes nicht zuträglich, wenn wir mit Vorgehensweisen an ihn herantreten, die anderswo besser passen; in Virginia macht ein Rasen auf eine Art und Weise Sinn, in Arizona nicht.

Eine Garten-Ethik würde also mit Alexander Popes berühmtem Rat an die Landschaftsarchitekten beginnen: »Bei allem hört auf den ›Genius Loci‹.« Dass dieses Motto jemals *No Compromise in Defense of Mother Earth!* (dt.: *Kein Kompromiss beim Schutz von Mutter Erde*), den Slogan von Earth First!, als Aufkleberspruch auf amerikanischen Stoßstangen verdrängen könnte, ist kaum vorstellbar. Das wäre auch gar nicht wünschenswert, jedenfalls nicht überall. Popes geflügeltes Wort deutet ja an, dass es auch Orte gibt, deren »Genius«, falls man auf ihn hört, zu »keinen Kompromissen« raten würde. Was aber für Yosemite passt, muss für *Cathedral Pines* deshalb noch lange nicht richtig sein.

2. Der Gärtner fängt da an, wo er ist. Damit meine ich, er akzeptiert Zufälligkeiten, bei sich selbst und in der Natur. Er vergeudet seine Zeit nicht mit Grübeleien, ob er überhaupt das gottgegebene Recht hat, die Natur zu verändern. Ihm genügt es zu wissen, dass die Menschheit, aus welchen historischen oder biologischen Gründen auch immer, auf sechs von sieben Kontinenten in Gegenden lebt, in denen sie die Umwelt substanziell verändern muss, um zu überleben. Wären wir in der afrikanischen Savanne geblieben, sähen die Dinge vielleicht anders aus. Und würde ich in der Winterhärtezone 6 leben, könnte ich vermutlich ohne Verwendung von Plastikfolie gute Tomaten züchten. Der Gärtner lernt, mit dem Blatt zu spielen, das ihm ausgeteilt wurde.

3. Eine Garten-Ethik wäre unverblümt anthropozentrisch. Beim Pflanzen der Rosen und des Ahornbaumes lernte ich zu verstehen, dass wir die Natur nur durch den Schleier unserer Metaphern kennen; sie ohne Filter zu sehen, ist wahrscheinlich gar nicht möglich. (Und nicht unbedingt wünschenswert, wie George Eliot einmal zu bedenken gab: »Könnten wir den Herzschlag des Eichhörnchens hören, könnten wir das Gras wachsen hören, der ganze Lärm würde uns umbringen.« Ohne das Redigieren unserer Wahrnehmungen könnte sich die Natur als unerträglich erweisen.) Melville charakterisierte die Natur in ihrer Gesamtheit, als er das Weiß des Wals als »sprachlose Leere voller Bedeutung« beschrieb. Sogar die Wildnis, in ihrer satanischen wie in ihrer gütigen Ausformung, ist ein historisches, vom Menschen geschaffenes Konzept. Jede einzelne unserer vielfältigen Naturmetaphern – »Wildnis«, »Ökosystem«, »Gaia«, »Ressource«, »Ödland« – ist bereits eine Art Garten, eine unauflösliche Vermischung unserer Kultur mit dem, was immer da draußen tatsächlich existiert. »Garten« klingt vielleicht nach einem hoffnungslos anthropozentrischen Konzept, aber wahrscheinlich kommen wir daran nicht vorbei.

Der Gärtner verschwendet nicht viel Zeit auf die Metaphysik – darauf, herauszufinden, wie eine »der Wahrheit näher kommende« Sicht auf die Natur (wie etwa Biozentrismus oder Geozentrismus) aussehen könnte. Wahrscheinlich deshalb, weil er bemerkt hat, dass die meisten dieser sehr langfristigen oder sehr weit gefassten Sichtweisen, denen zu folgen man uns nahegelegt hat (dazu gehört auch die von *The Nature Conservancy* in *Cathedral Pines* vorgetragene), sich für unser Wohlergehen und Überleben als Spezies nicht interessieren. In diesem Punkt ist er der gleichen Meinung wie Wendell Berry; er ist davon überzeugt, dass »es nicht natürlich ist, den eigenen Artgenossen gegenüber nicht loyal zu sein«.

4. Abgesehen davon jedoch steht das, was der Gärtner für sein Eigeninteresse hält, auf einer breiten und aufgeklärten Grundlage.

Mag er auch anthropozentrisch sein, so erkennt er doch, dass er, was Gesundheit und Wohlergehen betrifft, von vielen anderen Formen des Lebens abhängt; er ist also darauf bedacht, deren Interessen bei allem, was er macht, zu berücksichtigen. In gewisser Weise ist er durchaus ein Verfechter der Wildnis. Immer wenn er den Wildnischarakter der Erde und der Pflanzen respektiert und pflegt, scheint sein Garten am besten zu gedeihen. Wildnis, so hat er herausgefunden, wohnt nicht nur da draußen, sondern genau hier: in der Erde, den Pflanzen, sogar in ihm selbst. Durch Überkultivierung kann es leicht passieren, dass diese Qualität beeinträchtigt wird. Sie ist aber, so seine Erfahrung, Voraussetzung für den Gesundheitszustand in allen drei Bereichen. Wildnis ist jedoch eher eine Qualität als ein Ort, und obwohl die Menschen sie nicht herstellen können, können sie sie doch sorgfältig pflegen und bewahren. Genau das mache ich, wenn ich Kompost herstelle und dem Boden wieder zuführe. Genau das könnten wir in *Cathedral Pines* machen (dazu müsste man den Ort nicht unbedingt sich selbst überlassen). Der Gärtner kultiviert die Wildnis, jedoch mit Sorgfalt und Respekt, in voller Anerkennung ihres Geheimnisses.

5. Der Gärtner neigt nicht zu romantischen Gefühlen gegenüber der Natur. Was könnte natürlicher sein als die Stürme, Dürren und Schädlingsplagen, die seinen Garten verwüsten? Grausamkeit, Aggression, Leid – auch sie sind Kinder der Natur (und nicht der Kultur, wie Rousseau uns einzureden versuchte). Die Natur ist wahrscheinlich kein geeigneter Ort, um nach Werten zu suchen. Die Ankunft der Menschheit interessierte sie nicht und es interessiert sie auch nicht, ob wir überleben.

Das ist uns eigentlich erst im 19. Jahrhundert entfallen. Unsere romantische Beziehung zur Natur ist eine verhältnismäßig junge Idee, die Folge des im Industriezeitalter neu aufgekommenen arroganten Glaubens, man könne die Natur unterwerfen, und wohl auch Folge der Tatsache, dass nur noch wenige von uns in unmittelbarem Kontakt mit der Natur arbeiten. Sollten allerdings die Klimaprognosen recht behalten (ein Trend zu einer immer schneller ablaufenden Erwärmung, begleitet von heftigen Stürmen), dann wird unsere derzeitige Romanze wie ein kurzer historischer Ausreißer erscheinen, wie eine momentane Verirrung des Urteilsvermögens. Die Natur wird womöglich erneut gefährlich, kapriziös und unbesiegbar. Wenn es so weit ist, wird sich unsere Verliebtheit rasch verflüchtigen.

Im Vergleich mit dem Naturalisten war der Gärtner der Natur nie wirklich verfallen. Dafür hatte er viel zu oft mitbekommen, wie sie seine Pflanzen ruinierte. Der Gärtner hat notgedrungen gelernt, mit ihrer Zwiespältigkeit zu leben – mit der Tatsache, dass sie nicht ausschließlich gut, aber auch nicht ausschließlich schlecht ist, dass sie sowohl gibt als auch nimmt. Die Natur kann uns jederzeit den Boden unter den Füßen wegziehen, mit unseren besten Absichten grausame Scherze treiben. Das mag eine Erklärung dafür sein, warum Gartenschriftstellerei oft zum Komischen tendiert und weniger zum Lyrischen oder Elegischen wie die Naturschriftstellerei: Der Gärtner kann nie ganz verdrängen, dass der Boden unter seinen Füßen unsicher ist, dass man ihn wegen schlechter Leistung auf einmal von der Bühne holen kann.

6. Der Gärtner hat das Gefühl, dass er einen legitimen Kampf mit der Natur austrägt – mit Unkraut, Stürmen und Schädlingen, Fäulnis und Tod. Überdies hat dieser Kampf viel Wertvolles hervorgebracht, nicht nur in seiner eigenen Zeit hier (seinen Garten, seine Früchte), sondern im gesamten Verlauf der Geschichte des Westens. Die Zivilisation selbst, wie Freud und Frazer und viele andere bemerkt haben, ist ein Ergebnis dieses Kampfes. Gleichzeitig sieht der Gärtner ein, dass es weder in seinem noch im Interesse der Natur wäre, seine Sicht in diesem Streit zu weit zu treiben. Viele Siege, die die Menschheit im Streit mit der Natur glaubte davongetragen zu haben – etwa der Sieg der Chemie über bestimmte Insekten oder auch die Überwindung

ansteckender Krankheiten durch die Medizin –, waren doch nur Pyr-
rhussiege oder Scheintriumphe. Den Kampf mit der Natur einfach
weiterlaufen zu lassen, überlegt sich der gute Gärtner, ist besser, als
einen klaren Sieg anzustreben, was ein gefährliches Unterfangen wäre
und ohnehin wohl gar nicht gelingen kann.

7. Der Gärtner sieht es nicht als erwiesen an, dass der Einfluss
des Menschen auf die Natur immer eine negativer sein muss. Er hat
vielleicht beobachtet, wie sein eigener Garten aus einem Stück Land
einen besseren Ort gemacht hat, sogar nach den Maßstäben der Natur selbst. Seine Arbeit im Garten hat die Diversität und Fülle des
Lebens enorm gesteigert. Neben den vielen exotischen Arten, die er
hereingebracht hat, haben sich die Säugetier-, Nagetier- und Insektenpopulationen entfaltet und der Boden ernährt eine um vieles reichere
Mikrobengemeinschaft als zuvor.

Urteilt man streng nach diesen Maßstäben, dann macht die Natur gelegentlich Fehler. Als einen solchen könnte man sicherlich den
Klimaxwald betrachten (ein Gebiet, in dem Zahl und Vielfalt der
Lebewesen bis auf einen kritischen Punkt geschrumpft sind) und in
der Evolution wimmelt es von weiteren Beispielen. Zugleich sollte
man anerkennen, dass der Mensch immer wieder einmal Ökosysteme
erschafft, die wesentlich reicher sind als die, an deren Stelle sie treten, und zwar nicht nur in der Größenordnung von Gärten. Denken
Sie nur an die Hochgrasprärien des Mittleren Westens, an Englands
Heckenlandschaft, die Landschaft der Île de France und den Fleckenteppich aus Feldern und Wäldern in diesem Teil Neuenglands. Die
meisten von uns würden solche Gegenden gerne »Natur« nennen,
damit würde man ihnen aber nicht gerecht (auch uns nicht). In Wirklichkeit sind sie eine Art Garten, eine zweite Natur.

Der Gärtner hat nicht das Gefühl, er stünde, kraft der Tatsache,
dass er die Natur verändert, irgendwie außerhalb. Er schaut sich um
und erkennt, dass Hoffnungen und Wünsche des Menschen inzwi-

schen fester Bestandteil der Landschaft sind. Die »Umwelt« ist kein neutraler unveränderlicher Hintergrund und ist es nie gewesen; nein, sie ist lebendig, sie verändert sich die ganze Zeit als Antwort auf unzählige Zufälligkeiten, zu denen auch die Anwesenheit des Gärtners innerhalb dieser Umwelt zählt. Und diese Anwesenheit ist grundsätzlich weder gut noch schlecht.

8. Der Gärtner glaubt fest an die Möglichkeit, zwischen verschiedenen Arten und Graden menschlicher Eingriffe in die Natur zu differenzieren. Ist nicht der Unterschied zwischen der Île de France und dem giftmüllverseuchten Stadtviertel *Love Canal* oder zwischen der Aufforstung eines Kiefernwaldes und dessen Bebauung mit Eigentumswohnungen Beleg genug dafür, dass es eben nicht um die Entscheidung »alles oder nichts« geht? Der Gärtner hat keinen Zweifel daran, dass man hier Unterschiede machen kann. Das notwendige Unterscheidungsvermögen erwirbt er durch die Gartenerfahrung.

Weil er diese Erfahrung hat, wird er aus der Tatsache, dass ein gewisser Eingriff in die Natur unvermeidlich ist, sicher auch nicht den Schluss ziehen, dass »alles erlaubt ist«. Sein Können und sein Interesse zielen ja genau darauf, festzulegen, was an einer bestimmten Stelle erlaubt ist und was nicht. Wie viel ist zu viel? Was passt zu diesem Fleckchen Erde? Wie können wir hier erreichen, was wir wollen, während die Natur ihre eigenen Interessen verfolgt? Er hat keinen Zweifel daran, dass auf diese Fragen gute Antworten zu finden sind.

9. Der gute Gärtner übernimmt Methoden, wenn auch nicht Ziele, von der Natur selbst. Auch wenn die Natur, wie es scheint, nicht im Voraus diktiert, was wir an einer bestimmten Stelle machen können – wir haben die gleiche Freiheit wie die Evolution, etwas vollkommen Neues auszuprobieren –, lässt sie uns dann eben doch am Ende wissen, was funktioniert und was nicht. Vor allen Dingen ist sie pragmatisch, wie jeder erfolgreiche Gärtner auch.

Indem er die Arbeitsweise der Natur studiert, kann der Gärtner Antworten auf diese Fragen finden: Was kann hier funktionieren? Was hilft hier? Das gilt sowohl für große als auch für kleine und kleinste Dinge. An einer bestimmten Stelle in meinem Gemüsegarten – einer tief liegenden feuchten Fläche – hatte ich keinen Erfolg, ganz gleich, was ich dort anbaute, bis ich mir einmal genau ansah, was die Natur auf einer ähnlichen Fläche in der Nähe wachsen ließ: Dorngestrüpp. Also pflanzte ich Himbeeren, die natürlich eine kultivierte Art von Dorngestrüpp sind, und siehe da, sie haben sich gut entwickelt. Eine banale Geschichte, aber sie zeigt doch, wie Achtsamkeit gegenüber der Natur uns dabei helfen kann, unsere eigenen Wünsche mit ihren Arbeitsweisen in Gleichklang zu bringen.

Die Nachahmung der Natur ist selbstverständlich das Prinzip, auf dem der biologische Gartenbau beruht. Biogärtner haben gelernt, wie man die Methoden der Natur nachahmt, um die Fruchtbarkeit des Bodens zu erhöhen, Insektenpopulationen und Krankheiten in Schach zu halten und Nährstoffe zu recyceln. »Biologische« Verfahren sind aber als solche nicht »natürlicher« als der Vogelruf eines Jägers. Sie sind vielmehr von Menschen geschaffene Analogien natürlicher Prozesse. Aber sie scheinen zu funktionieren. Und sie geben auf jeden Fall einen Hinweis darauf, wie man andere Probleme angehen und Antworten auf beispielweise diese Fragen finden könnte: Was soll eine Stadt mit einem niedergemähten Kiefernwald anstellen? Für welche der neu entwickelten Technologien soll sich die Gesellschaft entscheiden? In jedem Fall wird es Alternativen geben, die eher geeignet sind, unsere Bedürfnisse und Wünsche mit den Arbeitsweisen der Natur zur Deckung bringen, als andere.

Es sieht tatsächlich so aus, als kämen wir in der Natur am besten zurecht, wenn wir sie nachahmen – wenn wir wie fließendes Wasser, wie eine Karotte, eine Blattlaus oder ein Kiefernwald zu denken lernen. Das kommt vermutlich daher, dass die Natur nach fast vier

Milliarden Jahren Erfahrung mit der Trial-and-Error-Methode über ein breites Wissen darüber verfügt, was im Leben funktioniert. Wir sind mit Sicherheit besser beraten, von ihrer Erfahrung zu profitieren als zu versuchen, diese Erfahrung selber noch einmal zu machen; wir hätten ja auch gar nicht die Zeit dazu.

10. Wenn die Natur für eine Garten-Ethik die eine unverzichtbare Quelle des Wissens ist, so ist die Kultur die andere. Mag sein, dass die Zivilisation Teil unseres die Natur betreffenden Problems ist, aber ohne sie wird es keine Lösung geben. Wie Wendell Berry schon so richtig bemerkt hat, ist es die Kultur und ganz gewiss nicht die Natur, die uns beibringt, wie man Dinge beobachtet und im Gedächtnis speichert, wie man aus Fehlern lernt, Erfahrungen austauscht und, was vielleicht das Wichtigste ist, wie man sich einschränkt. Um ihren Lebewesen beizubringen, wie man seinen Appetit kontrolliert, wendet die Natur die brutalsten Lektionen an – Epidemien, Massensterben, Auslöschung. Würde die Menschheit die Umwelt in einem solchen Ausmaß belasten, dass sie für menschliches Leben nicht mehr geeignet wäre, wäre die Natur nicht der Verlierer. Auch würden ihre Gesetze nicht im Geringsten gestört – in der gleichen Weise funktionierend wie immer, würde uns die natürliche Auslese ohne Federlesens erledigen. Sollte es gelingen, dieses Schicksal abzuwenden, dann nur, weil unsere Kultur – unsere Gesetze und Metaphern, unsere Wissenschaft und Technologie, unsere unablässig geführten Gespräche über die Natur und über den Platz, den der Mensch darin einnimmt – die Richtung in eine andere Zukunft weist. Die Natur macht das nicht für uns.

Der Gärtner in der Natur ist die künstlichste aller Kreaturen, ein zivilisiertes menschliches Wesen: Er zügelt seinen Appetit, kümmert sich um die Natur, ist reflektiert und verantwortungsbewusst, weiß um Vergangenheit und Zukunft und fühlt sich in der grundsätzlichen Mehrdeutigkeit seiner prekären Lage durchaus wohl. Das heißt, dass er, obwohl er in der Natur lebt, nicht mehr hundertprozentig zur Natur gehört. Zudem ist ihm bewusst, dass für ihn in seinem Garten weder Erfolg noch Misserfolg vorherbestimmt sind. Der Natur ist sein Schicksal ganz augenscheinlich gleichgültig, und das gibt ihm die Freiheit – verpflichtet ihn geradezu –, nach bestem Wissen und Gewissen seinen eigenen Weg zu suchen.

Zu welchem Vorgehen würde uns eine auf diese Gedanken – auf das Garten-Konzept – gestützte Ethik bei *Cathedral Pines* raten? Ich bin nicht ausreichend über die Ökologie des Geländes informiert, um dies mit Gewissheit sagen zu können, glaube aber doch zu spüren, wie wir in Übereinstimmung mit ihren Glaubenssätzen vorgehen könnten. Selbstverständlich würden wir zunächst den »Genius Loci« befragen. Dabei würden wir unter anderem erfahren, dass *Cathedral Pines* keine Wildnis ist und deshalb wohl auch nicht als eine solche behandelt werden sollte. Dieser Wald ist ebenso eine Kultur- wie eine Naturlandschaft; es wäre falsch, die Wünsche der Stadtbewohner bei den Planungen für das Gebiet auszuklammern. Ihn jetzt als Wildnis einzustufen, hieße, ihm eine abstrakte und fremde Idee aufzudrücken.

Den »Genius Loci« zurate zu ziehen, bedeutet auch nachzufragen, welche Aktivitäten uns die Natur hier gestattet – was diese »Örtlichkeit erlaubt und was sie verbietet«, wie Vergil in seinen *Georgica* schrieb. Wir wissen zum Beispiel jetzt schon, dass dieses Stück Land einen prachtvollen Wald aus Weymouthskiefern ernähren kann. Die Natur hätte nichts dagegen, würden wir uns für eine Neupflanzung des Kiefernwaldes entscheiden. Dies wäre in der Tat ein vollkommen vernünftiges, auch nach Umweltkriterien sinnvolles Vorgehen.

Sollten wir uns entschließen, diesen Weg einzuschlagen, würden wir eine ziemlich einfache Aktion durchführen, nämlich die »ökologische Wiederherstellung«. Diese vergleichsweise junge umweltwissenschaftliche Schule hat ihre Wurzeln in Aldo Leopolds wegbereitenden Bemühungen, in den 1930er-Jahren auf der Fläche der Baumschule der Universität von Wisconsin eine Hochgrasprärie neu zu erschaffen. Leopold und seine Anhänger der *Restoration Ecology* waren der Überzeugung, es reiche nicht immer aus, das Land zu bewahren – vielmehr sei es manchmal wünschenswert und auch machbar, dass der Mensch in die Natur eingreift, um sie zu verbessern. Ein besonderes Anliegen war ihnen die Wiederherstellung beschädigter Ökosysteme: verschmutzter Flüsse, abgeholzter Wälder, verschwundener Prärien, toter Seen. Außerdem waren sie davon überzeugt und darin erinnern sie mich an den *Grünen Daumen* –, dass man die Arbeitsweise der Natur am besten kennenlernen könne, indem man versucht, sie nachzuahmen. (Vieles von dem, was wir über die Rolle des Feuers bei der Herstellung und Erhaltung von Prärien wissen, ist im Grunde ihrer Arbeit zu verdanken.) Der allerwichtigste Beitrag dieser Schule war es jedoch, dem Menschen eine positive, aktive Rolle in der Natur aufzuzeigen – nach ihrer Vorstellung sollte er zu gleichen Teilen Gärtner und Heiler sein. In meinen Augen ist das Konzept der ökologischen Wiederherstellung mit einer Garten-Ethik vereinbar und vielleicht auch mit dem Hippokratischen Eid.

Durch die Arbeit dieser Schule wissen wir heute, dass es möglich ist, die Stadien der Sukzession zu überspringen und zu beeinflussen. Die Vertreter der ökologischen Wiederherstellung würden uns wahrscheinlich den Rat geben, die umgefallenen Stämme zu verbrennen – eine Aktion, die zwar genau genommen nicht »natürlich« ist, aber doch als wirksame Nachbildung des natürlichen Regenerationsprozesses des Waldes dienen kann. Die Brände, die wir entfachen, würden den Boden kräftigen (und dabei *diese* Wildnis aufwerten) und gleichzeitig die verschiedenen Unkrautarten, die Laubbaumsämlinge und das Unterholz ausräumen. Mit diesen Aktivitäten hätten wir dann die Bedingungen, unter denen ein Wald aus Weymouthskiefern entsteht, künstlich wiederhergestellt und die Kiefern könnten dann von alleine zurückkehren. Wir könnten sie auch pflanzen, das macht keinen großen Unterschied. An diesem Punkt hätten wir dann unseren Teil erledigt und der Kiefernwald könnte alleine zurechtkommen. Die Wiederherstellung von *Cathedral Pines* würde mehrere Jahrzehnte dauern, doch sie wäre keine Belastung, weder für unsere Leistungsfähigkeit noch für die Duldungsbereitschaft der Natur. Durch sie würde auch die positive Beziehung zwischen Mensch und Natur, die vor dem Sturm und der nachfolgenden Kontroverse hier zu finden war, wiederhergestellt werden. Damit wäre schon viel erreicht.

Die Natur würde innovativere Lösungen für *Cathedral Pines* nicht ausschließen – an dieser Stelle könnten auch Waldgärten oder sogar Parks gedeihen. Da die Stadt *Cathedral Pines* aber schon immer als eine Art lokale Institution betrachtet hat, als eine mit gemeinsamen Erinnerungen und historischer Bedeutung aufgeladene Einrichtung, wäre meine Argumentation, dass der »Genius Loci« es nicht erlaubt, hier etwas noch nie Dagewesenes zu machen. In diesem speziellen Fall ist die Vergangenheit unser bester Ratgeber, und dies nicht nur in Fragen der Ökologie.

Den Kiefernwald neu zu pflanzen, ist aber nicht die einzige gute Option für *Cathedral Pines*. Es gibt noch einen anderen Wald, dessen Wiederherstellung an dieser Stelle wir uns wünschen könnten, einen, der sich ebenfalls mit der lokalen Geschichte und ihrer Bedeutung für die Stadt verträgt.

Vor dem Sturm kamen wir oft nach *Cathedral Pines* und stellten uns vor, dies sei das Bild, das der Wald der Neuen Welt den ersten Siedlern geboten habe. Wir wissen heute, dass der vorkoloniale Wald wahrscheinlich etwas anders aussah – zum Beispiel bestand er nicht ausschließlich aus Kiefern. Man könnte sich jedoch vorstellen, *Cathedral Pines* wieder in einen Zustand zu bringen, der den tatsächlichen vorkolonialen Bedingungen sehr nahekommt. Durch die Analyse der historischen Berichte, der Ringe der umgefallenen Bäume und der in der Erde vergrabenen fossilisierten Pollenkörner könnten wir die Vielfalt und Zusammensetzung der Arten rekonstruieren, die im Jahr 1739 hier gediehen, in dem Jahr, als die Kolonisten sich erstmals hier in der Nähe niederließen und die Stadt Cornwall aufbauten. Wir wissen, dass die Natur, da sie das schon einmal gemacht hat, uns vermutlich gestatten würde, hier einen solchen Wald hochzuziehen. Unter Verwendung hochentwickelter Techniken der ökologischen Wiederherstellung läge es wohl im Bereich unserer Möglichkeiten, an dieser Stelle einen vorkolonialen Wald neu zu schaffen.

Wir würden diesen Wald nicht aus Treue zum »Naturzustand« von *Cathedral Pines* schaffen, sondern ganz einfach weil uns der vorkoloniale Wald nun einmal sehr viel bedeutet. Er stellt einen Prüfstein dar in der Geschichte dieser Stadt und der ganzen Nation. Ein Spaziergang in einer wiederhergestellten Version des vorkolonialen Waldes könnte uns an die ersten schicksalhaften Eindrücke erinnern, die unsere Kultur von Amerika empfing, an unsere Reaktion, als wir auf das trafen, was Fitzgerald die »frische grüne Brust der neuen Welt« nannte. Während des Nachsinnens über diese Szene könnten wir dazu angeregt werden, darüber nachzudenken, was in der Folgezeit geschah, mit uns, mit den Indianern, die hier einst jagten, und mit der Natur in diesem Winkel von Amerika.

Das ist ziemlich genau das, was ich gesagt hätte bei meiner Wortmeldung, hätten wir eine Stadtversammlung zu der Frage gehabt, was mit *Cathedral Pines* geschehen soll. Eine Stadtversammlung wäre bestimmt genau der richtige Weg gewesen, um in dieser Sache in guter Übereinstimmung mit dem Genius dieser kleinen Stadt in Neuengland zu entscheiden. Die Reden und die Argumente konnte ich mir gut vorstellen. Die Leute von *The Nature Conservancy* hätten dafür plädiert, sich herauszuhalten und »der Natur ihren Lauf zu lassen«.

Richard Dakin, der Bürgermeister, und John Calhoun, der am nächsten beim Wald wohnt, hätten vor der Brandgefahr gewarnt. Und dann hätten wir sicher auch noch andere Ansichten zu hören bekommen. Ich hätte versucht, für die Wiederherstellung zu werben, und dabei etwas über die Möglichkeiten erzählt, wie man den Standort »nach Gärtnerart« pflegen könnte. Ich sehe Ian Ingersoll vor meinem inneren Auge, einen begabten Schreiner aus der Stadt, der recht emotional über die Verschwendung von derart seltenem Holz spricht, und über die Chance, sich zum Thanksgiving Dinner an einen Tisch zu setzen, in dessen Platte man die in der Zeit der Amerikanischen Revolution gebildeten Baumringe nachverfolgen kann. Vielleicht hätte eine Frau erzählt, wie sehr sie ihre Sonntagnachmittagsspaziergänge im Wald vermisst und wie furchtbar traurig es dort jetzt aussieht. Ein Wissenschaftler der *Yale School of Forestry* hätte vielleicht mit viel Geduld versucht zu erklären, warum es für ihn jetzt genauso schön ist, wie es vorher war. (Ein Wissenschaftler aus Yale hat das in der Presse tatsächlich getan, der gleiche Typ, der verkündet hatte: »Wenn Sie das wegräumen wollen, dann können Sie genauso gut Eigentumswohnungen hinstellen.«)

Ich kann mir nicht denken, dass irgendjemand den Bau von Eigentumswohnungen bei der Stadtversammlung vorgeschlagen hätte, genauso wenig wie irgendeine andere bauliche Entwicklung in *Cathedral Pines*. Er wäre vermutlich niedergeschrien worden, weil wir zu viel Achtung vor diesem Ort haben. Außerdem sind unsere Sympathien und Interessen viel komplizierter, als die Ökonomen oder die Umweltschützer immer denken. Ein Projektentwickler hätte sich wohl kaum zu Wort gemeldet; wahrscheinlicher wäre gewesen, dass jemand die Interessen der Fauna des Waldes vertritt – der Arten, die bei dem Sturm schlecht weggekommen sind (wie etwa die Eulen), aber auch der Arten, für die Nichtstun eine Wohltat wäre (die Käfer). So hätte man auch die verschiedenen Interessen der Tiere berücksichtigt.

Ich bin sicher, bei dieser Stadtversammlung wäre die »Natur« – all die unterschiedlichen (und gegensätzlichen) Standpunkte in *diesem* Bereich – gut vertreten gewesen. Vielleicht bin ich ein bisschen naiv, aber ich bin davon überzeugt, dass wir im Laufe einer öffentlichen demokratischen Debatte über den Charakter von *Cathedral Pines* am Ende zu einer Lösung gekommen wären, die uns gefallen und auch die Natur nicht beleidigt hätte.

So ist es aber leider nicht gekommen. Die Zukunft von *Cathedral Pines* wurde im September 1989 auf einer Sitzung bei *The Nature Conservancy* hinter verschlossenen Türen entschieden, nach einer Reihe von Verhandlungen mit den Stadträten und den angrenzenden Grundeigentümern. Dabei kam ein Kompromiss heraus, der eigentlich keinem gefiel: Die umgefallenen Bäume sollten unangetastet bleiben – bis auf einen 17 Meter breiten kahl geschlagenen Streifen um den ganzen Wald herum, eine Feuerschneise, die die Besitzer einiger nahe gelegener Häuser beschwichtigen sollte. Von den Ansprüchen der Menschen war in der Entscheidung einzig und allein die Angst vor dem Feuer berücksichtigt worden.[*]

---

[*] Dem Gebiet außerhalb der Feuerschneise sind noch heute die Zerstörungen durch den Tornado anzusehen, denn die Weymouth-Kiefern (White Pines) kehren nur langsam zurück. Die Wissenschaft (Yale School of Forestry) hat wertvolle Erkenntnisse aus dem Studium der Entwicklung der Sturmwurffläche gezogen.

Winter

Kapitel 11

Verrückt gemacht
durch aufgeblasene Kataloge

Der Winter ist im Garten die Saison fürs Spekulieren, eine Zeit, während der der Schnee auf der Erde eine leere Leinwand ist, die dazu einlädt, in aller Muße dies und jenes auszuprobieren und unzählige hypothetische Gärten anzulegen, von heute bis zum Frühlingstauwetter. Eine Saison fürs Spekulieren auch im Sinne der Wall Street, denn jetzt ist der Zeitpunkt, an dem man in puncto Arbeitszeit und Raumeinteilung im Garten gewichtige Wetten abschließt, und zwar auf einer extrem dürftigen Informationsbasis – da ist nicht mehr als eine Sehnsucht, ein Bild in einem Katalog, ein Samenkorn. Wir Gärtner haben uns immer schwer damit getan, Henry Ward Beechers heilsamen Ratschlag aus dem 19. Jahrhundert zu beherzigen, dass wir uns nämlich nicht »verrückt machen lassen sollten durch aufgeblasene Kataloge der Blumenhändler und Samenverkäufer«.

In ein paar Monaten wird der Sommer über Sinn oder Unsinn unserer Januarpläne sein Urteil fällen, aber jetzt im Moment scheint einfach alles möglich. Der Wintergarten ist ein abstrakter Ort ohne reale

Erde, wo nur Stellvertreter blühen – die Listen, Skizzen und Kataloge und die Samen der Saison (die ihrerseits natürlich die Stellvertreter der Natur selbst sind). Wie substanzlos diese auch zu sein scheinen, für den Sommergarten sind sie so lebenswichtig wie Wasser, Humus und Sonnenlicht. Dass der Gärtner mit solchen Symbolträgern hantiert, verjüngt den Garten – genauso wie es die Hummeln im Sommer zu tun pflegen; so kommen die frischen Gene und neuartigen Kombinationen herein, die ihn jedes Jahr erneuern.

Die Hummel versenkt sich in ihre Blüten und der Gärtner in seine Kataloge, die zu dieser Jahreszeit ganz verschwenderische Blüten treiben und ihn mit ihren Vierfarbenfantasien von florierendem Überfluss verführen. Die Kataloge sind das Herzstück des Gartens im Winter. Durch ihre Seiten schreitet der Gärtner, der den ganzen Sommer lang in Abgeschiedenheit gearbeitet hat, hinaus in die große weite Gartenwelt und kommt mit einem reichen Vorrat an neuen Informationen zurück – was Gene, Gartenarbeit und Kultur betrifft. Die genetische Information kommt natürlich in Form der zum Kauf angebotenen Samen und die gärtnerische Information in Form der wertvollen Ratschläge, die viele der Kataloge enthalten. (Aus den mit Geduld und pädagogischem Geschick geschriebenen Texten von *White Flower Farm* habe ich viel über Stauden gelernt; von *Seeds Blum* habe ich alles darüber erfahren, wie ich mein eigenes Saatgut gewinnen und zum Keimen bringen kann.) Um kulturelle Information zu erhalten, muss der Gärtner zwischen den Zeilen lesen, aber so ist es eben: Viele der Saat- und Pflanzenkataloge sind subtile (und manchmal auch weniger subtile) Handbücher mit nützlichen Hinweisen zu Gesellschaft, Politik und Moral.

Wenn Sie so rund ein Dutzend Kataloge gelesen haben, wird Ihnen klar, dass die Unterschiede weniger in der angebotenen Vielfalt der Pflanzen und Samen bestehen, denn da überschneidet sich vieles, sondern vielmehr in der jeweils speziellen Vorstellung, die sie von

einem Garten haben. Unter anderem ist ein Garten auch eine Möglichkeit, sich selbst auszudrücken, und wir blättern durch die verschiedenen Kataloge auf der Suche nach Elementen eines Vokabulars,
das uns entspricht, das unseren Wünschen Substanz verleihen kann.
Von *White Flower Farm* oder *Wayside Gardens* können wir ein Staudenbeet bekommen, das von Klassenunterschieden nur so überquillt,
ein blühendes Zeugnis unserer Kultiviertheit. Von *Harris* oder *Park*
oder *Gurney's* können wir einen Mittelklassegarten bestellen, der unseren Nachbarn stolze Kunde von Unternehmungsgeist, Unabhängigkeit und Zusammengehörigkeitsgefühl unserer Familie gibt. Von
Johnny's Selected Seeds oder *Pinetree Garden Seeds* bekommen wir
einen Garten, der unser Umweltbewusstsein widerspiegelt. Und von
Seeds Blum oder *J. L. Hudson* einen, der unseren politischen Über-
zeugungen Ausdruck verleiht, insbesondere dem heißen Wunsch,
die genetische Diversität des Planeten vor der Ausbeutung durch die
Großkonzerne zu bewahren. Es gibt viele Gartenvarianten, und jede
hat ihre weitverstreuten Unterzeichner und ein oder zwei Kataloge,
um diese zu einer Gemeinschaft zusammenzuschweißen, die sich, wie
die meisten Gemeinschaften, gerne durch den Gegensatz definiert.
Verbringen Sie nur einmal ein paar stille Winterabende mit diesen gar
nicht so stillen Katalogen und Sie werden sehen, dass der Garten unter
der beschaulichen Oberfläche geradezu vibriert vor gesellschaftlicher
und politischer Kontroverse.

Ganz oben an der Spitze der gesellschaftlichen Hierarchie der Gartenwelt stehen wie zwei große Adelsfamilien die Kataloge von *White
Flower Farm* in Lichfield, Connecticut, und *Wayside Gardens* in
Hodges, South Carolina. Beide Kataloge sind auf Hochglanz getrimmt
und beide bieten eine unvergleichliche Auswahl an hochklassigen
Stauden und Sträuchern an, mit großzügigen Garantien hinterlegt
und jenem untadeligen Service, den man bei diesen Preisen erwar-

ten kann; sie können schwindelerregend hoch sein. Hier jedoch sind die Ähnlichkeiten zu Ende. Auch wenn *Wayside* und *White Flower* vielfach die gleichen Pflanzen verkaufen, so legen sie doch vollkommen unterschiedliche Konzepte der höheren Gartenkunst vor, so unterschiedlich im Stil, wie man das etwa bei großen Südstaatler- und Yankee-Familien erwarten würde.

Amos Pettingill, der fiktive Herr, der seine Unterschrift unter den *White Flower*-Katalog setzt (der bezeichnet sich nicht einmal als »Katalog« – das würde zu sehr nach Profitgier klingen –, sondern spricht von sich selbst als *The Garden Book*), gibt den Ton für dieses Haus an: auf liebenswürdige Weise exzentrisch, von sich selbst überzeugt, klug, über allem Kommerziellen stehend, schwer von Anglophilie befallen, mit ironischer Selbstkritik und doch gleichzeitig in Geschmacksfragen unerbittlich. Ich sage gleich von vornherein, dass ich Amos Pettinghill nicht leiden kann. Ich hasse seinen prüden, der Zeit Eduards VII. nachempfundenen Prosastil, die Art, wie er von einer Kletterrose als »schreckliche Fehlbezeichnung« spricht oder von der Wetterzone 1 als »so abscheulich kalt«. Ich kann es nicht ausstehen, wenn er mir schmeicheln will, indem er meinen Garten »Ihre Anlagen« nennt. Mich nerven alle diese Nebenbemerkungen so ganz »unter uns« gesprochen: »Natürlich kann ein guter Gärtner auch ungeduldig sein; im Lauf der Jahre haben wir allerdings bemerkt, dass ungeduldige Gärtner allesamt mit Geld gesegnet sind. Sie kaufen Zeit in Form von Solitärpflanzen und legen über Nacht einen Garten an, und sie ziehen aus diesem schnellen Vorgehen ebenso viel Befriedigung (genau an dieser Stelle schlägt die Nadel des Lügendetektors aus) wie diejenigen unter uns, die bei der Arbeit lieber auf Zeit als auf Geld setzen.« Hier ist sie wieder, die klassische Unterscheidung zwischen altem und neuem Reichtum, und nur sein freundliches, herablassendes Geflunkere rettet Pettingill vor dem Vorwurf des Snobismus. Natürlich geht es die ungeduldigen Gärtner, diese ungebildeten Neureichen, die zu belehren der Katalog so große Anstrengungen unternimmt, überhaupt gar nichts an, dass *White Flower Farm* sich in ziemlich kurzer Zeit selber zu einem Millionen-Dollar-Unternehmen hochgearbeitet hat.

Sie sollten aber auch wissen, denke ich, dass nichts von alledem mich daran gehindert hat, bei *White Flower Farm* einzukaufen. Fast alles, was ich über den Umgang mit Stauden weiß, habe ich als Schüler zu Füßen von Amos Pettingill gelernt. Ich vertraue ihm voll und ganz, wenn er mir sagt, Fama sei »die feinste Kultursorte der Skabiosenstaude« oder dass, obwohl »die laxen Gewohnheiten der *Veronica latifolia* einige Stöckchen oder leichte Stützen erfordern, sich der Aufwand trotzdem lohnt. Pflanzen Sie ein paar davon neben weißen Türkischen Mohn und dahinter als Rückendeckung *caryopteris*.« Vielleicht weil der Garten, den ich bearbeite, in der gleichen Gegend liegt, im gleichen Klima und im gleichen geografischen wie architektonischen (wenn auch nicht gesellschaftlichen) Kontext, stelle ich fest, dass er fast immer recht hat. Sein Urteil mag sehr oft gereizt und reaktionär sein, aber es wird beherzigt. *White Flower* ist bekannt dafür, dass man bei der Einführung neuer Sorten zögerlich ist. Wenn man dann aber ein Mädchenauge oder eine Taglilie *Stella de Oro* ins Programm aufnimmt, dann können Sie diese voller Vertrauen in Ihren Garten setzen. In Pettingills Club kommt keiner, bevor er nicht auf Herz und Nieren untersucht worden ist.

Ein gewisser Snobismus ist bei Pflanzengenen oft durchaus gerechtfertigt, manchmal ist er jedoch nur eine Maske für eine sehr viel weniger liebenswürdige Arroganz in puncto Stammbäume und Gesellschaft in der Menschenwelt. Nehmen wir einmal die Farbe, ein mit Statusfragen gleichsam pulsierendes Gartenthema. In der Hierarchie der Pflanzenfarben steht das Weiß fraglos ganz oben – und zwar so eindeutig, sagt Eleanor Perényi (auf deren Geschmacksurteil man sich im Garten immer verlassen kann), »dass selbst eine Gladiole hingenommen wird, wenn sie weiß ist – gerade noch –, während sie in jeder anderen Farbe völlig inakzeptabel ist.«

Das Farbenspektrum des Pflanzensnobismus – von Weiß über Blau zu Rosa und Gelb, Rot, Orange und schließlich Violett, zu der ach so gewöhnlichen Flagge des Naturproletariats, des Unkrauts – ist auf jeder Seite des *White Flower Farm*-Katalogs gegenwärtig. Vorherrschend sind Weiß und Blau und obwohl auch Blumen in den wärmeren Farben auftauchen, werden sie doch sparsam und mit Bedacht verteilt. Sie sind immer in den subtilsten Farbschattierungen zu haben und oft mit einer Ermahnung zur Vorsicht vonseiten des Ober-Gärtners versehen. Das vom *White Flower*-Katalog entworfene Bild eines Staudenbeets ist eine zurückhaltende und feine Angelegenheit, wie es sich für ein Beet gehört, das aus Neuengland stammt. Es ist so gestaltet, dass es gut zu alten Steinmauern und Schindeln passt; sollte es Verirrungen geben, dann in Richtung Strenge, niemals in Richtung Extravaganz. Das ist eine Ästhetik, die würde sogar einem Puritaner gefallen.

Wenn *White Flower* einen Garten ganz nach dem Geschmack von Cabots und Lodges* vorschlägt, dann hat *Wayside* einen anzubieten, für den Scarlett O'Hara ihr Leben geben würde. Schon allein anhand der Fotos kann man Amos Pettingills dezente Connecticut-Ästhetik von dem erheblich ausdrucksvolleren Stil unterscheiden, mit dem man in Hodges, South Carolina, arbeitet. Die Leute von *Wayside* fotografieren ihre Blumen gerne, wenn sie voll aufgeblüht sind, ganz offen und schon fast über den Höhepunkt hinaus – wie in jenen holländischen Stillleben, wo die Blüten kurz davor sind, die Blätter abzuwerfen, und Dekadenz durch die Kulissen wabert. Bei *Wayside* drängen sich die

---

* Die Familien der *Cabots* und *Lodges* gehören zur historisch gewachsenen Upper-Class von Boston; die ältesten Mitglieder kamen 1620 mit der Mayflower aus England.

Blüten geradezu provokativ aus den Seiten hervor, oft quellen sie aus dem Rahmen heraus fast wie aus einem Korsett. Die Wirkung ist unverhohlen sinnlich, jedoch nie wirklich geschmacklos – außer vielleicht für puritanische Augen.

Ganz sicher, könnte ich mir denken, ist die Wollust des *Wayside*-Katalogs schockierend für die Yankee-Konkurrenz droben in Litchfield, Connecticut, wo man Blumen immer aus diskreter Entfernung und einige Tage vor dem Höhepunkt fotografiert. Vor mir sind zwei Fotos aufgebaut, eines von *Wayside* und eines von *White Flower*, von der gleichen Blume, einer *Madam Hardy*-Rose. Im *White Flower*-Foto macht sie einen irgendwie keuschen Eindruck, ihre unzähligen weißen Blütenblätter sind noch nicht ganz geöffnet; da wird etwas zurückgehalten. Bei *Wayside* wurde die gleiche Blume ein paar Tage später fotografiert; ihre Blütenblätter sind jetzt ganz geöffnet und bieten ihr Staubgefäß im Innern wie ein grünes Knopfauge dar. Das Katalogexemplar von *Wayside* rühmt ihr »leichtes Erröten«, »den köstlichen Duft« und Blüten, die sie »im Juni verschwenderisch hervorbringt«. *White Flower* verweigert solche Ergüsse und berichtet ganz sachlich, dass »Mme. Hardy sich ein Plätzchen hinten im Abendgarten neben unserem Haus verdient hat, wo sie uns sehr willkommen ist.« *Wayside* schwelgt in der Sexualität seiner Blumen und weiß um die Wirkung, die sie auf unsere Sinne haben; *White Flower* sieht in seinen Blumen gerne verwitwete Tanten oder pflichtbewusste Töchter, niemals aber Sexobjekte.

Bei aller Sensationslust lässt der *Wayside*-Katalog doch nie seine Verbindungen zur Oberschicht in Vergessenheit geraten, ein Talent, das mir typisch für Südstaatler erscheint. Auf seinen Stand vertrauend und unbeeinträchtigt vom Calvinismus der Yankees kann der Südstaatlergarten die warmeren, gefuhlvolleren Blumen und Farben offenbar ohne den leisesten Hauch von Verlegenheit zulassen. Ganz unbeeindruckt führt *Wayside* Pflanzen, bei deren Namen sich Amos

Pettingill bereits vor lauter Befangenheit krümmen würde: Rosen mit dem Namen *Cupcake*, *Rise 'n' Shine* und *Gina Lollobrigida*, eine bonbonfarbige Lilie genannt *Strawberry Shortcake*. Und dann geht *Waysides* Katalog mit den Druckervorräten der Farbe Violett ebenso verschwenderisch um wie *White Flower* mit Kobaltblau. Das kommt daher, dass nach den Regeln innerhalb dieser speziellen Welt eine Blume aufgedonnert und von kokettem Reiz sein kann, ohne deshalb gleich Schande über die Familie zu bringen. Man sieht ihr das nach – weil ihr Vater der ist, der er ist. Der *Wayside*-Katalog widmet dem Thema Abstammung tatsächlich übertrieben viel Platz. Alle Pflanzen darin »sind mit einem Stammbaum versehen«, lässt uns der Katalog wissen, weil »Sie gärtnerisch hochwertige Pflanzen wollen, die sich durch Vornehmheit und Reinheit auszeichnen. Bei Pflanzen wie bei Tieren ist die Zucht der einzige Weg, um reine, echte Sorten und preiswürdige Exemplare zu garantieren.«

Es ist nicht wirklich überraschend, dass jede Pflanze, die sich auch nur der leisesten Verbindung zu europäischen Königshäusern rühmen kann, von *Wayside* ins Herz geschlossen wird. Die Rose *Princesse de Monaco*, eine zweifarbige Hybride in Elfenbein und »rouge«, die »sich heute als besonders schöne Rose für den Schautisch bewährt« (das bedeutet im Katalog-Code »im Garten ist sie eine Katastrophe«) ist ein weiteres Exklusivangebot von *Wayside*. Legen Sie bitte ihre Taschentücher bereit:

> »Der tragische Tod der Fürstin Gracia von Monaco unterstreicht die anrührende persönliche Geschichte dieser Rose. Seit der Hochzeit von Fürst Rainier und Grace Kelly im Jahr 1956 entwickelte sich eine enge Freundschaft zwischen der königlichen Familie und dem Hause Meilland, das jahrelang zu den führenden Rosenzüchtern der Welt gehörte … Im Jahr 1973 widmete Meilland der jungen Prinzessin Stephanie eine neue Rose und im Jahr 1976 wurde Francis Meilland vom Fürstenhaus Monaco ein

Rosengarten übereignet, der dann im Jahr 1981 Schauplatz der ersten Internationalen Rosenschau wurde.

Unter den neuen Rosen, die die Meillands bei dieser Schau ausstellten, war eine zweifarbige Sorte mit rosa und elfenbeinfarbenen Knospen, die sich zu perfekten fülligen Blüten von prachtvollem Elfenbein öffneten, leicht getönt mit einem tiefrosa Schimmer (den Farben des Fürstenhauses) … Ursprünglich unter dem Namen *Preference* ausgestellt, empfahl sie sich noch zusätzlich durch die Tatsache, dass sie die weltbekannte Rose *Peace* zu ihren Vorfahren zählte. Prinzessin Gracia erklärte sie umgehend zu ihrer Lieblingsrose und Alain Meilland entschied sich, ihr den neuen Namen *Princesse de Monaco* zu geben.«

Wahrscheinlich legt *Wayside* deshalb so viel mehr Wert auf die Abstammung als *White Flower*, weil das Unternehmen sehr viel mehr in neuere Hybriden investiert hat, was in der Gartenwelt ein ganz besonders heikles Thema ist. Wenn ein Gärtner in seinem Garten moderne Hybriden zulässt, dann gilt das allgemein als Zeichen für Otto Normalverbraucher-Geschmack. Moderne Hybriden sind die Parvenüs der Gartenwelt, die Nachkommen zweifelhafter Vereinigungen, die die Stammbäume der Pflanzengesellschaft zu verwässern drohen.

Die großen Samenkataloge für jedermann leiden nicht unter solchen Gewissensbissen, wenn es um Hybriden geht. Eigentlich mögen sie nichts lieber als eine neue Kreuzung, je ungewöhnlicher desto besser. Größer, besser, neuer, ganz einfach *andersartiger* – das sind die höchsten Werte der Kataloge, die ich als Mittelklasse einstufe. Die amerikanische Mittelklasse ist natürlich ein Haus mit vielen Stockwerken und man muss hier auf jeden Fall differenzieren: *Burpee* ist dieser Tage vergleichsweise gehoben und bietet sogar ein paar europäische Gemüsesorten und Alte Rosen an; am anderen Ende des Spektrums steht

Gurney's, ein Katalog vom niedrigen Niveau eines Boulevardblattes. *Park*, *Harris* und *Stokes* bewegen sich irgendwo dazwischen. Was alle diese Kataloge verbindet, ist ihre Anbetung des Neuigkeitswerts; sie repräsentieren im Guten wie im Bösen den Triumph des Fortschritts und des Mittelklassegeschmacks im Garten.

Bei jedem dieser Kataloge findet sich unweigerlich zu Beginn ein in grellen Farben hochgejubelter Bereich vollgepackt mit neuen Angeboten, die stolzen (und oft auch patentierten) Kreationen der hauseigenen Pflanzenzüchter und Genetiker. Die Bemühungen dieser weißgekittelten Hexenmeister sind offenbar in zweierlei Richtungen kanalisiert: es geht entweder darum, eine populäre Pflanze von einer angeblich abträglichen Eigenschaft zu befreien oder sie mit einem fantastischen neuen Merkmal zu versehen. Zu der ersten Kategorie gehören Zucchini mit weichen Stielen (»Guck mal, Mama!«, jubelt der Katalog von *Park*, »das kratzt gar nicht!«), »rülpsfreie Gurken« (schon wieder wurde ein weltbewegendes Problem durch amerikanisches Know-how entschärft) und kernlose Wassermelonen.

Die meiste Farbe in den Katalogen bekommen aber die weltbesten, brandneuen, exklusiven Eigenschaften, die diese Firmen jedes Jahr ersinnen – und die stehen dann auch am heftigsten im Kreuzfeuer der Gartenwelt-Traditionalisten. Manchmal sind die Innovationen der Industrie unmittelbar einleuchtend: Warzenmelonen, die in Alaska wachsen können, Taglilien, die den ganzen Sommer über blühen, selbstbleichender Blumenkohl, krankheitsresistente Tomaten. Ob diese Hybriden nun ihr Geld wert sind oder nicht, man kann doch immerhin eine Logik dahinter erkennen. Viele andere neue Hybriden erschließen ihre Sinnhaftigkeit nicht so leicht. Mindestens seit den 1950er-Jahren arbeiten die Samenhersteller mit aller Kraft daran, Zinnien zu kreieren, die wie Dahlien aussehen, und Dahlien, die wie Zinnien aussehen, Chrysanthemen, die wie Gänseblümchen aussehen oder wie Kakteen oder wie Zinnien, Zinnien, die wie Chrysanthemen aussehen, und alle miteinander in noch nie dagewesenen Farbtönen. »Also ich *mag* Chrysanthemen wirklich«, schrieb Katherine White im Jahr 1958 mit einem Anflug von Verzweiflung, »aber warum sollte man Zinnien dazu bringen, ihnen ähnlich zu sehen?«

Das sinnloseste Produkt aller Zeiten aus dem Gebiet der Züchterwissenschaft ist aber mit Sicherheit die *Sunspot sunflower* (kleinwüchsige Sonnenblume) von *Park*. Das Katalogfoto von diesem »herrlichen, fantastischen« Durchbruch zeigt ein Kleinkind, das *buchstäblich aus einem Sonnenblumenfeld herausragt*. Aus irgendwelchen Gründen, die ich nicht einmal ansatzweise begreife, hat *Park* ausgewachsene Sonnenblumenblüten auf 60 Zentimeter hohe Stängel gesetzt. Das Ergebnis ist eine peinliche, plumpe Pygmäe, ein Blumenfreak, den nur Leute erfunden haben können, die nie auch nur eine Sekunde darüber nachgedacht haben, was eine Sonnenblume ist – eine Sonnenblume ist in erster Linie und schlussendlich und auch zwischendrin vor allem eines: *groß.*

Sollte sich Amos Pettingill je dazu herablassen, so etwas wie Einjährige oder Gemüse in seinem Katalog zu führen, können Sie Gift darauf nehmen, dass er *Sunspot sunflower* auslassen wird. Aus ästhetischen Gründen bin ich dabei ganz auf seiner Seite. Die Crème der Gartenwelt formuliert ihre Ablehnung gegenüber solchen Hybriden jedoch mit einer derartigen Vehemenz, dass man sich fragt, ob hier nicht noch mehr als nur guter Geschmack auf dem Spiel steht. Die Züchter, so räsonniert Eleanor Perényi ungehalten, »haben bislang nicht gekannte Obszönitäten in die Gartenwelt eingeführt«; sie bekennt sich zu ihrer »Verachtung für die eher ordinären Hybriden«. Wie auch Katherine White und Amos Pettingill tut ihr jede Blume leid, die gezwungen ist, sich auf so »unnatürliche Weise« zu verhalten: »hellgrüne Narzissen, malvenfarbige Taglilien, rosa Vergissmeinnicht und alle die Zweifarbigkeiten, die man ihnen, wo immer es möglich ist, aufdrängt.«

Die alte Gartengarde aus der WASP-Welt* kann es ganz einfach nicht ertragen, dass der hortikulturelle Schmelztiegel in die Seiten der Normalverbraucher-Kataloge hinein überkocht – alle diese fragwürdigen Heiraten zwischen Blumen, die ihren angestammten Platz in der Welt vergessen haben. Die Stirn dieser Dahlie, die sich benimmt, als sei sie eine Zinnie oder eine Chrysantheme! Und was hat diese gewöhnliche Taglilie sich derart *mauve*farben aufzutakeln? Diese Farbe ist Privatbesitz des Flieders! Dieses leichtfertige Tauschen von Genen dürfen wir nicht zulassen, sonst haben wir bald keine »reinen, echten Sorten« mehr. Kann es sein, dass ich hier Anzeichen einer Furcht vor Rassenmischung wahrnehme?

Ohne Rücksicht auf diese Wächter der genetischen Reinheit lassen die Mittelklasse-Kataloge ihre alljährlichen Veredelungen unbekümmert und mit einem mitreißenden Enthusiamus aufmarschieren. Ihre Religion ist der Fortschritt, und selbst wenn dieser ab und zu einen Blindgänger wie die kleinwüchsige Sonnenblume produziert, so hat er uns doch auch viel Gutes gebracht, wie zum Beispiel die Zuckerschote. Diese Erbse mit der essbaren Schote wurde in den 1980er-Jahren eine der beliebtesten Neuzüchtungen im Bereich Gemüse, trotz des Grummelns von Eleanor Perényi (»zweitklassig«, »nicht essbar«). Die Zuckerschote ist die Teflonpfanne oder der Mikrowellenherd der Gartenwelt und fand in der Mittelklasse sehr viel schneller Konvertiten als unter den snobistischen Essern. Irgendwann kam dann aber die *nouvelle cuisine* auf und stellte der Zuckerschote ein gutes Zeugnis aus und heutzutage findet man diese Aufsteiger-Erbse sogar in höchst vornehmen Katalogen für Gemüsesamen, wie etwa die auf importierte Gemüsesorten spezialisierten Kosmopoliten *Cook's* und *Shepherd's*, Unternehmen, die ernst zu nehmende Köche beliefern.

---

* *White Anglo-Saxon Protestant*: weiße protestantische Amerikaner angelsächsischer Herkunft.

Da, wo sie in Hochform sind, fangen die Normalverbraucher-Kataloge etwas von dem grenzenlosen Optimismus des *Amerikanischen Jahrhunderts* ein; dieser Optimismus ist auf ihren Seiten gleichsam wie in einer Zeitkapsel aufbewahrt. Hier erstrahlt auch die Verheißung der amerikanischen Technologie nach wie vor in hellem Licht, und zwar nirgendwo mehr als im Königreich der Tomatenentwicklung, das den höchsten Stellenwert hat. Hier tragen die gezüchteten Hybriden alle schnittige Namen aus der glorreichen Zeit der Raumfahrt, wie etwa *Supersonic, Ultra Boy, Jetstar, Starshot und Fireball*, was ziemlich radioaktiv klingt. Im Stokes-Katalog fand sich dann auch die Nachricht, die NASA habe seine *Lunch Box*-Tomate ausgewählt als »eine der Sorten, die für die Ernährung der Mitarbeiter auf der neuen Raumstation infrage kommt.« Diese Empfehlung könnte auch leicht nach hinten losgehen (schließlich sind das die Leute, die uns mit Tang und mit tiefgefrorenem Beef Stroganoff beglückt haben), ich muss aber wohl annehmen, dass *Stokes* seine Klientel besser kennt als ich.

Wenn ich mich wieder einmal in frühere Zeiten zurückversetzen will, dann geht das am besten mit *Gurney's* Katalog aus Yankton, South Dakota, einem hemmungslos ordinären Boulevardblatt. Hier scheint sich seit der Zeit vor dem Krieg überhaupt nichts verändert zu haben, nicht einmal die Preise (*Tränende Herzen*: 39 Cent bei jeder Bestellung). Blättert man durch *Gurney's*, dann ist das wie ein Besuch in einem einfacheren, vielleicht unbefangeneren Amerika, einem Land, wo noch angepackt wird, wo die Werte der Sparsamkeit, Unabhängigkeit und der Familie noch nichts von ihrem Glanz verloren haben. Ich stelle mir den Katalog von *Gurney's* vor, wie er in den 30er- und 40er-Jahren des 20. Jahrhunderts auf den Küchentischen der Farmhäuser ausgebreitet lag, vielleicht sogar in *Dorothys** Kansas.

---

* *Dorothy Gale* ist eine der Hauptfiguren des 1900 erschienenen Kinderbuch-Klassikers *Der Zauberer von Oz.*

Die Kunden von *Gurney's* legen ihre Gärten nicht an, um eine gesellschaftliche Aussage zu treffen, sondern um zu sparen, um das Haus ein bisschen aufzupeppen (»Blumen«, sagt der Katalog, »sind wie eine Kuchenglasur« auf dem Haus) und um dafür zu sorgen, dass die Kinder anständig bleiben. Auf den Seiten von *Gurney's* kann man immer noch alles finden, was man für einen *Victory Garden** braucht; hier gibt es wirklich noch alle die verstaubten, uralten Ausstattungsstücke von Jeffersons ländlichem Ideal.

Gurney's macht den Eindruck einer Welt, in der zu den Mahlzeiten regelmäßig Hamburger serviert werden, vielleicht zusammen mit Maiskolben. Entsprechend begeistert berichtet der Katalog von seinen *Walla-Wallas*, »Zwiebeln so groß wie Burger«. (Auf dem Titelblatt sieht man drei dieser goldenen Schönheiten, wie sie eine Waage bei mehr als zwei Kilogramm ausschlagen lassen.) »Extragroße Scheiben – sie reichen leicht für das ganze Brötchen, selbst bei einem Viertelpfünder. Kein nacktes Brot mehr beim Hineinbeißen – Zwiebel bei jedem Happen!« (Wahrer Luxus, wenn man weiter keine Probleme hat.) Eigentlich beziehen sich fast alle Zwiebel-Einträge im Katalog auf Hamburger, offensichtlich der Lebenszweck jeder Zwiebel, die etwas auf sich hält.

Erwartungsgemäß neigt der Prosastil von *Gurney's* zur Übertreibung; die Ausrufezeichen sprießen aus den Seiten wie Unkraut nach dem Regen. Mit Stolz bietet *Gurney's* die *Größte Wassermelone der Welt* an (*Cobb Gem*, »eine Mammutmelone, bei der der Nachbar Stielaugen kriegt!«), den *Größten Kürbis der Welt* (*Atlantic Giant*, der sage und schreibe bis zu 350 Kilogramm erreicht) die *Größte Tomate* der *Welt* (*Delicious*, ein Fall für das Guinness-Buch der Rekorde) und sogar den *Größten Rettich der Welt* (*German Giants*, die

---

* *Victory Gardens* waren Selbstversorgergärten, die während der beiden Weltkriege eingerichtet und gepflegt wurden.

»so groß wie ein Baseball werden!«). Größer ist einfach besser und um wirklich rüberzubringen, um wie viel besser *Gurney's* Gemüse ist, wird auf den Fotos oft geschickt ein optischer Bezug platziert, damit man die Größenordnung besser erkennt: ein Zehncentstück, eine Kaffeetasse, ein Teller mit aufgehäuften Maiskolben, ein freudestrahlendes Kleinkind, das über den Horizont eines Mammutkürbisses hervorspitzt. In *Gurney's* Welt ist das Gärtnern auch eine Form der Unterhaltung und deshalb gibt es überall aufregende und neue Errungenschaften zu bestaunen. die weiße Tomate, die Erbse ohne Blätter (»ein Paradies für Erbsenpflücker!«), die blaue Rose, den Apfelbaum *Fünf in Einem* (fünf verschiedene Sorten auf einen einzigen Baum gepfropft) und die alte, exotische, immer abrufbare Attraktion, die Venusfliegenfalle.

Auch wenn mir dieser Katalog viel Freude macht, so muss ich doch zugeben, dass ich in *Gurney's* mehr herumblättere als tatsächlich kaufe. Die meisten der Angebote dort sind zu gut (und zu billig), um wahr zu sein. Vielleicht liegt es daran, dass *Gurney's* Welt inzwischen einfach derart fremd und antiquiert ist. Ich tue mir aber wirklich schwer damit zu glauben, dass diese Samen heute überhaupt noch keimen könnten, in dem Amerika, in dem ich lebe. *Gurney's* ist das Gespenst der Gartenbau-Vergangenheit.

Bemerkenswert ist zum Teil immer noch die Sparte Schädlingsbekämpfung, wo man manchmal an die Zeit vor *Silent Spring** erinnert wird. Nur allmählich scheinen die Wunder der modernen Chemie ihre Strahlkraft einzubüßen; die lange Liste chemischer Wunderwaffen enthält *Corry's Slug and Snail Death* (Schneckentod) oder große Tüten einer nicht näher definierten Insektizid-Mischung mit dem

---

* *Silent Spring* (dt.: *Der stumme Frühling*) war das wichtigste Buch der US-Schriftstellerin Rachel Carson; es erschien 1962 und befasste sich mit den Folgen eines hemmungslosen Einsatzes von Pestiziden auf die Ökosysteme.

schlichten Namen *Bug Dust* (Insektenpulver). Eine derart unkritische Technologiegläubigkeit verschwindet jedoch mehr und mehr aus der Gartenwelt (gerade dort hat sie übrigens früher als anderswo Anhänger verloren) und die zukunftsorientierten unter den populären Firmen steigen allmählich aus dem Chemikalienhandel aus und favorisieren eher biologische Herangehensweisen, während die weniger fortschrittlichen vielleicht schon bald verschwinden werden – in einer letzten großen Wolke aus *Bug Dust*.

An ihre Stelle tritt eine kleine, aber florierende Gruppe von »Gegenkultur«-Katalogen; sie definieren sich über ihre Gegnerschaft zu den großen populären Saatgutfirmen. Mit einem nur klitzekleinen Anflug von Selbstgerechtigkeit legen *Vermont Bean Seed Company, Johnny's Selected Seeds* und *Pinetree Garden Seeds* (die beiden letzteren aus Maine) Wert auf biologische Verfahren, haben Vorbehalte gegenüber neuartigen Hybriden und vermeiden bewusst jede Art von angeberischer Rhetorik in weltbesten Superlativen. Diese Kataloge haben einen deutlich ländlichen Touch; anders als bei *Gurney's* ist hier aber eine gewisse Brechung zu spüren, man sieht die Dinge durch den Filter der Desillusionierung, die man in der Stadt erlebt hat. Auf mich wirken diese Kataloge so, als seien sie von Ex-Hippies geschrieben, die in den Siebzigern wieder aufs Land zurückgekehrt und dort geblieben sind. Hier sind alle ländlichen Tugenden zu finden, jetzt aber bewusst erarbeitet und als milder Vorwurf gegen die moderne Lebensweise gesetzt. »Wir vergessen nie«, erklärte Rob Johnston von *Johnny's* feierlich schon in den frühen 1990er-Jahren, »dass es nicht nur um Produktivität geht, sondern dass Nahrungsmittel auch zum Verzehr da sind und deshalb schmackhaft und gesund sein sollen. Das ist der Geist, der uns bei der Arbeit beflügelt.« Diese Kataloge sind bescheiden und aufrichtig, misstrauisch gegenüber Großkonzernen und Technologie, sehr genau in Umweltfragen und absolut sachlich.

Auf den Seiten dieser Kataloge fühlt man sich weniger wie im *Amerikanischen Jahrhundert* als wie am Morgen danach.

Alle diese Kataloge warten mit Kritik an der Hybride auf; das ist aber eine andere Kritik als die, die von der Crème der Gartenwelt vorgetragen wird. Dem Kontra-Katalog geht es bei seiner Botschaft gegen die Hybriden weniger um gesellschaftliche als um moralische und politische Fragen – er kommt eher aus der linken als aus der rechten Ecke. Ihr Geschäftsmodell beruht auf der Annahme, dass die Saatgutunternehmen des Massenmarkts den kleinen Mann schlichtweg vergessen haben. Die meisten Hybriden auf dem Markt wurden bei der Züchtung auf die Bedürfnisse der kommerziellen Erzeuger zugeschnitten, für die bei einer Gemüsesorte Geschmack und gesundheitsfördernde Wirkung eine geringere Rolle spielen als die Frage, ob das Gemüse sich maschinell ernten und über weite Strecken transportieren lässt. Mit einer Bestellung bei *Johnny's* tut man etwas für ältere, gesündere Verhaltensweisen.

Die Unterstützung eines Unternehmens dieser Art verspricht vielleicht ein leichtes moralisches Prickeln; einen erheblich kraftvolleren politischen Schub kann man sich bei *Seeds Blum* und *J. L. Hudson* abholen, den hitzigen Radikalen der Gartenwelt; dies sind die zwei Kataloge, mit denen ich in manchem Winter wohl die meiste Zeit verbracht habe. Auf ihren Seiten hier wächst sich der Kampf gegen die Hybriden und ihre Firmensponsoren zu einem richtigen politischen Streit aus, wenn nicht sogar zu einem moralischen Kreuzzug.

Worum es bei diesem Streit geht, lässt sich am besten dem geduldigen, eingängigen (sogar leicht swingenden) Text von *Seeds Blum* entnehmen. Das Unternehmen wurde im Jahr 1982 von Jan Blum in Boise, Idaho, gegründet und ist spezialisiert auf Gemüsesorten, die zunehmend in Vergessenheit geraten, also auf die Samen alter Sorten, die in der ganzen Hektik beim Generieren und Vermarkten neuer F-1-Hybriden aus dem Handel gefallen sind. Die Samen einer F-1-

Hybride, so erklärt Blum, sind diejenigen, die aus der ersten Generation nach einer neuen Kreuzung stammen. Die mit diesen Samen produzierten Pflanzen sind genetisch identisch, *deren* Samen allerdings sind dann nicht »fertil« – sie sind entweder steril oder es treten in der zweiten Generation die weniger wünschenswerten Eigenschaften des einen oder anderen Elternteils zutage.

Aufgrund dieser Eigenschaften ebnete die F-1-Hybride den Weg, auf dem der fortgeschrittene Kapitalismus in Garten und Farm einmarschiert. Ein Acker mit genetisch identischem Mais oder mit Tomaten ist nicht nur vollkommen einheitlich in Geschmack und Aussehen (womit er sich der Nachfrage der Massenmärkte anpasst), er wird auch flächendeckend zur gleichen Zeit reifen und damit dem Farmer effizientes Ernten mittels Maschinen ermöglichen. Indem sie dazu beiträgt, die Techniken der Massenproduktion auf die Landwirtschaft anzuwenden, macht die F-1-Hybride die moderne Industriefarm möglich. Für das Saatgutunternehmen gehen die Vorteile der Hybriden sogar noch darüber hinaus und so heißt es im *Seeds Blum*-Katalog so klipp und klar wie bei Marx und Engels: »Die Hybride existiert allein zu dem Zweck, für das Saatgutunternehmen die Investition in die Zucht abzusichern.« Eine neue F-1-Hybride kann man patentieren lassen – sie ist eine Art Privateigentum. Und da die von einer solchen Hybride produzierten Samen selbst wertlos sind, ist es den Unternehmen, die die Patente halten, gelungen, Farmer und Gärtner von sich abhängig zu machen; die Unternehmen haben die Kontrolle über die »Produktionsmittel« erlangt. So gestaltet die F-1-Hybride die Natur neu, nach dem Bilde des Kapitalismus.

Warum muss das unbedingt etwas Schlechtes sein? Jan Blums Einwände erscheinen zwingend: Abgesehen davon, dass sie für Verbraucher wie Gärtner ermüdend ist, birgt die Homogenität der hybriden landwirtschaftlichen Produkte Gefahren, und zwar deshalb, weil genetische Einförmigkeit Epidemien fördert. Ist einmal eine einzige

Pflanze auf einem solchen totalitären Feld von einer Krankheit oder einem Insekt befallen, ist die Wahrscheinlichkeit groß, dass auch alle anderen befallen werden. Heute bauen die amerikanischen Farmer lediglich eine Handvoll verschiedener Mais-Hybridsorten an; wie sie 1970 erleben mussten, kann jetzt ein einziger Mehltaubefall die Ernte der gesamten Nation empfindlich dezimieren. Durch die Verschmälerung ihrer genetischen Grundlagen haben wir unsere Landwirtschaft sehr viel anfälliger gemacht und infolgedessen wiederum noch abhängiger von chemischer Abwehr. (Es ist kein Zufall, dass einige der großen Saatfirmen heute im Besitz von Chemieunternehmen sind.) Genau die Uniformität, die den Weg des Kapitalismus ebnet, widerspricht einem der Kardinalprinzipien der Natur, nämlich dem der genetischen Vielfalt.

Durch das Bewahren und Aussäen von altem Saatgut, welches »offen bestäubt« wird (das heißt, dass diese Samen sich in der freien Natur selbst reproduzieren können – wenn auch, wie das bei allen Lebewesen, die sich geschlechtlich reproduzieren, der Fall ist, nie zweimal genau gleich), tragen wir dazu bei, dass der Genpool breit und tief bleibt. Über die Jahre sind viele dieser Sorten von einzelnen Gärtnern am Leben erhalten worden, indem sie die Samen bestimmter Pflanzen auswählten und aufbewahrten, die für sie besonders wertvolle Eigenschaften besaßen: die Eignung für die speziellen örtlichen Bedingungen (etwas, das den landesweiten Saatgutunternehmen völlig egal ist), Krankheitsresistenz und, was das Allerwichtigste ist, Geschmack. Durch die Weitergabe von Samen von einer Generation zur anderen haben diese Gärtner buchstäblich wie ein Faktor der natürlichen Auslese gewirkt und dabei eine Menge ausgezeichneter Sorten und zahlloser Eigenschaften entwickelt, auf die die Landwirtschaft vielleicht eines Tages für ihr Überleben angewiesen sein wird. In ihrer Gesamtheit stellt die Arbeit dieser Gärtner heute eine Fundgrube genetischer Information dar, die andernfalls, gäbe es nicht den Einsatz von Jan Blum und ähnlichen Leuten, vielleicht bald verloren wäre.

Blums Katalog, zu gleichen Teilen Predigt und Garten-Happening, nimmt den Gärtner in den Dienst der Mission, diese Arten lebendig zu erhalten. Hier kann ich die Samen des Sibley-Speisekürbisses der amerikanischen Ureinwohner kaufen, die Tomatensorte *Purple Calabash* sowie *Jenny Lind*, die hochgeschätzte Zuckermelone aus dem 19. Jahrhundert. Aus dem *Seeds Blum*-Katalog kann ich auch erfahren, wie man Samen zum Keimen bringt, wie man dann im nächsten Herbst sein eigenes Saatgut gewinnt und sogar auch wie man den Handel mit anderen Gärtnern in die Wege leitet. *Seed Blum* funktioniert nämlich unter anderem auch wie eine Art Kooperative der Samenretter; man ermuntert die Gärtner, die Früchte ihrer Arbeit auf dem Wege über ihre »Handelsstation« auszutauschen, obwohl dieser Service Jan Blums eigenen Samenverkauf mit Sicherheit beeinträchtigt. *Seed Blum* ist in der Gartenwelt das Gegenstück zu *The Grateful Dead*, die unter beträchtlichen finanziellen Opfern ihre Fans dazu ermuntern, Konzertmitschnitte untereinander zu tauschen. Es geht nicht ums Geld, sondern um die Pflanzen, Mann! – darum und um Jan Blums Vision von einer Zeit, in der die »Samen wieder den Menschen gehören und nicht mehr den Saatgutunternehmen.«

Wenn Jan Blum eine Radikale der 1960er-Jahre ist, die zum Garten gefunden hat, dann liest sich *J. L. Hudson* wie ein grantiger, in die Jahre gekommener Anarchist aus den 1930er-Jahren, und tatsächlich wird in diesem strengen, irgendwie abweisenden Katalog Emma Goldman* ausgiebig zitiert. Fast 100 Seiten dick, mit 6-Punkt-Schriftgröße von einem Seitenrand zum andern dicht bedruckt, ist *The Ethnobotanical Catalog of Seeds* ein außergewöhnliches Dokument. Zusätzlich

---

* *Emma Goldman* (1869–1940) war eine US-amerikanische Anarchistin und Friedensaktivistin.

zu den Samen für mehr als 1 000 verschiedene Pflanzen (von denen man viele nirgendwo anders mehr bekommt) spickt der Rebell von Redwood City den Katalog mit Zitaten seiner Lieblingsphilosophen (die von Goldman über Bob Dylan und William Burroughs bis zu Lydia Hyde Bailey und Lao-Tzu reichen), mit seinen eigenen scharfzüngigen und erhellenden Traktaten zu Themen wie »DNA-Transfer zwischen den Spezies« und »Der Wert der Diversität beim Menschen« sowie einer eigenwilligen Bücherauswahl, die gar nicht immer unmittelbar mit Saatgut oder Gärtnern zu tun hat. Neben *The Useful Native Plants of Australia* und *Ethnobotany of the Hopi* finden man auch dieses: »Die Verfassung der Vereinigten Staaten. 1 oz.; $ 1. Ein Exemplar der Verfassung sollte jeder zu Hause haben. Man ist geradezu alarmiert, wenn man die *Bill of Rights* (die ersten zehn Amendments) liest im Lichte der Tatsache, dass es doch immer noch so wenige sind, die von der Regierung respektiert werden. Lies und weine.«

J. L. Hudsons Gartenvision ist durch und durch originell. Sie beginnt mit einer ähnlich radikalen Kritik an Hybriden wie bei Jan Blum, weitet sich dann aber aus und bezieht auch die Bedeutung der Evolution mit ein sowie die Rolle, die dem Menschen auf dem Planeten entspricht. Soweit ich seine Philosophie aus dem Katalogtext zusammenstückeln kann, vertritt Hudson eine sehr eigene Spielart einer libertären Verknüpfung von Politik und Genetik. Aus seiner Sicht ist die höchste Bestimmung des *Homo sapiens*, so etwas wie eine Hummel oder ein Kolibri höherer Ordnung zu sein, betraut mit der Mission, Pflanzengene über die Erdoberfläche zu verstreuen, um das Werk der Evolution voranzubringen. Jeder, der diesem Werk entgegensteht – große Saatgutunternehmen, fehlgeleitete Ökologen –, wird von J. L. Hudson mit Verachtung bestraft.

Einmal schreibt er in der Einführung zu seinem Katalog: »Dieses Jahr würde ich gerne über die weitverbreitete Vorstellung sprechen, dass ›nicht-einheimische‹ Arten irgendwie schädlich seien, dass

›aggressive Exoten‹ in Ökosysteme eindringen und ›einheimische‹ Arten zerstören könnten.« Hudson behauptet, solche Vorstellungen seien biologisch in keiner Weise stichhaltig, und reagiert an diesem Punkt ziemlich gereizt: »Für mich hat das durchaus Ironie, wenn Leute mit europäischem Stammbaum anderen Organismen vorwerfen, sie seien ›eindringende Exoten, die einheimische Arten vertreiben‹.« (Ich würde es mir bestimmt zweimal überlegen, bevor ich in Mr. Hudsons Gegenwart das Wort »Unkraut« in den Mund nähme.)

»Ganz im Gegenteil«, fährt er fort, »dass wir bestimmten Arten dabei geholfen haben, sich über die ganze Welt fortzubewegen, hat dazu beigetragen, *sowohl die globale als auch die lokale Diversität zu erhöhen.* Das ist eine der wenigen menschlichen Aktivitäten, die der nichtmenschlichen Schöpfung einen Nutzen bringen. Da ist kein Unterschied zu erkennen gegenüber der Ausbreitung der Arten durch Wind oder Meeresströmung oder gegenüber der Hilfe, die andere Arten ihren Mitgeschöpfen zuteilwerden lassen, wie zum Beispiel der Verbreitung von Samen durch Zugvögel.«

Trotz all der schlechten Eigenschaften der Menschheit (und Hudson kann mit seiner eigenen Spezies sehr hart ins Gericht gehen) sind wir seiner Meinung nach derzeit einer der wichtigsten Überträger für den »DNA-Transfer zwischen den Arten«, für einen Prozess, der für das Fortschreiten der Evolution von lebenswichtiger Bedeutung ist.

J. L. Hudsons Glauben an den Wert der Samen kommt mir nobel vor, geradezu anrührend. Wer sonst würde die Samen von gewöhnlichem Unkraut (Verzeihung!) wie Wollkraut und Brennnessel gleich neben den Samen von Riesenmammutbäumen(!) verkaufen oder der mexikanischen Teosinte – dem heiligen wilden Mais, den die Indios über Jahrtausende auf ihren Feldern gehalten haben, um ihrem Samenmais immer wieder neue Kraft zu geben? In ein und demselben Katalog gibt es hier alles, was man für ein englisches Staudenbeet wie auch für den Garten eines Indianers vom Stamm der Zapoteken braucht – mehr als 50 Gemüsesorten und Zierpflanzen, die vom letzten Kräuterheiler des Oaxaca-Volkes gesammelt wurden. Der Inhalt von Hudsons Katalog bildet eine riesige wimmelnde Samendemokratie; da gibt es die gewöhnlichen Samen und die seltenen, die nützlichen und die nutzlosen, einige sind leicht zu züchten und andere derart streng in ihren Anforderungen, dass es, so die Warnung, zwei Jahre dauern kann, bis sie keimen. Das ist aber kein Grund, sie auszuschließen; es ist dann kein Grund, wenn man, wie das bei Hudson offensichtlich der Fall ist, fest daran glaubt, dass wir für die Samen arbeiten und nicht umgekehrt.

Hinter den Seiten dieses Samenkatalogs steht vielleicht ein Visionär. Hudson schreibt über die Macht der Samen mit der gleichen Andacht und Ehrfurcht, wie die Gründerväter über die Macht der Worte in einer Demokratie. Samen haben die Macht, Arten zu erhalten, die kulturelle wie auch die genetische Vielfalt zu erhöhen, ökonomischen Monopolen entgegenzusteuern und das Fortschreiten der Konformität an all ihren vielen Fronten aufzuhalten. »Erhalt durch Dissemination«, so lautet Hudsons Credo, ein Prinzip, das er weit über den Profit stellt: Hudson appelliert an seine Abonnenten, Samen aufzubewahren und mit ihm und untereinander zu tauschen; er nennt sogar Namen und Adressen der Konkurrenz, von Saatgutfirmen, die er schätzt. Man legt Hudsons Katalog dann schließlich weg in der festen Überzeugung, dass es ein großes Versäumnis der Gründerväter war, die *Bill of Rights* formuliert zu haben, ohne die Freiheit der Samen zu berücksichtigen.

Der Garten, der in meinen Winterfantasien Form annimmt, sieht jedes Jahr ein bisschen anders aus; er spiegelt die Strichliste der Erfolge und Misserfolge der vergangenen Saison wieder, aber auch die kühneren Konzepte, die ich während der Winterreisen durch die große weite Gartenwelt angelegt habe – an den langen Abenden in Gesellschaft der Kataloge. In einem Jahr war es ein englisches Staudenbeet, das mir Amos Pettingill im Januar in den Kopf gesetzt hatte, das ich aber dann im Mai selber nach anderen Plänen in meinen Garten pflanzte, allerdings mit deutlich bescheideneren Ergebnissen. Im nächsten Jahr war es eine Rabatte mit Alten Rosen, inspiriert durch die zauberhaften Empfehlungen und die üppigen Bilder von *Wayside*. Im letzten Januar entwarf ich mir einen europäischen Küchengarten, ordentliche Reihen Lauch, wie ich sie auf Bildern aus Frankreich gesehen hatte, krause Lollo-Rosso-Salatköpfe aus Italien (über *Cook's*), eine Skyline aus Tomatenkäfigen geschmückt mit goldenen Mandarin-Cross-Tomaten, die *Shepherd's* aus Japan importiert, Büschel von Mokum-Karotten und Radicchioköpfe wie feste rote Baseball-Bälle an den Wegen entlang aufgereiht. Einiges davon kam dann auch so: Ich erntete genug Lollo Rosso, um ihn körbeweise in Manhattan zu verschenken; genug (so rede ich mir ein), um so manch' edlem Feinkostladen ein bisschen das Geschäft versalzen zu haben, wo man das Zeug für viel Geld verkaufte. Der Radicchio wurde aber weder fest noch rot; fast durchweg war er zum Essen zu bitter.

Natürlich bin ich fest entschlossen, mit allen dreien dieser Gärten weiterzumachen – eine große Bestellung von *Wayside* soll planmäßig in der dritten Aprilwoche eintreffen und meine Gemüsesamen von *Cook's* treiben schon auf einem sonnigen Fensterbrett im Wohnzimmer aus. Wie Sie inzwischen aber wohl bereits vermutet haben, haben sich meine Spekulationen in diesem Winter in Richtung »alte Obst- und Gemüsesorten« bewegt – die Kataloge von Jan Blum und J. L. Hudson haben mich ganz verrückt gemacht.

Und dies ist, was mir jetzt vorschwebt: mein Garten als eine Art blühendes Archiv, ein multikultureller, transhistorischer Kreuzungspunkt, wo einst von Indianern angebaute Sibley-Kürbisse in der gleichen Erde wurzeln wie die *Madame Hardy*-Rose, die im Jahr 1832 von Monsieur Hardy, dem Gärtner in Malmaison, gezüchtete

Damaszener-Rose. Hier auf diesem ganz gewöhnlichen Fleckchen Erde in Connecticut wird auch die honigsüße, grünfleischige *Jenny Lind* willkommen sein, die heiß geliebte Zuckermelone aus dem 19. Jahrhundert, vom Handel verworfen (angeblich weil ihre Schale für den Transport nicht fest genug war), nur um dann von Saatgut-Bewahrern gerettet zu werden … ja, von so einem wie *mir*! Es ist doch unglaublich, zwei so unterschiedliche Frauen aus dem 19. Jahrhundert in ein und demselben Garten in Erinnerung zu rufen – die Frau von Josephines Gärtner, von der Geschichte ganz sicherlich nicht wahrgenommen und vergessen, und dann die »Schwedische Nachtigall« *Jenny Lind*, vielleicht die berühmteste Frau ihrer Zeit, eine auf beiden Seiten des Atlantiks angebetete Sopranstimme, die Madonna des Jahrhunderts. Schönheit und Koloraturgesang dieser Frau sollen Millionen von Menschen die Sinne haben schwinden lassen. Im Juli, wenn diese Melonen dann anzuschwellen beginnen, werde ich an sie denken – auch an ihren Busen, vermutlich, denn warum *sonst* sollte man eine Melone nach einem Sexsymbol benennen?

Hier wird es dann auch, über meinem Garten ragend wie Kommandotürme, Malven geben, aus Samen gezogen, die ich für meine Sibley-Samen eingetauscht habe, und die, wie mir meine Geschäftspartnerin mitteilt, von Pflanzen gewonnen wurden, deren Samen sie ihrerseits von einem Maler auf Long Island erhielt, der *seine* Samen wiederum in Monets Garten in Giverny gesammelt hatte – eine komplizierte Gänseblümchenkette der Samenverbreitung, über die Strecke von Giverny nach Long Island und Manhattan bis Cornwall, wobei die Samen nicht von geschwinden Vögeln oder Passatwinden hierher getragen wurden, sondern von Toyotas und Boeings 747. Und es war auch gar kein schlechtes Geschäft, ein alter Indianerkürbis voller Warzen gegen eine Blume, deren Schönheit Monets Blick auf sich zog.

Was für ein Ort! – wo sich französische Impressionisten neben Indianern sonnen und wo gefeierte Melonen in Gesellschaft von

Rosen mit Stammbaum den Regen schlürfen. Am Nachmittag freuen sich dann alle über ein bisschen Schatten von zwei Apfelbäumen alter Sorten, die ich aus einem Katalog des *Southmeadow Fruit Garden* in Lakeside, Michigan, bestellt habe: *Ashmead's Kernel*, ein Boskop, der im 18. Jahrhundert angeblich die beliebteste Apfelsorte in England war und *Esopus Spitzenberg*, ein roter Apfel mit grauen Tupfern. Thomas Jefferson schwor auf diesen Apfel und pflanzte Dutzende solcher Bäume in *Monticello**. Und über all dem werden Millionen von zarten Grünen Florfliegen und Marienkäfern flitzen und flirren, anmutige Söldner, die ich (über den Katalog des *National Gardening Research Center* in Sunman, Indiana) rekrutiert habe, um Blattläuse und andere Unerwünschte im Garten in Schach zu halten.

Die Bestellungen sind abgeschickt – an Jan Blum in Boise; an die Käferexperten in Sunman; an den Apfelbaumverkäufer in Michigan – und die Post hat bereits die ersten Samenpäckchen gebracht sowie einen Beutel mit Florfliegenlarven, die gerade in meinem Kühlschrank ihr Mütchen kühlen. Was jetzt gerade eintrifft, mit der Paketpost, Fed Ex und UPS, das sind die Päckchen mit der genetischen Information, die meinem Garten seine Form geben wird. Es geht dabei aber nicht *allein* um genetische Information; in diesen Samen ist nämlich neben der Natur auch die Kultur eingeschrieben: Mit ihren Früchten werden diese Sibley-Kürbissamen auch die Geschmacksvorlieben und die kulturellen Praktiken längst vergangener Indios wieder bekannt machen. Und die Jenny-Lind-Samen, die gerade eben ihre Keimblätter auf meinem Fensterbrett entfalten, werden auch etwas von dem enthalten, was das Wort *Melone* vor Walt Whitmans oder Chester Arthurs innerem Auge heraufbeschwor, etwas ganz anderes offenbar, als was das Wort uns heute sagt. Selbst die Käferlarven im Kühl-

---

* *Monticello* war das im palladianischen Stil errichtete Landgut des dritten US-Präsidenten Thomas Jefferson; heute ziert es die Rückseite des amerikanischen 5-Cent-Stückes.

schrank sind mit Zeilen unentzifferbarer, aber unbezahlbarer Daten codiert, der Summe evolutionären Wissens aus einigen Millionen Jahren in allen Dingen, die die Läusejagd betreffen.

Und was macht das alles aus mir, aus diesem Typ, der durch die Kataloge blättert, per Telefon die Bestellungen aufgibt, die Schecks ausschreibt und die Samen zum Keimen bringt? Vielleicht so eine Art Bibliothekar, der die Aufgabe hat, diese Bände voll von Wissen aus entlegenen Orten (entlegen in Zeit und Raum) zu sammeln und zu ordnen und alles ins Regal zu stellen, die Rosen aus dem Frankreich des *Second Empire* an dieser Wand, den Indianerkürbis an jener. Bibliothekar trifft es aber eigentlich nicht ganz. Was ich hier nämlich herstelle, das ist nicht einfach ein Katalog, nicht nur ein Archiv des Alten. Nein, so wie die Dinge hier nebeneinanderstehen und sich verbinden, hat es das noch nie gegeben: Das ist etwas Neues. Hier gibt es keine Dewey-Dezimalklassifikation* und die Stille und Ordnung einer Bibliothek werden Sie hier auch nicht finden. Im Sommer wird es hier eher wie auf einem belebten Marktplatz zugehen, wie in einer wimmelnden, vielsprachigen freien Hafenstadt, wo alle möglichen bunt zusammengewürfelten Figuren – Immigranten, die es hierher gezogen hat, von nah und fern, von damals und heute, von Ost und West, von oben und unten – sich treffen und vermischen und zu bislang unvorstellbaren Kombinationen verschmelzen werden. J. L. Hudson würde sich hier vermutlich richtig zu Hause fühlen, Amos Pettingill dagegen ganz und gar nicht; er hielte diese Gegend für etwas zu gefährlich, so lärmend und kunterbunt, die ganze Zeit würde er nervös mit der Hand nach der Brieftasche tasten.

Wo also passe ich hier rein? Nun, ohne mich geschieht hier nicht wirklich etwas, auf jeden Fall nicht am Anfang, weil die meisten dieser

---

* Die *Dewey-Dezimalklassifikation* ist die international am weitesten verbreitete Klassifikation für die inhaltliche Erschließung von Bibliotheksbeständen.

Gartenbewohner – wie die meisten Kulturpflanzen – für ihr Überleben ebenso auf den Gärtner angewiesen sind wie die Blumen auf die Biene oder die Bäume auf das Eichhörnchen. Wenn wir nicht da sind, um ihre Samen zu sammeln, zu bewahren und neu in die Erde zu setzen, sind die Bohnen weg, Kürbis, Mais und Äpfel verschwinden mit Stumpf und Stiel. Auch das ist also dieser Garten, ein Zufluchtsort, eine Art Arche (nennen Sie mich ruhig Noah!), auf der *Jenny Linds* Gene in die Zukunft getragen werden. Vielleicht hat Hudson Recht und ich sollte mich nicht als den Herrn dieser Pflanzenstadt sehen, sondern auch als ihren Diener – als Überträger des DNA-Transfers zwischen den Arten, als Überbringer von Information über weite Strecken von Zeit und Raum, als Mittel zu einem ungeahnten evolutionären Zweck. Von Katalog zu Katalog schwirren, Samen durch die amerikanische Post verbreiten, weit verstreute Gene in neuen Kombinationen zusammenbringen – ich dachte immer, ich täte dies alles zu meinem eigenen Vergnügen, aber vielleicht ist es so einfach gar nicht. Vielleicht sollten Sie mich Hummel nennen.

Kapitel 12

Ein Gartenrundgang

Heute weiß ich, dass mein Vater an dem Tag, als er seine Initialen in unseren schlampigen Vorgartenrasen auf Long Island hineinmähte, im Grunde etwas durchspielte, was man als eine Urszene amerikanischer Gartenkultur betrachten könnte. Er machte seinen Nachbarn klar: Ich verwerfe die Konventionen, die ihr mir hinsichtlich meiner Verfügungsgewalt über dieses Land (*mein* Land!) verordnet habt; nun schaut her, wie ich meine eigene Beziehung mit diesem Land aushandle. Indem er mit dem *Toro* in das Gras hineinschrieb, drückte er dem Ort seinen Stempel auf und – fast genauso wichtig – zog eine klare Grenze gegenüber der sich anbahnenden Wildnis, zu der sich sein Rasen inzwischen entwickelt hatte. Mit anderen Worten, er legte so etwas wie einen Garten an, wenn auch keinen schönen. Beim Anlegen eines Gartens scheint mir am Anfang fast immer eine solche Geste zu stehen – auf der einen Seite gegen die Konvention und auf der anderen Seite gegen die Wildnis gerichtet.

In Amerika ist der erste dieser beiden Schritte offenbar der schwierigere. Mit einem Stück Land den eigenen Weg zu gehen – es nach eigenem Geschmack und Wunsch zu »gestalten« –, das heißt der Gemeinschaft den Rücken zu kehren, in dieser Rasen-Nation einen Flirt mit dem Antinomismus, mit einer »anarchistischen Gegnerschaft«, zu wagen. In Bezug auf das Land überhaupt von Ästhetik zu sprechen, wurde hier historisch bedingt immer (außer vielleicht bei den Wohlhabenden) als irgendwie unamerikanisch angesehen, fast als Gotteslästerung. Wie könnte denn ein einzelner Mensch jemals Gottes eigenes Land besser machen? Was für eine Hybris! Wenn wir dieses Land überhaupt verändern wollen, dann werden wir dies gemeinsam tun, als eine Gemeinde, und zwar nicht zum Zwecke der Schönheit, sondern der Nützlichkeit, und am liebsten in schlichtem protestantischem Stil. Deshalb haben wir einen einheitlichen Rasen über dieses unendlich vielfältige Land gerollt, und das war es dann im Grunde auch schon.

Mit einer Stimme über das Land zu sprechen – das kann nicht wirklich heißen, Gärten anzulegen. In der Tat haben die Amerikaner diesem Wort, Garten (*garden*), eine ausgesprochen eigenwillige Bedeutung gegeben, als wolle man sich bei dem Konzept zu einer gewissen Ambivalenz bekennen. Bald nachdem ich mit dem Gärtnern begonnen hatte, fiel mir auf, dass ein Garten in der Literatur und ein Garten in der Alltagssprache zwei völlig verschiedene Dinge waren. In Büchern ist ein Garten immer ein Ort, ein Ort, wo man eintreten und herumlaufen (und etwas inszenieren) kann. Im allgemeinen amerikanischen Sprachgebrauch hat man die Bedeutung des Wortes *garden* allerdings eigentümlich zusammenschrumpfen lassen; normalerweise bezeichnet das Wort ein Beet oder ein Fleckchen Erde, auf das man zeigen kann – hier ist mein Blumengarten; dort drüben ist mein Gemüsegarten. Was jeder andere auf der Welt einen Garten nennen würde, das nennen wir schlicht und einfach *yard*.

Gardens und selbst *yards* in Amerika sind keine Orte, wo man sich aufhält, sondern Orte, die man betrachtet. Wir bewundern die

mögende Amerikaner im 19. Jahrhundert große Gärten schufen, dann waren sie bestrebt, sie nicht als Lustgärten zu entwerfen, sondern als »Modellfarmen«. Diese Gärten à la Jefferson hatten vorgeblich den Zweck, die junge Republik zu unterstützen, indem sie nützliche neue Kultursorten entwickelten und einführten. Anstelle von Zierpflanzen dominierten Obstbäume, die damals bei den »republikanischen« Pflanzen an erster Stelle standen. »Großartige dekorative Anlagen hätten bei Jeffersons Demokratischen Republikanern* gewisse Kommentare ausgelöst«, erklärt der Historiker John R. Stilgoe, »hätten nicht die Bäume Früchte getragen.«

Es ist gar nicht so einfach, einen schönen Garten anzulegen, wenn Ihnen Moralisten, Puritaner, Demokratische Republikaner und heutzutage auch noch die Verfechter der Pflanzenrechte über die Schulter schauen. Die Absurdität dieser Situation erschloss sich mir kürzlich bei einem Winterbesuch im Haus eines bekannten Umweltschützers in Brooklyn Heights. Dieser Mann ist zufällig ein begeisterter Gärtner und bearbeitet hinter seinem viktorianischen Stadthaus ein beneidenswertes Fleckchen sonnenbeschienener Erde. Was für einen Gestaltungsentwurf hat er für seinen Garten gewählt? Möglicherweise aus dem Gefühl heraus, die Anlage eines urbanen Gartens verlange ein gewisses Maß an Formalität, entschied sich dieser Umweltschützer dafür, den Garten von einem zentralen, vom Wohnzimmer aus sichtbaren Punkt aus radial ausstrahlen zu lassen. Zur Betonung dieses Brennpunkts wählte er aber nicht eine Statue oder ein kleines Becken oder vielleicht sogar eine Sonnenuhr; nein, mitten ins Zentrum seiner Komposition, für alle Welt sichtbar, setzte er – den Komposthaufen.

---

* Die *Demokratisch-Republikanische Partei* (auch Jefferson-Republikaner genannt) entstand in den Anfangsjahren der Vereinigten Staaten von Amerika. 1828 ging aus ihr die noch heute bestehende Partei der Demokraten hervor.

Da ich mir nicht sicher war, wie er antworten würde, traute ich mich nicht zu fragen, ob dies als Witz gemeint war, eine auf ihn selbst gemünzte ironische Note. Ich glaube eher nicht, dass es so war. Nein, ich fürchte, dies war ein weiteres Beispiel für den Triumph des Moralismus über die Ästhetik im amerikanischen Garten.

Ich kann mir nicht vorstellen, dass ethische Gesichtspunkte im amerikanischen Garten jemals gänzlich fehlen werden, das sollten sie auch nicht. Ich kann aber nicht verstehen, warum wir uns nicht *auch* um die Ästhetik kümmern können, warum unsere Gärten neben den üblichen Moralbotschaften nicht auch noch ein paar andere Geschichten erzählen dürfen. In der U-Bahn, auf dem Nachhauseweg von Brooklyn Heights, versuchte ich mir vorzustellen, was die Garten- und Landschaftsgestalter Capability Brown oder Le Nôtre zu dem Garten des Umweltschützers zu sagen gewusst hätten, und beschloss, meinen Garten in diesem Sommer aus einem etwas anderen Blickwinkel zu betrachten, mehr Aufmerksamkeit auf die Gesamtgestaltung zu verwenden. Wie schafft man es, einen Weg aus dem amerikanischen Rasen heraus zu finden, der zu einem interessanteren – und angenehmeren – Ort führt als zu der grantigen Kompost-Komposition des Umweltschützers oder zu dem reichlich schrillen »Autogrammstil« meines Vaters? Ob es dem Gärtner bewusst ist oder nicht, sein Garten kann gar nicht anders, als einem Plan zu folgen, ob konventionell oder eigenwillig, ererbt oder selbstgewählt. Und dieser Plan wird eine Geschichte erzählen – darüber, wer man ist, über das eigene Verhältnis zu den Nachbarn auf der einen und zu Grund und Boden auf der anderen Seite. Die Zeit war gekommen, über die Geschichte nachzudenken, die ein Rundgang durch meinen eigenen Garten erzählen würde.

Nun, einige Jahre nach dem Kauf dieses Hauses, ist es endlich so weit, dass sich der Garten allmählich wie ein Garten anfühlt und nicht einfach nur wie eine Ansammlung von Pflanzen, Beeten und Rabatten.

Wenn ich über die Gestaltung des Gartens sprechen soll, verspüre ich eine gewisse Unsicherheit, das gebe ich zu. Erstens muss ich als Amerikaner einfach das Gefühl haben, dass es etwas anmaßend (oder eher dekadent?) ist, wenn man über ein kleines Stück Natur in Begriffen wie Einfriedung und Ausblick, rechtwinkliges und kurvenförmiges Design, »Funktion des Wassers« und wünschenswerte »Überraschungseffekte« in der Landschaft spricht. Zweitens kann, wenn man auf diese Weise über ein Grundstück redet, im Kopf des Lesers sehr schnell das Bild eines ziemlich stattlichen Anwesens entstehen, und das ist mein Grundstück hier nicht, großes Ehrenwort. Ich betone das, weil ich mir jener in der Gartenschriftstellerei so häufig anzutreffenden lästigen Konvention bewusst bin: nämlich der falschen Bescheidenheit. Aus Vita Sackville-Wests alten Kolumnen im Londoner *Observer* konnte ein Leser, der es nicht besser wusste, den Eindruck gewinnen, Sissinghurst sei ein Vorstadtgrundstück von respektabler Größe, aber nicht das Schloss, das es in Wirklichkeit ist. Was in den meisten englischen Gartenbüchern unter »kleinem Landhaus« läuft, ist in Wirklichkeit ein Herrenhaus, das in meinem Teil des Landes ein paar Millionen kostet. Also dieses Haus ist *wirklich* ein »kleines Landhaus«, eine immer noch ziemlich abgefahrene Farm aus den 1920er-Jahren, für wenig Geld wieder hergerichtet und mit einem Garten ausgestattet, und zwar ohne bezahlte Hilfe (von dem Jungen abgesehen, der den Rasen mäht). Dieses hier ist nicht *Sissinghurst*.

Dies vorweggeschickt bin ich jedoch inzwischen überzeugt, dass die von den Gartenarchitekten diskutierten ästhetischen Fragen auch und sogar für unsere bescheidenen Häuser gelten beziehungsweise gelten können. In manchem Winter habe ich einige Zeit damit verbracht, über die großen Gärten der Welt nachzulesen und mir entsprechende Bilder anzuschauen (das ist schließlich, ebenso wie das Blättern durch die Kataloge, die angemessene Winterarbeit für den Gärtner). Dabei war ich überrascht, wie viel ich von ihnen lernen konnte – in Bezug auf das, was ich bereits bewerkstelligt habe (oft ohne mir darüber Gedanken zu machen), und auf das, was ich noch zu tun habe (denn ich befinde mich noch mitten in der Gestaltung dieses Gartens, und das wird wohl auch immer so bleiben). Nicht in den jeweiligen Besonderheiten – den miteinander verbundenen, von Eibenhecken eingefriedeten Gartenräumen in Sissinghurst, dem Mauerwerk im Florentiner Boboli-Garten, den Ausblicken in Stourhead –, aber in der Programmatik und der inneren Bedeutung dieser Orte, in dem Geist, der sie inspiriert, können wir Dinge finden, die, in kleinem Maßstab gesehen, auch in unserem Garten dazugehören. (Die englischen Gärtner haben das offenbar schon immer gewusst oder warum hätten sich sonst Häuschenbesitzer aus der Mittelschicht die Mühe gemacht, Sackville-Wests wöchentliche Zeitungsberichte aus Sissinghurst zu lesen?) Auch wenn Alexander Pope bei dem Gedanken der Schlag treffen würde – der Entwurf für dieses Haus spiegelt einiges von den Ratschlägen wider, die er dem Earl of Burlington in seinem berühmten Brief zuteil werden ließ – dass der Gärtner nämlich in allen Fragen »den ›Genius Loci‹ zu Rate ziehen sollte«; dass »derjenige alles gewinnt, der wohlgefällig verwirrt, überrascht, variiert und die Begrenzungen verbirgt«; dass der Gärtner wohl beraten wäre, »selbst aus Schwierigkeiten etwas zu machen, Zufälle zu nutzen«. So etwas habe ich früher immer gelesen und dabei gedacht, dies hätte mit mir, einem Amerikaner im Besitz von zweieinhalb Hektar verlottertem Land und einer sehr schmalen Brieftasche, etwa so viel zu tun wie mittelalterliche Handbücher zu ritterlicher Lebensführung oder Staatskunst. Nähert man sich ihnen aber im richtigen Geist (nicht in sklavischer Gefolgschaft), dann können uns die Gespräche mit den klassischen Gartenschriftstellern etwas darüber beibringen, wie wir den »Genius Loci« auch bei unseren eigenen kleinen Häusern aufspüren können und wie wir vielleicht dahin kommen, passende Stile in der Gartengestaltung zu entwickeln – passend zu unserem

Haus, zu uns selbst und zu diesem Land. (Neben Pope habe ich unter den »Klassikern« besonders von den Schriften und Entwürfen der folgenden Autorinnen und Autoren profitiert: William Kent, Francis Bacon, Horace Walpole, Joseph Addison, Capability Brown, Humphry Repton und Vita Sackville-West. *The Poetics of Gardens* ist der wohl provozierendste zeitgenössische Leitfaden zu diesen Persönlichkeiten, und was die Geschichte der Gartenarchitektur betrifft, ist Eleanor Perényis *Green Thoughts* ebenfalls sehr informativ).

Der »Genius Loci« dieses Ortes: für mich ist er in zweierlei Hinsicht bedeutsam gewesen, zum einen historisch (das Haus war früher einmal eine Farm), zum anderen topografisch. Die Lage dieses Grundstücks ist zu dramatisch und an manchen Stellen zu schwierig, als dass man darüber hinweggehen könnte. Ein Garten wird sich diese Lage zunutze machen oder daran scheitern. Stellen Sie sich ein Kuchenstück gegen einen Abhang gekippt vor, und schon haben Sie eine Ahnung davon, was für Probleme ich mit der Entwässerung habe. Das breitere Ende des Kuchens liegt unten am Fuß des Hügels, gegen Nordosten hin wird das Grundstück schmaler und steigt von einem Ende zum andern um mehr als 30 Meter an. Der Abhang gewinnt rasch an Höhe und hält nur ab und zu kurz inne, um einen kleinen Absatz freizugeben. Diese ebenen Flächen, vom Farmer gerodet, um Platz für Kuhweiden oder Nebengebäude zu schaffen, sehen aus, als hingen sie nur mit ihren Fingerspitzen an dem unduldsamen Hang und geben dem Gelände eine Anmutung von Gefährdung.

Als wir hierher kamen, war nur eine einzige dieser Flächen – da, wo das Haus steht, mit einem kleinen Hof vorne und hinten – in Gebrauch; mit Rasen überzogen bildete sie eine kleine, flache, suburbane Insel inmitten der schwankenden Unruhe der umgebenden Landschaft. Wo immer man sonst hinsah, schien sich die Farm wieder in den Hügel hinein aufzulösen, während der Sekundärwald einzog und sich ausbreitendes Gestrüpp und bröckelnde Steinstützmauern bereits die Linien und die abgestuften Flächen verwischten, die der Farmer mit so viel Mühe eingezogen hatte. Auf fast jeder Fläche standen irgendwelche verrosteten Teile landwirtschaftlichen Geräts und vom Unkraut überwucherte Ruinen von Nebengebäuden: ein Hühnerstall, eine Gesindehütte, ein Kuhstall – insgesamt elf Baulichkeiten, die meisten bereits im Begriff, wie versenkte Schiffe in das dichte grüne Blättermeer zurückzugleiten.

Am Anfang konnten wir nicht mehr tun, als uns um die kleine suburbane Insel zu kümmern, den Rasen zu mähen und ein paar Kräuter bei der hinteren Türe zu pflanzen – der Rest des Geländes war so unruhig und ungestüm wuchernd, dass schon allein der Versuch, das Grundstück als ein einheitliches Ganzes zu betrachten, uns verzweifeln ließ. Wir wussten aber, dass wir irgendwann und irgendwie anfangen würden, es zurückzuerobern. Als wir hierherkamen, waren wir nicht auf suburbanes Leben aus; wir waren beide in Vorstädten aufgewachsen und mochten sie nicht besonders. Es waren genau diejenigen Bereiche des Grundstücks, die immer noch an eine funktionierende Farm erinnerten (die Scheunen, die Abfolge miteinander verbundener Weideflächen, die alten Apfelbäume), die uns für den Ort eingenommen hatten.

Die Familie, von der wir dieses Haus kauften, war das Produkt einer anderen Geschichte und sah den Ort aus einem etwas anderen Blickwinkel, danach zu schließen, wie sie die vier Jahre nach dem Kauf – es war ein Teilstück aus dem Nachlass des alten Farmers – hier mit Grund und Boden umgegangen waren. Sie waren aus New Milford gekommen, einer Stadt etwa 50 Kilometer südlich von Cornwall (und entsprechend näher am Ballungsgebiet der Metropole), wo man die Landwirtschaft bereitwillig zugunsten einer Landnutzung aufgab, die einträglicher und zeitgemäßer erschien. Sie hatten in ihrer Kindheit hautnahen Kontakt mit den üblen Gerüchen einer Scheune gehabt, mit dem Gestank von Mist und Verfall; für sie hatte das Betreiben einer Farm wenig Romantisches an sich. (Das Gleiche galt offensichtlich auch für die zwei Söhne des Farmers, die ein Stück weit die Straße hinunter wohnen, in peinlich genau gepflegten Vorstadthäusern.) In dieser Gegend hier war eine Farm inzwischen ein Symbol dafür, dass man rückwärtsgewandt lebte, im Schweiße des eigenen Angesichts, im Schatten des zu erwartenden Misserfolgs. Umgekehrt eröffnete ein modernes gepflegtes Vorstadtgrundstück eine glänzende Zukunft – es wies den Weg direkt hinein in die Mittelschicht. Von der Axt über den Pflug zum Rasenmäher: Diese Farm erzählte mehr oder weniger genau die gleiche Geschichte vom »Fortschritt«, die in ganz Neuengland erzählt wird. Bei einem Grundstück wie diesem hier kann man den Weg, den die Besitzer von der Landwirtschaft bis zur Ehrbarkeit der Mittelschicht zurückgelegt haben, an der Fläche unproduktiven Rasens ablesen. Zu dem Zeitpunkt, als wir hierher kamen, hatte sich der Rasen über das Anwesen gelegt wie ein Deckel auf seine landwirtschaftliche Vergangenheit.

Wir machten uns daran, diesen Deckel Stück für Stück abzuheben, und jedes Mal quoll die Vergangenheit der Farm aus dem Boden hoch wie bei der Wiederkehr des Verdrängten. Beim Anlegen eines neuen Beetes hier auf dem Gelände besteht ein Teil des Vergnügens darin, dass man nicht wissen kann, worauf man stößt, wenn man ein Stück Rasen abschält und mit dem Graben anfängt. Wir haben die Skelette von Hunden und Rehen aus der Erde geholt, einen Pflug, einige in Auflösung begriffene Traktorreifen, zwei rostige Bowiemesser, Kinderspielzeug, Flaschen mit Feld-Wald-und-Wiesen-Medizin, Literkrüge für Apfelschnaps, landwirtschaftliches Werkzeug, Patronenhülsen und merkwürdigerweise jede Menge Zähne, vermutlich von Tieren. Die kleineren, weniger beunruhigenden Gegenstände liegen auf einem Regal in der Küche; mit ihrer Hilfe beschwören wir die Geister des Hauses herauf. Unsere archäologischen Grabungen haben aber auch Dinge von materiellem Wert hervorgebracht: den geheimen Vorrat an Stallmist, den ich in der Nähe der Scheune fand und der viel dazu beitrug, die Erde meiner Gemüsebeete zu verbessern; eine kleine Feldsteinterrasse bei der rückwärtigen Türe und einen Pfad aus Trittsteinen bei der vorderen; beides lag verkrustet unter einer dicken Grassodendecke.

Ein Ort wie dieser ist eine Art *Palimpsest*, eine historische, immer wieder beschriebene Manuskriptseite, und unsere Gartenarbeit bestand zu großen Teilen darin, nach und nach die Zeugnisse freizulegen, die Hände früherer Zeiten auf dieser Erde hinterlassen haben. Gerade in diesen Zeugnissen haben wir etwas von dem hiesigen »Genius Loci« entdeckt; sie dienten uns als Leitlinien für unsere Gartenplanung. Eines unserer ersten Projekte bestand darin, die Feldsteinterrasse zu vergrößern und den Steinpfad freizulegen, der von der Veranda hinunter zur Straße führte und den winzigen Rasen vor dem Haus in zwei Teile teilte. Dieser Pfad läuft zwischen zwei ungebärdigen Hortensienbüschen hindurch; unser unmittelbarer Vorgänger hatte sie abgemäht, weil er die Außenflächen möglichst schnell in den Griff kriegen wollte. So wie die Anlage aussieht, liegt die Vermutung nahe, dass hier vielleicht einmal ein Hausgarten gleich bei der Türe war, so eine kleine Blumenparzelle, wie sie auf einer Neuenglandfarm in der Obhut der Hausfrau stand, innerhalb des von einem Lattenzaun eingefriedeten Bereichs zwischen Veranda und Straße. Sowie wir dann die Hortensien wieder aufpäppelten und den Pfad in Ordnung brachten, erschien auf dem gesichtslosen Rasen ein Bild des alten Vorgartens, ungefähr so, wie wenn sich ein Foto im Entwicklerbad abzeichnet.

In jedem Garten übt die Vergangenheit – des Bodens wie des Gärtners – einen gewissen Zwang aus. Viele Gärten kann man fast wie eine Art historischen oder biografischen Kommentar lesen. Die Rasenflächen, die wir erbten, lassen sich als Absage an die Vergangenheit der Farm interpretieren, und dass ich diese Rasenflächen herausriss, als eine Zurückweisung meiner eigenen Vorstadtvergangenheit. Dieser Gedanke, dass nämlich ein Garten frühere Nutzungen des Bodens kommentiert, war Alexander Pope und seinen Zeitgenossen durchaus vertraut, als sie im 18. Jahrhundert den pittoresken Stil des Landschaftsgartens erfanden – in jenem seltsamen Augenblick der Geschichte, als die besten Köpfe einer Generation mit Fragen der Gartenarchitektur beschäftigt waren. Die neue Vorliebe für eine »natürlichere« Landschaft – für nicht eingezäunte Gärten mit weiten Ausblicken, gewundenen Pfaden und sich schlängelnden Wasserläufen; mit anderen Worten, für Gärten, die sich große Mühe gaben, nicht wie Gärten auszusehen – war in Teilen eine Reaktion auf die Eroberung der ländlichen Gegenden in England durch die Landwirtschaft, ein Prozess, der zu Popes Zeiten gerade zum Abschluss kam. Man hegte die dem Volk gehörenden Felder in ein ordentliches Schachbrett aus Hecken ein (was William Gilpin, ein Künstler und Autor, der den neuen Begriff *picturesque* populär machte, als »in hohem Maße abstoßend« bezeichnete), und dies weckte nostalgische Gefühle für frühere, natürlichere Formen der Landschaft. Je mehr sich die Gegend auf dem Lande äußerlich einem formalen Garten annäherte, desto mehr glichen sich die Gärten der ländlichen Gegend an. Wie der Rasendeckel, den unsere Vorgänger auf diese Farm legten, war der malerische Garten Ausdruck eines Einwands gegen die oder eines Sichabwendens von der Landwirtschaft. Indem man das eigene Anwesen zum Zwecke des Genusses und nicht der Produktion einrichtete, konnte man die Distanz gegenüber der Farm und ihrem niedrigen sozialen Status demonstrieren. (Die neue Ästhetik hatte auch einen politischen Subtext: Der pittoreske Stil stellte unter anderem eine Reaktion der Whigs auf die Vorliebe der Royalisten für ausländische formale Gärten dar; einen Landschaftsgarten anzulegen, hieß eine Lanze für die Freiheit Englands zu brechen.)

Wenn der malerische Garten auch in vieler Hinsicht eine Kunst-
schöpfung war, war er doch zum Teil auch ein Wiederherstellungs-
prozess. Eines seiner Modelle war die idyllische ländliche Gegend,
die der Einhegung voranging, eine angenehm unregelmäßige Landschaft aus Weideland und Buschwald; sie war Bestandteil des »Genius
Loci«, den zu beachten Pope den Eigentümern der Landsitze anriet.
(Lancelot »Capability« Brown erhielt seinen Spitznamen, weil er ständig auf immer dem gleichen Thema herumhackte – auf dem Potenzial
(*capabilities*) einer bestimmten Landparzelle.) Ich habe mir manchmal überlegt, was Pope hier für dieses Anwesen empfehlen würde –
ob er mich ermuntern würde, es noch weiter von seiner Vergangenheit als Farm wegzuentwickeln, in Richtung auf pittoreske Rasenflächen, oder ob er sich vielleicht hier in der Gegend umschauen und
feststellen würde, dass eine Farm, zumindest heute, speziell und selten genug ist, um dem Gärtner eine ansprechende und brauchbare
Vergangenheit zur Verfügung zu stellen. Pope würde sich aber wohl
für die erste Herangehensweise aussprechen; die ästhetische Wertschätzung von landwirtschaftlich genutztem Land wäre für ihn und
seine Zeitgenossen ein ähnlich abwegiger Gedanke gewesen wie die
Wertschätzung von Waldland für die Puritaner oder für den Mann,
der früher hier Landwirtschaft betrieben hat.

Ganz gleich, wie sein Rat dann tatsächlich ausgefallen wäre – ich
möchte mich jedenfalls lieber auf den Geist als auf den Buchstaben
von Popes erstem Gesetz der Gartenkunst stützen, auf jenen Geist, der
hier an dieser Stelle die »Farm« als »Genius Loci« betrachten kann,
als diejenige Vergangenheit, die es wert ist, wiederentdeckt zu werden.
Heutzutage sind die Farmen von Neuengland so gefährdet wie zu Popes Zeiten die offenen Landschaften, und es ist heute vielleicht zum
ersten Mal möglich, in einem Rahmen zu denken, den man *Agrarästhetik* nennen könnte. Wenn ich einer Neuenglandfarm so etwas
wie Schönheit zuspreche, bin ich wohl kaum allein. Heute wären wir

uns mehrheitlich einig, dass dort mehr Schönheit zu finden ist als in den ungepflegten Schlagfluren und Sekundärwäldern (ganz zu schweigen von den nach Schema F angelegten Trabantenstädten), die hier in großer Geschwindigkeit den Platz der Farmen einnehmen. Es scheint, als arbeiteten Gärten immer gegen das, was gerade die übliche Ausprägung der Landschaft ist, und dies ist heute nicht die Farm, sondern der Wald und, in zunehmendem Maße, die Vorstadt.

Überlegungen in Richtung einer Agrarästhetik bei der Anlage des Gartens hatten für mich hier zuerst einmal die Konsequenz, dass ich ziemlich viel Arbeit in die Instandsetzung steckte. Wo immer es möglich war, versuchte ich die räumliche Anordnung, wie sie der Farmer vorgenommen hatte, wiederherzustellen und herauszuarbeiten, die Pfade und Steinmauern und alle Gebäude, die noch zu retten waren. Ich habe mich auch bemüht (meist durch radikales Beschneiden und durch Düngen), das, was von der ursprünglichen Bepflanzung übrig ist, wieder aufzupäppeln – die zwei Hortensien, ein undurchdringliches Fliederdickicht, Forsythien, Pflaumenblättrige Spieren und Zimt-Erlen draußen entlang der Straße sowie ein langes, dürres Geißblatt, das vermutlich seit den 1920er-Jahren an der Eingangstüre herumgammelt. Eine große Portion unseres Budgets ging an den Baumpfleger, den wir beauftragten, die alten Apfelbäume wieder in Form zu bringen; ihre kompliziert verschlungene Gestalt war einem Gewirr von Wasserreisern und Kronenverwachsungen geschuldet. Mittlerweile tragen die Apfelbäume wieder Früchte.

Während wir uns mit der Erweiterung des Gartens langsam von dem unmittelbar hinter dem Haus gelegenen Bereich nach hinten in Richtung auf die oberen Wiesen hocharbeiteten, folgten wir mehr oder weniger dem Weg, den die Kühe des Farmers jeden Morgen beim Weg auf die Weide nahmen. Dieser Pfad verläuft von West nach Ost über eine schmale ebene Fläche, die sich zur Hauptachse des Gartens entwickelt hat. Geht man vom Haus aus zurück, erhebt sich linker

Hand eine Stützmauer aus Feldsteinen, durch die die Fläche geschaffen wird, auf der die Scheune steht. An eben dieser Mauer entlang legten wir unten unser erstes Staudenbeet an. Da der Pfad von den vergleichsweise zivilisierten Zuständen der rückwärtigen Terrasse aus in Wildnisgebiete führt, die wir mit unserer Gartenarbeit erst noch erobern müssen, legten wir das Beet so an, dass es diesen schrittweisen Kontrollverlust betonte (eigentlich müsste man sagen, zuließ): zivilisierte und relativ zarte Arten wie Akelei, Ehrenpreis und Türkischer Mohn, in Hausnähe angeordnet, machen nach und nach kräftigeren Arten Platz, wie Rudbeckien, Taglilien, Malven, Nachtkerzen und schließlich Weiderich und Beifuß, zwei Pflanzen, die es gerne mit hiesigem Unkraut und Gestrüpp aufnehmen, auch ohne Hilfe.

Wenn man diesem Pfad folgt, fällt der Grund zur Rechten zweieinhalb bis drei Meter ab, wo man dann unten die Anlage des Gemüsegartens sieht: fünf hölzerne Hochbeete in die Mitte eines eingezäunten rechteckigen Rasens gesetzt, wie eine Reihe Bankettische in einem großen grünen Saal, jedes mit einem Zwergapfelbaum, der am Kopfende Hof hält. (Hinter dem eingezäunten Rasen liegt ein Sumpf, den wir, so gut wir können, ignorieren.) Der Gemüsegarten ist vom Hauptweg aus über eine Steintreppe, die ich in die steile Böschung gegraben habe, erreichbar. Diese Böschung, dicht mit Goldrauten und Wicken überwachsen, wie sie ist, lässt die beiden Ebenen, die sie teilt, umso ruhiger und einladender erscheinen. Dies ist zumindest das, was ich mir einrede, bis mir irgendwann einmal einfällt, was ich damit anfangen kann.

An dieser Achse entlang schieben wir die Grenze des Gartens jedes Jahr ein bisschen weiter nach außen. Zu Anfang verlief sich der Pfad sozusagen in einem unzugänglichen Gewirr von Schösslingen und Dornenhecken – kein wirklich einladendes Ziel für einen Gartenspaziergang. Also gaben wir vor ein paar Jahren jemandem den Auftrag, die kleinen Bäume und das Gestrüpp zu entfernen; wenn man jetzt vom Haus aus den Pfad hinunterschaut, hat man einen klaren Durchblick bis zu unserer Wiese und zu der darüber in einem noch intensiveren Grünton aufsteigenden wohlgepflegten Heuwiese unseres Nachbarn, einer Wiese, die früher einmal zu dieser Farm gehörte. So schenkten uns Kettensäge und Machete eine erste Sichtachse, eine Treppe aus ansteigenden Weideflächen und Hecken, auf der einen Seite von einer gebeugten alten weißen Eiche und auf der anderen von einer Esche eingerahmt. Was mir daran besonders gut gefällt: Wir haben es geschafft, eine fremde Wiese in unseren Ausblick einzubauen, wir haben uns den Grund und Boden des Nachbarn und das Ergebnis seiner Arbeit für unseren Genuss angeeignet. Wir haben uns damit direkt bei den Gartenkünstlern des 18. Jahrhunderts eine Scheibe abgeschnitten; deren Landschaften »sprangen über den Gartenzaun« und schufen damit Sichtachsen, die die Grenzen eines Anwesens ignorierten mit dem Ziel, es größer erscheinen zu lassen als es eigentlich war. Eine Kettensäge hat meine zweieinhalb Hektar in fünf verwandelt und diese Farm wieder ganz gemacht, wenn auch nicht mit Brief und Siegel, so doch wenigstens in der Sichtperspektive.

Die pittoresken Gartenkünstler – Kent, Repton und Capability Brown – legten Wert darauf, nicht nur die Grenzen, sondern auch jedwedes produktive Land vor den Blicken zu verbergen, eine Voreingenommenheit, die wir auf unseren suburbanen Grundstücken aufrechterhalten. Deren Entwurfsmuster stammt in der Tat aus der pittoresken Tradition. Hat ein Vorstadtbewohner einen Gemüse- oder Obstgarten, dann verlegt er ihn ausnahmslos in den rückwärtigen Garten, damit der vordere auch wirklich seine Rolle in dem pittoresken Park spielen kann, den die vereinigten Rasenflächen in der Nachbarschaft heraufbeschwören wollen. Hier allerdings habe ich die produktiven Bereiche gerne direkt im Blickfeld belassen, nicht aufgrund einer bestimmten Überzeugung, sondern weil ich den Anblick kultivierten Landes einfach mag – die dichten, in ihren Beeten aufgereihten Gemüsesämlinge, die ordentliche Parade der Einjährigen im Schnittblumengarten außerhalb des Küchenfensters, die Apfel- und Pfirsichbäume, die gitterförmig zwischen Haus und Straße gesetzt sind. Was mir an einem solchen Stück Land gefällt, ist genau das, was für das Auge der klassischen Gartenarchitekten eine Beleidigung war: Es verrät die menschliche Anstrengung, die in seiner Gestaltung steckt, ja lädt uns geradezu ein, uns in dem Bewusstsein zu freuen, dass so viel Kunstfertigkeit in diese Arbeit geflossen ist. Aber wenn ich auch, indem ich kultivierte Bereiche in meine Gartenplanung einverleibe, den romantischen Geschmackskanon missachte, so erweise ich damit doch der Geschichte des Ortes und in gewisser Weise auch meiner eigenen Geschichte meine Reverenz.

Bislang habe ich vor allem davon gesprochen, wie die Vorgeschichte der Landschaft das Aussehen eines Gartens prägt; selbstverständlich übt aber die Vorgeschichte des *Gärtners* einen mindestens ebenso starken Einfluss aus. In den *Sakuteiki*, einem frühen Handbuch der Gartenarchitektur, im Japan des elften Jahrhunderts von einem Adeligen am Hofe verfasst (und paraphrasiert in *The Poetics of Gardens*), rät uns der Autor, beim Entwurf eines Gartens Rücksicht zu nehmen auf »die Lage von Land und Wasser. Studiere das Werk der alten Meister und erinnere dich an die schönen Orte, die du kennst. Und lass dann an dem Ort, den du ausgewählt hast, deine Erinnerung sprechen.« Mindestens seit der Zeit, als Nebukadnezar die Hängenden Gärten von Babylon anlegte, um das Heimweh seiner Braut nach der Hügellandschaft ihrer Kindheit zu lindern, wurden Gärten in ihrer Gestalt nach dem Modell unserer Erinnerung geformt. Gibt es irgendeinen Garten, der nicht einen Blick zurückwirft, der nicht durch Anspielung auf die Orte der Vergangenheit Bedeutung für sich selbst gewinnt? Das kann so zart sein wie der Duft von Flieder, der uns in ein Allerheiligstes der Kindheit zurückführt, oder so großartig wie die lebensgroße Modelleisenbahn, die Walt Disney in Disneyland neu erschuf, aber irgend ein privates Eden wirft seine Schatten in jeden Garten. Was könnte augenfälliger sein oder von ähnlichem Glanz?

Vielleicht ist dieser Blick zurück eine Erklärung dafür, warum die Gartenarchitektur eine so konservative Kunstform ist. Dreitausend Jahre Gartengestaltung in der westlichen Welt haben im Wesentlichen drei grundlegende Entwürfe produziert: den quadratischen *hortus conclusus*, die von Le Nôtre im Frankreich der Renaissance eingeführte offene Geometrie und den im augusteischen* England erfundenen malerischen oder romantischen Garten, der, man sollte es nicht glauben, immer noch die jüngste bedeutsame Entwicklung darstellt – den neuesten Stand. Diese Themen sind unzählige Male variiert worden, aber echte Innovation hat es kaum gegeben, eine historische Eigentümlichkeit, die mit an Sicherheit grenzender Wahrscheinlichkeit auf die besondere Macht der Vergangenheit in Gärten zurückzuführen ist. Hier ist ein Ort, wo radikale Neuerung das Letzte ist, was wir wollen, ein Ort, der schon in seinem Wesenskern Modernismus auszuschließen scheint. Vielleicht liegt hier ein weiterer Grund für das Unbehagen der Amerikaner in Bezug auf Gärten: Herkömmlicherweise haben wir bei der Suche nach einem Weg aus der Geschichte heraus auf die Landschaft gesetzt – um in der Wildnis einen flüchtigen Blick auf das Göttliche zu erhaschen oder draußen an den Grenzen neu anzufangen. Der Garten jedoch wirft uns immer wieder auf die Vergangenheit zurück, auf die »Weltzeitalter des Menschen«.

Ich habe den Verdacht, dass die Erinnerung sich in meinem Garten in vielfältigerer Weise äußert, als mir bewusst ist. Ganz sicher jedoch ist sie die Quelle meiner Liebe zur produktiven Erde und der Grund dafür, dass ich mich erst verhältnismäßig spät für den Anbau

---

* Selten gebrauchte Epochenbezeichung für das England nach der Glorious Revolution, in der man sich augusteischen Dichtern wie Horaz, Vergil oder Ovid zuwendete.

von Blumen interessierte. Ich muss Ihnen nicht erzählen, dass das Eden hier in diesem speziellen Kopf dem Garten meines Großvaters in Babylon, Long Island, ziemlich ähnlich sieht oder dass das erste Beet, das ich hier an diesem Ort umgegraben habe, ein Gemüsebeet war. Es muss dort gewesen sein, in *jenem* Garten von Babylon, wo Obstbäume und Gemüse mit Rosen und Rhododendren gemeinsam im Rampenlicht standen, dass ich einen gewissen Tropismus entwickelte mit einer Neigung in Richtung Agrarästhetik. Wenn ich irgendwo in einen Garten komme, suchen mein Augen, so scheint mir, immer zuerst die reife Frucht: die Weinrebe mit ihren Fäusten von Murmeln, die Cardinal-Tomate, die auf ihrem Hochbeet thront, oder die süßen Pfirsiche des Augusts, die einem Vogelschwarm gleich in den Bäumen sitzen. Wie konnten Le Nôtre und Pope und Capability Brown nur jemals solche wunderschönen Gewächse aus dem Garten verbannen? (»Was für Bauern!«, würden sie einander zukichern und mit dem Kopf auf mich und meinen Großvater zeigen.)

Mehr oder weniger von Beginn an hatte ich einen Gemüsegarten, der groß genug war, um einen Überschuss zu erwirtschaften, und ich empfand das gleiche Vergnügen wie mein Großvater, wenn er körbeweise Obst und Gemüse verschenkte, den gleichen Bauernstolz. Ich bekenne mich auch zu gelegentlichen Fantasien der Jeffersonschen Art, dass man nämlich diesen Ort in einen Gartenbaubetrieb umwandeln könnte (»Mal sehen … Wenn Balducci's im Einzelhandel $ 5.98 für 110 Gramm Lollo-Rosso-Salat bekommt, wie viele Hektar müsste ich dann bebauen, wollte ich der Stadt den Rücken kehren und von diesem Land leben?«) – und zwar in einen *richtigen* Gartenbaubetrieb, nicht in so etwas wie dieses stark subventionierte Erdbeerbeet, das ich zusammen mit Jimmy Brancato auf Long Island anlegte und das darauf angewiesen war, dass meine Mutter den Überschuss aufkaufte, ganz wie ein wohlwollendes Landwirtschaftsministerium.

Selbst heute noch bringt mir eine besonders wohlriechende Erd-
beere ganz unvermittelt jenen Garten in Erinnerung, vervollständigt
durch das Bild des über seine Hacke gebeugten Jimmy Brancato. Wie
allgemein bekannt, ist es weniger das Auge, das die Gärten der Kindheit heraufbeschwört, als vielmehr die Nase. Welche Kindheitserinnerung wendet sich nicht irgendwann beim Duft von Gartenwicken
oder von frisch geschnittenem Rasen oder einer Buchsbaumhecke
zurück, um den Zaun der Jahre zu überspringen? Für die Macht, die
die Vergangenheit im Garten ausübt, ist dies, denke ich, die tiefste
Quelle: Die Gartenkunst gehört (neben dem Kochen) zu den wenigen Künsten, die sich des Geruchssinns bedienen; damit entfaltet sie
ihr frappierendes Talent, das Gedächtnis von der Leine zu lassen. Im
Garten gibt es überall Madeleines* (und Proust ist mit Sicherheit sein
Schutzgeist). Für mich hat der scharfe chemische Geruch von *Ortho
Rose Dust* noch immer die Macht, einen Augustnachmittag im Garten meines Großvaters heraufzubeschwören. Nicht besonders romantisch, aber so ist es eben.

Irgendwo hat Proust einmal geschrieben, die Ursache, warum
schöne Orte uns in der Realität manchmal enttäuschen, liege darin,
dass die Fantasie sich nur dessen bemächtigen könne, was nicht da
ist. Sie handelt nicht mit den von den Sinnen erfassten Tatsachen,
sondern mit Erinnerungen, Träumen und Wünschen. Ein Garten bewegt uns in dem Maße, wie er nicht nur die Sinne, sondern auch die
Fantasie anspricht. Neben anderen Dingen ist ein Garten auch ein
Übergang anderswohin – in die persönliche und in die gemeinsame
Vergangenheit, die seine Düfte heraufbeschwören, zu den fernen Orten, auf die er mit seiner Gestaltung anspielt. Gärten existieren nicht
nur im Hier und Jetzt, sondern auch im Dort und Damals. Gut ange-

---

* Anspielung auf eine Episode in Prousts *Auf der Suche nach der verlorenen Zeit*; hier
werden durch den Genuss von *Madeleines* Erinnerungen ausgelöst.

legte Gärten scheinen eine gefällige oder faszinierende Balance zwischen dem Hier und Dort zu finden; unbefriedigende Gärten führen auf der einen oder auf der anderen Seite in die Irre. Ein Garten, der ganz Dort ist (ein Rasen, ein Zoo), wirkt wahrscheinlich so, als sei er dem Land aufgedrückt, kalt oder abstrakt; ein Garten, der ganz Hier ist (wie die meisten »natürlichen« oder »wilden« Gärten), hat einen Hang zu fader Spannungslosigkeit und setzt sich nicht klar von der umgebenden Landschaft ab.

Man kann das Gleiche auch noch anders formulieren. Gärten sind gleichzeitig reale Orte und Symbolisierungen. Sie bringen die Natur und unsere Vorstellungen von der Natur an einem Ort zusammen. Wie Landschaftsgemälde bieten Gärten Bilder der Natur; aber »anders als Gemälde lassen uns [Gärten] vergessen, dass noch etwas dahinter ist«, wie es der Kunstkritiker Robert Harbison ausdrückt. Dazu gibt es noch den Unterschied zwischen den verwendeten Materialien, zwischen der Pflanze – die wächst, sich verändert und stirbt und unablässig auf ihrer Buchstäblichkeit besteht – und der vergleichsweise fügsamen Farbtube. Wenn sie auch noch so buchstäblich ist, kann jene Pflanze dennoch, wie die Farbe, über sich hinausweisen. Ein Baum in einem Garten ist, wie mich mein Ahorn gelehrt hat, zugleich auch eine Metapher. Aber – man höre und staune: eine Metapher, die echten Schatten gibt.

Am Anfang fehlte meinen Gärten (der Staudenrabatte, dem Küchengarten, dem Rosenbeet) hier diese Qualität des doppelten Bodens, des Resonanzraums und ich merke jetzt, dass dies wohl der Grund war, warum sie wenig Eindruck machten – weder auf Besucher noch auf das Grundstück selber. In meinem eigenen Kopf riefen die Gemüsebeete vielleicht das eine oder andere gefällige Echo hervor; für alle anderen aber schienen meine Gärten die meiste Zeit mehr oder weniger unsichtbar zu sein. Jenes Staudenbeet und sein langgezogenes allmähliches Aufgehen in der Landschaft war so sorgfältig in den Kontext eingefügt, dass es sich gleichsam verflüchtigte. (Da half es auch nichts, dass das heimische Unkraut sich sofort daran machte, meinen zuvorkommenden Stil auszunutzen.) Die umgebende Landschaft war irgendwie stärker als alle derartigen Feinheiten; ihre Übermacht verhinderte es, dass die Gärten sich jemals über das Hier und Jetzt erhoben, dass sie die Fantasie ansprachen. Ein Garten sollte das Gefühl vermitteln, man habe einen privilegierten Raum betreten – einen Ort, der sich nicht nur abhebt, sondern auch *widerhallt* – und will man das erreichen, scheint mir, muss der Gärtner der vorhandenen Landschaft irgendeine Drehung verpassen, ihre Prosa mehr in Richtung Lyrik wenden. Er muss für eine Brechung sorgen, und das hatte ich noch nicht erreicht.

Weniger infolge bewusster Planung als durch Zufall kam ich darauf, dass ein gewisses Maß an Formalität womöglich das fehlende Element liefern könnte. Mit Formalität meine ich weder Pergolen noch Brunnen, weder Buchsbaumhecken noch Repräsentationsgärten; Formalität *dieser* Art wäre hier in der Gegend ein Witz. Was mir wirklich vorschwebt, ist wohl Form: gerade Linien und rechte Winkel, Wiederholungen und gelegentliche Symmetrien. Ein paar einfache Stellen gestaltet mit jenem Instrument, das Le Corbusier die Sprache des Menschen nannte: der Geometrie.

Ich glaube, es war zu dem Zeitpunkt, als ich infolge des triumphalen Unkraut-Einmarsches sehr zu Recht den Unfug meines »natürlichen« Einjährigenbeetes aufgab, dass ich erstmals begriff, welche Befriedigung das Ziehen einer geraden Linie in der Natur auslösen kann. Ich fand sofort Geschmack an der Art und Weise, wie die frisch arrangierte Pflanzenreihe sich von der hügeligen Gegend der Umgebung abhob, an der ihr innewohnenden Ruhe angesichts von so viel Unruhe ringsum. Diese Reibung zwischen der planen menschengemachten Linie und der auf Windung und Bewegung gerichteten

Linie der Landschaft verleiht einem Garten offensichtlich eine gewisse energiespendende Spannung, Ecken und Kanten im wörtlichen Sinne. Durch diese Reibung kommt allmählich der Eindruck auf, der Ort habe vielleicht eine Geschichte zu erzählen.

Auch wenn eine gerade Linie im Garten eine harmlose Sache zu sein scheint, musste ich doch feststellen, dass sie ein durchaus brisantes Thema ist. Nachdem ich in einem Artikel über meine Bemühungen im Einjährigenbeet berichtet hatte, erhielt ich Briefe sowohl von Umweltschützern als auch von Landschaftsarchitekten mit scharfer Kritik an der formalen Anordnung, für die ich mich schließlich entschied. Durch »stillschweigendes Gutheißen bestehender ästhetischer Konventionen« – will sagen: durch das Pflanzen in Reihen und rechten Winkeln – handelte ich »verantwortungslos«, warf mir ein Landschaftsplaner aus Massachusetts vor. Mein Blumenbeet trage zur Verschlechterung der Umweltbedingungen bei, behauptete er, weil ein an »bestehenden Konventionen« ausgerichteter Gartenbau über Gebühr auf Dünger, Unkrautvernichtungs- und Schädlingsbekämpfungsmittel angewiesen sei.

Obwohl es ja stimmt, dass das Streben nach einem perfekten Rasen an bestimmten Orten den verstärkten Einsatz von Chemikalien verlangt, hat dies doch weniger mit Ästhetik als mit Geografie zu tun – mit der Tatsache, dass Rasenflächen oft gar nicht in das amerikanische Klima passen und deshalb (mit Chemikalien und so weiter) verhätschelt werden müssen, wenn sie gut aussehen sollen. Es gibt in der Tat keinen inhärenten Grund, weshalb stärker nach formalen Kriterien angelegte Gärten zwangsläufig von weniger Umweltverantwortung zeugen sollten als sogenannte natürliche. Eleanor Perényi hat an diesem Punkt vollkommen Recht: »Ich wende mich gegen den Gedanken, dass nur die Nachbildung einer Wildnis die Kriterien einer ökologisch gesunden Umwelt erfüllen kann.« Ein »wilder« Garten ist nicht an sich schon gesünder oder besser für die Natur als ein gut gepflegter Repräsentationsgarten. Ob ein Garten ökologisch gesund ist oder nicht, das hängt ganz allein von den Methoden des Gärtners ab; seine ästhetischen Vorstellungen haben damit nichts zu tun.

Diese romantische (und groteske) Vorstellung – dass nämlich die Natur den einen Gartenstil dem anderen vorziehe – wurde von den Landschaftsarchitekten des 18. Jahrhunderts erstmals zum Thema gemacht. »Die Natur kann eine gerade Linie nicht ausstehen«, erklärte William Kent und disqualifizierte so mit wenigen Worten alle Gärten, die es bis dato gab, in Bausch und Bogen (und besonders demonstrativ Versailles). Wie es spätestens seit Rousseau alle machten, die eigentlich ihr eigenes Süppchen kochen wollten, beriefen sich Kent und seine Kollegen auf die unumstrittene Autorität der »Natur«, um ihre Ansicht zu untermauern, eine Taktik, die man stets sehr genau unter die Lupe nehmen sollte. Es hört sich vielleicht gut an, wenn man sagt, die Natur könne keine geraden Linien ausstehen, aber stimmt das denn auch? Man könnte eine sehr plausible Argumentation dahingehend entwickeln, dass die Natur gerade Linien *liebt*, oder warum wäre sie sonst so begeistert von der Schwerkraft? Auf dem Weg hinunter zu Newtons Schädel vollführte jener herabfallende Apfel keinerlei Schlangenlinien. Ich neige zu der Auffassung, dass das Thema der geraden Linien der Natur in Wirklichkeit gleichgültig ist, dass es ihr egal ist, ob ich meine Astern in säuberlichen Reihen pflanze oder in formlosen Gruppen.

Die Architekten des pittoresken Stils machten viel Wind um die »Natürlichkeit« ihrer Landschaften, und das erklärt vielleicht, warum sie auf Amerikaner wie Andrew Jackson Downing, Frank Scott und Frederick Law Olmsted einen derart starken Einfluss hatten. Diese drei Männer zeichnen in der Hauptsache verantwortlich für die Optik der amerikanischen Landschaftsarchitektur. Für die englischen Gartenkünstler allerdings war »Natur« nicht so sehr ein gottgewolltes Modell (was es dann in Amerika wurde) als eher so etwas wie eine dünkelhaft affektierte Haltung. Horace Walpoles ironische Beschreibung der Bewegung macht dies deutlich: »Es gibt keinen Bürger mehr, der jetzt nicht größere Mühe aufwendet, um seine eineinhalb Morgen in unregelmäßige Formen zu quälen, als er vorher darangesetzt hätte, sie so akkurat herzurichten wie seine Krawatte.« Um den Effekt der Natürlichkeit zu erreichen, wandten die pittoresken Gartenarchitekten beträchtliche Kunstfertigkeit an; sie unternahmen einfach nur enorme Anstrengungen, damit man nichts davon bemerkte. »Man sollte der Kunst niemals erlauben, einen Fuß in das Reich der Natur zu setzen«, mahnte Walpole, »außer heimlich und bei Nacht.« Diese Clique bleibt in Richtung Romantik auf halbem Wege stehen, ohne Frage. Denn Wordsworth oder Thoreau hätten niemals eine Bemerkung der Art geäußert, wie sie ein pittoresker Gartenkünstler gemacht haben soll, als er erstmals den geschlängelten Pfad an einem Themse-Teilstück betrachtete: »Raffiniert.«

Das perfekte *Pars pro Toto* für den pittoresken Garten – und seine etwas spitzbübische Beziehung zur Natur – ist der *Ha-Ha*, der auch genau die Techniken verkörpert, die man für einen solchen Garten braucht. Der *Ha-Ha*, für den William Kent in England Pionierarbeit leistete, ist im Grunde ein Zaun, den man in einem Graben verlegt, sodass er von Weitem unsichtbar ist und folglich den Blick in die Ferne nicht beeinträchtigt. Ohne den *Ha-Ha* hätten die Gartenkünstler niemals über den Gartenzaun springen können, oder aber die Kühe wären ihnen garantiert hinterhergelaufen.

Wie die Bezeichnung, die das 18. Jahrhundert diesem geschickten Kunstgriff gab, schon andeutet, verloren diese pittoresken Gartenarchitekten nie aus dem Auge, dass die Natur nicht zwangsläufig natürlich ist, dass man sie gelegentlich selber gestalten und nicht einfach nur entdecken muss. In ihrer Liebe zur Natur gibt es eine gewisse spielerische Ironie, die dann die späteren Romantiker (und vor allem die Amerikaner) aufgeben sollten. Die frühen romantischen Gartenarchitekten waren Vorreiter; aus diesem Grund war ihnen klar, dass die Wertschätzung der »wilden« Natur in Wirklichkeit von höchst kultiviertem Geschmack zeugte. Wie sie sehr wohl wussten, entsprang diese Wertschätzung nicht in ihrer vollen Kraft der Betrachtung unberührter Landschaft in England. Der pittoreske Stil erhielt seine Inspiration, wie der Name schon sagt, nicht aus der Betrachtung der Landschaft, sondern aus der Betrachtung von Landschaftsmalerei, insbesondere von Lorrain und Poussin. Abgesehen davon, dass beide von der klassischen Arkadienliteratur beeinflusst waren, malten sie ja idealisierte Szenen der *italienischen* Landschaft. Und diese ist zufällig eine der Landschaften in Europa, die am gründlichsten von Menschenhand umgestaltet worden sind.

Und so kommt es, dass man einen scheinbar so »natürlichen« amerikanischen Garten wie den Central Park in seinen Spuren zurückverfolgen kann von dem hochanspruchsvollen (und aus technischer Sicht komplizierten) Plan von Olmsted und Vaux aus dem 19. Jahrhundert über die ästhetischen Theorien von Kent und Pope aus dem 18. Jahrhundert und die Gemälde von Lorrain und Poussin aus dem 17. bis hin zur Arkadiendichtung aus dem alten Rom. Beim derart schwindelerregenden Rückwärtsbetrachten von Einflüssen fällt es schwer, genau auszumachen, wo denn die Natur selber dort ihren Platz hat. Man kann aber wohl guten Gewissens sagen, dass die Form rechtschaffener Heuchelei, die sich heute mit dem romantischen Stil der Gartenplanung verbindet, nicht so sehr die Vorlieben und Abneigungen der Natur widerspiegelt als vielmehr die des Menschen. Es leben die geraden Linien.

Seit meinem ersten umstrittenen Ausflug in die Kunstfertigkeit beim Einjährigenbeet habe ich dem Garten noch einige weitere geometrische Abschnitte hinzugefügt, wobei der Kräutergarten, den ich kürzlich hinter der Scheune anlegte, das extremste Beispiel ist. Normalerweise hält man Formbewusstsein in der Gartenarchitektur für einen aristokratischen Zug; es könnte aber auch, wie das Thomas Jefferson behauptete, einen republikanischen Formalismus geben, gegründet auf die redlichen Absichten eines Rasters, die Zweckdienlichkeit von Reihe und rechteckigem Feld. Bis dato erwiesen meine geometrischen Gärten diesen Jefferson-Konzepten (die unter dem Ansturm der Romantik des 19. Jahrhunderts aus der Mode kamen) unbewusst die Ehre; der neue Garten hier jedoch schien wie geschaffen dafür, einmal etwas mehr in Richtung Alte Welt auszuprobieren.

Als wir die Scheune neu bauten, belegte das neue Gebäude nur die vordere Hälfte des ursprünglichen Feldsteinfundaments. Dadurch blieb dahinter eine abgegrenzte steinerne Fläche übrig, ein exaktes Quadrat von etwa zehn mal zehn Metern. Diese füllten wir mit humoser Erde auf, um sie auf gleiche Höhe wie den Scheunenboden zu bringen, und bauten auf diese Weise eine Art Bühne, die das angrenzende Gartenland um ein ganzes Stück überragte. (Und das ist auch gut so, denn direkt darunter herrscht Chaos: Dornengestrüpp, Brennnesseln, Goldruten und Felsbrocken.) In die Mitte dieser Plattform ließen wir von einem Maurer einen runden Patio aus Ziegeln legen, etwa sechs Meter im Durchmesser: einen Kreis innerhalb des Quadrats. Und rings um den Ziegelbelag pflanzten wir Zierkräuter – Lavendel, Katzenminze, Frauenmantel, Weißblättrigen und Russischen Salbei, zwei Sorten Beifuß, Bergminze und Wollkraut – dazu eine Handvoll umgängliche Stauden: Fingerhut, Blaue Schwertlilie, Malven, Mädchenauge, Salbei und Ligularien.

Eigentlich pflanzten wir den Kräutergarten zweimal. Das erste Mal, noch ganz unter dem Einfluss einer »natürlichen« Ästhetik, vermieden wir beim Pflanzen jede Symmetrie, damit der Garten nicht zu künstlich aussah. Wir befolgten lediglich die elementarsten Gestaltungsregeln: die niedrigen Pflanzen vorne, die hohen hinten und alle in größeren Gruppen gesetzt – nie weniger als drei von einer Sorte zusammen, um den dürftigen Eindruck zu vermeiden, den eine einsame gestrandete Pflanze hervorrufen kann. Hier und da pflanzten wir eine besonders wirkungsvolle Gruppe mehrmals (Quartette aus Lavendel, Mädchenauge, Katzenminze und Frauenmantel sahen besonders gut aus), aber im Grunde war der Garten ein Kuddelmuddel. Auch wenn die klar umrissene Geometrie des Steinbelags verhinderte, dass er ganz verloren aussah, wirkte der Garten trotzdem lustlos.

Der Winter ist die beste Zeit für die Planung und so kaufte ich ein paar Bogen Millimeterpapier, Farbstifte und einen Kompass und entwarf einen Plan für die Neubepflanzung des Beetes. Dieser Garten, fand ich, mit seiner quadratischen Umgrenzung aus Stein und dem Akzent auf Kräutern, müsste eigentlich viel mehr ins Formale gehen. Ich hatte inzwischen genug über die Geschichte der Gärten gelesen, um zu wissen, dass mein Garten etwas mit den Gärten des Mittelalters und der frühen Renaissance gemeinsam hatte, dass er eine Art *Hortus conclusus* war ohne das *conclusus*. Diese ummauerten Gärten, üblicherweise mit für ihre mystischen oder medizinischen Eigenschaften geschätzten Kräutern bepflanzt (reine Ziergärten kamen nicht vor dem 17. Jahrhundert auf), boten so etwas wie eine Zuflucht, einen gut geschützten und streng geordneten Raum, abgesondert von der gefährlichen und chaotischen Welt, die direkt hinter der Mauer lag. Im Mittelalter war das Springen über die Gartenmauer das Letzte, was irgendjemandem vorschwebte.

Diese Gärten, die häufig an Klöster angrenzten, waren geistige Orte – eher hermeneutisch als hedonistisch ausgerichtet. Jede Pflanze war mit einer allegorischen Bedeutung versehen und ähnlich wie bei der allegorischen Literatur und Malerei der damaligen Zeit erschloss sich die volle Bedeutung dieser Gärten nur den Gebildeten, denen, die über den Schlüssel verfügten. Rosmarin stand für die Treue der Liebenden (da es angeblich beim Erinnern half), Salbei für das Alter, Lorbeer (*Laurus nobilis*) für den Lorbeerkranz, der die Stirn des

Dichters ziert, und so weiter. So wie die *Consolatio Philosophiae* des spätantiken Gelehrten Boethius ein Schlüssel zu Dante oder Chaucer war, war *Gerard's Herbal** ein Schlüssel zum *Hortus conclusus*. Mit ihrem Reichtum an Anspielungen transzendierten diese Orte ihr enges Quartier, verbanden das Hiersein mit der Vorstellung vom Dortsein – von fernen metaphysischen Reichen. Obwohl das seit Le Nôtre weitgehend in Vergessenheit geraten ist, stellt Meditation eine zusätzliche Methode dar, um über die Gartenmauer zu springen, eine Methode, die manchmal attraktiver (und natürlich praktikabler) sein kann als die Eroberung der Landschaft insgesamt.

Da der Kräutergarten an mein Arbeitszimmer und das Studio meiner Frau angrenzt und ein Platz ist, den wir gerne zum Lesen aufsuchen oder wenn es gerade bei der Arbeit hakt, schien der mittelalterliche Kräutergarten ein passendes Modell zu bieten: ein kontemplativer Garten, durch eine Mauer von der Welt abgeschirmt, ein guter Ort zum Lesen und Meditieren. Ich entwarf einen Plan, der die Elemente hervorhob, die jenen klassischen Gärten ihren Reiz verliehen. Wenn er Zuflucht bieten sollte, dann brauchte mein Garten natürlich eine Mauer, deshalb zeichnete ich außen herum eine Hecke mit Alten Rosen, Albas und Bourbon-Rosen; die würden irgendwann zwei Meter hoch wachsen und hier das Gefühl des Eingehegtseins vermitteln, ohne aber klaustrophobe Gefühle hervorzurufen. Weiter drinnen, unmittelbar um den Ziegelbelag herum, nahm ich mir vor, die Bepflanzung auf traditionelle Kräuter zu beschränken – Lavendel, Frauenmantel, Katzenminze, Salbei, Wollziest und Beifuß. Das sind alles vergleichsweise unaufdringliche Pflanzen – keine hat besonders auffallende Blüten, die Blätter jedoch sind ausgeprägt und verströmen

---

* Reich illustriertes pflanzenkundliches Standardwerk des 17. Jahrhunderts, verfasst vom englischen Botaniker *John Gerard* (1545–1611/12).

oft starke, die Erinnerung wachrufende Düfte. (Je länger ich Gärtner bin, desto geringer ist die Rolle, die die Blüte für mich spielt, wenn ich die Vorzüge einer Pflanze bewerte – obwohl ich noch nicht das lässige Desinteresse von Russell Page erreicht habe, der Blüten einfach als »gefärbtes Heu« abtat.) Die Farben dieser Kräuter sind ebenfalls gedeckt; es sind überwiegend Grau- und Blau- sowie kühlere Gelbtöne, die da und dort von einem Schuss reichen tiefen Grüns als Kontrast durchsetzt sind. Mit anderen Worten: nichts übermäßig Protziges, Üppiges, sondern genau das, was man in einem Garten erwartet, der als Raum für Lektüre und Meditation gedacht ist. Die Pflanzen sind fast alle in einem einfachen symmetrischen Muster angeordnet, nicht so kompliziert wie in einem elisabethanischen Kräutergarten, aber doch sorgfältig ausbalanciert, sodass die eine Seite des Gartens ein Spiegelbild der anderen bietet. Zu viel Symmetrie kann auch langweilig werden, in diesem Gelände aber ist sie so sparsam verwendet, dass ich dachte, sie wäre hier angenehm, eine Erholung fürs Auge.

Im darauf folgenden Frühjahr übertrug ich den Kräutergarten vom Papier auf die Erde und bereits jetzt, obwohl es noch ein paar Jahre dauern wird, bis er sich richtig füllt und die Rosen groß genug gewachsen sind, um eine Hecke zu bilden, schafft dieser Garten einen ganz besonderen Ort, der sich anders anfühlt als alle anderen auf dem Anwesen. Das Runde, verbunden mit der Kühle und den zarten Strukturen der Kräuter, gibt dem Garten so etwas wie eine Atmosphäre der Ruhe. Es ist aber vor allem, denke ich, die Symmetrie dieses Gartens, die exakte Ausgewogenheit seiner Pflanzen, die die Bewegung verlangsamt und zur Ruhe einlädt. Nach einem Spaziergang durch die unruhige Landschaft ringsum hier anzukommen, gibt einem das Gefühl, endlich gelandet zu sein, die beschaulichste und friedlichste aller Inseln gefunden zu haben.

Obwohl sie meinen kleinen *Hortus conclusus* niemals gutgeheißen hätten, denke ich doch, dass selbst Pope und Kent meinen Wunsch nach etwas Ordnung hier hätten nachempfinden können. Sie wussten, dass ein Garten auch zu regellos sein kann und dass das ästhetische Vergnügen offenbar doch ein gewisses Maß an Form braucht, sei es auch noch so fein und subtil. Kenneth Burke definierte Form einmal als eine Art Rhythmus, in welchem Erwartungen geweckt und dann auf irgendeine Art eingelöst oder erfüllt werden. Er sprach natürlich von der literarischen Form, aber seine Definition lässt sich ebenso gut auf den Garten anwenden. Wenn er einmal angefangen hat, dann muss der Gartenpfad uns irgendwohin führen, an einen bestimmten Ort; und er täte er gut daran, uns daraufhin auch wieder zurückzubringen. Hat das Auge in einer Ecke des Gartens einmal einen Büschel kühlen grauen Wollziest entdeckt, wird es weiterwandern, um den Gegenpart zu suchen; wenn es keinen findet, wird es eine gewisse Unzufriedenheit spüren – obwohl wir vielleicht gar nicht wissen warum. Mit anderen Worten: Hat der Gärtner einmal mit etwas begonnen, so ist er gut beraten, wenn er Mittel und Wege findet, es zu Ende zu führen. Die elementarste Form, die ein Garten haben kann, ist wohl die Symmetrie – eine Folge visueller Erwartungen, die schnell und vorhersagbar eingelöst werden, als hätte man die Pflanzen dazu gebracht, sich in Paaren zu reimen.

Solche einfachen Formen haben ihren ganz eigenen Reiz; oft jedoch wird das Vergnügen noch gesteigert durch die Einführung von Komplexität und insbesondere von Ungewissheit – von Zweifeln daran, ob die geweckten Erwartungen jemals erfüllt werden. Die Form selbst in Gefahr zu bringen: Auch dies fesselt offenbar das Interesse, hält die Sinne wach. (Denken Sie statt an den einfachen Paarreim an den unreinen Reim oder an Blankverse mit so radikalen Zeilensprüngen, dass es schon fast kein Zurück mehr gibt.) Gut angelegte Gärten scheinen häufig diese Qualität zu haben, die Qualität einer Ordnung, die in gewissem Maß unter Druck steht, einer mit letzter Kraft gezähmten Wildnis. Diese Gärten machen etwas aus der Tatsache, dass die Natur sich gegen unsere Formen wehrt, sie nutzen dieses unabweisliche Faktum zu ihrem Vorteil.

Wie unvollkommen auch immer die Umsetzung gewesen sein mag, so bin ich doch allmählich überzeugt, dies könnte das Hauptthema meines Gartens sein. Wandert man hindurch, dann zieht sich der Pfad dahin zwischen den wenigen kultivierten und den vielen widerspenstigen Abschnitten – all den Bereichen, die ich noch unter meine Fuchtel kriegen muss. Jetzt aber, da ich gesehen habe, wie sich mein ordentlicher Kräutergarten gegen die umgebende Landschaft abhebt, bin ich gar nicht mehr sicher, ob ich das überhaupt jemals will. Anstatt die Gegend ganz und gar zu zähmen, sollte man vielleicht lieber etwas aus dem ungezähmten Wuchern machen – also Popes Ratschlag befolgen, »selbst aus Schwierigkeiten etwas zu machen, Zufälle zu nutzen«. Was immer an Drama in diesem Garten steckt, es scheint sich um die Spannung zwischen diesen beiden Raumausprägungen zu drehen, zwischen Bereichen, über die ich mir Gedanken gemacht habe, und solchen, die vernachlässigt geblieben sind – zwischen den sorgfältig gestalteten Beweisen meiner Bemühungen (und denen des alten Farmers vor mir) und dem unablässigen Drang der Landschaft, dieselben zunichte zu machen. Vielleicht sind es eben diese Grenzen, diese Ränder, um die es hier an diesem Ort geht, vielleicht sind sie sein »Genius«, und das gesamte ungezähmte Gebiet auf Vordermann zu bringen – also meinen Garten zu vollenden – könnte die ganz spezielle Geschichte verderben, die dieser Ort zu erzählen hat.

Capability Brown hat immer betont, die wichtigste Formqualität, die ein Garten haben könne, sei die einer Reisebeschreibung. Sie solle sich schrittweise entfalten, eher in der Art einer Erzählung als in der eines einzigen Bildes wie etwa Versailles (das man vom Schlafzimmerfenster des Königs aus mit einem Blick in seiner Gänze erfassen kann). Anstelle dieses einen umfassenden Eindrucks – von der Macht des Königs, was im Wesentlichen die Geschichte ist, die Versailles zu erzählen hat – solle eine Folge kleinerer Eindrücke treten: Szenen voller Geheimnis, Melancholie, Romantik, Humor und sogar erhabenen Schreckens, die alle über den Gartenpfad miteinander verbunden sind. Um die pittoreske Landschaft zu »lesen«, müssen wir uns in sie hineinwagen – auf eine kleine Reise gehen. Dieses Konzept einer Reisebeschreibung scheint mir für den amerikanischen Garten ganz besonderes geeignet, schon allein deshalb, weil die Landschaften, die uns am besten gefallen, solche sind, in denen wir aktiv etwas tun können: Orte, wo wir etwas erforschen können, Ball spielen, ausreiten, spazieren fahren. Dies erklärt vielleicht, warum zu unseren erfolgreichsten Gärten (oder zumindest zu solchen, die nachzuahmen der Rest der Welt überhaupt Lust hat) Golfplätze gehören und Freizeitparks sowie Naturparks, die man mit dem Auto durchqueren kann.

Erst dann, als ich mir die Reisebeschreibung für meinen Garten klarzumachen versuchte, kristallisierte sich seine Gestalt heraus, fühlte er sich endlich wie ein Garten an. Ich war zu dem Ergebnis gekommen, dass der Blick als solcher, der Blick auf die Wiese hinaus, als Organisationsprinzip noch nicht ausreichend war – dass es einen guten Grund geben musste, in diese Richtung zu gehen, einen Anreiz, sich über das Staudenbeet und den Gemüsegarten hinaus noch tiefer in die zweifelhafteren Regionen des Geländes zu wagen. Mir fiel auf, dass die pittoresken Gartenarchitekten in der Ferne immer etwas Künstliches aufstellten – eine Statue, eine Ruine, irgendein künstlerisches Zeichen, um uns auf ihren Pfaden vorwärts zu locken. Kent nutzte dafür das Wort *eyecatcher*. Also baute ich drunten jenseits des Staudenbeets, wo offenbar keiner jemals Lust hatte hinzugehen, eine kleine hölzerne Gartenlaube und überzog sie mit Clematis. Und damit auch wirklich keiner meinen Blickfang übersehen würde, errichtete ich darüber auf einer zwei Meter hohen Stange ein weißes Schwalbenhaus, das von fast jedem Punkt des Anwesens aus zu sehen ist, wie ein Kirchturm.

Aber immer noch fehlte mir ein Ziel – irgendetwas, womit die Erwartungen, die ein durch eine Gartenlaube führender Pfad weckte, erfüllt würden. Ja, man konnte natürlich von hier aus hinaus kommen zu der Wiese weiter oben, aber ich wollte doch etwas Überraschenderes anbieten – etwas, das nach Popes Worten die durch den Ausblick geweckten Erwartungen »überrascht, verwirrt« zu einem »gefällig Bild«. Der Ausblick ließ ein gleichmäßiges Fortschreiten vom Garten hinaus ins normale Umland erwarten. Also baute ich gleich hinter der Laube, nach links etwas abrupt abbiegend, einen Pfad aus Trittsteinen und mit einem Geländer aus kleinen Bäumchen, um den Besucher einen kleinen Hügel hinauf auf die Fläche zu locken, wo der Kräutergarten liegt. Bis zu diesem Punkt hat sich der Rundgang durch meinen Garten immer weiter hinaus in immer weniger zugängliches Gelände gewagt – die Stauden haben Brennnesseln und riesenhaften Kletten Platz gemacht, der breite grasige Weg ist durch eine Kette aus Steinen ersetzt, die um einen Sumpf herum und an einer Stelle sogar unter gefährlich aussehendem Felsengewirr hindurchführen. Was für eine Erleichterung ist es dann, die wohlgeordnete Insel meines Kräutergartens zu erreichen, diesen Ruhepunkt inmitten von all dem matschigen, wuchernden Grün.

Als Zielpunkt dieses Gartenrundgangs vermittelt der Kräutergarten jetzt das Gefühl einer Begnadigung in letzter Minute angesichts der vergammelten Wildnis weiter oben, ein ganz unerwartetes Happy End. Alle Gartenrundgänge, scheint mir, sollten mit einer Note dieser Art enden, denn die Reise durch einen Garten sollte eigentlich weniger ein Abenteuer sein als ein Spaß – eher ins Komische als ins Heroische gehend. Ein Gartenrundgang ist, wie der Name schon sagt, ein Rundkurs, ein Parcours, der uns sicher an die Stelle zurückzubringen verspricht, wo wir aufgebrochen sind. Unterwegs bekommen wir eine Geschichte erzählt – denn der Gartenpfad ist wie ein Handlungsfaden, oder eine Argumentation.

Und was ist die Geschichte dieses Gartens? Nun, ich denke, die Deutung müssen andere liefern. Sie hat aber etwas zu erzählen vom Erschaffen eines Ortes in der Natur, von einem optimistischen Mann, einem Amerikaner, der angesichts einer vernachlässigten und schwierigen Gegend eine Reihe von Formen anregt. Natürlich ist das meine Geschichte, da ist aber auch etwas von der Geschichte des alten Farmers dabei. Vor allem aber erzählt dieser Garten die Geschichte seiner eigenen Entstehung. Aus diesem Grund, denke ich, verbirgt er die Arbeit nicht, die in ihm steckt (dort, zu Ihrer Linken, wenn Sie aus der Gartenlaube kommen, unter die Zweige einer Esche geschoben, befindet sich mein dampfender Komposthaufen), und sieht nicht im Entferntesten so aus, als sei er irgendwie fertig – und dies ist wohl auch der Grund, warum er an einer Stelle mit derart betonter Gartenarchitektur endet. Den Schlusspunkt in einem Sumpf oder einem Waldstück zu setzen wäre zu melancholisch gewesen, jedenfalls für diesen Ort und für diesen speziellen Gärtner; das hätte bedeutet, dass ein Garten, diese so sehnlich erhoffte Versöhnung, letzten Endes doch nicht möglich ist.

Eine Geschichte über Menschen und Landschaft, die glücklich ausgeht – *diese* Form, die die Form des Gartenrundgangs ist, sollte niemals ernsthaft in Zweifel stehen; aber so tun, als ob sie in Zweifel stünde, kann mit Sicherheit dafür sorgen, dass die Spannung nicht abfällt. In meinem Garten droht das »so tun, als ob« natürlich immer wieder etwas aus dem Ruder zu laufen. Pope und seinen Freunden wären die »wilden« Bereiche hier, fürchte ich, beunruhigend echt vorgekommen. (»Bei diesen Amerikanern muss man mit Wörtern wie *natürlich* und *wild* vorsichtig sein – sie könnten einen beim Wort nehmen«.) Weil das nämlich nicht einfach nur ein Sandloch war da hinten, eine zahme Problemmetapher, sondern ein echter Sumpf mit realem Ungeziefer und Schlangen.

Manchmal überlege ich mir, was wohl in meinem Großvater vorgegangen wäre, hätte er einen Rundgang durch meinen Garten gemacht, wie er sich heute zeigt. Ich denke, auch er hätte mit vielem seine Probleme gehabt. Eigentlich gibt es nur einen Bereich, von dem ich mir sicher bin, dass er ihn hätte durchgehen lassen, und das ist der Gemüsegarten. Insbesondere nach meinen ersten Bemühungen auf Long Island hätte ihm die eingerahmte unkrautfreie Geometrie meines Küchengartens ganz bestimmt Freude gemacht. So wie ich allerdings meinen Großvater kannte, hätte er nicht lange bei jenen gewissenhaft gezogenen Reihen verweilt. Er hätte hinüber zum Sumpf geschaut, genau dort auf der anderen Seite des Zauns, und wissen wollen, was ich damit vorhatte – würde ich ihn trockenlegen und Wiesenrispengras pflanzen oder einen Teich anlegen? Ich weiß nicht, wie ich es ihm hätte erklären können, dass ich vorhatte, alles genau so zu lassen, wie es ist. Dass mir inzwischen der Kontrast gefiel, der sich zwischen Sumpf und Garten ergab, das Spiel zwischen den disziplinierten Kohlköpfen, die auf dieser Seite in Zweierreihen wie für einen Schulausflug aufgestellt waren, und dem zügellosen Haufen Wasserdost und den explodierten Rohrkolben, die dort drüben herumlungerten. An diesem Punkt, nehme ich an, hätte er dann das Geldangebot gemacht: nämlich mir einen Teich zu bezahlen. Oder einen Rasen – *alles*, nur nicht diesen Sumpf.

Ich hätte mich für seine Großzügigkeit bedankt und es dann vielleicht mit einer anderen Taktik versucht. Irgendwie damit, dass es doch so wichtig ist, Feuchtgebiete ungestört zu belassen, wegen der Komplexität und Fragilität ihrer Ökologie. Ich hätte ihm gerne erzählt, dass es meiner Meinung nach von Vorteil wäre, wenn Gärtner heutzutage mit einer Wildnis vor Ort schonender umgingen, sofern sie in der glücklichen Lage sind, noch Reste davon zu besitzen.

Und dass wir auf diese Weise vielleicht erreichen könnten, dass unsere Gärten etwas weniger wie von anderen abgeleitet aussehen – amerikanischer und vielleicht auch zeitgemäßer. Nicht indem man sie dem Wald oder der Formlosigkeit ausliefert – damit ist nichts erreicht –, sondern einfach indem man sich bemüht, die Vergangenheit der Landschaft und das, was darin noch seine Wildheit bewahrt hat, in Ehren zu halten.

Der Gärtner weiß, wie fragil seine Herrschaft über die Natur ist, insbesondere hier in Nordamerika, wo das Land so unbeherrschbar erscheinen kann. Warum also nimmt er derartige Mühen in Kauf, um diese Tatsache zu verschleiern, um ein derart widerspenstiges Land in solche Mengen von Rasen zu kleiden? Vielleicht ist es an der Zeit, dass wir diese Fragilität in unsere Gartenplanung mit hineinnehmen, vielleicht sogar sichtbar machen. Indem wir manche Bereiche wild belassen, und aus der Gegenüberstellung mit formaler gehaltenen Bereichen eine Tugend machen, können wir unseren Gärten ein gewisses Maß an Zweifel einhauchen, was unsere Beherrschung der Natur angeht, und das wäre vielleicht gar nicht so schlecht. Was wir brauchen, ist allerdings nicht mehr Ro-mantik, was Wildnis betrifft, das meine ich nicht – es geht mehr um Ironie, was Gärten betrifft, diese Orte, die wir uns in der Natur einrichten. So wie die pittoresken Landschaftsarchitekten darauf achteten, immer auch eine Erinnerung an unsere Sterblichkeit in ihre Gärten einzufügen – eine Ruine, manchmal sogar einen toten Baum –, so würde das unbearbeitete Auflassen bestimmter Bereiche des Gartens und die Hervorhebung der Ränder jeden Anspruch auf vollkommene Macht oder Weisheit auf Seiten des Gärtners unterlaufen. Auch die Ränder unserer Gärten können Metaphern sein, allerdings eher ironische als transzendentale Wendungen – und somit Gegenmittel gegen unsere Hybris. Vielleicht sind es gerade die Randbereiche unserer Gärten, wo wir neue Möglichkeiten entdecken können, um in unserem Verhältnis zum Land Ästhetik und Ethik sinnvoll zusammenzubringen.

Ja ja, ich weiß – mein Großvater würde dies für den größten und raffiniertesten Haufen Ausreden halten, den ihm ein Gärtner je für seine Faulheit aufgetischt hat. Trotzdem würde ich aber doch wenigstens versuchen zu erreichen, dass er das wahrnimmt – den Spannungszustand, den ich an diesem Ort inzwischen so liebe, die Schärfe, die er daraus bezieht, dass ich ihn nur zum Teil beherrsche. Schau nur, wie alle die Formen, die ich hier eingeführt habe – die kerzengeraden Linien und die Mauern und Lauben, die Symmetrien, Wiederholungen und Pfade –, wie sie gewinnen aus dem Kontrast zu dem weniger gepflegten Gebiet ringsum und einen Geschmack entwickeln, den sie sonst nicht hätten – fast so etwas wie Intensität, etwas, das die gleichen Formen in den Gärten der Alten Welt normalerweise nicht aufweisen. Vielleicht ist gerade diese Art von Ironie das, was die amerikanische Landschaft und unsere heutige Zeit dem Garten als Geschenk zu geben, was wir seiner Geschichte hinzuzufügen haben.

Es ist aber nicht nur der Garten, der aus der Reibung mit dem unkultivierten Land gewinnt – noch überraschender ist, dass das unkultivierte Land ebenfalls von diesem Kontrast profitiert. Der Katarakt von Felsen und irrem Dickicht, der direkt unterhalb des formalen Kräutergartens liegt, ist erheblich interessanter geworden durch die Gegenüberstellung, bei der er nun plötzlich mit von der Partie ist. Er könnte beinahe das trügerische Wasser sein jenseits des sicheren Hafens dieses Gartens, die Welt außerhalb des *Hortus conclusus*. Selbst der formlos schwabbelnde Sumpf hat durch die Nähe zu dem ordentlichen Klassenzimmer meines Gemüsegartens neue Bedeutung erlangt. Vielleicht braucht selbst die Wildnis einen Rahmen, die Kontrastfolie der menschlichen Kunstfertigkeit.

Am einfachsten und besten lässt sich dieser Gedanke meiner Meinung nach mit einem Rasenmäher beweisen und einem zugewachsenen Stück Wiese, je wilder desto besser. Betrachtet man so einen frisch gemähten Wiesenpfad, die Art und Weise, wie er so eine klare, syntaktische, menschliche Linie durch das weiche, wogende, unbedachte Gras zieht, dann kann man das Geschenk des Gartens an die Wildnis in seiner Größe ermessen, ebenso wie deren überwältigende Erwiderung.

Für mich zumindest ist das eine ziemlich junge Entdeckung. Nachdem wir entlang der Straße eine Hecke angelegt hatten, beschlossen wir, unseren großen, nach Süden gelegenen Rasen sich in eine Wiese auswachsen zu lassen. Wir hatten eigentlich etwas Anspruchsvolleres mit ihm vorgehabt, aber mit der Zeit wurde klar, dass unsere Gärten sich wohl vom Haus aus nach hinten bewegen würden, den Hügel hinauf, und nicht abwärts zur Straße hin. Jene Richtung versprach mehr Privatsphäre, und ohnehin sind Gärten, die sich bergauf entfalten, interessanter als solche, die sich abwärts neigen. Für diese spezielle Stelle, die tiefste und feuchteste Ecke des Anwesens, schien es am besten, eine Wiese ins Auge zu fassen.

Zu Anfang jedoch war die Wiese eine Enttäuschung. Je höher das Gras wuchs, desto schlampiger sah die Ecke aus – eher wie ein unbebautes Grundstück oder wie der vergammelte Rasen meines Vaters auf Long Island und nicht wie die ländliche Wiese, die mir vorgeschwebt hatte. Alles, was aus einem gewöhnlichen, mit Unkraut bewachsenen Gelände eine Wiese macht, fehlte hier. Ich war aber fest entschlossen, nicht wieder mit dem Mähen anzufangen. Nachdem ich mich mit so viel Tamtam vom amerikanischen Rasen losgesagt hatte, hatte ich keine Lust, jetzt um Vergebung zu betteln und wieder um Einlass zu bitten. Hier gab es kein Zurück mehr, auf jeden Fall nicht für diesen Gärtner. Deshalb war es ein Glückstag für mich, als ich entdeckte, dass ich das Schneidemesser des

Rasenmähers auf die oberste Stufe stellen und so durch das hohe Gras einen Pfad mähen konnte, der jenes traurige Stückchen Gras und Unkraut auf Anhieb in etwas vollkommen anderes verwandeln konnte – in eine Wiese.

Dieser Pfad ist, jedenfalls in meinen Augen, ein Ding von unvergleichlicher Schönheit, insbesondere direkt nach dem Mähen. Ich weiß nicht genau warum, aber dieser scharfe saubere Rand verändert alles: Er schafft einen Ort, wo vorher keiner war. Wo das Auge vordem sozusagen ruhelos über die Spitzen des ins Kraut geschossenen Grases glitt, auf der Suche nach irgendeinem Objekt zum Anlanden, ist ihm nun ein verlockender Weg dort hinein gewährt, eine klare und lesbare Bahn durch das grüne Chaos, der es ganz selbstverständlich folgt. Der Pfad ruft und gibt dem ganzen Gebiet plötzlich etwas Einladendes. (Selbst meine Katze, die mit dem hohen Grass keinerlei Probleme hatte, hält sich nun ausdrücklich an den Pfad.) Neue Möglichkeiten haben sich eröffnet: Jetzt ist da die Aussicht auf eine kleine Reise.

In dem Pfad liegt der Anfang des Erzählens, jenes sichere und willkommene Zeichen menschlicher Anwesenheit. Es ist aber, zumindest hier, kein prahlerisches oder brutales Zeichen: Dies hier ist schließlich ein durch meinen Vorgarten gemähter Fußweg und nicht eine Autobahn durch den Wald und auch nicht die wütende Gras-Graffiti meines Vaters. Die Geschichte, die dieser Pfad erzählt, handelt nicht vom Menschen, der gegen die Natur kämpft – es ist dies keine Geschichte von Eroberung oder Unterwerfung. Ein Pfad durchs Gras ist etwas vollkommen anderes als ein Rasen. Zugegeben, ich muss ihn jede Woche von Neuem mähen, und ja, das Gras hat es offensichtlich darauf abgesehen, meine geliebte Linie auszutilgen. Und doch ist das kein wöchentlich angesagter Kampf, Rasenmäher gegen Gras. Es ist mehr wie eine Auseinandersetzung zwischen alten Freunden oder zwischen Eheleuten nach vielen gemeinsamen Jahren, wie ein Streit, der jede Woche wiederkehrt, ohne dass man ein Ende sieht oder sucht.

Mache ich zu viel Aufsehen um meinen Wiesenpfad? Vielleicht. Aber je länger ich ihn mähe, desto deutlicher kann ich in diesem einfachen Fußweg meinen ganzen Garten erkennen, in der Art, wie er dem Land einen gewissen Bruch verleiht, ihm etwas von uns selber gibt, ohne ihm etwas wegzunehmen. An Tagen, an denen ich gemäht habe, scheint der Pfad so klar und überzeugend wie ein geometrischer Beweis, wie eine feine apollinische Linie, die gegen alles gezogen ist, was auf der Welt unausgeformt oder polymorph ist, eine Stütze gegen die Entropie, eine stolze Behauptung der eigenen Identität angesichts einer derartigen Menge an grasiger Indifferenz. Dies hier ist also *mein* Autogramm, auf diese grüne Seite eingeritzt mit meinem heulenden *Toro*, diesem Schiffsbug der Kultur! Diesem Schreibgriffel des Willens der westlichen Kultur! Ja, es gibt auch Tage, die den Gräsern gehören, meist nach einem Regenguss, wenn die Tinte der Unterschrift verläuft und das frisch gewachsene Grün die scharfgewetzte Schneide meines Weges auflöst. Nicht anders als die Natur selbst haben diese Gräser nicht den geringsten Respekt vor irgendeiner menschlichen Form oder Identität, nicht einmal vor unseren allergrünsten Gedanken. Aber was soll's?! Ich kann meinen Pfad jede Woche von Neuem mähen, so wie ich meine Beete und Rabatten immer wieder jäte und dabei diese menschlichen Formen, diesen Garten in seiner Ganzheit erneuere, immer wieder, aller Indifferenz zum Trotz. Nur weil die Natur zwangsläufig das letzte Wort hat – neue Triebe aus der Erde schieben wird, wenn ich längst nicht mehr jäte oder mähe –, gibt es noch lange keinen Grund dafür, das Gespräch schon jetzt zu beenden. Die Natur neigt zu Entropie und Auflösung, ja ja, ich bin aber trotzdem überzeugt, es gibt in ihr auch eine Tendenz, die dagegenhält, einen Hang zu Formen von ständig wachsender Komplexität. Einen Hang in unsere Richtung, meine ich, zu uns und zu dem, was wir erschaffen. Zu mir und diesem Rasenmäher und zu der ansonsten unerklärlichen Schönheit eines Pfades in einem Garten.

Für eine neue Agrar- und Esskultur

Einst war er Europas größter Fleischerzeuger, heute steht er wie kein anderer für eine artgerechte Lebensmittelproduktion. Mit den Herrmannsdorfer Landwerkstätten hat Karl Ludwig Schweisfurth einen ökologischen Vorzeigebetrieb geschaffen und zeigt damit eindrücklich, dass Fleischkonsum auch ohne Reue möglich ist – nämlich immer dann, wenn wir weniger, dafür aber »gutes Fleisch« verzehren, wenn wir die Tiere achten und artgerecht halten. Im vorliegenden Buch schildert er seinen Lebensweg vom Wurstbaron zum Auswärtsvegetarier.

K. L. Schweisfurth
Der Metzger, der kein Fleisch mehr isst ...
ca. 208 Seiten, Hardcover mit Schutzumschlag, 19,95 Euro, ISBN 978-3-86581-470-8

/Ill oekom
Die guten Seiten der Zukunft